2011 年度国家社科基金项目"构建两岸交往机制的法律问题研究"（11BFX082）
中央高校基本科研业务费专项项目"两岸协议实施机制研究"（2014106010203）
"2011 计划"两岸关系和平发展协同创新中心项目

两岸协议实施机制研究

周叶中　段　磊　著

九州出版社
JIUZHOUPRESS | 全国百佳图书出版单位

图书在版编目（CIP）数据

两岸协议实施机制研究 / 周叶中，段磊著. -- 2版
. -- 北京 : 九州出版社，2023.8
　　（国家统一理论论丛 / 周叶中总主编）
　　ISBN 978-7-5225-2167-1

　　Ⅰ．①两… Ⅱ．①周… ②段… Ⅲ．①海峡两岸一协
议一研究 Ⅳ．①D618

中国国家版本馆CIP数据核字(2023)第180252号

两岸协议实施机制研究

作　　者	周叶中　段磊　著
责任编辑	肖润楷
出版发行	九州出版社
地　　址	北京市西城区阜外大街甲 35 号（100037）
发行电话	(010)68992190/3/5/6
网　　址	www.jiuzhoupress.com
印　　刷	北京捷迅佳彩印刷有限公司
开　　本	720 毫米 ×1020 毫米　16 开
印　　张	25.75
字　　数	340 千字
版　　次	2023 年 11 月第 2 版
印　　次	2023 年 11 月第 1 次印刷
书　　号	ISBN 978-7-5225-2167-1
定　　价	128.00 元（精装）

"国家统一理论论丛"总序

党的二十大报告指出："解决台湾问题、实现祖国完全统一，是党矢志不渝的历史任务，是全体中华儿女的共同愿望，是实现中华民族伟大复兴的必然要求。"这充分体现出解决台湾问题对党、对中华民族、对全体中华儿女的重大意义，更为广大从事国家统一理论研究的专家学者提供了根本遵循。

自20世纪90年代以来，武汉大学国家统一问题研究团队，长期围绕国家统一的基本理论问题深入研究，取得一系列代表性成果，创建湖北省人文社科重点研究基地——武汉大学两岸及港澳法制研究中心。长期以来，研究团队围绕国家统一基本理论、反制"法理台独"分裂活动、构建两岸关系和平发展框架、构建两岸交往机制、两岸政治关系定位、海峡两岸和平协议、维护特别行政区国家安全法律机制、国家统一后治理等议题，先后出版一系列学术专著，发表数百篇学术论文，主持多项国家级重大攻关课题和一大批省部级以上科研项目。其中，《构建两岸关系和平发展框架的法律机制研究》与《构建两岸交往机制的法律问题研究》两部专著连续两届获得教育部高等学校科学研究优秀成果奖（人文社会科学）一等奖，后者还被译为外文在海外出版，产生一定国际影响。研究团队还围绕国家重大战略需求，形成一大批服务对台工作实践的战略研究报告，先后数十次获得中央领导同志批示，一大批报告被有关部门采纳，为中央决策制定和调整提供了充分的智力支持。

在长期从事国家统一理论研究的过程中，我们形成一系列基本认识和基本理念，取得一大批关键性成果，完成了前瞻性理论建构布局。我们先后完成对包括国家统一性质论、国家统一过程论、国家统一治理论在内的国家统一基本理论框架的基础性探索；以问题为导向，逐一攻关反"独"促统、两岸关系和平发展和特别行政区治理过程中面临的一系列关键性命题，并取得重要理论成果；面向国家统一后这一特殊时间段的区域治理问题，提出涵盖理论体系、制度体系、机构体系、政策体系等四大体系的先导性理论设计架构。

在过去的近三十年时间里，武汉大学国家统一研究团队的专家学者，形成了大量服务于国家重大战略需求的研究成果。然而，由于种种原因，这些成果未能以体系化、规模化的方式展现出来，这不得不说是一种遗憾。为弥补这一遗憾，我提议，可将我们过去出版过的一些较能体现研究水准、对国家统一事业具有较强参考价值的著作整合后予以再版，出版一套"国家统一理论论丛"，再将一些与这一主题密切相关的后续著作纳入这一论丛，争取以较好的方式形成研究成果集群的体系化整合。提出这一设想后，在九州出版社的大力支持下，论丛首批著作得以顺利出版。在此，我谨代表团队全体成员，向广大长期关心、支持和帮助我们的朋友表示最衷心的感谢！同时，我们真诚地期待广大读者的批评和建议。我们坚信：没有大家的批评，我们就很难正确认识自己，也就不可能真正战胜自己，更不可能超越自己！

周叶中
2023 年夏于武昌珞珈山

目　　录

绪论　两岸协议的一般理论

　　两岸协议是海峡两岸为解决双方交往中产生的各类事务性问题而签署的规范性文件。自 1993 年"汪辜会谈"以来，海峡两岸逐渐形成了由海峡两岸关系协会和台湾财团法人海峡两岸交流基金会出面、接受两岸有关部门的授权、代表两岸就两岸事务性议题进行商谈并签署相关协议的两会商谈制度。本书以两岸协议为主要研究对象，运用以法学理论为主的多学科理论工具，对两岸协议的法理定位进行论证，从制度运行的视角对两岸协议的商谈过程、接受与适用过程、变迁机制等问题进行研究。在绪论部分，本书主要对两岸协议的一般理论进行梳理，同时对现有文献进行总结和整理，为下一步的研究奠定基础。本绪论分为四节：第一节是对本书研究对象及相关概念的界定，主要对两岸谈判、两岸协议的基本概念和两岸协议的类型与体系进行介绍和分析；第二节是两岸协议的基本特征，对两岸协议的政治基础和前提、协议的主体与协商主体、协议的调整对象及协议的功能进行介绍；第三节是相关研究的简述，对与本书研究对象相关的现有文献进行梳理和总结；第四节是本书的整体框架与结构，简要介绍本书正文中各章节的基本布局和基本内容。

第一节　本书的研究对象及相关概念

　　本书的主要研究对象是两岸协议的实施，研究这一论题首先需要厘清一些基础性的概念与问题，以便为进一步的研究奠定基础，这些概念和问题主要包括两岸谈判、两岸协议以及两岸协议的类型和体系等。

一、两岸谈判

自 1949 年以来，大陆和台湾长期处于政治对立、军事对峙和全面隔绝的状态，双方在 30 余年的时间里均未将展开协商谈判作为解决两岸关系问题的首选项。直至 1986 年 5 月，两岸为解决"华航事件"，而决定由中国航空公司和"中华航空公司"在香港举行谈判，史称"两航谈判"。这次谈判开启了两岸谈判的先河，也为后来的两岸事务性谈判提供了可借鉴的先例。"两航谈判"以后，两岸先后就台湾参加体育活动的名义问题举行了"奥运谈判"，就遣返私自入台人员问题举行了"金门谈判"，两岸逐渐认识到大陆和台湾是可以通过谈判解决问题的。此后，两岸又分别于 1990 年和 1991 年成立了财团法人海峡两岸交流基金会和海峡两岸关系协会，作为各自的受权协商团体。两会成立后，两岸谈判进入一个新的时期，自此以后的 20 余年时间里，两岸谈判可分为三个阶段：

第一阶段是两会早期谈判阶段，自 1992 年两会首次举行工作性协商至 1999 年两会中断协商。在此期间，两岸于 1992 年 11 月在香港首次就一个中国原则达成口头共识，即"九二共识"。从此，"九二共识"成为两岸事务性协商的政治基础和前提。1993 年 4 月 27 日，时任海协会会长汪道涵与时任台湾海基会董事长辜振甫在新加坡进行会谈，即"汪辜会谈"。在会谈后，两会签署了《汪辜会谈共同协议》等四项协议，成为两会签署的首批事务性协议。"汪辜会谈"之后，自 1993 年至 1995 年，两会继续围绕着"两岸海上渔业纠纷"等事宜展开商谈，但由于各种原因双方并未达成新的协议。1998 年 10 月，台湾海基会董事长辜振甫访问大陆，并在上海与汪道涵举行了第二次会晤。1999 年，李登辉提出了意在分裂中国的"两国论",两会谈判陷入停滞状态。

第二阶段是两会中止联系阶段,自 1999 年两会停止联系至 2008 年 6 月两会复谈前。在此期间,由于民进党在台执政,两岸关系几经波折,整体陷入停顿状态。然而,在两岸两会未能恢复谈判期间,两岸为解决春节包机、第一类观光客赴台旅行等问题,采用迂回方式,分别由中国民用航空协会和台湾的台北市航空运输同业工会两个行业组织出面,签署了"两岸春节包机共识"等文件。这一"行业对行业""团体对团体"的谈判模式在一定程度上缓解了两岸因政治分歧而无法展开谈判的尴尬局面,但这种模式却仅能对一些政治敏感度极低的议题展开个案对话,无法推广应用。

第三阶段是两会复谈阶段,自 2008 年 6 月两会复谈至 2015 年 1 月。2008 年 3 月,国民党籍人士马英九当选台湾地区领导人,两岸交流出现新的重大契机。当年 6 月,时任海协会会长陈云林和时任台湾海基会董事长江丙坤在北京举行会谈,这是两会领导人十年以来的首次会谈,两会的制度化商谈终于在中断九年之后重新展开。自此以后,两会领导人连续举行了 10 次会晤,相继就两岸"三通"问题、两岸农产品检疫检验问题、两岸共同打击犯罪和司法互助问题等具体事务相继达成协议,并逐步形成了两会领导人定期会晤的基本制度。2010 年 6 月,两会签署了《海峡两岸经济合作框架协议》(即 ECFA),就两岸经济合作、贸易投资等问题达成众多共识,以框架协议的形式对两岸下一阶段的经济合作问题进行了规定。随后,两会又在 ECFA 框架下,就知识产权保护、海关合作、投资保护和促进、服务贸易等问题相继达成协议,并开始就租税互免、货品贸易等问题展开后续协商。截至 2015 年 1 月,两会通过平等协商,已相继达成各类协议 20 余项,可谓硕果累累。这些协议的签署和执行,为两岸交往的进一步发展铺平了道路,其历史意义,不可磨灭。

二、两岸协议

所谓协议，系指两个或两个以上实体为了开展某项活动，经过协商后双方达成的一致意见。"两岸协议"一词，则是对位于台湾海峡两岸的大陆和台湾之间经协商后达成的一致意见的描述。两岸协议的具体内涵可以从广义和狭义两个层面进行界定。

从广义上讲，两岸协议包括大陆和台湾之间各类协商平台所生成的书面性协议。具体来说，广义上的两岸协议包含以下五种形式：一是由海协会和台湾海基会（以下简称"两会"）签署的两会协议，截至 2015 年 1 月，两岸透过两会共签署 25 项书面协议，形成 3 项共识，达成 2 项共同意见；① 二是在两岸两会成立前，由两岸授权民间组织为解决两岸间突发事件而签署的协议，其典型代表即为 1990 年 9 月两岸红十字组织为解决"违反有关规定进入对方地区的居民、刑事嫌疑犯或刑事犯"② 的双向遣返问题而签署的《金门协议》；三是在两岸两会机制运行不畅期间，由两岸授权行业组织为解决两岸个别事务性问题而签署的协议，其典型代表是 2005 年 1 月中国民用航空协会和台北市航空运输同业工会达成的"两岸春节包机共识"；四是两岸以城市名义签署的具有指导作用的备忘录，③ 其典型代表是 2010 年 4 月，上海市与台北市分别就两市的文化、旅游、环保、科技园区交流合作等事项签署的四项备忘录；④ 五是两岸重要政党

---

① 具体的协议、共识和共同意见名称参见国务院台湾事务办公室网站：http://www.gwytb. gov.cn/lhjl/laxy/，最后访问日期：2015 年 2 月 1 日。

② 《金门协议》第二条。

③ 除两岸城市之间签署的备忘录外，大陆和台湾的金融监督管理机构间也曾于 2009 年 11 月 16 日就信息交换、信息保密、金融检查、持续联系和危机处置等问题签署了两岸金融监管合作备忘录（简称两岸 MOU）。但两岸 MOU 的签署实际上是按照《海峡两岸金融合作协议》之规定，对"两岸金融监督管理机构就两岸银行业、证券及期货业、保险业分别建立监督管理合作机制"的贯彻落实，因此两岸 MOU 从本质上讲属于两会协议的实施步骤，因此本书未将其单列为一种两岸协议。

④ 参见中国新闻网：《上海市与台北市签署四项交流合作备忘录》，资料来源：http://www. chinanews.com/tw/tw-lasq/news/2010/04-06/2210101.shtml，最后访问日期：2015 年 1 月 30 日。

之间以政党名义共同发布的书面共识，其典型代表是 2005 年时任中共中央总书记胡锦涛与时任国民党主席连战举行会晤时双方达成的五项"共同愿景"。①

从狭义上讲，两岸协议仅指海峡两岸之间，透过海协会和台湾海基会经过平等协商签署的对两岸均有一定约束力的规范性协议。截至 2015 年 2 月，两岸在两会框架下共达成相关协议 25 项，其中 1993 年"汪辜会谈"时签署《汪辜会谈共同协议》等 4 项事务性协议，2008 年 6 月两岸两会复谈之后陆续签署《海峡两岸关于大陆居民赴台湾旅游协议》等 21 项事务性协议，达成《海协会与海基会关于加强两岸产业合作的共同意见》等 2 项共同意见，形成《海协会与海基会有关〈海峡两岸投资保护和促进协议〉人身自由与安全保护共识》等 3 项共识。严格地讲，"两岸协议"是"两会协议"的一个上位概念，它应当包含两会协议和两岸通过其他组织达成的协议。然而，无论是"金门模式"还是"澳门模式"，都是在没有两会协商机制或者两会协商机制执行得不顺畅的情况下所采取的变通手段，在 2008 年 6 月两会复谈之后，这两种模式就均为两会模式所取代，退出了历史舞台。两岸党际共识和城市间备忘录等形式则是对两会协议的一种有益补充，但由于其规范程度较低，影响范围较小，因此在实践中所发挥的作用十分有限，无法与已初步形成体系化的两会协议相提并论。因此，本书所探讨的两岸协议以两会协商机制下两岸签署的协议为主，仅在必要时兼及其他类型的协议。

---

①　2005 年胡锦涛与连战会晤后双方发表《中国共产党总书记胡锦涛与中国国民党主席连战会谈新闻公报》，其中提出两党将共同促进五项工作，即：促进尽速恢复两岸谈判，共谋两岸人民福祉；促进终止敌对状态，达成和平协议；促进两岸经济全面交流，建立两岸经济合作机制；促进协商台湾民众关心的参与国际活动的问题；建立党对党定期沟通平台。这五项"共同愿景"在 2005 年召开的国民党第十七次全党代表大会上被列入国民党"政策纲领"，因而对两岸关系和平发展产生了重要现实影响。参见新华网：《中国共产党总书记胡锦涛与中国国民党主席连战会谈新闻公报》，资料来源：http://news.xinhuanet.com/banyt/2005-05/18/content_2969119.htm，最后访问日期：2015 年 1 月 30 日。

三、两岸协议的类型与体系

自 1993 年至今的 20 余年间，两会共签署了 25 项事务性协议，这些协议涵盖的范围很广，因此，有必要按照一定标准将其进行分类，以便进一步分析。由于两岸协议所涉及的内容十分广泛，其分类标准不一而足，既可以以协议涉及的行业进行分类，也可以以协议签署的时间进行分类，还可以以协议执行的情况进行分类。

根据协议的议题不同，两岸协议可分为事务性协议与政治性协议。所谓的事务性协议，即两岸达成的以解决两岸民间交往中的突发事件和某些具体问题而达成的协议，这些问题并不涉及两岸政治性议题，更不涉及两岸政治关系定位和两岸统一问题。目前，两岸两会签署的全部协议均属于事务性协议之列。所谓的政治性协议，即两岸达成的以解决两岸政治性议题，尤其是两岸结束敌对状态、确定两岸政治关系定位和两岸和平统一等议题而达成的协议。两岸和平协议、统一协议等协议属于政治性协议之列。目前两岸尚未开始政治性商谈，亦未达成任何政治性协议。

根据调整对象的不同，两岸协议可分为程序性协议、实体性协议和区际法律适用协议。① 所谓程序性协议，即以两岸协议的商谈程序为调整对象，以保障协议商谈程序顺利进行为主要功能的协议，协议本身并不调整任何具体事务性问题。两会于 1993 年"汪辜会谈"时签署的《两会联系与会谈制度协议》即为程序性协议，这也是目前两岸达成的唯一直接调整两会联系制度和会谈制度本身的协议。所谓实体性协议，即以两岸解决具体事务中的权利义务关系为调整对象，以解决两岸间具体的事务性问题为主要功能的协议。目前，除《两会联系与会谈制度协议》和《海峡两岸共同打击犯罪和司法互助协议》外，两会达成的其他协议均属于实体

---

① 这种对两岸事务性协议的分类方法可参见祝捷：《海峡两岸和平协议研究》，香港社会科学出版社有限公司 2010 年版，第 428—430 页。

性协议。所谓区际法律适用协议，即以两岸民商事法律冲突为调整对象，以解决双方民商事法律适用问题为主要功能的协议。《海峡两岸共同打击犯罪和司法互助协议》即为区际法律适用协议。

根据协议名称和表述方式的不同，两岸协议可分为规范的两岸协议和非规范的两岸协议。所谓规范的两岸协议，即以"协议""会谈纪要"等为名，内容多以规范化的条文方式进行表述的两岸协议。所谓非规范的两岸协议即以"共识""共同意见"等为名，内容多以非规范化的原则性话语进行表述的两岸协议。目前，两岸两会达成的 30 项协议中，以"协议""会谈纪要"等为名者共有 25 项，其中包括 24 项协议，1 项会谈纪要；以"共识""共同意见"等为名者共有 5 项，其中包括 3 项共识，2 项共同意见。尽管各项协议的名称和内容表述方式不同，但由于各类协议都会对两岸各自政策和法律的制定和实施产生影响，因此我们将这些以不同名称命名，以不同方式进行表述的协议都归为两岸协议。

除上述分类方法外，在两岸协议数量日益增多的今天，除笼统地对所有两岸协议进行类型化研究外，还应结合协议的具体内容，以体系化的思路对协议进行体系化归类研究。[①] 尽管两岸已经签署了多达 30 项事务性协议，但从协议内容的集中程度来看，各项协议之间的关联性不强，其体系化程度也不高。以 2010 年 6 月两会签署《海峡两岸经济合作框架协议》为分界线，两岸协议的体系化表现出不同的特征。2010 年 6 月以前的两岸协议，仅有 1993 年签订的《两会联系与会谈制度协议》和 1994 年依据其指定的《两会商定会务人员入出境往来便利办法》之间形成了一个简单的协议体系、涉及两岸"三通"问题的 6 项协议之间形成了"三通"功能性协议体系，除此之外，其他的协议之间并无相应的关联关系。

---

① 所谓"体系"，意指有关事务互相联系互相制约而构成的一个整体。此处所称的两岸协议的体系化，系对各项两岸协议之间关联性的一中描述。参见夏征农主编：《辞海》，上海辞书出版社 1979 年版，第 521 页。

自 2010 年 6 月,《海峡两岸经济合作框架协议》签署之后,这种情况发生了改变,两岸开始根据协议的相关内容展开了 ECFA 后续协议的商签,达成 1 项共识、2 项共同意见和 3 项协议。① 由此,两岸协议形成了以 ECFA 为核心的一个新的协议体系,目前两岸两会协商的重点仍为进一步完善这一协议体系。随着两岸谈判机制的成熟化,在两岸协议未来的发展中,其体系化程度将会越来越高,协议将会表现出集成化的特点。届时,两岸协议将逐渐形成一个部门完善、内容完整的独立法律体系。

第二节　两岸协议的基本特征

特征即一个事物区别于其他事物的特别显著的征象和标志。根据上述对两岸协议相关基本概念的介绍,两岸协议的基本特征可以从协议的政治基础和前提、协议主体和协商主体、调整对象和基本功能四个方面加以界定。

一、两岸协议的政治基础和前提:"九二共识"

尽管两岸协议是以解决两岸事务性问题为目的的,暂时不涉及两岸政治关系的定位与安排,但这并不意味着两岸协议是一种不含任何政治基础和前提的协议。两岸"什么都可以谈"的条件是"在一个中国的前提下",② 因此以"两岸同属一个中国"为核心内容的"九二共识"是两岸关系的政治基础,也构成了两岸两会商谈的政治前提。胡锦涛同志指出,"大陆和台湾尽管尚未统一,但不是中国领土和主权的分裂,而是上个世纪 40 年代中后期中国内战遗留并延续的政治对立,这没有改变大陆和台

---

① 目前,两会依据 ECFA 相关规定,相继达成了《关于加强两岸产业合作的共同意见》《关于推荐两岸投保协议协商的共同意见》和《有关〈海峡两岸投资保护和促进协议〉人身自由与安全保障共识》,签署了《海峡两岸海关合作协议》《海峡两岸投资保护和促进协议》和《海峡两岸服务贸易协议》。

② 参见江泽民:《为促进祖国统一大业的完成而继续奋斗》,新华社北京 1 月 30 日电。

湾同属一个中国的事实"。① 因此，当前大陆和台湾之间存在的政治对立并非"国与国"之间的对立，而是一个中国之内的两个部分之间的对立，作为两岸协议商谈者的大陆和台湾之间仍然是"一个中国"之内的"尚未统一"的两个地区，而非两个互不统属的"国家"。在两岸两会接触与商谈期间，两岸都能够坚持以"两岸同属一个中国"为核心内容的"九二共识"，能够在这一前提问题上达成一致。② 将以"一个中国"为核心的"九二共识"作为两岸协议的政治基础，具体可以从以下三个层面加以解读：

第一，将以"一个中国"为核心的"九二共识"作为两岸协议的政治基础，排除了两岸关系是"国际关系"，两岸协议是"国际条约"的可能性，为两岸政治关系的合情合理合法定位和两岸协议的合情合理合法定性设置了基本框架。尽管两岸谈判是一种权利义务平等的谈判，两岸协议也是建立在双方平等地位下的协议，但这种平等却并不能构成两岸属于"国际关系"的证据。作为两岸谈判的政治基础，"九二共识"将两岸关系限定于"一中"之内，既排除了外国势力干预两岸谈判的可能性，也排除了"台独"分裂分子将两岸协议异化为"国际条约"的可能性。

第二，将以"一个中国"为核心的"九二共识"作为两岸协议的政治基础，确认了两岸谈判的基本方向和目标，即两岸复归统一。尽管两岸谈判是一种大陆和台湾的平等协商，两岸协议也是大陆和台湾以平等地位签署的协议，但这种平等协商本质上是两岸进行和平谈判的过程，两岸协议本身也是两岸以和平方式处理大陆和台湾共同问题的制度体现。两岸以和平方式商谈事务性问题是两岸恢复交往的开始，也是两岸重新走向统一

---

① 胡锦涛：《携手推动两岸关系和平发展　同心实现中华民族伟大复兴——在纪念告台湾同胞书发表 30 周年座谈会上的讲话》，载《人民日报》2009 年 1 月 1 日。

② 参见邵宗海：《新形势下的两岸政治关系》，五南图书出版股份有限公司 2011 年版，第 113 页。

的开始。因此，只有确定一个中国原则，才能"保证谈判的结果必然走向统一"，① 而两岸签署协议的终极目的也是为实现两岸和平统一。

第三，将以"一个中国"为核心的"九二共识"作为两岸协议的政治基础，明确了两岸协议的基本属性，即两岸协议是一个主权国家之内的两个部分达成的协议，是"一国内地区间协议"。尽管两岸同属一个中国，但由于两岸长期以来的隔绝，双方在过去的 60 年时间里业已形成了各自领域内完整的法律体系，大陆与台湾恢复往来以后，大量的人员、资金、物资交流等都遇到了一些法律障碍和法律"真空"领域，这就需要两岸进行平等协商，共同制定一些规制两岸交往的规范。同时，随着两岸交往的日益密切，大陆和台湾亦倾向于在一些能够实现合作的领域展开制度化协调，而这种协调亦需要双方共同制定一些规范。"一国内地区间协议"正是这样一种为解决一国内不同区域之间法律协调问题的特殊合作模式，两岸协议从本质上讲属于"一国内地区间协议"的一种类型。②

综上所述，作为两岸双方代表的海协会和台湾海基会之间进行的商谈，从本质上讲是代表"一个中国"的两个地区进行的商谈，如果说两会框架是两岸事务性谈判的制度和形式，那么"九二共识"就是两岸事务性谈判的灵魂。③ 因而，两岸两会所达成的两岸协议也只能是一种"一国内地区间协议"，而非"国际条约"。

二、两岸协议的主体与协商主体：两岸与两会

顾名思义，两岸协议的主体自然是两岸，即台湾海峡两岸的大陆与台湾。众所周知，"两岸"本是一个地理概念，是指"水流两旁的陆地"。然而，随着 20 世纪 80 年代，大陆和台湾恢复接触，"两岸"一词因其非

---

① 黄嘉树、刘杰：《两岸谈判研究》，九州出版社 2003 年版，第 55 页。
② 关于"一国内地区间协议"的相关论述可参见周叶中、刘文戈：《论特别行政区制度的二元结构》，载《武汉大学学报（哲学社会科学版）》2013 年第 2 期。
③ 祝捷：《海峡两岸和平协议研究》，香港社会科学出版社有限公司 2010 年版，第 281 页。

政治性的特点而逐渐被人们作为大陆和台湾的代称。随着两岸关系的深入发展，"两岸"一词逐渐从一个地理概念，向政治概念和法律概念转变。[①]一方面，"两岸"一词可以用于代指"同属一个中国"，但又尚未统一的大陆和台湾；另一方面，"两岸"又可以用于在一些不便表达"一国"的场合，代指由两岸组成的"中国"。因此，"两岸"一词既可以用于代表"一个中国"，又可以用于表达"两个部分"。因此，这一概念能够最大限度地包容两岸关系中"一"与"二"的矛盾，将两岸之间在政治话语上的争议化于无形。在两岸协议中，"两岸"一词是大陆和台湾的代称，这种命名方式表达出了协议是由"一个中国"的两个部分所达成的，作为"一个中国"两个部分的大陆和台湾是协议的主体。

然而，由于两岸间存在的"承认争议"[②]问题尚未得到解决，大陆和台湾在一定的历史时期内无法实现直接接触，更无法以双方公权力机关的名义签署协议。为消解这一困境，两岸采取了民间委托的方式，授权两个民间团体进行事务性商谈。因此，就两岸协议而言，虽然协议的主体是大陆和台湾，但直接协商主体却是作为两岸代表的两岸两会，即大陆方面的海峡两岸关系协会和台湾方面的财团法人海峡交流基金会。

根据《海峡两岸关系协会章程》（以下简称《海协会章程》）第一条之规定，"本会定名为海峡两岸关系协会，是社会团体法人"。根据本条的规定，海协会的法律属性首先应当被界定为一个民间社团法人。根据《海协会章程》第四条之规定，"本会接受有关方面委托，与台湾有关部门和授权团体、人士商谈海峡两岸交往中的有关问题，并可签订协议性文件"。在实践中，海协会的业务指导和管理机关为国务院台湾事务办公室。国台办属于国务院办事机构之列，"其职责在与协助总理办理具体事

---

① 周叶中、祝捷：《关于大陆和台湾政治关系定位的思考》，载《河南政法干部管理学院学报》2009年第3期。

② 参见祝捷：《两岸关系定位与国际空间——台湾地区参与国际活动问题研究》，九州出版社2013年版，第14页。

务，不享有对外实施管理的权能"，① 且国务院台湾事务办公室与中共中央台湾工作办公室，属于"一个机构两块牌子"，列入中共中央直属机构序列。从行政法法理上讲，国台办并不具有行政主体资格，因此它也就不符合一般行政法上所讲的"行政委托"之基本条件，但是基于两岸交往的特殊性，这种不符合法理的"行政委托"仍然具有其功能意义上的合法性。因此，可以认为国台办与海协会的关系是一种特殊的行政委托关系。

根据《财团法人海峡两岸交流基金会章程》的相关规定，台湾海基会是"协调处理台湾地区与大陆地区人民往来有关事务，并谋保障两地区人民权益为宗旨"的财团法人，它接受台湾当局"行政院陆委会"的委托，在业务执行方面，台湾海基会系接受台湾"陆委会"委托处理大陆事务，委托事项涉及公权力的部分。② "陆委会"是台湾地区"行政院"下属的机构，根据"台湾地区与大陆地区人民关系条例"（以下简称"两岸人民关系条例"）第3-1条之规定，"行政院大陆委员会统筹处理有关大陆事务，为本条例之主管机关"。根据"两岸人民关系条例"第4条之规定，"行政院大陆委员会处理台湾地区与大陆地区人民往来有关事务，得……依所处理事务之性质及需要，逐案委托前二项规定以外，具有公信力、专业能力及经验之其他具公益性质之法人，协助处理台湾地区与大陆地区人民往来有关之事务；必要时，并得委托其代为签署协议"。在台湾，此类"由政府捐助款项而成立，以运用资金或经由经济补助措施，达成行政上目的"，"其中具有法人地位者，皆系依民法办理财团法人登记而取得……与公营事业机构亦不相同……须经主管机关就特定事项授予公权力，始有与行政机关相同之地位"。③ 这类组织在台湾属于"公权力

---

① 江国华编著：《中国行政法（总论）》，武汉大学出版社2012年版，第142页。
② 艾明江：《从结构功能的角度看台湾海基会的历史演变及其困境》，载《重庆社会主义学院学报》2009年第5期。
③ 吴庚：《行政法之理论与实用》，中国人民大学出版社2005年版，第123页。

之受托者"。台湾海基会在台湾即属于此类组织。

需要说明的是，两岸以授权民间团体进行协商的方式签署协议是由于双方公权力机关无法直接接触造成的，也是双方采取的一种变通手段，然而，这种变通手段在两岸间持续运行了20余年，两会机制在20余年间为两岸关系的和平发展起到了重要作用，两会的重要功能也为两岸公权力机关和民众所认可。因此，尽管当前大陆和台湾的两岸事务主管机构已经实现了直接沟通，并正在逐步形成制度化的沟通机制，但这种新的直接沟通机制在一定的时期内并不会影响到两会的两岸协议协商主体的地位。

三、两岸协议的调整对象：五类事务性议题

按照两岸事务性协议与政治性协议的二分法，两岸协议的调整对象自然包含了两岸间的事务性问题和政治性问题。然而，由于两岸政治互信不足，双方仍存在着众多关键性的政治歧见，大陆和台湾尚未展开真正意义上的政治谈判。[①] 因此，目前两岸协议的调整对象也仅局限在事务性议题，而暂不涉及政治性议题，表现出"低政治"的特点。按照欧洲一体化理论中政府间主义的首倡者霍夫曼（Stanley Hoffmann）的划分，一体化的过程中存在着高政治（high politics）与低政治（low politics）的区分，其中前者涉及对国家主权独立具有重要意义的领域，如外交政策、国家安全、武力使用等方面，而后者则包括经济政策、福利政策等敏感性较低的领域。[②] 按照这一划分，两岸协议所涉及的调整对象则基本上局限于

①　台湾学者邵宗海认为，若以公权力参与运作为依据，"政治性谈判"在两岸之间应该早已存在，只是欠缺实质承认而已，同时，连战三度代表台湾出席 APEC 会议、台湾以"中华台北"名义及"观察员"身份参与世界卫生大会等已体现出两岸政治性谈判的特点，只是过程未经公开而已。参见邵宗海：《新形势下的两岸政治关系》，五南图书出版股份有限公司 2011 年版，第 147 页。我们认为，一方面，两岸政治谈判与事务性谈判的划分，应以是否涉及"政治关系定位""和平统一"等问题为准，而不能简单以公权力机关是否参与来区分二者；另一方面，"连战出席 APEC 会议、台湾参与世界卫生大会等系两岸谈判的结果"这一观点尚缺乏足够的证据，因而也不宜视为"两岸政治谈判"的开始。

②　See Stanley Hoffmann, "Obstinate or Obsolete? The Fate of the Nation-state and the Case of Western", Daedalus, *Journal of the American Academy of Arts and Sciences*, 95/3, 1966.

两岸事务性问题，且此类问题往往是远离双方分歧较大的政治议题，因而体现出了"低政治"的特点。

截至 2015 年 1 月，两岸透过两会机制共签署 25 项事务性协议，其调整对象涉及两岸交通运输问题、经济合作问题、司法合作问题等诸多领域。综合协议签署的时间与主要内容，我们将两岸协议的调整对象归纳为以下五类议题：

一是两会早期事务性议题，其内容涵盖两会协商机制的基本制度、未来议题范围等议题，《汪辜会谈共同协议》和《两会联系与会谈制度协议》这两项协议即以此为主要调整对象；二是以两岸"三通"为核心的交通运输事务议题，包括《海峡两岸包机会谈纪要》《海峡两岸空运协议》《海峡两岸邮政协议》在内的 6 项协议均以这些交通运输议题为主要调整对象；三是两岸法制事务合作议题，《海峡两岸共同打击犯罪和司法互助协议》以两岸司法机关合作为调整对象；四是两岸社会事务合作议题，包括《海峡两岸食品安全合作协议》《海峡两岸标准计量检验合作协议》和《海峡两岸地震监测合作协议》等在内的 10 项协议均以这些两岸社会事务合作议题为调整对象；五是两岸经济合作事务议题，包括《海峡两岸金融合作协议》《海峡两岸经济合作框架协议》《海峡两岸服务贸易协议》在内的 6 项协议均以这些两岸经济合作事务议题为调整对象。关于两岸协议的调整对象，可参见下表 X-1：

表 X-1　两岸协议的调整对象简表①

协议调整对象	协议名称
两会早期事务性议题	《汪辜会谈共同协议》 《两会联系与会谈制度协议》

① 本表为作者自制，统计数据截止日期：2015 年 1 月 30 日。

协议调整对象	协议名称
两岸交通运输事务议题	《海峡两岸关于大陆居民赴台湾旅游协议》 《海峡两岸包机会谈纪要》 《海峡两岸空运协议》 《海峡两岸海运协议》 《海峡两岸邮政协议》 《海峡两岸空运补充协议》
两岸法制事务合作事务议题	《海峡两岸共同打击犯罪及司法互助协议》
两岸社会事务合作议题	《两岸挂号函件查询、补偿事宜协议》 《两岸公证书使用查证协议》 《海峡两岸气象合作协议》 《海峡两岸地震监测合作协议》 《海峡两岸食品安全协议》 《海峡两岸渔船船员劳务合作协议》 《海峡两岸医药卫生合作协议》 《海峡两岸核电安全合作协议》 《海峡两岸标准计量检验认证合作协议》 《海峡两岸农产品检疫检验合作协议》
两岸经济合作事务议题	《海峡两岸服务贸易协议》 《海峡两岸投资保护和促进协议》 《海峡两岸金融合作协议》 《海峡两岸知识产权保护合作协议》 《海峡两岸经济合作框架协议》 《海峡两岸海关合作协议》

四、两岸协议的基本功能：三个方面的重要作用

功能，是指事务或方法所发挥的有利作用。在两岸关系和平发展的过程中，两岸协议发挥着重要的现实功能。具体来说，两岸协议的现实功能主要体现在以下三个方面：

其一，通过确立效力及于两岸的规则体系，逐渐建立两岸间的秩序体

系，使两岸交往进入有序发展的状态。一切时代的人们，往往都倾向于生活在一个有秩序的世界里。海峡两岸民间交往趋向正常化的过程中，无序、失范的两岸交往状态不仅有害于两岸同胞的切身利益，而且也不利于持续推动两岸关系和平发展，最终实现国家和平统一，因此两岸交往秩序的建构就成为两岸有关方面共同努力的一个方向。[①] 通过事务性商谈的方式形成双方合意，并以此建构两岸交往秩序，成为大陆和台湾的一种共同选择。两岸协议正是体现这种交往秩序的规范性文件，也是构成这种秩序体系的规则要素。自"汪辜会谈"以来，尤其是两会复谈以来，双方签署的数十项事务性协议在两岸交往的各个领域发挥着重要的规制意义，横亘在台湾海峡间的秩序空白区域也逐渐得到填补。两岸协议有效解决了两岸间公证书的使用查证、挂号函件查询和补偿事宜、两岸"三通"问题、两岸司法互助等现实问题，使两岸交往进入了"有法可依"的新时代。

第二，通过直接或间接影响两岸法律规范，实现对大陆和台湾两套平行法律体系的衔接和协调。大陆和台湾目前仍处于政治对立的状态，在不考虑法律体系正当性的前提下，两岸在事实上已经形成了两套互相平行的法律体系，大陆人民和台湾人民在各自公权力机关的实际控制范围内，仅遵守、执行和适用本区域内的法律。我们可以用"法域"这一无关"主权""国家"等问题的学术概念对这种现象加以描述。在两岸分属不同法域的现实情况下，要解决两岸交往中存在的各类法律问题，就要求在两岸两套法律体系之间架设一座衔接和协调二者的桥梁。从规范意义上讲，两岸协议正是实现这种衔接和协调功能的桥梁，它具有一定的"造法"功能，它能够影响两岸各自域内现有的法律规范的立、改、废活动，在实际上实现对两套法体系的衔接和协调。

第三，通过确立大陆和台湾在经济事务上的合作规则，推动两岸一体

---

① 参见王建源：《在实施与规范之间——论国家统一前的两岸交往秩序》，载《台湾研究集刊》2001年第2期。

化进程。一体化（integration，台湾地区一般译作"整合"或"统合"）一词最早源于对欧洲合一的描述，它"通常意味着由部分组成整体，即将原来相互分离的单位转变成为一个紧密系统的复合体"。① 大陆和台湾虽同属一个中国，由于双方长期存在的政治分歧，两岸尚未统一。然而，在两岸关系走向和平发展的时代，双方在经济事务上的合作却有力地推动了两岸走向一体化的进程，而两岸协议则是通过确立双方在经济事务上的合作规则，确立合作机制，为两岸一体化进程提供制度供给。早期的两岸协议以确立两岸交往的基本秩序为主要功能，而近年来，尤其是 ECFA 签署以来，两岸协议的主要功能则转向"两岸合作"，两岸协议也越来越多地用"海峡两岸××事务合作协议"为名。② 尽管我们不能武断地认为这种以"合作协议"为名的两岸协议均以推进两岸一体化为主要功能，但这种命名方式也从一个侧面反映出了这种趋势。作为一种规则，两岸协议为两岸一体化，尤其是经济一体化提供了有效的规则支持，其制度保障功能值得关注。

第三节　相关研究成果的简述

目前，两岸理论界对于两岸协议的讨论很多，也形成了很多研究成果，但是这些成果中多数是围绕两岸关系这个宏观问题展开的，而较少专注于两岸协议本身的研究，尤其是对现阶段在两岸关系和平发展中发挥重要制度作用的两岸事务性协议的研究。具体来说，当前的理论成果主要集中在四个研究方向：一是以两岸谈判为主要研究对象，兼及两岸谈判的成果——两岸协议的；二是以两岸和平协议为主要研究对象，兼及两岸事务

① ［美］卡尔·多伊奇：《国际关系分析》，周启朋等译，世界知识出版社 1992 年版，第 267 页。
② 目前，两岸协议采取这一命名模式的有 10 项之多，包括《海峡两岸渔船船员劳务合作协议》《海峡两岸农产品检疫检验合作协议》《海峡两岸经济合作框架协议》《海峡两岸知识产权保护合作协议》《海峡两岸医药卫生合作协议》《海峡两岸和点安全合作协议》《海峡两岸海关合作协议》《海峡两岸地震监测合作协议》和《海峡两岸气象合作协议》。

性协议的；三是以两岸协议实施过程中的具体问题为主要研究对象的；四是以两岸协议的宏观背景——两岸关系为研究对象，涉及部分两岸协议内容的。这些研究成果构成了本书的研究基础，为本书的写作提供了许多重要素材。

一、以两岸谈判为研究对象的成果综述

和平谈判是两岸和平统一的重要手段，也是近年来大陆和台湾解决两岸关系中出现的各种问题的重要方式。两岸谈判是指两岸未解决双方交流中的纠纷或为达成国家统一目标，而进行的一系列、多层次、多回合的协商沟通协调活动，以便整合彼此歧见。[①] 大陆和台湾都有一些以两岸谈判作为研究对象的研究成果，其中以大陆学者黄嘉树、刘杰所著的《两岸谈判研究》、王建源的论文《两岸授权民间团体的协议行为研究》和台湾学者初国华的博士学位论文《不对称权力结构下的两岸谈判：辜汪会谈个案分析》为其典型代表。

《两岸谈判研究》一书是大陆学者黄嘉树、刘杰合著的以两岸谈判为研究对象的学术专著，全书约 20 万字，研究内容涉及两岸谈判总论、两岸事务性谈判历程、对两岸事务性谈判的整体评价、两岸围绕政治谈判的斗争以及新世纪、新条件下两岸谈判面临的机遇和挑战等问题。作者在该书中提出了两岸政治性和事务性谈判的理论区分，并将两岸谈判与两德谈判、朝韩谈判、国共谈判、香港谈判等相区别，指出了两岸谈判的特殊性。同时，该书对两岸事务性谈判（主要是 1986 年—1997 年间）的历程进行了回顾和总结，并基于提出了两岸协议的谈判类型划分。除此之外，该书还对两岸事务性谈判进行了理论评价，包括对谈判特点、策略、目标的总结，并就此指出事务性谈判的带给我们的启示。《两岸谈判研究》一

---

① 黄嘉树、刘杰：《两岸谈判研究》，九州出版社 2003 年版，第 7 页。

书是大陆首部以两岸谈判为研究对象的学术专著，它首次系统地总结了两岸谈判中的各类基础性问题，对两岸协议的相关研究具有重要参考意义。

大陆学者王建源撰写的《两岸授权民间团体的协议行为研究》是大陆较早以两岸事务性谈判为研究对象的理论建构型的学术成果。该文认为，两岸协议行为（即两岸以签署事务性协议为目的的谈判行为）源于两岸对秩序建构的需要，形成于两岸双向需求之平衡，现阶段两岸协议在大陆具有相当于部委规章或最高法院司法解释的效力，两岸协议在台湾则被定位为"准国际条约""准行政协定"。① 该文指出，两岸协议行为的基本特点包括，协议行为主体的民间性特点、协议行为内容的事务性特点、协议行为作用的功能性特点。文章还从两岸协议行为的主体、授权和效力角度分析了协议行为的法律定位，并指出两岸商谈应当超越事务性范围，通过将政治议题提上议事日程，实现政治谈判，为两岸经济性、事务性协商创造更好的条件。

《不对称权力结构下的两岸谈判：辜汪会谈个案分析》一文是台湾学者初国华博士的博士学位论文，成文于 2007 年。该文主要以两岸谈判为主要研究对象，以"汪辜会谈"的个案为主要分析对象，全文应用了"老子《道德经》弱势哲学""Habeeb 不对称谈判理论"等理论工具，对汪辜会谈的内外在因素、会谈的议题争议和谈判策略进行了分析，提出了一套完整的解释模型。该文主体结构由系统论和 Habeeb 的不对称理论为指导，以期利用该理论解决两岸谈判中台湾如何"以小博大"，亦即"台湾应如何面对崛起的大陆"② 的问题。该文对两岸间存在的"一中争议"问题做出了分析和评论，指出在其所提出的"柔性策略"或"弹性策略"之中，其核心关键应当是不挑战"一中"立场，以促进两岸间的政治稳

---

① 参见王建源：《两岸授权民间团体的协议行为研究》，载《台湾研究集刊》2005 年第 2 期。
② 初国华：《不对称权力结构下的两岸谈判：辜汪会谈个案分析》，台湾政治大学中山人文社会科学研究所 2007 年博士学位论文，第 269 页。

定与经济繁荣。该文是台湾学者运用理论建构的研究范式对两岸谈判问题进行研究的学术著作，在理论运用上有一定的可取之处，且提出了一些对两岸谈判具有建设性的意见，对于本书的写作有着重要的参考意义。

二、以两岸和平协议为研究对象的成果综述

中共十七大报告首次在两岸范围内提出了"达成和平协议，构建两岸关系和平发展框架"的战略思考，因此"和平协议"开始成为两岸瞩目的议题之一。两岸和平协议是以"结束两岸敌对状态"为议题的两岸政治性协议，亦属两岸协议的一种，但就目前形势而言，和平协议尚处于理论设想阶段，距离着手签署尚存在相当的距离。两岸学界都有一些以两岸和平协议为研究对象的研究成果，其中以台湾学者张亚中所著的《〈两岸和平发展基础协定〉刍议》和大陆学者祝捷所著的《海峡两岸和平协议研究》为其典型代表。

《〈两岸和平发展基础协定〉刍议》一文是台湾学者张亚中教授于2008年所著的学术论文，该文提出的《两岸和平发展基础协定》曾在两岸引起广泛关注。在该文中，张亚中教授草拟了共计七条的《两岸和平发展基础协定》文本，对该协定的性质进行了说明，并对协定的条文进行了详细说明。该文指出，《两岸和平发展基础协定》为一"临时协定"而非"终极状态"，该协定尊重签约双方的主体性，从人民的角度提出，以"积极性的和平发展"而非"消极性的结束敌对状态"为目标。① 该文认为，在两岸签署协定后，该协定通过解决两岸定位、合作发展方向和未来方向三个方面的问题，为两岸未来的合作奠定基础。张亚中教授起草的《两岸和平发展基础协定》，以"整个中国"取代"一个中国"，作为两岸共同的上位概念，并提出双方以"统合"方式，即成立共同体的方

---

① 参见张亚中：《〈两岸和平发展基础协定〉刍议》，载《中国评论》2008年10月号。

式推动两岸关系的进一步发展，双方应当承认彼此的平等地位，并同意不使用武力威胁对方，双方在国际组织中共同出现，并互设常设代表处，协定则以"北京中国"和"台北中国"加以署名。张亚中教授提出的这一协定草案成为台湾学者提出的"两岸和平协议"众多草案中的重要代表之一，为两岸探讨签署和平协议，做出了重要理论贡献。

《海峡两岸和平协议研究》一书是大陆学者祝捷于 2010 年出版的学术专著，全书约 30 万字。该书从和平协议的性质、主体、内容、谈判和实施五个方面，创建了和平协议研究的理论框架，并对其中的若干理论问题进行探讨，回答了和平协议是什么、谁去签、签什么、怎么签和签了以后怎么办等重要问题。作者在该书中运用了罗尔斯的"重叠共识理论"、民族认同理论、整合理论、欧盟治理理论等理论工具，提出了两岸和平协议是"中华民族认同基础上的法理共识"① 的性质定位，指出大陆和台湾应当将"两岸"作为现阶段的政治关系定位模式，在这一描述性模式之下展开和平协议的谈判和实施。同时，该书还指出应当以两岸政治互信为和平协议的优先性内容，以两岸协商机制为和平协议的主干内容，构建以和平协议为基础，以两岸事务性协议为主干的两岸协议体系。最后，作者还在上述理论基础上撰写了《海峡两岸和平协议》（建议稿）。《海峡两岸和平协议研究》是大陆首部以两岸和平协议为主要研究对象的研究成果，书中运用了大量理论工具，构建出了一套完整的和平协议理论框架，对两岸关系和平发展框架的建构具有重要理论意义。同时，该书中在对和平协议进行理论分析时，兼及了众多两岸事务性协议的论述，对于两岸协议的研究具有重要参考意义。

三、以两岸协议的实施为研究对象的成果综述

法的生命在于实施，两岸协议的生命亦在于实施。两岸协议的实施是

---

① 祝捷：《海峡两岸和平协议研究》，香港社会科学出版社 2010 年版，第 87 页。

指两岸协议在正式产生法律效力之后，在两岸域内和两岸间贯彻和落实的制度的总称。当两岸签署了相当数量的事务性协议之后，理论界亦对两岸协议的实施这一问题保持了较高的关注度，两岸学者亦围绕这一问题形成了一批具有代表性的学术成果。在这些成果中，既有以两岸协议的实施这一宏观问题为研究对象形成的理论成果，亦有以各项两岸协议的实施效果及其实施过程中可能遇到的问题等微观问题为研究对象形成的理论成果。

大陆学者彭莉教授撰写的《论 ECFA 框架下两岸经贸争端解决机制的建构》一文，重点分析了《海峡两岸经济合作框架协议》（ECFA）实施机制中双方建构争端解决机制这一问题。作者提出，随着 ECFA 的签署和实施，两岸原有的以"民间协商与以 WTO 作为平台处理的双重模式"已经无法满足两岸解决贸易争端的需要，因此两岸应当以积极态度促成争端解决机制的建立。作者认为，在借鉴现有争端解决机制的基础上，两岸经贸争端解决机制的主体应当谨慎纳入私人间诉权，有限受理私人与另一方官方层面的争端，并注意将地方政府包含在机制运行主体之中；争端解决机制的客体应包含货物贸易争端、服务贸易争端、投资争端、知识产权争端等各领域；争端解决机制的运行模式则应当广泛采用 AFR 模式。①

大陆学者季烨博士撰写的《台湾立法机构审议两岸服务贸易协议的实践评析》一文则集中分析了台湾"立法院"审议《海峡两岸服务贸易协议》的个案，是分析两岸协议实施机制中具体问题的代表性成果。在该文中，作者将台湾"立法"机构审议《海峡两岸服务贸易协议》的法律争议点总结为三点，即两岸服贸协议的"备查"与"审议"之争、两岸服贸协议可否径付二读之争和两岸服贸协议可否"保留"之争，并通过对服贸协议本身的积极意义、台湾"立法"机构的蓝绿力量对比和民进党反对两会协议的既往实践三个角度，分析了影响服贸协议生效的具体

---

① 参见彭莉：《论 ECFA 框架下两岸经贸争端解决机制的建构》，载《台湾研究集刊》2010 年第 6 期。

要素。① 最后，作者认为，服贸协议在未来的生效情势仍值得乐观，但台湾方面审议两岸协议中体现出的"泛政治化"问题依然值得大陆警惕。

台湾学者林正义撰写的《"立法院"监督两岸协议的机制》一文，以台湾地区"立法"机构在两岸协议审议、监督过程中的地位与作用为研究对象，集中分析了"立法院"介入两岸协议实施过程中的利弊，并分析了在两岸协议签署与实施过程中"立法院"可有的作为，最终得出"立法院"对于台湾方面在认同分歧、政党竞争之下，能够更好地处理两岸关系之结论。② 该文指出，"立法院"以适当角色参与至两岸协议商签与实施过程中，能够有效寻求台湾内部共识，消解台湾内部部分不安意见。《"立法院"监督两岸协议的机制》一文是台湾地区在两岸恢复事务性商谈后，较早提出两岸协议应当在岛内受到"立法"机构监督的论文，该文尽管较为简略，但却能为我们研究两岸协议在台湾地区的"立法"监督问题提供重要参考。

四、以两岸关系为研究对象的成果综述

两岸协议研究是两岸关系研究的一个组成部分，离开两岸关系研究，两岸协议研究无从立足。要对两岸协议展开研究，就必须对两岸关系这一两岸协议存在的背景性问题进行整理和研究。目前，两岸有关两岸关系的研究成果颇丰，限于篇幅，本书对相关成果无法一一详述，只能将其中具有代表性的一些论著做一简述。

《两岸关系》一书是台湾学者邵宗海所著的以两岸关系为研究对象的一本学术专著，该书于 2006 年出版，共约 50 万字。③ 该书以大陆和台湾

---

① 参见季烨：《台湾立法机构审议两岸服务贸易协议的实践评析》，载《台湾研究集刊》2014 年第 2 期。

② 参见林正义：《"立法院"监督两岸协议的机制》，载《台湾民主季刊》第六卷第 1 期。

③ 参见邵宗海：《两岸关系》，五南图书出版股份有限公司 2006 年版。

地区领导人和相关事务负责人的讲话和数十年来双方的主导性两岸政策为依据，通过对台湾当局的大陆政策和大陆方面的对台政策系统性地分析，对两岸谈判、冲突、交流和前景展望进行了全景式的叙述。作者通过对两岸间政策文献的梳理和总结，依照两岸关系中研究的类别，综合成书，其内容涉及"一个中国"、两岸政治定位、"台湾本土意识"、两岸军事冲突、外交角逐、经贸文化与人道交流、两岸直航、两岸中止敌对状态、领导人会晤、两岸政治性谈判等存在于两岸间的核心问题进行了分析，并为两岸关系的发展提出了若干建议。2011 年，作者在该书的基础上，结合两岸关系 2008 年以来的发展出版了《新形势下的两岸政治关系》① 一书，对相关资料进行了补充，并提出了若干新的观点。邵宗海教授的两部专著是台湾学者以政策言说为主要研究范式、对两岸关系进行研究的重要学术专著，对两岸关系、两岸谈判和两岸协议研究有着重要参考价值。

《争辩中的两岸关系理论》一书首次出版于 1999 年，是由台湾学者包宗和、吴玉山领衔，集合 9 位两岸关系研究的学者所著的一本学术专著。② 该书分别从整合理论、分裂国家理论、博弈理论、大小政治实体理论、选票极大化策略、发展性国家理论、心理学、国际体系理论等来自国际关系学、政治学、社会学、心理学等不同学科的理论模式，对两岸关系研究各个面向进行了深入研究。2009 年，该书的第二版《重新检视争辩中的两岸关系理论》出版，新版增加了"名分秩序论"、全球化与两岸关系、台湾民众统"独"立场、台湾岛内选举的影响等理论，提出了若干新的理论。③ 这两本专著是台湾学者所著的以理论建构为主要研究范式的代表作品，书中提出的理论观点在方法论上对两岸关系研究有着较大的学术价值，对两岸协议研究也具有重要的参考价值。

---

① 参见邵宗海：《新形势下的两岸政治关系》，五南图书出版股份有限公司 2011 年版。

② 参见包宗和、吴玉山主编：《争辩中的两岸关系理论》，五南图书出版股份有限公司 1999 年版。

③ 参见包宗和、吴玉山主编：《重新检视争辩中的两岸关系理论》，五南图书出版股份有限公司 2011 年版。

台湾学者张亚中于 1998 年、2000 年和 2003 年分别出版了《两岸主权论》《两岸统合论》和《全球化与两岸统合》三本学术专著，构建了以"统合"为核心的一套两岸关系理论体系。这一系列著作对"两岸主权"、两岸一体化（即台湾学者所称的"统合"或"整合"）和"两岸治理"等问题进行了详尽的论证，逐渐形成了一套张氏特有的理论体系。这套理论体系以"统合"为核心概念，以"一中屋顶""一中三宪"等概念为支撑，尝试以欧盟模式解决两岸问题。然而，由于两岸关系的特殊性，大陆和台湾都很难接受这套以"统合"为核心的理论体系，因而上述观点在两岸间并未形成现实影响。尽管如此，张亚忠教授的上述理论观点依然能够为我们研究两岸关系、研究两岸协议提供积极的支持。

《构建两岸关系和平发展框架的法律机制研究》一书是两岸范围内首部从法学视角关注两岸关系和平发展框架这一涉及两岸关系宏观面问题的专著。该书由大陆学者周叶中、祝捷主编，该书认为，法律是社会关系的调节器，法律机制应该、也能够在构建两岸关系和平发展框架中发挥重要作用，构建法律机制既是两岸关系和平发展的必然要求，是运用宪法思维处理台湾问题的必然结果，也是反对和遏制"台湾法理独立"的必然选择。[①] 该书共分为八章，分别从两岸关系和平发展框架的宪法机制及其具体应用手段（宪法解释手段对两岸关系定位的意义、两岸和平协议及其实施）、构建两岸关系和平发展框架的法律障碍及其解决机制（两会协议实施机制、两岸行政机关合作机制、两岸司法协调机制）和两岸具体法律障碍的解决实例（"陆资入台"的法律障碍及其解决）等方面，全景式地论述了法律机制在两岸关系和平发展框架构建中的价值及其具体应用。

除上述研究成果之外，两岸学界还产生了大批针对两岸关系问题和两岸协议问题的研究成果，本书限于篇幅，无法一一列举。这些研究成果构

---

① 参见周叶中、祝捷主编：《构建两岸关系和平发展框架的法律机制研究》，九州出版社 2013 年版，第 5—10 页。

成了本书研究的基础，也为本书的研究提供了重要的理论支持。然而，目前在两岸范围内尚没有一部专门以"两岸协议实施机制"为研究对象的成果，上述成果对于两岸协议的论述也多是兼及，而非专论，目从这个意义上看，本书具有一定的原创性。

第四节　研究意义与本书的结构安排

两岸协议是两岸关系和平发展持续深入的产物，也是两岸关系和平发展框架的重要支柱。近年来，包括政治学、经济学、国际关系学、法学等在内的多个学科领域的学者都对两岸协议的有关问题展开了相关研究，但这些研究往往是针对某项具体协议的现实作用和在实践中出现的现实问题进行的探讨，却恰恰忽视了对两岸协议本身的定性分析和对协议从创制到实施，再到变迁的程序性研究。因此，本书立基于前人的研究成果，重点对两岸协议本身展开系统研究。具体而言，本书的研究意义主要体现在理论意义和实践意义两个方面：

其一，本研究的理论意义。本研究的理论意义主要体现在以下几个方面：一是通过本书的研究，建构和完善两岸协议实施机制的基本理论，为进一步研究两岸协议实施中的具体问题奠定基础；二是通过本书的研究，推进两岸关系和两岸协议研究方法论的转型，运用法治思维，推动相关问题研究方法论的变迁；三是通过本书的研究，以两岸协议研究为突破口，为全面建构"法治型"两岸关系的研究做好理论准备。

其二，本研究的实践意义。本研究的实践意义主要体现在以下几个方面：一是通过本书的研究，对两岸协议实施机制中的各种具体制度进行精细化设计，为两岸共同建构和完善这一机制提供支持；二是通过本书的研究，有力驳斥"台独"分裂分子就两岸协议性质、两岸协议的接受和适用等问题提出的分裂主张；三是通过本书的研究，为大陆的两岸协议适用机制提出完善建议，为完善中国特色社会主义法律体系中与两岸关系相关的法律规范提供理论支持。

基于两岸协议实施机制研究的重要理论与实践意义，本书拟分六章对这一问题展开论述。除绪论和附录外，本书各章的主要安排如下：

第一章为两岸协议的法理定位研究，本部分围绕"两岸协议是什么"这一问题展开讨论，运用软法理论和欧盟共同政策理论等理论工具，结合两岸关系和平发展的实践，提出两岸协议是一种具有软法特征的两岸共同政策的基本观点。本部分以两岸协议的定位问题作为研究两岸协议相关问题的突破口，并为解决以后各章中提出的协议实施与发展中出现的问题提供理论先导。

第二章为两岸协议的创制机制研究，本部分通过对两岸协议的创制机制，即两岸事务性协商机制的历史进行系统性回顾，总结归纳出这一机制的基本模式、基本特征，并对其实践情况加以评述。在此基础上，通过新制度主义理论和欧盟宽容共识理论等理论工具对两岸事务性协商机制进行反思和重构。两岸协议的创制是协议实施的前提，也是协议实施的首要环节，因此本部分的论述将为后续研究提供理论基础。

第三章为两岸协议的联系主体制度研究，本部分以"联系主体"这一两岸协议的特有机制为研究对象，通过建构一套脱胎于"政府间主义"理论的"两岸间"理论体系，对两岸协议联系主体、两岸经济合作委员会等具体制度进行叙述，最终提出一套两岸协议联系主体制度改革与发展的制度建议。"联系主体"制度是两岸协议的一项特色制度，其制度功能在于实现协议实施中双方立场和行动的有效协调，因此对这一制度的研究能够为协议顺畅实施提供有力支持。

第四章为两岸协议的接受与适用制度研究，本部分围绕"两岸协议与两岸各自域内法律体系的衔接"问题，对两岸协议的接受和适用制度的理论内涵、实践情况等加以叙述，在此基础上提出当前两岸协议接受与适用中存在的现实困境，最终运用"缓和二元论"等理论工具，提出了这一制度的完善建议。两岸协议自签署到实施，实现从两个民间组织之间的"私协议"，到对两岸具有普遍约束力的法律规范的转变，需要经历一个复杂过程，这一过程即涉及协议的接受与适用问题。本部分的研究结论，能够为两岸协议与两岸各自域内法律体系的协调一致提供理论支持。

第五章为两岸协议实施中的法律技术问题研究，本部分以与两岸协议实施相关联的若干法律技术性问题为研究对象，对两岸协议的解释机制、修改机制、暂停实施和终止实施机制的必要性、制度安排及其缺陷进行论述，在此基础上提出了构建和完善上述具体制度的解决方案。法律技术是法律适用过程中的一些具体手段和方法，其价值即在于使存在于文本之上的法律转变为现实中的法律，对于两岸协议这一体现为具体文本的规范性文件而言，对影响其实施的技术性问题加以分析和论述对于协议的实施具有重要现实意义。

第六章为《海峡两岸交往综合性框架协议》（建议稿），本部分是运用全书构建的一套理论体系，针对两岸交往中的若干事宜起草的一份两岸协议的建议稿。这份建议稿以两岸之间日趋复杂、多元的交往过程为调整对象，以促进和保障两岸民间交往和公权力机关交往为目的，超越于一般事务性议题之上，为两岸交往机制的规范化提供法理基础。从一定程度上讲，这份建议稿即是对两岸各层次交往问题的一种宏观规制，也是对本书前五章建构的理论体系的一种实际应用，它体现出本书对两岸协议法理定位、创制机制、联系主体机制、接受和适用机制以及法律技术问题研究的主要理论成果，因而具有将抽象理论化于具象实践的作用。

除正文外，本书还附有附录部分，其中附录1为大陆和台湾有关两岸协议的各自规定（节选），对全书中涉及的与两岸协议相关的两岸各自域内规定加以罗列，以便读者在阅读本书时及时查阅相关规定；附录2为两岸商谈和两岸协议大事记（1986—2014），对自1986年"两航谈判"以来，两岸谈判和两岸协议历史上的重大事件加以罗列，以便读者更加完整地理解本书所描述的历史事实。

第一章 两岸协议的法理定位研究[①]

    两岸协议是什么，即两岸协议的法理定位问题是两岸协议研究应当解决的首要问题。对这一问题的不同看法，不仅关系到两岸协议本身在实施过程中的地位与作用，还反映出对两岸政治关系定位的不同看法。可以说，两岸协议的法理定位一旦确定，协议的创制、变迁、接受、适用等各项机制的建构便有了理论根基。目前，大陆和台湾尚未能就这一问题达成共识，两岸学界对这一问题的相关观点亦有很多。总体而言，大陆方面立基于一个中国原则，强调两岸协议的"一国性"和权威性，台湾方面则倾向于强调"台湾的主体性"和两岸协议的"对等性"。在台湾内部，对于统"独"议题持不同看法的各方政治势力，对两岸协议法理定位问题的态度更是针锋相对。如果无法对"两岸协议是什么"这一问题做出合理的、能够为两岸共同接受的解释，将会严重削弱两岸协议的权威性，妨碍两岸协议的达成和执行，同时也会间接影响两岸政治关系的合理定位，影响两岸政治互信的强化，最终妨碍两岸关系和平发展的大局。基于两岸协议法理定位问题的重要意义，本书在第一章即以这一问题为主要研究对象，在归纳总结两岸协议实践和两岸理论界主要观点的基础上，尝试运用适当的理论对这一问题做出回答，以期能以恰当的结论指导两岸协议理论

---

    ① 本章的主要观点曾以《论两岸协议的法理定位》为题发表于《江汉论坛》2014 年第 8 期，收入本书时做了较大规模的增补和修改。

体系的建构。

第一节　两岸协议定位问题的研究综述与评析

对两岸协议法理定位问题的论证，可以从两个方面进行探讨：一是从两岸协议的实践出发，分析两岸各自规定、政治人物讲话和适用协议过程中的态度等，判断大陆和台湾对于两岸协议法理定位的基本态度；二是从两岸学者提出的理论框架出发，观察是否可以运用某种（或某些）既有理论，对两岸协议的实践活动加以理论诠释，以解决这一问题。在两岸关系的研究中，我们既要结合两岸在处理相关问题中的实践，也要通过实践提供的素材进行理论建构，以理论为未来的实践提供指导。基于此，本书在分析两岸协议的法理定位问题时，将首先对大陆和台湾对这一问题的基本态度和两岸学者的既有理论成果进行归纳、总结和分析，以期为我们提出一些新的认识提供帮助。

一、大陆方面对两岸协议法理定位的基本态度

在很长一段时间内，大陆官方并未对"两岸协议是什么"这一问题做出正面表述，也没有以法律形式加以规定，但我们仍可从其政策表述、法律规范和实施协议的实践中，探究其对这一问题的基本态度。

第一，在政策表述上，大陆方面充分肯定两岸协议的权威性，强调协议对两岸应当具有约束力。尽管大陆方面并未正面对两岸协议的定位问题表态，但从其政策表述上看，大陆方面充分肯定两岸协议作为两岸受权机构所达成协议的权威性。2014 年 4 月 16 日，国务院台湾事务办公室发言人范丽青在回应台湾地区有关《海峡两岸服务贸易协议》的相关争议时指出："服务贸易协议是一个已经签署的协议，也是两会受权签署的协议

……两会受权协商和所达成协议的权威性应该得到维护。"① 根据国台办发言人的这一表述，两岸协议对于大陆和台湾应当具有现实约束力，因而已经签署的协议应当为两岸共同遵守。

第二，在法律规范中，大陆方面并未对两岸协议的定位问题做出正面表述。在当前大陆的涉台法律体系之中，并没有一项立法明确提及两岸协议，更没有立法对两岸协议的定位问题做出规定。目前，大陆方面制定的涉台立法中，作为涉台基本法律的《反分裂国家法》仅在其第六条和第七条对国家采取相应措施推动台湾海峡和平稳定，发展两岸关系和国家主张通过协商谈判方式实现祖国统一等事项做出规定。这两项规定可以被认为是大陆参与两岸两会事务性商谈机制的法律依据，即以谈判方式适用《反分裂国家法》。② 然而，除此之外，大陆的立法中并未出现"两岸谈判""两岸协议"等表述，更没有对两岸协议的定位、接受和适用等程序进行规定。因此，从法律规范的角度看，两岸协议本身在大陆处于一种"无法可依"的状态。

第三，在实施实践中，大陆方面赋予两岸协议以一定的域内约束力。在实践中，大陆适用两岸协议主要采取两种模式：一是直接适用，即两岸协议自生效之日起，自动成为大陆法律体系的一部分，发生法律效力。在这种模式下，大陆公权力机关可以直接依照两岸协议制定相关立法、做出司法裁判和行政执法行为。目前，大多数两岸协议在大陆的适用采取此种模式进行。二是间接适用，即在两岸协议生效后，协议需经立法主体以转化的方式，将其主要内容转变为域内法的一部分之后，方可发生法律效力。在这种模式下，大陆的司法和行政机关只能以由立法机关将协议转化成的域内法律为行事依据，而不能直接以协议为依据的适用方式。目前，

---

① 《国台办新闻发布会辑录（2014-04-16）》，资料来源：http://www.gwytb.gov.cn/xwfbh/201404/t20140416_6026239.htm，最后访问日期：2015年1月30日。
② 参见周叶中、祝捷主编：《构建两岸关系和平发展框架的法律机制研究》，九州出版社2013年版，第24页。

《两岸公证书使用查证协议》等少数协议在大陆的适用即采取此种模式。在上述两种适用模式并用的情况下，两岸协议在大陆法律体系中的地位，介于正式与非正式法律渊源之间，其效力位阶与行政规章相当。然而，这种定位只是我们从大陆对两岸协议适用实践中总结出的一种推论，而并非一种规范的制度安排。关于两岸协议在大陆的接受与适用问题，本书第四章将做出详细叙述，此处暂不赘言。

总之，在政策表述和实践操作层面，大陆方面均充分肯定两岸协议对抽象意义上的大陆和台湾，以及对大陆域内的现实约束力。但在法律表述层面，却并未明确两岸协议的法律地位及相应的实施机制等。因此，大陆对于两岸协议定位问题的态度尚处于政策层面，而尚未上升到法律层面。

二、台湾方面对两岸协议法理定位的基本态度

与大陆方面不同，台湾方面对两岸协议的法理定位曾进行过较为明确的界定。这种界定集中表现在台湾方面有关两岸关系问题的有关规范和解释之中。然而，自 1993 年以来，台湾地区各方政治势力之间就两岸协议法理定位这一议题的争论就没有停止过，这种争论所体现的正是台湾地区"斗争性政党政治"[1] 对于统"独"议题的不同态度。

1992 年 7 月，台湾当局正式颁布"台湾地区与大陆地区人民关系条例"（即"两岸人民关系条例"），作为其规范两岸人民经济、贸易、文化往来活动，并处理相关问题的有关规范。"两岸人民关系条例"明确规定，"条例"中所指的"台湾地区"是指"台湾、澎湖、金门、马祖及政府统治权所及之其他地区"，"大陆地区"则"指台湾地区以外之中华民国领土"，[2] 即以"一国两区"作为两岸政治关系定位的基本模式。"两岸人民关系条例"明确规定了台湾当局有关业务主管部门可"设立或指

---

① 参见陈星：《论台湾政党体制的制度化问题》，载《台湾研究集刊》2013 年第 4 期。

② 参见"两岸人民关系条例"第 2 条。

定机构，处理台湾地区与大陆地区人民往来有关之事务"，亦可"委托其（即其设立或指定之机构）代为签署协议"。① 这一规定即为台湾方面授权民间机构与大陆签署两岸协议的法规依据。然而，当时"两岸人民关系条例"并未对两岸民间机构受权签署的两岸协议在台湾地区接受"立法"机构监督的问题做出规定，而仅规定"（两岸）协议，非经主管机关核准，不生效力"。②

在 1993 年"汪辜会谈"时，两岸签署四项协议之后，台湾岛内各方政治势力之间对这些协议的法律效力和法律地位问题仍产生过争议。这种争议集中体现在台湾地区"司法院"做出的"释字第 329 号"解释之中。1993 年 4 月，陈建平等 84 名台湾地区"立法委员"提出"释宪声请"，要求"大法官"就台湾地区"宪法"相关条文中的"条约"一词的内容、范围和审议程序做出解释。这份"释宪声请"的主要内容皆围绕台湾当局"外交部"订定的"条约及协定处理准则"是否涉及"违宪"展开，但在"声请书"第二部分却将"汪辜会谈"时所签署的《汪辜会谈共同协议》等四项协议列入其中，提出"部分朝野立委要求大陆委员会必须将上述四项协议送立法院审议，再度引发有关条约审议权之争议……故声请解释"。③ 这种将两岸协议置于以"条约审议"为主要内容的"声请书"的情况，其出发点便是立基于两岸协议属于"国际条约"的立场。就两岸协议的性质这一问题而言，这份"声请书"主要涉及两个问题：一是两岸协议是否属于"国际条约"；二是两岸协议在台是否应当送"立法院"审议。

---

① "两岸人民关系条例"第 4 条。
② 在历史上，"两岸人民关系条例"曾做出过多次修改，1993 年时，该条例第 5 条第 2 款规定，"（两岸）协议，非经主管机关核准，不生效力"，即未对"立法"机构在两岸协议生效过程中的地位与作用做出规定。
③ "陈建平等八十四人声请书"，资料来源：http://jirs.judicial.gov.tw/Index.htm，最后访问日期：2015 年 1 月 30 日。

针对这两个问题，台湾地区"司法院大法官"于 1993 年 12 月 24 日作成"释字第 329 号"解释，以否定方式给予两岸协议一个基本定性，即认定两岸协议"非本解释所称之国际书面协定"，① 从而否认了两岸协议属于"国际条约"的定位方式，并同时指出两岸协议"应否送请立法院审议，不在本件解释之范围"。然而，这一解释却没有对两岸协议的法理定位做出正面回应。

此后，台湾当局"法务部""大陆法规委员会"又做出决议指出，两岸协议的定性应依其协议内容而论，协议内容如与人民权利义务有关，"或依'宪法'第 63 条规定属'国家重要事项'，经'立法院'审议通过者，为相当于'准条约'；其与人民权利义务无关者，经主管机关许可，为相当于'准行政协议'"。② 然而，台"法务部"决议中的"准条约"和"准行政协议"的用语，却为日后台湾岛内就这一问题产生争议留下了空间。

综合上述规定，我们可以看出，在"两岸人民关系条例"的话语体系之中，两岸协议属"同属一个中国的两个地区"之间签署的协议，这一协议由台湾当局授权有关民间机构与大陆方面签署，协议签署后需按相关程序，经台湾地区行政机构或"立法"机构批准后方可生效。

在 2010 年两岸签署《海峡两岸经济合作框架协议》后，围绕该协议的审议程序，台湾岛内再度出现两岸协议性质之争。以国民党为首的泛蓝阵营为加快协议审议进度，避免协议陷入"逐条审查"和"三读"程序，甚至陷入被"立法院"修改的境地，主张 ECFA 类似于"条约案"，应当比照"条约案"的审议程序，"二读"通过即可，且"立法院"不得修改相关条文；以民进党为首的泛绿阵营为迟滞协议审议进度，则一反常态地主张 ECFA 具有类似于"法律案"的特征，因而应按照"法律案"的

---

① 台湾地区"司法院""大法官解释"，"释字第 329 号"解释理由书。

② 《海基与海协两会签署协议法律效力确定》，载《中国时报》1993 年 7 月 10 日。

审议程序，须"三读"方可通过，且应当"逐条审议、逐条表决"。最终，台"立法院"采取了类似"条约案"的"二读"程序审议通过ECFA。

2014年3月，台湾地区爆发反对《海峡两岸服务贸易协议》的所谓"太阳花学运"，在这一事件中，部分抗议人士提出了"两岸协议监督法制化"的诉求。为平息这一事件，马英九当局承诺在台"立法院"本会期结束前完成"两岸协议监督法制化"，并随即公布了由"行政院大陆委员会"起草的"台湾地区与大陆地区订定协议处理及监督条例草案"（简称"两岸协议监督条例"）。与此同时，台湾方面各方政治势力陆续提出了7份"两岸协议监督条例草案"，其中部分"草案"竟以"台湾中华民国政府与大陆中华人民共和国政府"[①] 作为协议签订的主体，更有部分"草案"以"台湾与中国缔结协议处理草案"[②] 为名。因此，所谓"两岸协议监督法制化"的论争，其背后亦反映出台湾方面各方政治势力对两岸协议法理定位，甚至是两岸关系政治定位的不同看法。[③]

台湾方面各方政治势力对于两岸协议法理定位问题的分歧与论争依然在持续之中。然而，这种分歧所体现的并非岛内各方政治势力对法律规范问题的不同看法，而是其对两岸政治关系定位的不同看法。台湾方面部分持"台独"立场的政治人物和政党之所以不顾台湾地区现行"宪法"和"法律"的明确规定，仍一再提出"两岸协议是国际条约"的观点，与其说是为了解决"两岸协议监督法制化"等现实问题，毋宁说是为了彰显其"台独"的基本立场。因此，在台湾内部尚未就两岸政治关系定位这

① 参见台湾地区"立法委员"尤美女等42人提出的"两岸协定缔结条例草案"，参见台湾当局"立法院第8届第5会期第5次会议议案关系文书""院总1374号""委员提案第16211号"。

② 参见台湾地区"立法委员"姚文智等21人提出的"台湾与中国缔结协议处理条例草案"，参见台湾当局"立法院第8届第5会期第5次会议议案关系文书"，"院总1374号""委员提案第15231号"。

③ 参见周叶中、段磊：《台湾立法机构监督审议两岸协议机制的发展——以"两岸协议监督条例"为对象》，载《台湾研究集刊》2015年第1期。

一议题形成共识之前，其对于两岸协议法理定位这一问题的论争就不会停止。

三、两岸学者对两岸协议法理定位问题的主要观点

实践是理论的基础，而理论则能在实践基础上为人们解决实践中出现的问题提供科学的思维方式和理性的解决方案。在分析两岸协议法理定位这一问题时，我们既要重视两岸各自政策与法律对这一问题的基本态度，也要关注两岸学者运用相关理论对这一问题做出的解释。针对两岸协议法理定位问题，两岸学者均做出过相关的论述和解读。以下我们将对大陆学者和台湾学者对于两岸协议法理定位问题的主要理论观点进行介绍，并对相关观点做出评析。

（一）大陆学者对两岸协议法理定位的主要观点

在大陆学者的论述中，很少有学者专门对两岸协议的法理定位问题做过分析，多数学者往往是在分析其他问题时，兼及两岸协议的法理定位。总体而言，大陆学者对两岸协议法理定位的代表性观点主要有杜力夫教授提出的"国内法说"、王建源先生提出的"分别叙述说"和张亮教授提出的"行政协议说"等。

所谓"国内法说"，即认为两岸协议是一种"国内法"，且是中国的国内法。持这种观点的学者基于一个中国的基本原则，将两岸协议界定为一种"特殊的国内法"。杜力夫教授在论述"两岸关系的法治化形式"这一命题时指出，与两岸各自域内法一样，两岸协议也是两岸关系法治化的形式之一，是"两岸跨越政治对立达成的对双方均有约束力的法律文件，是两岸直接接触达成共识后对未来双方行为规则的约定"。[①] 基于"大陆

---

① 杜力夫：《论两岸和平发展的法治化形式》，载《福建师范大学学报（哲学社会科学版）》2011 年第 5 期。

和台湾同属一个中国"的命题,两岸"为'两岸关系治理'通过各种方式签订的协议对两岸双方领域内的执政当局和民众、法人以及其他组织,同样具有法律约束力",因此,两岸协议"是一种同时在两岸全部领域内,也就是全中国领域内发生法律效力的国内法"。①

所谓"分别叙述说",即对大陆和台湾实施两岸协议的实践过程进行考察,通过对实践的分析和总结,分别描述两岸协议在两岸领域内的法理定位。持这种观点的学者对两岸协议在两岸各自的实施过程进行了法理上的描述与分析,并以此对两岸协议的法理定位进行界定。王建源先生在对"两岸授权民间团体的协议行为"这一命题进行研究时指出,"两岸协议行为是国家统一前,两岸特定民间团体接受官方授权或者委托,就解决两岸交往中衍生的具体问题进行商谈,达成相关协议的法律行为"。② 从协议行为的主体、授权和效力的差异来看,大陆和台湾对于两岸协议的定位持不同立场,在大陆,"两岸协议……具有相当于部委规章或最高法院司法解释的效力",台湾当局则将协议定位为"准国际条约""准行政协定"。③

所谓"行政协议说",即认为两岸协议是两岸公权力机关(行政机关)之间签署的行政协议。持这种观点的学者借用行政法学中"行政协议"的概念,对两岸协议的性质进行界定。如张亮教授在对"ECFA 的法律性质"这一命题进行研究时指出,"ECFA 不仅是一个主权国家中央政府与地方政府授权民间团体签订的协议,也是 WTO 成员方之间的协议"。④ 由于两岸尚未统一,中央政府的统治暂时并不及于台湾地区,因此,台湾地区"在对内事务上……享有近似于绝对的自治权",正是这种

---

① 杜力夫:《论两岸和平发展的法治化形式》,载《福建师范大学学报(哲学社会科学版)》2011 年第 5 期。
② 王建源:《两岸授权民间团体的协议行为研究》,载《台湾研究集刊》2005 年第 2 期。
③ 王建源:《两岸授权民间团体的协议行为研究》,载《台湾研究集刊》2005 年第 2 期。
④ 张亮:《ECFA 的法律性质研究》,载《法律科学(西北政法大学学报)》2012 年第 5 期。

"自治权"使台湾在进行谈判的过程中享有与中央平等的地位，"作为中国中央政府与台湾地区'政府'之间的协议，ECFA 的法律性质应界定为国内法上的行政协议"。①

需要指出的是，有学者还对《海峡两岸经济合作框架协议》（ECFA）的法律性质给予了关注。如曾令良教授认为，由于两岸都是 WTO 成员，尽管 ECFA 的"名称和内容并不是传统意义上的区域贸易协定……但是本质上仍然属于 WTO 框架下的区域贸易协定的范围"，两岸"必须遵循WTO 关于区域贸易协定的有关条件"。② 尽管这种以 WTO 规则对 ECFA 协议的影响为依据，对其法理定位进行的分析和论证具有一定的合理性，但我们必须明确的是，ECFA 与 WTO 下一般的区域贸易协定依然存在很大差别。不论是从协议的签订主体、签订和实施程序，还是从其效力范围等方面看，它仍是两岸之间以两会名义签订的两岸协议，是两岸协议体系的一个构成部分，其法理定位应与其他协议相一致。因此，本书在对两岸协议的法理定位进行分析时，当然包含对 ECFA 法律性质的论证，而并未将其单独列出。

（二）台湾学者对两岸协议法理定位的不同观点

在台湾，许多学者亦对两岸协议的法理定位问题提出过一些看法，试图通过对两岸协议法理定位的解释，论证台湾的"主体地位"。台湾学者的观点大多在政治立场上存在偏颇，且部分观点有为"台独"主张背书之嫌，但单纯从理论建构的角度来看，其观点仍有一定的借鉴意义。台湾学者对于两岸协议法理定位问题的代表性观点主要有姜皇池教授提出的"国际条约说"、曾建元、林启骅两位学者提出的"准国际条约说"、苏永钦教授提出的"两岸协议说"和戴世瑛律师提出的"分阶段定位说"等。

---

① 张亮：《ECFA 的法律性质研究》，载《法律科学（西北政法大学学报）》2012 年第 5 期。
② 曾令良：《WTO 框架下两岸经济合作框架协定的法理定位》，载《时代法学》2009 年第 6 期。

所谓"国际条约说",即认为两岸协议是一种"国际条约"。台湾学者姜皇池在分析"ECFA 的审查程序"时指出,从主体上看,ECFA 的协议主体应当为"'台湾、澎湖、金门及马祖个别关税领域'与'中国'(China)两个在 WTO 结构下之'国际法主体'(subjects of international law)",而"释字第 329 号解释""仅明白排除两岸协议并非宪法所称之条约(国际书面协定),但并不当然代表该号解释认定两岸协议不是'广义之条约'",因而应当将 ECFA 认定为"国际条约",在审议时采取"条约案"的审议程序。①

所谓"准国际条约说",即认为基于两岸"分裂、分治局面",两岸协议应当比照"国际条约",而属"准国际条约"。台湾学者曾建元、林启骅在探讨"两岸协议审议准照条约程序的争议"问题时指出,两岸"乃处于分裂、分治的局面……虽然两岸皆非以国际关系处理双边关系,但各由一主权国家之政府分别管辖则为一客观事实",因而两岸关系应比照两德关系,"乃为'特殊国与国关系'或'准国际关系'",因此,"两岸协议自为'准国际协议'",应交由"立法院"审议。②

所谓"两岸协议说",即认为两岸协议具有其特殊性质,应当自成一体,即属于"两岸协议"这一特定范畴。台湾学者苏永钦在论述 ECFA 和《海峡两岸知识产权保护合作协议》(台湾地区称《海峡两岸智慧财产权保护合作协议》)的审议程序时提出:"两岸协议案不因'两岸人民关系条例'第 5 条的特别规定,就变成法律案……(也)不因同样涉及与统治权所不及的其他证券,不宜逐条审议,而变成条约案……所以,两岸协议案就是两岸协议案。""ECFA 就是中华民国政府和其统治权所不及的大陆地区政府间接签订的行政协议,这不是法律或预算案,按大法官

---

① 参见姜皇池:《论 ECFA 应适用条约审查程序》,载《新世纪智库论坛》(台湾)第 51 期。
② 曾建元、林启骅:《ECFA 时代的两岸协议与治理法制》,载《中华行政学报》(台湾)2011年第 6 期。

'第三二九号解释',当然也不是条约案……两岸协议案就是两岸协议案。"①

所谓"分阶段定位说",即按照两岸协议存在场域的差别对协议给予不同的定性。具有大陆学术背景的台湾律师戴世瑛认为,将两岸协议"定位为'准国际条约',论理上原无不妥……但盱衡现实,于'一中'基本原则下,大陆方不可能承认两岸协议的'国际性'",因此不如依照"法的形成过程"将两岸协议,"于签署成立时,均先定位于'民间协议',俟各自实践完备法制化程序后,再分别将各该协议转化定性为国内'行政命令'、'行政规章'或'司法解释',俾使双方公权力机关,得以各自遵守适从"。② 亦即是说,将两岸协议分为两个阶段进行定位,在签署之时定位为"民间协议",而在两岸完成各自的接受程序后定位为各自域内法律。

(三) 对大陆学者主要观点的评述

大陆学者的观点坚持一个中国原则,在正确的政治立场下,运用既有的法学理论对两岸协议的法理定位做出解读和诠释,从不同侧面对这一问题做出分析,因此,他们的观点都具有重要的参考价值。然而,从现实角度出发,大陆学者所提出的这些观点却又都存在一定的理论缺陷,或未能为两岸协议做出较为精准的理论定位,或不能运用相关理论解决两岸协议实施中的现实问题,这不能不说是一种遗憾。具体说来,"国内法说"和"行政协议说"均是站在一个中国原则的立场,以驳斥"两岸协议是一种国际条约"为主要目标,其所持的基本立场值得肯定,但具体的定位方式却又值得商榷。"分别叙述说"抓住了两岸协议在大陆和台湾各自领域内的效力特征。这种分析方式对于分析和理解两岸协议的实施具有一定的

---

① 苏永钦:《ECFA 应当怎么审?》,载《中国时报》2010 年 7 月 1 日。资料来源:http://www.np.org.tw/modules/tadnews/index.php?nsn=125,最后访问日期:2015 年 1 月 30 日。

② 参见戴世瑛:《论两岸协议的法律定位》,载《检察新论》(台湾) 第 14 期。

现实意义，但这种定位方式却是不够明晰的。

就"国内法说"而言，简单地将两岸协议定位为一种"国内法"的论证过于笼统，未能揭示出两岸协议的具体法律属性，即未能明示两岸协议究竟属于国内法中的哪一种具体类别，亦未说明两岸协议是否属于国内法的一种新型表现形式，甚至并未从除"一国性"之外的其他"国内法"的一般特征上对两岸协议进行分析。事实上，台湾地区在实施两岸协议的过程中，需要依照两岸协议规定的具体内容对协议与其域内法律规范的关系进行协调，若涉及"法律保留"的内容，则必须由"立法"机构进行审议和接受，这种实施行为内在地将两岸协议视为一种法律规范变动的启动条件，而非法律规范本身。在大陆，尽管两岸协议往往能被有关部门"直接适用"，但在大陆法律体系的规范表述中，亦不包括这种以"两岸合意"为创制条件的两岸协议，因而协议本身至少无法被纳入大陆的正式法律渊源之中。因此，简单地以"国内法"定性两岸协议的观点仍然值得进一步推敲。

就"行政协议说"而言，尽管两岸协议在外在特征上与国内法上的行政协议具有一定的相似性，但从协议主体、协议内容和协议实施程序上看，两岸协议与行政协议相比仍然存在很多差别，这两种协议不能混为一谈。众所周知，行政协议是"两个或者两个以上的行政主体或行政机关，为了提高行使国家权力的效率，也为了实现行政管理的效果，而互相意思表示一致而达成协议的双方行为"。① 从协议主体上看，达成行政协议的主体具有平等地位，这种平等地位来源于一国的宪法和法律对于国内各个区域之间平等地位的制度安排。② 然而，就两岸而言，双方目前尚未就两岸政治关系定位问题达成共识，大陆和台湾对对方的政治地位仍存在着不同的表述，因此，行政协议所要求的这种基于宪法和法律的平等地位，也

---

① 何渊：《论行政协议》，载《行政法学研究》2006 年第 3 期。
② 参见叶必丰：《我国区域经济一体化背景下的行政协议》，载《法学研究》2006 年第 2 期。

就无从谈起。从协议的内容来看，行政协议所涉及的一般是行政机关职权范围内的相关事项，尤以区域经济一体化为主。然而，两岸协议所涉及的内容不仅包括两岸间的经济合作安排，还涉及两岸因长期对峙而产生的"三通"问题和因法律体系的差异而产生的司法互助问题等，因此，两岸协议所涉及的内容远远超过了行政协议所能涵盖的范畴。从协议的实施程序看，行政协议的实施往往是通过缔约方"根据自己的职权，制定在本辖区内实施的规章、行政规范性文件或国民经济和社会发展计划"等方式予以实施，或是通过设置行政首长联席会议或者独立机构的方式予以实施。① 然而，两岸协议的实施却远非如此简单。大陆和台湾为实施两岸协议，一般需要对各自现有法律规范进行相应的调整，或是修改原有规定，或是以协议为依据制定新的法律规定，有些问题甚至涉及"法律保留"问题。因此，两岸协议的实施程序之复杂程度远高于一般的行政协议。

与上述两种观点不同，"分别叙述说"则是通过对两岸协议的实施进行分别分析，分别描述了其在两岸各自域内的法理定位，却在实际上回避了两岸协议在两岸间的法理定位问题。亦即是说，以"分别叙述"方式得出的两岸协议的定位，实际上并未给出一个能够统一叙述两岸协议存在于"两岸间"时的现实状态，而仅仅是对其在"两岸内"的实施状态进行描述。因此，"分别叙述说"也并非一种完整意义上的对两岸协议法理定位问题的学说。

（四）对台湾学者主要观点的评述

台湾地区学者对两岸协议性质的探讨多涉及其"立法"机构对两岸协议的监督问题，其观点上的差别主要源于其对两岸政治关系定位的分歧。在历史上，大陆和台湾分别对两岸政治定位问题提出过"合法政府对叛乱团体""中央对地方""两党""两区""两府""两体"和"两

---

① 参见叶必丰：《我国区域经济一体化背景下的行政协议》，载《法学研究》2006 年第 2 期。

国"等定位模式，① 而上述学者则分别以"国与国关系""特殊的国与国关系""一国两区"等定位模式为基础，运用相应的理论架构对两岸协议的法理定位问题进行分析。因此，台湾学者观点上的差异往往是源于其对于两岸政治关系定位这一问题的不同态度。

持"国际条约说"和"准国际条约说"的学者将两岸"尚未统一"的事实加以夸大解释，认为两岸处于"分治、分裂"之中，两岸"各由一主权国家之政府分别管辖则为一客观事实"，因此，两岸关系应当被定义为"国际关系"或"特殊的国与国关系"。在这种定位下，两岸协议作为两岸签署的协议，自然可以被认为是"国际条约"或是"准国际条约"。众所周知，两岸协议的政治前提和基础是以"一个中国"为核心的"九二共识"，两岸关系不是"国与国关系"，以"国际关系"或"特殊的国与国关系"作为前提提出的上述两种学说缺乏合理性，也无法为两岸（尤其是大陆）所接受。因此，这两种学说不仅无助于为两岸协议确定合适的理论定位，反而会造成两岸协议定位的"异化"，不利于两岸关系和平发展的继续推进。

持"两岸协议说"的学者以"两岸人民关系条例"和"释字第329号解释"所坚持的"一国两区"定位模式为基础，将大陆和台湾视为"中华民国"的两个地区，台湾属"中华民国政府""统治权"所及的地区，而大陆则为"中华民国政府""统治权"不及的地区。在这种定位下，两岸协议被认为是一种两个地区间的协议，并归入"两岸人民关系条例"所称的"两岸协议"之列。尽管"两岸协议"的定位模式较之于"国际条约说"和"准国际条约说"而言已较为温和，且并未超出"一个中国"框架的基本范围，但"一国两区"的定位模式，也不能为两岸所

---

① 参见周叶中、祝捷：《关于大陆和台湾政治关系定位的思考》，载《河南省政法管理干部学院学报》2009 年第 3 期。

共同接受，且"两岸协议"的定位模式尚不够精准，不能在实践中解决两岸协议与两岸各自域内法律关系等现实问题，因而不能成为一种合理的学说。

持"分阶段定位说"的学者为平衡两岸对协议定位的接受分歧，改变了以两岸政治关系定位为协议定位的研究范式，转而以谋求创设能够为两岸共同接受的方案。因此，"分阶段定位说"仅从协议的效力形式出发，将两岸协议在"两岸间"期间界定为一种"民间协议"，而将协议在"两岸内"期间按照两岸各自域内规定界定为不同的法律渊源。这种仅从协议效力特征的角度界定协议性质的方法具有一定的创新性，其所持的观点也较为中性，值得我们借鉴。然而，这种分阶段定位的方式，却无法解释两岸接受和实施"民间协议"的义务来源、协议与两岸各自域内法律体系的关系、协议在台湾地区接受"立法"机构审议的方式等现实问题，因此亦不能成为一种具有可操作性的观点。

综上所述，大陆和台湾的学者们尽管对两岸协议的法理定位问题提出了各自的见解，但由于各种因素的制约，上述观点都存在着立场或策略上的现实问题，因而无法成为既能够为两岸所共同接受，又能够解决两岸协议实施过程中面临的现实问题的方案。基于两岸协议法理定位问题的重要理论和现实意义，应当在汲取上述观点中合理因素的基础上，对两岸协议的各项特征加以考虑，结合实践对两岸协议的法理定位问题进行进一步论证。

第二节　两岸协议法理定位问题的分析工具

从上述对两岸协议定位问题的研究综述可见，两岸学者对于两岸协议法理定位问题的不同回答，往往是由于双方均立基于一定政治立场，为理论研究预设一定前提和结论，再运用不同研究方法，来获致基于政治立场而被预设的结果，此即所谓"立场定位"的研究范式。[①] 在两岸关系研究中，"立场定位"范式的优势在于，可以从理论上强化对既有政治立场的认知，而劣势在于对两岸关系发展中出现的各类现实问题的细节制度之建构和策略选择方面受到较大限制，因而相关研究的成果的理论性较为薄弱。在这种研究范式下，学者们的研究成果与其说是为解决相关问题而提出的理论方案，毋宁说是一种强化自我认知的独白，这种独白式的研究对于解决现实问题的帮助较为有限。以两岸协议的法理定位为例，大陆学者往往以坚持一个中国原则为研究的基本前提和目的，通过各种理论解读，最终得出两岸协议具有"国内性""一国性"的基本观点；台湾学者则根据各自政治观点的需要，或是预设"台独"的基本立场，通过理论建构得出两岸协议是"国际条约"的基本结论，或是预设"台湾主体性"的基本立场，通过相应分析得出两岸协议是两岸对等签署的协议（或"准条约"）的基本结论。然而，这种以强调立场正确的研究结论或者是不能为两岸所共同接受，或者是不能为解决两岸协议实施中存在的现实问题提供理论助力，从而沦为学者们的一种"空谈"。

因此，要对两岸协议做出合理的定位，应当既能满足大陆和台湾对两岸协议定位的立场需求，尽量避免"国家""主权"等争议概念的负面影响，又能为两岸协议在创制和实施过程中出现的各种现实问题提供策略支持。要同时满足这两个要求，就必须通过使用一些无关两岸争议因素的理论工具，针对两岸协议创制与实施过程中的各类现实问题，对协议做出定位。两岸关系问题具有其他问题无可比拟的特殊性和复杂性，这种特殊性和复杂性，恰恰决定了对两岸关系问题分析方法的多元性，亦即是说，我们很难以任何一种既有的理论工具对其展开分析，而需要运用多种理论工具进行综合分析。就两岸协议的法理定位而言，一种合理的定位模式必须

---

① 祝捷：《两岸关系定位与国际空间——台湾地区参与国际活动问题研究》，九州出版社 2013 年版，第 5 页。

能解决以下两个问题：一是如何解释协议的法律效力问题，即解释两岸协议是否具有法律效力，这种法律效力又如何得以体现；二是如何解释协议的创制和实施方式与这种定位模式的关系问题，即解释两岸协议何以会以区别于其他各类规范性文件的方式得以创制和实施。基于对上述问题的分析，本书尝试选取软法理论和欧盟共同政策理论，在经过一定的话语改造后，作为两岸协议法理定位问题的分析工具，以期能得出恰当的结论。

一、软法理论及其理论限缩：两岸协议法理定位的效力分析工具

从形式上看，两岸协议是由两岸两个民间机构（即两岸两会）签署的"私协议"，从理论上讲这一协议的效力应当仅及于海协会与台湾海基会。因此，协议本身在大陆和台湾能否产生效力，往往取决于两岸各自对于协议的态度。然而，在两岸尚处政治对立的情况下，大陆和台湾之间并不存在一个"超两岸"机构，亦即是说，没有一个实体能够强制要求大陆和台湾认同两岸协议。因此，从法理上讲，两岸协议对于大陆和台湾的约束力，并非来源于一个具有强制执行力的主体，其实施需要依靠两岸各自公权力机关。从这个意义上讲，我们很难用传统的法学理论来解释两岸协议的效力问题。因此，我们尝试运用软法理论对两岸协议的法理定位问题进行分析和论述，以求对两岸协议的效力问题做出合理解释。

（一）软法的理论特征

软法是一种在实践中广泛存在的法现象。对于软法概念的界定，弗朗西斯·施尼德曾做过描述，即软法是"在原则上没有法律的强制约束力，然而却可能具有实际约束力的行为规则"。[①] 国内一些具有代表性的软法

---

① Francis Snyder, "The Effective of European Community Law: Institutions, Processes, Tools and Techniques", *56 Modern Law Review*, 1993, P. 32.

学者已对软法的理论特征进行了较为全面的叙述，对包括软法的兴起背景、发展沿革、特征、功能、主要渊源、基本结构以及软法在公共治理中的定位等问题均进行了深入研究，形成一批研究成果。一般而言，学者们认为，软法的个性特征主要包括以下几方面①：

一是软法创制方式与制度安排富有弹性，软法的创制注重实践论辩，推崇柔性治理，而软法的规定往往表现出笼统、抽象、原则、模糊、灵活或柔和的特点；二是软法不能运用国家强制力保证实施，软法的目标实现主要依靠社会舆论、自律、内部监督、利益诱导和社会强制力的支持，而并非像硬法一样依靠国家强制力追究违法责任的方式保障其效力；三是软法效力实现的非司法中心主义，软法并不将司法适用当作其效力实现的唯一方式，而主要通过相关主题的自愿服从或者习惯性服从，以及政治组织、社会共同体的适用而实现其效力；四是软法规范的位阶不甚明晰，与硬法体现的纵向关系不同，软法反映的主要表现为一种横向的平行关系，不同软法规范之间法律位阶表现得较为模糊；五是软法的创制和实施具有更高程度的民主协商性，较之于硬法而言，软法的制定与实施主体更加多样，更加开放，更加注重对话与沟通，强调共识与认同，能够最大限度地基于合意做出公共决策。

较之于传统的硬法而言，软法之"软"，最重要的表现就在于其实施方式，即效力特征。一般而言，法律是由国家强制力保证实施的规范，其实施方式主要依靠国家强制，表现出一种刚性特征。然而，在现代法治发展过程中，法的实施方式逐渐多样化，从单一的依靠国家强制实施发展为包括自愿服从、习惯性服从、社会强制服从和国家强制服从在内的多元化实施方式，在这四种实施方式中，其耗费的社会资源递增，对法的认知性、社会认同感、社会效果递减。② 软法，正是一种不运用国家强制力保

---

① 参见罗豪才、宋功德：《软法亦法：公共治理呼唤软法之治》，法律出版社 2009 年版，第 372 页。

② 罗豪才、宋功德：《软法亦法：公共治理呼唤软法之治》，法律出版社 2009 年版，第 193 页。

证实施的法。具体说来，软法的实施方式主要有以下几种①：一是依靠社会舆论、自律、内部监督、同行监督等产生的社会压力使主体自觉遵守；二是依靠融入软法制度中的激励机制，因势利导，诱使主体遵守；三是依靠社会强制力保证实施；四是依靠国家权威或者国家强制力的权威，促成软法目标的实现。总之，软法与传统硬法而言的最大区别，就在于其"不运用国家强制力保证实施"上，这也是持不同观点的软法论者的共识之所在。

（二）分析工具的形成：软法理论的调整与限缩

从两岸协议的创制方式、效力特征和实现方式等角度看，协议与软法具有一定的相似性。正是这种相似性使我们能够将软法理论作为一种分析两岸协议法理定位的有效工具。

首先，从创制方式上看，软法的创制方式与制度安排富有弹性，它或是出于约定俗成，多方协商，或是出于确认、认可或是遵循法定程序，不一而足。② 两岸协议的创制方式和制度安排与软法一样充满弹性，甚至于作为其基础和前提的"九二共识"也是一项充满弹性的原则。然而，两岸协议这种弹性的存在并未减弱两岸协议对于两岸关系和平发展的重要作用，反而使它成为两岸之间一个可以包容差异和分歧的平台，为两岸积累更多共识提供机会。

其次，从法的效力角度看，软法不能运用国家强制力保证实施，软法目标的实现主要依靠社会舆论、自律、激励机制等予以提供。③ 两岸协议在"两岸间"的实施亦非由国家强制力予以保证，而是与软法相同，由两岸公权力机关以自律方式为其提供约束力。当然，当两岸协议为两岸各自公权力机关所接受，并以各自方式将协议内容纳入各自法律体系之后，

① 参见罗豪才、宋功德：《软法亦法：公共治理呼唤软法之治》，法律出版社2009年版，第373页。
② 参见罗豪才、宋功德：《软法亦法：公共治理呼唤软法之治》，法律出版社2009年版，第372页。
③ 参见罗豪才、宋功德：《软法亦法：公共治理呼唤软法之治》，法律出版社2009年版，第373页。

其在两岸各自域内的实施将受到两岸公权力机关的强制力保证。需要说明的是，尽管两岸协议的这种特征与"国际软法"这一概念存在类似之处，但两岸协议的创设是建立在两岸对于一个中国原则的认同之上，其本质是一个中国之下两岸之间所达成的协议，是作为整体的中国的国家主权的一种体现。从这个意义上讲，两岸协议并不符合国际软法的基本特征。①

最后，从创制和实施方式来看，软法的创制和实施具有更高程度的民主协商性，相对于硬法而言，软法更加注重商谈，注重对话与沟通，强调共识与认同，能够最大限度地基于合意做出公共决策。② 两岸协议最重要的功能就在于通过两岸间的协商与沟通，将双方对于两岸关系中一些具有较多共识的事务性问题的解决予以规范化。同时，在两岸协议的制度安排中，其适用与解释等问题都充分考虑到两岸的合意，而非以任何一方的意见做出决定。

然而，仅从上述特征上的契合，就将两岸协议定位为一种软法，显然难以完全自洽。目前大陆行政法学界流行的软法理论，往往立足于以软法与硬法相结合的混合法体系取代单纯的硬法体系，本质上是对"国家管理失灵"问题的回应，其目的是实现"公域之治的转型过程"。③ 在这一目的指引下，两岸协议与软法在创制主体和方式上的相似，实际上是一种"貌合神离"式的相似，即尽管在形式上具有相似性，但实质上却具有较大差别。实际上，软法的许多特征与两岸协议的发展实践并不完全契合，

---

① 国际软法在制定主体方面可以由国家和国家，国际组织和国际组织，以及国家和国际组织共同制定，也可以由国际组织单独制定。显然，一国之内的两个政治实体并不属于这一主体范畴。参见周华兰：《浅议国际软法》，载罗豪才主编：《软法的理论与实践》，北京大学出版社2010年版，第372页。

② 国际软法在制定主体方面可以由国家和国家，国际组织和国际组织，以及国家和国际组织共同制定，也可以由国际组织单独制定。显然，一国之内的两个政治实体并不属于这一主体范畴。参见周华兰：《浅议国际软法》，载罗豪才主编：《软法的理论与实践》，北京大学出版社2010年版，第375页。

③ 罗豪才、宋功德：《认真对待公法——公域软法的一般理论及其中国实践》，载《中国法学》2006年第2期。

因此我们有必要对这种行政法学者提倡的软法理论加以适当调整和限缩，方能将其运用于两岸协议的法理定位分析之中。

在软法理论中，软法的效力特征是其最显著的一项特征，亦是其根本特征之所在，因而被许多学者称为软法与硬法的"分水岭"。软法的其他各项特征可能并不具有普适性，但其效力特征则存在于其各种渊源之中，因而具有较强的普适性。从上述几点分析来看，软法的效力特征也恰恰是两岸协议与之最为契合的一点。因此，在本书的分析中，我们拟暂不考虑软法的其他理论特征，而仅仅以其效力特征为切入点，对两岸协议的效力问题加以分析。

二、欧盟共同政策理论及其话语改造：两岸协议法理定位的创制和实施方式分析工具

作为当今世界区域一体化体制最为杰出的代表，欧盟通过其独特的法律体系和治理结构，对欧洲有效一体化和整个世界的政治、经济、安全、文化等领域发挥着重要作用。欧盟法的创立为世界各国研究超越于主权国家之上的法律体系提供了一个典型范例。尽管两岸关系并非国际关系，两岸之间正在形成的共同治理结构也与由主权国家构成的欧盟治理结构不同，但欧盟一体化模式和欧盟法律体系的构建，依然能够为我们研究两岸一体化和两岸法制的构建提供有益借鉴。我们知道，在两岸处于政治对立的现实情况下，两岸间并不存在一个"超两岸"的权力机构，大陆与台湾相互之间无法实现对对方控制领域内的有效治理。在这种情况下，作为两岸共识的表现形式，两岸协议实际上发挥着协调两岸共同行动，统一两岸行为立场的作用。这种作用与欧盟法律体系中各类共同政策之间存在一定程度的相似性，这也为我们在研究两岸协议过程中借鉴欧盟法的成熟经验提供了可能性。

（一）欧洲一体化进程中的共同政策

欧盟是欧洲一体化这一历史进程的产物，是当今世界区域一体化体制中最为杰出的代表。自20世纪60年代以来，欧洲一体化进程成为各国学者关注的研究对象，来自各种不同学科的学者分别就这一问题提出不同的理论，包括功能主义、新功能主义、联邦主义、政府间主义、交流主义、新制度主义等等。在这些理论流派中，新制度主义理论和政府间主义理论构成两种"对峙理论"，这两个理论流派对于欧盟共同政策的制定方式产生了重要影响。

新功能主义在欧洲一体化初期对一体化进程起到重要的主导作用，哈斯、林德伯格、施密特、奈伊等人是这一理论的主要倡导者。"外溢"是新功能主义的核心概念，它可以分为"功能性外溢"和"政治性外溢"。前者是指一体化不可能局限于特定的经济部门，一定领域的合作活动会"溢出"到相关部门，并使更多的行为体卷入其中；后者则意味着民族精英将其注意力转向超国家层次的活动和决策，支持一体化进程和日益增多的共同利益，最终使超国家机构在政治、社会领域的影响力逐步超越民族国家和政府。[①] 在新功能主义者看来，外溢过程的最终受益者是超国家机构，这些机构在一些逐渐政治化的问题上不断扩展其力量和权限。[②] 在新功能主义影响下，作为欧盟"第一支柱"的欧洲各共同体充分显示出"超国家"的特点。作为"第一支柱"下各类共同政策的重要表现形式，欧共体条例的实施具有普遍适用性、整体约束力和直接适用三个要素。所谓"普遍适用性"，即一项条例的颁布与实施不针对欧盟法中特定的主题，在各成员国具有同等的法律效力；所谓"整体约束力"是指一项条例的约束力基于该条例的各个方面；所谓"直接适用"是指条例的实施

---

① 参见高华：《地区一体化的若干理论阐释》，载李慎明、王逸舟主编：《2003年：全球政治与安全报告》，社会科学文献出版社2003年版，第155页。

② 房乐宪：《新功能主义理论与欧洲一体化》，载《欧洲》2001年第1期。

不需要也不允许国内议会立法措施的转化。^① 在新功能主义的视野中，一体化"可以被定义为国家间的集体决策系统（collective decision-making system）随时间的推移而进化"^② 的过程。在其理论中，各成员之间进行一体化的最终结果是各成员间的共同决策机制，该机制产出的最终决策由接受各成员主权让渡的超国家机构做出决定，因此，超国家机构应当成为各国共同制定共同政策的平台，其所做出的决策能够对成员国产生直接效力。

政府间主义是一个与新功能主义相对立的理论体系，其主要代表人物包括早期的斯坦利·霍夫曼（Stanley Hoffmann）、罗伯特·基欧汉（Robert Keohane）和晚近的安德鲁·莫劳夫奇克（Andrew Moravcsik）等人。政府间主义最初源于国际关系理论的现实主义传统，其核心是宣称欧洲一体化的本质和步伐主要由（相对）对立的民族国家的决策和行动所决定，即强调民族国家在一体化进程中的重要性。^③ 政府间主义产生的历史背景是 20 世纪 60 年代中后期，欧洲一体化过程中出现的停滞现象。1965—1966 年间，法国政府奉行"空椅子主义"政策，拒绝参加欧共体任何会议，导致欧共体运行陷入危机之中，新功能主义者倡导的"超国家"趋势也随之受到抑制。在这一背景下，斯坦利·霍夫曼提出，在一体化进程中的各个领域之间有着"高政治"和"低政治"之分，欧共体各个成员国愿意在诸如农业和贸易等"低政治"领域保持紧密合作，甚至将部分主权让渡给超国家机构，但却不会在诸如外交政策、国家安全和军事力量使用等"高政治"领域放松控制权。^④ 政府间主义的本质在于创制一个使各个主权国家就共同利益进行协调、合作的制度安排，各个国家的主权并

---

① 参见曾令良：《欧洲联盟法总论——以〈欧洲宪法条约〉为新视角》，武汉大学出版社 2007 年版，第 140—141 页。

② Leon N. Lindberg："Political Integration as a Multidimensional Phenomenon Requiring Multivariate Measurement"，*International Organization*，Vol. 24，No. 4（1970），p. 650.

③ 房乐宪：《政府间主义与欧洲一体化》，载《欧洲》2002 年第 1 期。

④ See Stanley Hoffmann，"Obstinate Or Obsolete?：The Fate of the Nation-state and the Case of Western"，Daedalus，*Journal of the American Academy of Arts and Sciences*，95/3，1966，p865.

不会因为这种合作制度而受到直接削弱。

在政府间主义的影响下，作为欧盟"第二支柱"和"第三支柱"的"共同外交及安全政策"（The Common Foreign and Security Policy）和"刑事司法合作"（Judicial Cooperation in Criminal Matters）充分体现出政府间色彩。与第一支柱不同，第二、三支柱所产出的欧洲共同政策的表现形式并非对各国具有普遍、直接适用性的欧共体条例，而是共同立场、共同行动以及国际条约等形式，这些形式对各国不具有直接适用性。因此，与其说欧盟的第二、第三支柱是一种一体化机制，毋宁说它们是一种政府间的合作与协调平台，各国仅仅是通过这个平台实现利益的妥协与协调，各国与该平台之间并非分权关系，而是一种契约关系。

（二）欧盟共同政策理论的话语改造

欧盟共同政策的差别化决策方式充分体现出欧盟本身仍然是一个兼具"超国家"和"政府间"属性的实体，因而其政策产生方式可以体现出各种不同的理论观点。尽管从主权归属和政治关系角度来看，两岸与欧盟存在本质差别，但我们仍可以结合两岸关系的实际情况，通过对欧共共同决策机制反映出的不同理论架构进行适当改造，实现借鉴欧盟较为成熟的理论解决两岸现实问题的目的。

在两岸语境下，受到两岸长期政治对立的影响，大陆和台湾在实质上无法在对方领域行使有效管辖权。因此，在政治上处于互不统属状态的大陆和台湾，通过协商、妥协达成两岸协议的过程，本质上是一种两岸合意的过程，是两岸实现合作、协调的过程，而两岸协议则是这种合作、协调的产物。类比欧洲一体化理论和实践中的情形，两岸以签署协议方式推动两岸关系和平发展不断前进的过程，与"政府间主义"体现出的基本原理具有一定的相似性。然而，基于两岸与欧盟的根本差异，在"两岸同属一个中国"的基本前提下，两岸是一个中国的两个部分，欧盟共同政策理论中的"政府间"一词，在话语表述上与两岸关系的实际并不符合。

因此，我们尝试保留"政府间"概念中可以用于描述两岸关系的部分，去除其与两岸关系不相符合的部分，以无关"主权""国家"等敏感概念的"两岸间"一词取代"政府间"这一概念，形成一种具有"政府间"主义理论内核，却又符合两岸关系实际情况的理论概念。在"两岸间"的概念体系中，大陆和台湾各自的公权力机关体系，均具有治理各自领域的权限，亦具有以协商方式制定共同决策的资格与能力。本书第三章将详细阐述"两岸间"这一概念的理论内涵，因而此处不做赘述。由此，欧盟各国透过第二支柱和第三支柱制定共同政策的相关理论，被我们改造为能够在两岸间适用的"两岸共同政策理论"，简称"共同政策理论"。

第三节　两岸协议是一种具有软法特征的两岸共同政策

运用软法理论和共同政策理论这两个分析工具，对两岸协议的各项特征进行分层剖析，有助于我们超越两岸学界既有的以"立场定位"为唯一研究范式所得出的观点，从一种新的角度去诠释两岸协议的法理定位，从而得出一种既能够为两岸所共同接受，又能解决两岸协议实践中出现的现实问题的结论。

一、两岸协议具有软法的效力特征

正如我们过去所认识到的，两岸治理是一个形成中的结构，体现为一种"私名义、公主导"的单一层级治理，治理的功能在于借由制度的稳定性，来弱化、消除两岸关系和平发展的偶然性，从而提升其必然性，使两岸关系和平发展不因领导人的改变而改变，不因领导人注意力的改变而改变。[1] 根据上文对软法理论的介绍和描述，在两岸治理的治理结构中，

---

[1]　参见周叶中、祝捷：《两岸治理：一个形成中的结构》，载《法学评论》2010 年第 6 期。

两岸协议作为一种规范化的治理工具，在规范意义上并不体现出强制性的拘束力，而体现出软法的效力特征。

法的效力是指其约束力和强制力。① 相对地，两岸协议的效力问题，涉及的亦是相关协议对两岸的约束力问题。考察两岸协议的文本，有关协议效力问题的规定大致可分为两种：第一类是以"协议"为名的两岸协议，即规范性较高的两岸协议，一般会专项规定协议的效力问题，其表述方式一般为"双方应遵守协议"②；第二类是以"会谈纪要""共同意见""共识"等为名的两岸协议，即规范性较低的两岸协议，一般不会对协议的效力问题做出专门规定。其中，第二类协议往往是双方为尽快体现共识而发布的文件，数量较少，因此，本书并不将其列为讨论的重点。对于这种以"双方应遵守协议"为协议效力表述方式的现象，可以从以下两方面加以解读：

第一，两岸协议无法依赖"超两岸"权威保证实施。在两岸处于政治对立的现实情况下，两岸间并不存在一个"超两岸"的权力机构，大陆与台湾相互之间无法实现对对方控制领域内的有效统治，两岸亦分别形成两套平行的法律体系。因此，就两岸协议这种以约束大陆和台湾为目的的规范性文件而言，它无法依赖超越于两岸之上的权威以保证其实施，也无法通过任何方式对协议双方的违约行为加以处罚。因此，从外在形式上讲，两岸协议与软法的实施方式表现出一致的特点。

第二，两岸协议的实施主要依靠两岸以"自律"的方式实施。依照两岸协议效力条款的规定，两岸自然应当自觉遵守协议，但这种表述并未规定双方如何"遵守"协议，也未规定若双方不"遵守"协议的法律后果。就前一个问题而言，两岸如何遵守协议属于两岸内部事务，应当按照

① 张文显主编：《法理学》，法律出版社 2007 年版，第 143 页。
② 目前以"协议"为名的两岸协议中，除《汪辜会谈共同协议》因其性质特殊而未做出"双方应遵守协议"的规定外，其余协议均有此规定。

两岸各自域内法律的规定加以执行，而无需协议予以规定；就后一个问题而言，不规定违反协议的法律后果即是要求两岸以"自律"方式保证协议的实施。因此，从运行特点上讲，两岸协议与软法的实施方式表现出一致的特点。

两岸协议与一般意义上软法最大的区别就在于其跨法域性。所谓"法域"，是指具有或适用独特法律制度的区域，乃是一个纯粹的法学概念，与"国家""主权"等概念无关，一个主权国家之内也可以有多个法域。① 两岸同属一个中国，但却分属两个不同法域，这一观点已为理论界所公认。因此，从法域的角度分析，两岸协议横跨于大陆和台湾两个不同的法域，因而具有协调两岸两套法律体系的作用。这种协调是一种基于软法的软性协调，是一种有赖于两岸自律的协调。

在此必须说明的是，两岸协议这种跨法域特点并不能掩盖其"一国性"的根本特点，更不能将两岸协议等同于"国际软法"。所谓国际软法，是指在国际社会中，各种主体在利益平衡基础上，为达到某种共同目标而形成的自愿遵守的共同行为准则。② 两岸同属一个中国，作为两岸协议主体的大陆与台湾都是中国的一部分，因此双方签署的协议理应是"一国内地区间协议"，而非"国际法主体"之间形成的行为准则。从这个意义上讲，两岸协议并不符合国际软法的基本特征，亦与国际软法的概念无关。

二、两岸协议的创制与实施体现出共同性的特征

从两岸商谈的现状来看，在两岸展开商谈的各个领域都不存在所谓"超两岸"的决策机构，两岸形成共同政策的主要平台是具有"两岸间"色彩的两会商谈机制。从本质上讲，两会商谈机制是一种制度化的谈判形

---

① 韩德培主编：《国际私法问题专论》，武汉大学出版社 2004 年版，第 117—118 页。
② 王海峰：《论国际软法与国家"软实力"》，载《政治与法律》2007 年第 4 期。

式，参与谈判的是"一个中国"的两个互不隶属的部分：大陆和台湾，作为谈判主体的则是接受两岸委托的海协会和台湾海基会。在两会商谈中，海协会与台湾海基会代表各自一方，通过表达立场、进行博弈和妥协的方式，最终形成能够为双方共同接受的共同意志。这种共同意志也即是"两岸间"机制所形成的"共同政策"，而两岸协议就是这种两岸共同政策的主要表现形式。因此，共同性成为两岸协议体现出的又一重要特征。两岸协议的共同性特征表现在协议的创制、生效、解释和修改三个方面：

其一，两岸协议的创制必须由大陆和台湾以"共识决"的方式实现。按照美国学者阿伦·利普哈特（Arend Lijphart）的观点，以"现代民主国家的规则和实际活动是旨在寻求多数支持还是谋求达成共识的角度"进行分析，民主可以被划分为两种模式：一是多数模式，即政府应当代表多数人的意志进行治理；二是共识模式，即在多数模式的基础上，政府应当代表尽可能多的人的意志进行治理，使"多数"的规模最大化。① 从这个意义上讲，多数模式是"排他的、竞争性的和对抗性的"，反之，共识模式则体现出"包容性、商谈性和妥协性"的特征，也正是由于这一原因，共识民主又被称之为"谈判式民主"（negotiation democracy）。② 因而，这两种模式在集体意愿形成的程序上体现出"多数决"和"共识决"两种不同的特点。由于两岸间存在的政治分歧和对立，两岸协议的创制无法依赖于"多数决"的方式进行，即无法由两岸民众以民主投票的形式完成决策，而只能由两岸相关组级（现阶段体现为受权进行谈判的两会）出面代表两岸民众达成共识，完成协议的创制。在欧盟共同政策的制定中，尽管大多数共同政策领域（集中在第一支柱）已经习惯于多数表决机制，但共同外交及安全政策和刑事司法合作仍坚持采取一致表决的基本

---

① See Arend Lijphart：*Patterns of democracy：Government forms and performance in thirty-six countries*，Yale University Press，p1-2（1999）.

② See Arend Lijphart：*Patterns of democracy：Government forms and performance in thirty-six countries*，Yale University Press，p2（1999）.

原则，各种决策的做出必须寻求各方一致统一方可实现。① 这种一致表决的方式体现出了"共识决"的基本特点，也体现出政府间主义的色彩。因此，从创制方式的角度来看，两岸协议与欧盟共同外交及安全政策和刑事司法合作具有类似的特点，即均体现出共同性特点。

其二，两岸协议的生效必须由大陆和台湾共同协作方可实现，体现出共同性的特点。两岸协议的生效，意味着协议开始对大陆和台湾产生法律上的约束力。在两岸协议的实践过程中，由于协议内容往往涉及许多两岸内部事务的调整，因而协议往往并非一经签署即告生效。两岸协议的生效条款曾先后采取过四种模式：一是协议在签署后经过确定期间后生效，即两岸协议在双方签订后经过一定期间，待该期间届满后方产生效力；二是协议在签署后的确定时间内生效，即两岸协议在双方签署后一定期间之内产生效力，但实践中一般为该期间届满之日生效，这就使这种模式与第一种模式在实际中产生相当的效果；三是协议在签署后经过一个有限的准备期后生效，即两岸协议规定一个供双方进行准备工作的准备期，但协议明确限定了准备期的最长时限，待双方完成准备工作后生效；四是协议在签署后由双方各自完成相关程序，待完成后以书面方式通知对方，两岸协议自双方均收到对方通知后的次日生效。自 2010 年签署《海峡两岸经济合作框架协议》之后，两岸协议的生效模式已统一采取了第四种模式，即协议的生效取决于两岸各自"相关程序"的执行情况。在这四种模式之中，协议的生效或决定于双方共同决定的特定时间，或决定于双方对协议实施的准备工作。而四种模式均规定，协议的生效必须由双方共同确定的基本特点，因而体现出共同性的特征。

其三，两岸协议的解释和修改等程序必须由大陆和台湾共同协作方可

---

① 关于 CFSP 的一致同意原则，参见何志鹏：《欧洲联盟法发展进程与制度结构》，吉林大学出版社 2007 年版，第 185 页；关于 JCCM 通过欧盟理事会进行一致决策的相关内容，参见曾令良：《欧洲联盟法总论——以〈欧洲宪法条约〉为新视角》，武汉大学出版社 2007 年版，第 262 页。

实现。解释乃是一种媒介行为，借此，解释将他人认为有疑义之文字的意义，变得可以理解。① 在两岸协议的实施过程中，协议本身亦有可能因各种原因而出现"有疑义的文字"，因而需要通过解释实现正确的适用。在两岸协议中，仅有《海峡两岸空运补充协议》和《海峡两岸经济合作框架协议》设置了协议解释的相关条款，其余协议则以规定"争议解决"条款的方式，潜在地对协议的解释问题做出规定。在前一种模式中，协议的表述一般为"协议的解释"需由"双方通过协商解决"或由双方成立的协商机构解决（即"两岸经合会"）；在后一种模式中，协议的表述一般为"因适用本协议发生的争议，双方应尽速协商解决"。这两种表述模式均规定协议的解释和争议的解决必须由双方通过协商，共同做出，体现出共同性的特征。

两岸协议的修改程序亦体现出共同性的特点。在两岸协议中，由于长期以来形成的表述习惯，一般以"变更"条款和"未尽事宜"条款规定协议的修改程序。协议对变更条款的表述一般为"双方协商同意"或"双方协商同意，并以书面形式确认"，其中后者主要为近期一些协议的表达模式；② 协议对未尽事宜条款的表述一般为"本协议如有未尽事宜，双方得以适当方式另行商定"。从这两类条款的三种表述来看，两岸协议的修改程序均需要"双方"共同完成，体现出共同性特征。

总之，两岸协议是大陆和台湾合意的结果，是两岸共同意志的体现。从两岸协议从创制到适用的全过程来看，协议的商签与实施均必须由两岸以"共识决"方式进行，两岸协议的实践充分印证了其所具有的共同性特征。

---

① ［德］卡尔·拉伦茨：《法学方法论》，陈爱娥译，商务印书馆 2003 年版，第 193 页。
② 首次提出"双方协商同意，并以书面形式确认"的是《两岸关于大陆居民赴台旅游协议》，此前两岸签署的《两岸公证书使用查证协议》和《两岸挂号函件查询、补偿事宜协议》的表述不包括"书面形式确认"，此后签署的协议均有"书面形式确认"的规定。

三、两岸协议的实施方式具有政策性特征

从协议与两岸域内法律的关系来看，两岸协议体现出强烈的"两岸间"色彩。如上文所述，欧盟第二、第三支柱所输出的共同政策，以共同立场、共同战略、框架决定、国际条约等形式体现。其中前三种表现形式往往不涉及法律层面的变动，而仅仅需要各国政府采取一致政策即可，而后一种形式则需要各国按照国际条约的实施方式，完成接受、适用等程序。在两岸实践中，两岸协议的实施方式与上述两种类型表现出一定的相似性。从两岸协议与两岸各自域内法律规范的关系来看，二者表现出一种"缓和的二元"关系，即协议需要两岸按照各自规定予以实施，或通过双方一致的政策取向予以实施，或通过对各自域内法律进行废、改、立予以实施，具体说来：

部分两岸协议（包括一些协议的部分内容）并不涉及两岸既有法律体系的变动，这些两岸协议的实施方式与共同外交及安全政策和刑事司法合作中各成员国采取共同战略、共同行动、共同立场等方式类似。以《海峡两岸共同打击犯罪及司法互助协议》为例，该协议所规定的内容实际上与两岸各自域内立法并无矛盾之处，也并不涉及法律的"立、改、废"活动，在这种情况下，协议的实施更多地体现在两岸就相关问题采取共同战略、共同行动和共同立场上。台湾地区"法务部"曾就该协议发表新闻稿，指出："（协议）相关之合作内容，系在我方现行的法令架构及既有的合作基础上，以签订书面协议之方式，强化司法合作之互惠意愿，同时律定合作之程序及相关细节，提升合作之效率及质量。与对岸律定合作事项涉及人民权利义务部分，均在现行相关法律下执行，未涉及法律之修正，亦无须另以法律定之。"① 按照这一新闻稿的表述，《海峡两岸

---

① 台湾地区"法务部"：《"海峡两岸共同打击犯罪及司法互助协议"不涉制定及修正法律》，2009 年 5 月 5 日新闻稿，资料来源：http：//www. moj. gov. tw/lp. asp？CtNode＝27518&CtUnit＝24&BaseDSD＝7&mp＝001&nowPage＝57&pagesize＝15，最后访问日期：2015 年 1 月 30 日。

共同打击犯罪和司法互助协议》这一并不涉及"法律修改"的两岸协议，被台湾方面认为是两岸"共同意愿"的一种表达方式，这与欧盟共同外交及安全政策和刑事司法合作中的共同战略、共同立场等具有一定的相似性。

部分两岸协议则直接涉及两岸既有法律体系的变动，即涉及对大陆和台湾现有法律规范的"立、改、废"问题，这些两岸协议的实施方式则与欧盟共同外交及安全政策和刑事司法合作中以条约为表现形式的部分相类似。以《海峡两岸经济合作框架协议》为例，大陆方面海关总署依据协议制定了《〈海峡两岸经济合作框架协议〉项下进出口货物原产地管理办法》，将协议关于"进出口货物原产地"的规定通过立法的形式实施；台湾方面则因协议内容与其部分规定有抵触，而在审议通过协议后，对其"植物品种及种苗法""海关进口税则"的部分条款进行修正，并删除"两岸人民关系条例"第二十二条之一，修正了第二十二条，以保证协议得以实施。又如《海峡两岸知识产权（智慧财产权）保护合作协议》，台湾方面因协议内容涉及"修法"，在二读通过协议后，对其"商标法"第四条及第九十四条条文、"专利法"第二十七条及第二十八条条文进行修改，以适应协议实施。

总之，从实践来看，两岸协议既能协调和影响两岸在处理共同事务时的行动与立场，也能指导两岸各自域内立法的变动，从而充分体现出其所具有的政策性的基本特点。

四、结论

综上所述，我们通过经限缩后的软法理论和经话语改造后的共同政策理论，分别对两岸协议的效力特征、创制和实施方式等问题进行分析和论证。从效力特征上看，两岸协议对大陆和台湾具有的正是软法所体现出的"软效力"；从创制和实施方式上看，两岸协议的创制和实施均体现出

"共同性"和"政策性"的基本特点，同时体现出强烈的"两岸间"色彩。上述三项特征已构成对其进行定位的核心要素，将这些要素加以组合，我们便可得出这样的结论：两岸协议是一种具有软法效力特征的两岸共同政策。

两岸共同政策的基本定位超越了大陆和台湾针对"主权""国家"等政治敏感问题的争议，摆脱了两岸学者因立场定位的研究范式而产生的不可调和的观点矛盾，得出了一个既处于两岸可接受范围之内，又能够较好解释两岸协议的实践活动的结论。一方面，共同政策的基本定位并未超越大陆和台湾对于两岸政治关系定位的基本要求，既未超越"一个中国"基本原则的要求，又肯定了台湾在两岸协议实施中的重要地位；另一方面，共同政策的基本定位对两岸协议的法理定位问题做出了客观的描述，它能够用于解释两岸协议商签与实施过程中出现的各类现象，因而具有较强的实践意义。因此，我们认为，一种具有软法效力特征的两岸共同政策这一定位模式，能够在关照两岸协议发展现实的基础上，有效地对两岸协议整体制度架构的设计与完善提供理论支持。因此，本书将尝试以这一基本定位为基础，为大陆和台湾建构和完善两岸协议的创制制度、联系主体制度、接受和适用制度，并借由此解决两岸协议实施过程中的若干法律技术问题，为解决两岸协议制度化问题提供相应的理论设计。

第二章　两岸协议的创制机制研究

　　两岸协议的创制，是指大陆和台湾以平等协商方式共同创制两岸协议的活动。两岸协议的创制是协议实施的前提，也构成协议实施的首要环节。从两岸关系发展现状来看，两岸创制协议的唯一方式便是由双方协商谈判，进而签署协议。因此，两岸协议的创制机制，从本质上讲即是两岸就事务性议题进行协商谈判的过程。从目前两岸关系发展实践看，尽管近年来两岸透过两会事务性协商机制形成众多事务性共识，但这一协商机制仍然面临一些重要的现实问题。一方面，两岸事务性协商机制的制度化程度不高，其主要表现为以惯例为表现形式的非正式制度；另一方面，随着两岸关系发展的不断深入，两岸事务性协商机制面临较为严峻的民意正当性危机。基于两岸事务性商谈机制对于两岸关系和平发展的重要意义，本章将回顾两岸事务性协商的历史进程，在此基础上归纳两岸事务性协商的现状特点，结合两岸事务性协商实践，运用新制度主义理论和公民参与理论，对两岸协议创制机制中存在的问题加以反思，并提出重构的基本思路。

第一节　两岸事务性协商的历史回顾

　　从 1949 年以来两岸关系的发展历程来看，大陆和台湾就双方举行协商谈判的注意力往往集中于政治性议题，如"国共第三次合作""两岸统一"、一个中国原则等问题，而非具体的事务性议题。然而，由于两岸间在政治议题上的巨大分歧，双方迄今为止尚未进行过一次正式的政治性谈判，事务性议题反而逐渐成为双方进行谈判的突破口。截至 2015 年 1 月，两岸共透过两会举行 44 次事务性商谈（包括两次复委托的港台航运谈判），加上两会建立前的两航谈判、奥运谈判和金门谈判，以及 2005、2006 年两岸举行的三次春节包机会谈，双方已举行 50 次各种类型的正式事务性协商。这些协商对两岸解决事务性问题起到了重要推动作用。同时，这些协商亦为两岸逐渐形成较为完善的事务性协商机制奠定了基础。回顾两岸事务性协商的历史，并对两岸事务性协商机制的演变加以归纳，可以为研究两岸事务性协商机制的理论与规范提供重要素材。

一、两岸事务性协商的初创

1986 年，由于一次偶发事件，两岸举行了几十年来的首次事务性谈判，即"两航谈判"，揭开了两岸事务性协商的序幕。在此之后的数年间，两岸又相继就"台湾参与奥委会的名称问题""双方进入对方地区居民及刑事嫌疑犯或刑事犯的遣返问题"，举行了"奥运谈判"和"金门谈判"，并就这些问题达成共识。在这一阶段，两岸举行的事务性协商并无固定的协商主体，亦尚未形成制度化的协商机制，双方举行协商也主要是为了解决涉及两岸的一些突发性事件，因而这一时期是两岸事务性协商的初创阶段。

（一）两航谈判

1986 年 5 月 3 日下午 3 时许，台湾"中华航空公司"一架编号"B-198"的波音 747 货机，偏离既定航线，降落在广州白云机场。该机机长王锡爵要求在大陆定居，而另外两名机组成员要求返回台湾。飞机降落数小时之后，中国民航给台湾"华航"发电报，邀请"华航"派员到北京商谈货机及机上两名机组成员返台事宜。其时，台湾当局仍然坚持其针对大陆的所谓"不接触、不谈判、不妥协"的"三不"政策，因而拒绝与大陆直接接触，倾向于委托第三者与大陆接触，提出三种方案，即"全权委托香港国泰航空公司处理、由货机投保的英国保险公司处理或请国际红十字组织出面"。① 为避免将这一单纯的业务问题复杂化，时任国务院副总理田纪云在会见王锡爵时指出，"我们中国人自己的事，应该由我们自己来解决为好"，② 因而婉拒了台湾方面提出的方案。随后中国民航再次致电"华航"，表明了大陆方面的观点，即此次事件"纯属两个民航公司之间的业务性商谈，并不涉及政治问题"，并表示"不必经过第三者"，同时表示会谈地点可不在北京。

　　台湾方面面对大陆方面的态度，最终设计出了"官民分离"的谈判模式，即台湾当局官方依然坚持"三不"立场，但允许"华航"与中航进行商谈。1986 年 5 月 17 日至 20 日，两岸经过多个回合的协商，最终决定由两岸两家航空公司中国航空公司和"中华航空公司"派出代表，在香港就飞机和人员的处理问题举行谈判，史称"两航谈判"。两航谈判开启了两岸谈判的先河，也为两岸下一步就其他事务性问题展开商谈提供了可供借鉴的先例。尽管两岸都不断声称两航谈判是一次"事务性、业务性"谈判，但实际上两家航空公司都接受了官方的授权，实际上是由两岸官方参与决策的，因而此次商谈普遍被认为具有远远超过其本身的重大意义。此次谈判为此后两岸事务性谈判的方式定下"间接接触""官民分离"的基调，也为日后双方建构"以民代官"的受权民间机构协商模式提供了有益的借鉴。此次谈判证明，海峡两岸的中国人是可以坐下来，以谈判的方式解决问题的。同时，作为一次解决两岸间事务性问题的谈判，两航谈判亦为两岸协商中的"政经分离"原则奠定了基础，自此以后两岸协商的主要方向由政治性谈判转向了事务性谈判。

---

　　① 黄嘉树、刘杰：《两岸谈判研究》，九州出版社 2003 年版，第 70 页。

　　② 《田纪云接见王锡爵时的谈话（1986.05.07）》，资料来源：国台办网站：http://www.gwytb. gov.cn/lhjl/la2008q/gaikuang/agree/201101/t20110108_1684739.htm，最后访问日期：2015 年 1 月 30 日。

（二）奥运谈判

自 1952 年以来，两岸在争夺国际奥委会中"中国代表权"的问题上曾展开长期攻防。其时，国际奥委会仍采取"一国一会""一会一队"的参与模式，因而在 1952 年 7 月 16 日至 18 日，国际奥委会邀请两岸分别以"All-China Athletic Federation"和"Chinese National Olympic Committee at Tai-Wan"的名义邀请大陆和台湾入会时，两岸均以"汉贼不两立"的"一个中国"原则为由，坚决拒绝这一提议。[①] 1956 年，大陆又因奥委会邀请"福尔摩沙队"入会而宣布退出国际奥委会，此后台湾当局一直得以窃据中国在国际奥委会中的席位。直至 1979 年 10 月，大陆再次提交加入奥委会申请，奥委会以 62 : 17 票通过申请，台湾奥委会被暂停在国际奥委会的会籍。后至 1980 年 7 月，国际奥委会修改奥委会宪章，采取"一团一会""一会一队"的入会模式。1981 年 3 月国际奥委会与台湾奥委会签署协议，允许台湾奥委会以"Chinese Taipei Olympic Committee"的名义重新加入奥委会。自此，两岸奥委会方才得以在国际奥委会中以符合该组织规则的形式共存，而台湾亦以此名义参加一些其他国际组织。然而，两岸对于"Chinese Taipei Olympic Committee"的中文翻译却不尽相同，大陆为强调"中国"一词，将"Chinese Taipei"译为"中国台北"，而台湾为避免被"矮化"，则将这一英文名称译为"中华台北"。

1990 年第十一届亚运会将于北京举行，台湾方面于 1988 年 12 月表示愿意派队参加此次亚运会，但要使用"中华台北"的名称，双方当时未能就这一名称达成共识。在台湾当局高层的许可下，台湾奥委会提出双方举行协商，以解决这一译名问题。1989 年 3 月 16 日至 17 日，4 月 4 日至 6 日，大陆方面派出时任中国奥委会副主席何振梁、秘书长魏纪中和副秘书长屠德铭，台湾方面派出台湾奥委会副秘书长李庆华，双方两度在香

---

① 参见张启雄：《"法理论述"vs."事实论述"》，载《台湾史研究》第十七卷第二期。

港举行谈判，就"Chinese Taipei Olympic Committee"的中文翻译议题进行协商。最终，双方达成共识，"同意台湾地区体育团队及体育组织赴大陆参加比赛、会议或活动，将按国际奥委会有关规定办理，大会（即举办单位）所编印之文件、手册、寄发之信函、制作之名牌以及所做的广播等等，凡以中文指称台湾地区体育团队及体育组织时，均称之为'中华台北'"。① 双方还一致同意以书面形式将上述共识固定下来，分别以何振梁和李庆华名义签署。这项共识成为两岸历史上第一项事务性共识，为两岸日后解决突发事件提供了有益借鉴。

（三）金门谈判

在两岸军事对峙时期，台湾当局单方面在台湾海峡划界，禁止大陆渔民在台湾一侧从事捕鱼活动，并经常非法驱逐、殴打、抓捕大陆渔民。1990 年 7、8 月间，大陆渔船"闽平渔 5540"号和"闽平渔 5220"号被台湾当局抓扣，并以极不人道的手段强行遣返两艘渔船，造成 46 名大陆被遣返船员窒息身亡。② 事件发生后，海内外舆论哗然，大陆方面对台湾当局的不人道行为进行了强烈谴责，因而台湾当局不得不暂停遣返活动。

由于在 1987 年台湾当局开放大陆探亲后，两岸红十字组织在帮助两岸同胞查人转信等问题上曾进行过业务接触，并曾达成与此相关的口头协议，且双方已建立直接沟通管道，因而台湾方面在暂停遣返工作后，即通过红十字组织与大陆进行联系，希望商谈后续 200 余名大陆私渡人员的遣返问题。经双方商定，1990 年 9 月 11 日至 13 日，中国红十字总会秘书长韩长林等与台湾红十字组织秘书长陈长文等就两岸红十字组织参与见证主管部门执行海上遣返事宜进行协商，史称"金门谈判"。③ 经充分交换意

① 人民网：《海峡两岸亚运同台的台前幕后》，资料来源：http：//dangshi. people. com. cn/n/2014/0220/c85037-24416488. html，最后访问日期：2015 年 1 月 30 日。

② 关于"闽平渔 5540"号和"闽平渔 5220"号事件，可参见华夏经纬网：《"闽平渔 5540 号"事件》，资料来源：http：//www. huaxia. com/zl/tw/sj/001. html，最后访问日期：2014 年 5 月 14 日。

③ 参见《金门谈判》，资料来源：http：//www. huaxia. com/thpl/tbch/tbchwz/10/3050529. html，最后访问日期：2015 年 1 月 30 日。

见后，双方达成《海峡两岸红十字组织在金门商谈达成有关海上遣返协议》（简称《金门协议》），就遣返原则、遣返对象、遣返交接地点、遣返程序和其他相关问题形成书面共识。

金门谈判是两岸关系历史上一次具有重大历史意义的会谈，两岸不仅在此次谈判前后建立了以红十字组织为名义的半官方沟通渠道，而且签署首份事务性协议，为日后两岸建立机制化沟通渠道提供了有益借鉴。在金门谈判之后，台湾舆论评论称此次谈判"堪称历史性的会谈"，台湾当局的"三不"政策"已经在实际上被突破"，更有媒体称此次会谈"使得两岸紧张关系已象征性地进入和解时期，对未来两岸关系的发展将奠定良性和和平互动模式"。① 台湾学者张惠玲甚至将《金门协议》称为"两岸协商的第一个准官方文件"。②

笔者认为，金门谈判的主要特点可以归纳为以下几点：从谈判主体上讲，金门谈判的谈判主体是获得了两岸高层支持和许可的两岸红十字组织，实际上体现出"以民代官"的基本特点；从谈判目的上讲，与两航谈判和奥运谈判以解决个案问题为目的不同，金门谈判的以解决两岸事务性问题为目的，以形成"通案"为目标，达成的协议可以重复适用；从谈判思维上讲，金门谈判从始至终贯彻着务实思维，双方在达成协议的过程中运用务实思维，成功规避了两岸间存在的巨大政治分歧，如规定双方参与遣返的船只"均悬挂白底红十字旗"，③ 从而规避了船只悬挂旗帜的问题，协议落款使用谈判代表个人名义，协议时间使用"本年九月十一日至十二日"④ 的表述，协议签署时间采用"九〇、九、十二"和"七

---

① 相关评论见诸《中国时报》《时报周刊》和《民众日报》等媒体。参见方庆云：《回忆海峡两岸红十字组织签订"金门协议"前后》，资料来源：人民网 http：//dangshi. people. com. cn/BIG5/144956/12951393. html，最后访问日期：2015 年 1 月 30 日。

② 张惠玲：《欧盟"共同外交暨安全政策"之整合谈判过程与台海两岸协商经验之比较》，台湾中山大学大陆研究所博士学位论文，2002 年，第 136 页。

③ 《金门协议》第四条第二项。

④ 《金门协议》序言。

九、九、十二"两种表述方式,从而规避了双方职务头衔和纪年差异等问题。金门谈判的这些特点为未来两岸进行"通案"式的事务性协商和签署具有重复适用效力的事务性协议,提供了许多有益借鉴,也为两岸未来的协商谈判奠定了基本框架。

二、两岸两会事务性协商的建立与中断

经过数次为解决突发性事件而举行的事务性谈判之后,囿于两岸间存在的"法统之争",台湾当局不愿接受大陆方面提出的两岸举行政治谈判的善意建议,坚持其"不接触、不谈判、不妥协"的所谓"三不原则"。但为解决两岸交往中现实存在的许多紧迫的事务性问题,台湾当局又不得不考虑以适当方式与大陆进行事务性商谈。这种历史背景为两岸透过民间团体签署协议解决双方交往中的问题,创造了一个模糊空间,可以避免两岸在尚未进入政治性谈判之前就两岸政治定位等敏感问题发生无谓的争执。[①] 在这一背景下,一个兼具官方背景和民间机构形式的组织——财团法人海峡交流基金会正式成立。为便于与台湾海基会进行联系和商谈,1991 年 12 月 16 日,以"促进海峡两岸交往、发展两岸关系、实现和平统一"[②] 为宗旨的社会团体海协会在北京成立。自此以后,两会开始成为两岸进行事务性商谈的主要渠道。自 1991 年 4 月台湾海基会成立后首次访问大陆,至 1999 年 7 月 30 日海协会退回台湾海基会函件,两会协商暂时中断,九年间两会相继举行 20 余次会谈,签署了《汪辜会谈共同协议》等四项协议,并就"非法入境""渔业纠纷""劫机犯遣返"等多项议题充分交换意见。这一阶段,两岸逐渐形成两会事务性协商机制,为两岸制度化协商奠定了基础。在两会协商被迫中断之后,两岸又尝试透过民间行业组织等方式,就一些亟待解决的事务性问题进行协商,从而形成所

---

① 王建源:《两岸授权民间团体的协议行为研究》,载《台湾研究集刊》2005 年第 2 期。
② 陈云林主编:《中国台湾问题》,九州出版社 1998 年版,第 158 页。

谓"澳门模式"的协商方式，为两岸事务性协商提供了新的思路。

（一）两会的成立与"汪辜会谈"

1990年11月21日，财团法人海峡交流基金会在台北正式成立，1991年3月9日，该会开始运作。台湾海基会是台湾当局授权与大陆联系、协商、处理涉台公民权利的两岸事务的唯一机构。其时，该会与台湾当局"总统府国家统一委员会""行政院大陆委员会"共同构成台湾方面对大陆工作体系。① 1991年4月28日至5月4日，时任台湾海基会秘书长陈长文率台湾海基会代表团访问大陆，并与时任国台办副主任唐树备就"两岸共同防止海上犯罪"等问题举行会谈。由于此次会谈时，大陆并未成立与台湾海基会向对口的非官方机构，故由唐树备以"官方"身份与作为"非官方"机构代表的陈长文进行会谈，从而出现两岸历史上唯一一次，也是最后一次"官方对民间"的事务性协商。② 1991年11月，陈长文再次率团来访，而唐树备则以个人名义与之举行会谈，双方继续就"两岸共同防止海上犯罪"问题交换意见。1991年的这两次"唐陈会谈"的举行，初步建立了大陆方面与台湾海基会的沟通管道，具有重要标志意义。

1991年12月16日，为便于与台湾海基会对口联系，并展开协商，海峡两岸关系协会（简"海协会"）正式成立。自此，海协会作为可以"接受有关方面委托，与台湾有关部门和授权团体、人士商谈海峡两岸交往中的有关问题，并可签订协议性文件"③ 的非官方机构，与台湾海基会一道，构成两岸事务性协商机制的主轴——两会事务性协商机制。1992年3月22日至27日，海协会咨询部主任周宁与台湾海基会法律服务处处长许惠祐等人分别代表两会，在北京就两岸"文书查证""挂号函件"等

---

① 参见《两岸关系》杂志社编：《海协会纪事》，台海出版社2011年版，第4页。
② 参见邵宗海：《两岸关系》，五南图书出版股份有限公司2005年版，第280页。
③ 《海峡两岸关系协会章程》（1991年）序言。

事宜举行协商，这也是两会之间举行的首次事务性协商，是为两会"第一次公证书使用查证协商"。由于两岸就在事务性商谈中是否要坚持一个中国原则、双方在文书和挂号函件查询业务中应由哪些业务部门承担等问题上存在较大分歧，因而双方最终未能达成具体成果。①

在"第一次公证书使用查证协商"之后，台湾方面对"一个中国"问题进行了长达数月的讨论，并于 1992 年 8 月 1 日通过"关于'一个中国'涵义"的决议。同年 10 月，两会在香港再次举行会谈，就"文书查证""挂号函件"问题进行第二次协商。在此次协商中，双方就一个中国原则如何表述问题进行持续讨论，海协会先后拿出 5 种方案，台湾海基会亦拿出 8 种方案。② 然而双方对于这 13 种表述方案依然未能达成一致。直至 11 月 3 日，台湾海基会提出"以口头声明方式各自表述"的建议，海协会对此表示尊重并接受，并在台湾海基会表述的基础上加上一句话，即"在海峡两岸事务性商谈中，不涉及'一个中国'的政治含义"，以表达搁置争议的态度。③ 11 月 16 日，海协会致函台湾海基会，表示同意以各自口头表述的方式表明坚持一个中国原则的态度，并提出海协的口头表述要点为"海峡两岸都坚持一个中国的原则，努力谋求国家统一。但在海峡两岸事务性商谈中，不涉及一个中国的政治涵义"，12 月 3 日，台湾海基会回函对此不表异议。至此，作为两岸事务性协商和两岸事务性协议政治前提和政治基础的"九二共识"正式达成。

两岸达成"九二共识"之后，两会又就"文书查证""挂号函件"问题举行第三次协商，双方最终就这一议题取得共识，共同拟定了两项协

---

① 参见黄嘉树、刘杰：《两岸谈判》，九州出版社 2003 年版，第 87 页。

② 关于这 13 种方案的具体表述可参见苏起、郑安国编：《"一个中国、各自表述"共识的史实》，翰芦图书出版有限公司 2003 年版，第 9—13 页。

③ 参加陈晓星：《亲历者告诉你一个明明白白的"九二共识"》，载《人民日报海外版》2012 年 11 月 27 日第 3 版，资料来源：人民网 http://paper.people.com.cn/rmrbhwb/html/2012-11/27/content_1150764.htm，最后访问日期：2015 年 1 月 30 日。

议的草案。当双方完成"文书查证""挂号函件"议题的协商后,两会开始将工作重点转向举行"汪辜会谈",即时任海协会会长汪道涵和时任台湾海基会董事长辜振甫的会谈。为促成"汪辜会谈"成行,两会分别于1993年4月7日至11日,4月23日至25日在北京和新加坡举行两次预备性磋商。其中第一次磋商双方草签了《两岸公证书使用查证协议文书》和《两岸挂号函件查询、补偿事宜协议》,并就"汪辜会谈"事宜达成数项共识。第二次磋商双方则就"两会建立制度化联系与会谈方式""经济交流"等议题进行磋商,并进一步确定了"汪辜会谈"的具体安排。1993年4月27日至29日,两会负责人汪道涵和辜振甫在新加坡实现历史性会面,并于4月29日正式签署4项协议,即《汪辜会谈共同协议》《两岸公证书使用查证协议》《两岸挂号函件查询、补偿事宜协议》和《两会联系与会谈制度协议》。此次会谈为两岸事务性谈判翻开了新的一页,也确立了两会联系和会谈的基本制度,具有重要历史意义。

(二)"汪辜会谈"的后续协商

"汪辜会谈"之后,两会根据《汪辜会谈共同协议》之规定,就"违反有关规定进入对方地区人员之遣返及相关问题""有关共同打击海上走私、抢劫等犯罪活动问题""协商两岸海上渔事纠纷之处理"以及"两会会务人员入出境往来便利"等议题展开多次工作性商谈。其中,海协会副会长唐树备、台湾海基会副董事长焦仁和共举行三次协商,两会副秘书长孙亚夫、许惠祐共举行七次协商,以落实"汪辜会谈"的成果。这十次会谈的具体情况如下表2-1:①

---

① 本表系作者结合国台办网站(http://www.gwytb.gov.cn/lhjl/la2008q/gaikuang/201101/t20110108_1684747.htm),黄嘉树、刘杰:《两岸谈判研究》一书,以及台湾海基会网站(http://www.sef.org.tw/lp.asp?CtNode=4306&CtUnit=2541&BaseDSD=21&mp=19)整理而成。参见黄嘉树、刘杰:《两岸谈判研究》,九州出版社2003年版,第101—103页。国台办网站与台湾海基会网站,最后访问日期:2015年1月30日。

表 2-1 "汪辜会谈"后续协商情况简表①

协商性质	协商时间	协商地点	主谈人	协商议题与结果
第一次事务性协商（两会副秘书长级协商）	1993年8月28日至9月3日	北京	孙亚夫、许惠祐	就《汪辜会谈共同协议》第一条所列"本年度协商议题"展开协商。协商无果。
第二次事务性协商（两会副秘书长级协商）	1993年11月2日至7日	厦门	孙亚夫、许惠祐	就"违反有关规定进入对方地区人员之遣返及相关问题""有关共同打击海上走私、抢劫等犯罪活动问题""两岸海上渔事纠纷之处理""两会会务人员入出境便利办法"等议题（以下简称4项议题）进行讨论。双方立场趋近，但未达成协议。
第三次事务性商谈（两会副秘书长级协商）	1993年12月18日至22日	台北	孙亚夫、许惠祐	就"违反有关规定进入对方地区人员之遣返及相关问题"等4项议题进行协商，并就"共同打击犯罪""司法协助""知识产权"和"台商在大陆投资权益"等问题交换意见。因双方在有关主权和司法管辖权问题上存在分歧，因而未能达成共识。
第一次"唐焦会谈"（海协常务副会长与台湾海基会副董事长级协商）	1994年1月31日至2月5日	北京	唐树备、焦仁和	就落实《汪辜会谈共同协议》进行会谈。《辜汪会谈共同协议》及后续事务性协商问题进行会谈。发表《唐树备先生与焦仁和先生北京会谈共同新闻稿》；确定《两会商定会务人员入出境往来便利办法》
第四次事务性协商（两会副秘书长级协商）	1994年3月24日至31日	北京	孙亚夫、许惠祐	就"违反有关规定进入对方地区人员之遣返及相关问题"等4项议题进行协商。由于双方对《唐树备先生与焦仁和先生共同新闻稿》认知存在分歧，台湾海基会推翻了这一共识，会谈无果。

① 本表为作者根据两岸两会网站资料整理而成。

续表

协商性质	协商时间	协商地点	主谈人	协商议题与结果
第五次事务性协商（两会副秘书长级协商）	1994年7月30日至8月3日	台北	孙亚夫、许惠祐	继续就"违反有关规定进入对方地区人员之遣返及相关问题"等4项议题进行协商。双方充分交换意见，但分歧依旧，会谈未果。
第二次"唐焦会谈"（海协常务副会长与台湾海基会副董事长级协商）	1994年8月4日至8月7日	台北	唐树备、焦仁和	围绕"违反有关规定进入对方地区人员之遣返及相关问题"等4项议题进行协商。双方就三项议题达成书面共识，发表了《海协会与海基会台北会谈共同新闻稿》。
第六次事务性协商（两会副秘书长级协商）	1994年11月21日至28日	南京	孙亚夫、许惠祐	就"违反有关规定进入对方地区人员之遣返及相关问题"等4项议题继续商谈；增加双方开办快递邮件、增加公证书复本寄送范围及遗产公告等三项议题。双方就"增加寄送四种公证书复本"达成共识。
第七次事务性协商（两会副秘书长级协商）	1995年1月23日至25日	北京	孙亚夫、许惠祐	就"违反有关规定进入对方地区人员之遣返及相关问题"等4项议题进行协商；就两岸经济、文教交流交换意见。就"违反有关规定进入对方地区人员之遣返及相关问题""有关共同打击海上走私、抢劫等犯罪活动问题"达成共识，但在"两岸海上渔事纠纷之处理"议题上存在较大争议，未能签署协议。
第三次"唐焦会谈"（海协常务副会长与台湾海基会副董事长级协商）	1995年1月21日至28日	北京	唐树备、焦仁和	与第七次事务性协商同时举行，双方多层级负责人进行会谈。

除此之外，1995年5月27日至29日，唐树备、焦仁和还就举行第二次"汪辜会谈"进行了预备性磋商。然而，6月7日李登辉以私人身份访美，引发台海危机，两会商谈旋即中断。在此之后，两岸为解决香港回归

之后香港与台湾之间的航运问题，采取"复委托"方式，由海协会委托香港船东协会与台湾海基会举行了两次"港台航运会谈"，就双方船只悬挂旗帜等问题达成共识，并签署《港台海运商谈纪要》。①

（三）"汪辜会晤"与两会商谈的中断

"汪辜会谈"之后，时任海协会会长汪道涵即向台湾海基会董事长辜振甫表达了再次举行会谈的愿望。根据《两会联系与会谈制度协议》之规定，"海协会会长与海基会董事长，视实际需要，经双方同意后，就两会会务进行会谈，地点及相关问题另行商定"，② 因而海内外一直期待汪辜二先生能够再次会面，以推动两岸关系的持续发展。

1995 年 5 月 27 日至 29 日，由海协会常务副会长唐树备和台湾海基会副董事长焦仁和在台北，就举行第二次"汪辜会谈"会谈。其时，双方尚对此次会谈抱有较高期望，并在会谈结束时共同发表了《第二次"汪辜会谈"第一次预备性磋商共识》。根据这一《共识》，第二次"汪辜会谈"将定于 1995 年 7 月 20 日在北京钓鱼台举行，双方将就八项具体议题展开协商。然而，由于当年 6 月李登辉访美，台海危机爆发，第二次"汪辜会谈"随之推迟。直至 1997 年 11 月，海协会致函台湾海基会，邀请台湾海基会副董事长焦仁和访问大陆，台湾海基会方面复函建议由辜振甫前往大陆，随后海协会复函表示欢迎。1998 年 4 月 22 日至 24 日，时任台湾海基会副秘书长的詹志宏与海协会副秘书长李亚飞在北京就"汪辜会晤"举行第一次预备性磋商；同年 7 月 26 日，二人又在台北举行第二次预备性磋商；同年 9 月 22 日至 24 日，时任海协会副会长张金成与台湾海基会副董事长许惠祐举行会谈，商定了"汪辜会晤"的具体行程。1998 年 10 月 14 日，辜振甫率台湾海基会参访团抵达上海，并与海协会

---

① 《港台海运商谈纪要》由香港船东协会会长赵世光与台湾海基会副董事长张良任签署，《纪要》签署后，海协会与台湾海基会分别核可，并换文确认，于 1997 年 7 月 1 日正式生效。

② 《两会联系与会谈制度协议》第一条。

会长汪道涵进行了两次会面，会面期间，双方通过无拘束的交换意见，达成四项共识。①

"汪辜会晤"后，两会又分别就汪道涵回访台湾举行了两次预备性磋商，经过充分交换意见，双方基本确定汪道涵于1999年秋访台，时间大约为五至六天。② 1999年7月9日，时任台湾地区领导人李登辉在接受"德国之音"采访时，公然提出"特殊的两国论"的分裂主张，直接破坏了两会协商的政治基础。李登辉在接受采访时说："一九九一年以来，已将两岸关系定位在国家与国家，至少是特殊的国与国的关系，而非一合法政府，一叛乱团体，或一中央政府，一地方政府的'一个中国'的内部关系。"③ 李登辉的这一"台独"分裂言论是台湾方面近半个世纪以来对两岸政治关系定位进行的最大一次调整。这一言论直接突破了两岸共同坚持长达50年的一个中国原则，也突破了台湾地区"宪法"的规定，因而在两岸引发强烈震动。"特殊的两国论"一经抛出，即引起大陆方面强烈反应，大陆有关部门相继就这一问题发表谈话，强烈抨击李登辉的这一分裂言论。同年7月30日，海协会退回台湾海基会附有支持"两国论"的函件。自此，两会间的正常接触和联系因"两国论"的抛出而中断。

（四）两岸澳门春节包机会谈与两岸党际交流

自1999年李登辉抛出"特殊的两国论"起，两会事务性协商陷入中断，但由于两岸的现实需要，双方并未完全中断协商，而是代之以新的协商模式。这种在两会协商中断的特殊时期，维系两岸事务性协商的模式，具体表现为两种形式：一是以两岸春节包机会谈为代表的两岸行业组织协

---

① 这四项共识是：一、两会决定进行包括政治、经济等各方面内容的对话，由两会负责人具体协商做出安排；二、进一步加强两会间多层次的交流与互访；三、对涉及两岸同胞生命财产安全的事件，两会加强个案协助；四、汪道涵对辜振甫邀请他访台表示感谢，并表示愿意在适当时候访台。参见《辜振甫来访综述》，载《台湾工作通讯》1999年第1期。

② 这两次预备性磋商由时任两会副秘书长的李亚飞和詹志宏晤谈，第一次磋商于1999年3月17日至19日举行，第二次磋商于1999年6月27日至29日举行。

③ 新华社（北京），1999年7月11日电。

商；二是以两岸经贸论坛为代表的两岸党际协商。

2004 年，由于两岸人民，尤其是在大陆经商的台商对于春节包机直航的强烈需求，两岸开始就"春节包机直航"这一特定议题进行接触，并分别由大陆方面的中国民航协会海峡两岸航空运输交流委员会和台湾方面的台北市航空运输商业同业公会出面协商。2005 年 1 月 15 日，双方在澳门举行会谈，并达成 2005 年春节包机共识。这种"两岸民间业者在当局授权下直接对谈，相关业务主管部门官员以相应民间身份参与，选择相宜地点，展开协商"① 的协商模式被一些学者归纳为两岸事务性谈判的"澳门模式"。2005 年 11 月 29 日和 2006 年 6 月 14 日，双方又分别就2006 年和 2007 年的春节包机问题举行会谈，并达成共识。经过这三次春节包机会谈，两岸对这种行业组织之间举行事务性协商的方式均表示认可，部分台湾学者甚至一度认为，"两会协商的模式已经走入历史"，"两岸走入'民间协商'时代"。②

在民进党执政期间，除行业组织协商外，台湾泛蓝阵营主要政党亦保持着与大陆方面的接触，并就若干事务性问题达成一定共识，为推动两岸事务性协商的恢复做出了重要贡献。涉及两岸事务性议题的两岸党际协商，主要包括 2005 年 3 月时任国民党副主席江丙坤率领的国民党代表团与中共中央台办举行的谈判、2005 年 4 月至 7 月间，国民党、亲民党和新党三党主席连战、宋楚瑜、郁慕明与时任中共中央总书记胡锦涛举行的会谈，以及 2006 年起，国共两党每年联合举办的"两岸经贸论坛"等。这些由两岸政党主导的协商，其基本情况如下表 2-2 所示③：

---

① 贺卫平：《"澳门模式"探析》，载《统一论坛》2007 年第 4 期。
② 邵宗海：《两岸关系》，五南图书出版股份有限公司 2006 年版，第 294 页。
③ 本表系作者根据新华网、人民网、中国台湾网等媒体资料制作，最后访问日期：2015 年 1 月30 日。

表 2-2　2005—2008 年间两岸党际协商交流情况简表①

时间	名称	地点	主要参加人员	主要成果
2005 年 3 月	时任国民党副主席江丙坤访问大陆	北京	贾庆林、唐家璇、陈云林、江丙坤等	双方初步达成十二项共识，其中包括节日包机常态化、加强两岸农业合作、恢复对台输出渔工劳务合作等事务性议题。
2005 年 4 月	时任国民党主席连战访问大陆	北京	胡锦涛、贾庆林、连战、江丙坤等	双方发表《中国共产党总书记胡锦涛与中国国民党主席连战会谈新闻公报》，达成三点体认和五项共识，其中包括促进两岸经济全面交流等事务性议题。
2005 年 5 月	亲民党主席宋楚瑜访问大陆	北京	胡锦涛、贾庆林、宋楚瑜等	双方达成六项共识，其中包括加强两岸经贸交流、积极推动两岸通航、促进两岸直接贸易和直接通汇等事务性议题。
2005 年 7 月	新党主席郁慕明访问大陆	北京	胡锦涛、郁慕明等	双方就涉及两岸同胞权益的若干事宜深入交换意见，包括台湾优质水果在大陆销售和促进两岸农业交流等事务性议题。
2006 年 4 月	首届两岸经贸论坛	北京	中共、国民党、亲民党、新党代表团	通过了《两岸经贸论坛共同建议》，大陆宣布 15 项惠及台胞的政策措施。
2006 年 10 月	两岸农业合作论坛	博鳌	贾庆林、陈云林、连战、林丰正等	通过《两岸农业合作论坛共同建议》，通过 7 项建议。
2007 年 4 月	两岸经贸文化论坛	北京	贾庆林、陈云林、连战、林丰正等	通过《两岸经贸文化论坛共同建议》，大陆宣布 13 项促进两岸交流合作政策措施。

三、两会复谈与两岸事务性协商的持续发展

2008 年 5 月，台湾地区政治局势发生重大积极变化，国民党籍候选人马英九正式就任台湾地区领导人，两岸关系实现历史性转折。当年 5 月

---

① 本表为作者根据两岸有关部门网站资料整理而成。

26 日、29 日，两会互致函电，就两会在"九二共识"基础上，尽早恢复制度化协商达成一致，同时海协会积极邀请台湾海基会新任负责人江丙坤、高孔廉访问大陆。[①] 6 月 11 日至 14 日，时任台湾海基会董事长江丙坤率台湾海基会代表团访问大陆，与时任海协会会长陈云林举行会谈，是为第一次陈江会谈。此次会谈标志着两岸两会协商机制正式恢复运行，具有划时代意义。此次协商两会签署《海峡两岸包机会谈纪要》和《海峡两岸关于大陆居民赴台旅游协议》，并就未来两会协商的议题做了安排。

在此之后的 5 年间，在陈云林、江丙坤任内，两会共举行 13 次正式会谈，其中两会负责人正式协商 7 次，相关的预备性磋商 5 次，两岸协议成效与检讨会 1 次，两会共签署事务性协议 16 项，达成 3 项共识和 2 项共同意见。2008 年至 2012 年两会事务性协商的情况如下表 2-3 所示：[②]

表 2-3　2008—2012 年两会事务性协商情况简表[③]

协商名称	时间	地点	协商内容与成果
第一次"陈江会谈"	2008 年 6 月 11 日至 14 日	北京	签署《海峡两岸包机会谈纪要》和《海峡两岸关于大陆居民赴台湾旅游协议》
第二次"陈江会谈"预备性磋商	2008 年 10 月 27 日	深圳	确立两岸空运、海运、邮政及食品安全四项协议文本
第二次"陈江会谈"	2008 年 11 月 3 日至 7 日	台北	（1）签署《海峡两岸空运协议》《海峡两岸海运协议》《海峡两岸邮政协议》及《海峡两岸食品安全协议》；（2）针对前次 2 项协议进行检讨及提出改善方向；（3）为未来两会协商议题进行安排；（4）确认两会各层级人员制度化联系、交流方式，强化两岸制度化协商机制。

————————

① 新华网：《海协会致函海基会 邀董事长江丙坤等率团访京》，资料来源：http：//news. xinhuanet. com/tw/2008-05/29/content _ 8273476. htm，最后访问日期：2015 年 1 月 30 日。

② 本表系作者根据国台办网站、海协会网站、台湾海基会网站的资料整理而成。参见国台办网站：http：//www. gwytb. gov. cn/lhjl/，海协会网站：http：//www. arats. com. cn/duihua/，台湾海基会网站：http：//www. sef. org. tw/lp. asp? CtNode = 4306&CtUnit = 2541&BaseDSD = 21&mp = 19，最后访问日期：2015 年 1 月 30 日。

③ 本表为作者根据两岸两会网站资料整理而成。

续表

协商名称	时间	地点	协商内容与成果
第三次"陈江会谈"预备性磋商	2009 年 4 月 17 日至 19 日	台北	确立共同打击犯罪及司法互助、金融合作与空运补充三项协议文本，对于陆资来台投资议题建立基本共识。
第三次"陈江会谈"	2009 年 4 月 25 日至 29 日	南京	（1）签署《海峡两岸共同打击犯罪及司法互助协议》《海峡两岸金融合作协议》与《海峡两岸空运补充协议》，并对于陆资来台投资达成共识；（2）针对两会 2008 年签署的六项协议执行情形进行检讨并提出改善方向；（3）对于两会下阶段优先协商议题达成共识。
第四次"陈江会谈"预备性磋商	2009 年 12 月 9 日至 10 日	福州	对农产品检疫检验、避免双重课税及加强税务合作、渔船船员劳务合作、标准计量检验认证合作等四项议题达成多项共识。
第四次"陈江会谈"	2009 年 12 月 21 日至 25 日	台中	（1）签署《海峡两岸农产品检疫检验协议》《海峡两岸渔船船员劳务合作协议》《海峡两岸标准计量检验认证合作》三项协议；（2）针对两会上年以来签署之九项协议执行情形进行检讨并提出改善方向；（3）对于两会下阶段优先协商议题达成共识。
第五次"陈江会谈"预备性磋商	2010 年 6 月 23 日至 25 日	台北	确立 ECFA 和知识产权协议文本。
第五次"陈江会谈"	2010 年 6 月 28 日至 30 日	重庆	（1）签署《海峡两岸经济合作架构协议》与《海峡两岸知识产权保护合作协议》。（2）针对两会已签署之十二项协议执行情形进行检讨并提出改善方向；（3）就两会下阶段优先协商议题达成共识。
第六次"陈江会谈"预备性磋商	2010 年 12 月 14 日	上海	确立医药卫生合作协议文本。
第六次"陈江会谈"	2010 年 12 月 20 日至 22 日	台北	（1）签署《海峡两岸医药卫生合作协议》；（2）对两岸投资保障议题达成阶段性共识；（3）重点检讨两会已签署协议执行成效；（4）建立两岸协议执行成效检讨机制；（5）就两会下阶段优先协商议题达成共识。

协商名称	时间	地点	协商内容与成果
首次两岸协议成效检讨会议	2011 年 6 月 8 日	台北	（1）就"大陆居民赴台旅游""两岸空运协议""农产品检疫检验协议""食品安全卫生协议""司法互助暨共同打击犯罪协议"等五项协议执行成果，进行检讨、磋商；（2）积极推动两岸主管机关间的沟通、协调，随时检视并及时处理协议执行面事宜；（3）同意未来将定期召开两岸协议成效检讨会议。
第七次"陈江会谈"	2011 年 10 月 19 日至 21 日	天津	（1）签署《海峡两岸核电安全合作协议》；（2）达成《两会关于加强两岸产业合作的共同意见》《两会关于推进两岸投保协议协商的共同意见》。（3）重点检讨两会已签署协议执行成效；（4）对于两会下阶段优先协商议题达成共识。
第八次"陈江会谈"	2012 年 8 月 8 日至 10 日	台北	（1）签署《海峡两岸投资保障和促进协议》及《海峡两岸海关合作协议》；（2）发布《两会有关〈投保协议〉人身自由与安全保护共识》；（3）重点检讨两会已签署协议执行成效；（4）对两岸后续协商议题做出安排。

2012 年 9 月，台湾海基会完成换届，林中森接任台湾海基会董事长。2013 年 4 月，海协会完成换届，陈德铭接任海协会会长。2013—2014 年，两会又相继举行了 5 次正式协商，其中包括 2 次两会高层会谈，2 次预备性磋商和 1 次两岸协议成效检讨会，签署了《海峡两岸服务贸易协议》《海峡两岸地震监测合作协议》和《海峡两岸气象合作协议》，并就 2008 年以来两会签署的多项协议的执行情况进行了总结。

自 2008 年 6 月两会实现复谈以来，两会的事务性协商已趋常态化，双方负责人共进行了十次会谈，签署 21 项协议，达成 3 项共识、2 项共同意见，取得了过去十余年都难以取得的重要成就。目前，两会协商的范围早已突破当年"汪辜会谈"时设定的议题范围，协商内容涵盖两岸经济合作、交通运输、社会事务、共同打击犯罪和司法互助等多个领域，对两岸关系和平发展的持续推动做出了重要贡献。

第二节　两岸事务性协商的现状概述①

对两岸事务性协商的历史进行回顾，对于我们解读与梳理两岸协议创制机制的发展有着重要意义。但是，历史上的两岸事务性协商毕竟关照于特定时期的两岸关系，是两岸关系发展的一种体现。20多年来，两岸关系经历了沧海桑田般的变化，尤其是2008年以来，两岸关系的发展速度远远出乎人们的意料，甚至于陈云林在两岸"三通"协议签署后，就曾表示"短短不到半年时间，两会就完成了60年都不可能完成的任务"。②因此，目前两岸协议创制机制中面临的各种情形，往往无法从过去的两岸协商中直接照搬经验加以解决。对此，我们应当在重视梳理两岸协商历史的基础上，对两岸事务性协商的现状进行理论归纳，对其基本模式、基本特征和制度规范加以讨论，从而对其中存在的问题加以检视，以便提出相应的解决方案，为完善两岸协议的创制机制提供理论助力。

一、两岸事务性协商的基本模式

自1986年以来，两岸事务性协商经历了从无到有的发展历程，其间虽历经波折，但总体趋势依然表现为协商合作不断强化。在历史上，囿于两岸间存在的"承认争议"，③双方举行事务性商谈往往需要以间接方式进行。为回避双方不必要的政治争议，两岸创造了多种形式的协商模式，主要包括两会建立前的两岸应急性协商机制、两会事务性协商机制、复委

---

① 本节的部分内容曾以《海峡两岸公权力机关交往的回顾、检视与展望》为题，发表于《法制与社会发展》2014年第4期，收入本书时，做了相应的调整和增补。

② 参见中国台湾网：《综述：陈云林访台不辱使命 拓宽两岸和平发展之路》，资料来源：http：//www.taiwan.cn/xwzx/bwkx/200811/t20081108_775892.htm，最后访问日期：2015年1月30日。

③ 参见祝捷：《两岸关系定位与国际空间——台湾地区参与国际活动问题研究》，九州出版社2013年版，第14页。

托协商机制与行业组织协商机制和两岸党际协商机制等四种主要模式。

（一）两会机制建立前的两岸应急性协商模式

在两会机制建立前，针对两岸间发生的突发性事件，两岸公权力机关之间曾举行过多次以授权民间机构名义进行的应急性谈判。此类应急性协商，实际上是"前两会时代"两岸在特定历史条件下，为解决突发事件和现实问题而采取的特殊接触手段。

20 世纪 80 年代末，在两岸民间交往刚刚"解冻"的一段时间里，两岸之间尚无接触和交往的平台。然而在此期间，为及时解决需两岸共同处理的突发事件，双方不得不在尚处于高度对立、严重缺乏互信的情况下，以个案授权的方式，授权包括企业、民间组织等非官方机构进行接触和协商。在这种情形下，两岸"非官方"的协商实际上是由两岸公权力机关，甚至是最高决策层在背后参与和主导。采取这种模式的两岸事务性协商，包括 1986 年举行的"两航谈判"、1989 年举行的"奥运谈判"和 1990 年举行的"金门谈判"等。由突发性事件引发的应急性商谈，为日后两会机制的构建奠定了基础，也为两岸以民间性、事务性为主的两岸协商模式的开启提供了先例。不得不说，两岸在缺乏政治互信和共同政治话语的情况下，仍能以"以民代官"，间接接触的方式解决事务性问题，充分体现出中华民族的伟大智慧。

（二）处于主导地位的两会事务性协商模式

自 20 世纪 90 年代初两岸相继成立海基会和海协会以来，两会开始接受双方各自公权力机关委托和授权，并互为对口交往机构。此后，两岸逐步建立起制度化的两会事务性商谈机制，取代了"前两会时代"两岸并不固定的沟通管道。与应急性协商模式不同的是，两会事务性协商模式是两岸间第一种常态化的沟通管道，其所产出的两会协议也是第一种两岸共同认可、具有普遍效力的规范性文件，其制度意义远远超过应急性协商模式。

两会事务性商谈机制目前在两岸间主要发挥着两项重要作用:一是接受两岸官方委托,就两岸共同关注的事务性问题进行沟通和商谈,在双方形成一定程度共识之后以自己的名义签署两岸协议,为两岸事务性问题的解决提供规范依据;二是在两岸间发生突发性事件时,作为两岸官方的代言人进行沟通,以便及时解决相关问题,如在 2007 年发生的台湾"胜大和号"等 6 艘渔船被扣事件中,由于两岸渔政部门并无直接联系管道,台湾地区"海巡署"不能直接与大陆渔政部门进行现场沟通,而只能辗转通过台湾海基会与海协会进行沟通,才使该事件最终得以解决。[①]

在过去的 20 余年里,尤其是 2008 年 3 月以来,两岸通过两会事务性商谈机制就两岸"三通"和经济合作等诸多重要问题达成了多项协议,这些协议对两岸关系和平发展框架的构建起到了重要的推动作用。正如台湾学者邵宗海所言,"两会协商与谈判机制,不仅在过去两岸交流的过程中扮演过重要角色,而且这也已经形成在两岸官方接触之前无可取代的协商机制"。[②] 因此,在两岸间诸种协商模式之中,两会事务性协商模式处于绝对的主导地位,其他几种协商模式或为两会机制运行不畅时期的替代模式,或为两会机制之外的补充模式,其制度意义和深远影响远远不及两会模式。

(三)作为两会协商补充和替代的复委托协商模式和行业组织协商模式

两会事务性协商的政治前提和政治基础是"九二共识",因而当两岸出现政治分歧时,两会协商有可能随之中断或推迟。在两会协商发生中断或推迟时,面对一些急需解决的事务性问题时,两岸仍会通过其他方式对

---

① 祝捷:《论两岸海域执法合作模式的构建》,载《台湾研究集刊》2010 年第 3 期。
② 邵宗海:《新形势下的两岸政治关系》,五南图书出版股份有限公司 2011 年版,第 113 页。

一些重要的事务性议题进行协商。

在 1997 年香港回归祖国前夕，两会协商恰好因李登辉访美而发生中断。于是，两会便通过"复委托机制"，授权香港船东协会，与台湾海基会就港台在香港回归之后的航运事宜进行协商。此次协商着力于解决香港与台湾之间的航运问题，尤其是航运船只的挂旗问题，这一问题能否得到解决，直接关系到"九七"之后港台之间航运业的发展问题，因而对两岸而言均极为重要。因此，绕开政治障碍，专注解决事务性问题，成为此次谈判的基本特征。这使得两岸能在双方政治分歧较大的情况下，采取复委托方式进行谈判。1999 年至 2008 年间，在两会平台中断运行的 9 年时间里，两岸公权力机关之间亦以授权行业组织的名义针对春节包机、第一类观光客赴台旅行等个别问题进行谈判。2000 年至 2008 年 3 月间，民进党当局拒绝承认"九二共识"，两会商谈因失去前提和基础而被迫中断。然而，在此期间，两岸间仍旧存在诸多事务性问题亟待解决。在这种现实需求的推动之下，"两岸民间业者在当局的授权下直接对谈，相关业务主管部门官员以相应民间身份参与，选择相宜地点，展开协商"① 的"澳门模式"，成为两岸解决个别事务性问题的重要补充方式。

与两会事务性协商模式相比，无论是复委托模式还是"澳门模式"，均是两岸在特殊政治环境选用的特殊沟通方式，是两岸在双方政治关系处于低潮期迫不得已采用的变通交往手段，其协商层级较低，协商内容与两岸政治关系的关联程度也较弱，在缺乏互信基础的前提下难以持续进行。

（四）国共两党主导的两岸政党协商机制

尽管从理论上讲，政党既非国家机关，也非官方组织，然而实际上它却构成国家权力的轴心。在德国，曾有过关于政党宪法地位的争论。其中一种看法认为，"政党是国家的准官方机构……它们是国家权力和政治代

---

① 贺卫平：《"澳门模式"探析》，载《统一论坛》2007 年第 4 期。

表的主要引擎，并以这种全能区形成与回应'人民的政治意愿'"。① 在两岸关系发展的过程中，政党之间的沟通和协商也曾对两岸事务性议题的解决起到过重要作用。从一定意义上讲，正是 2005 年台湾"泛蓝阵营"三大政党领导人的"登陆"，为两岸关系进入和平发展新阶段奠定了基础，也正是 2005 年至 2008 年间中国共产党与国民党等岛内主要政党之间的频繁沟通，促成了两会复谈后双方快速达成了一系列事务性协议。

自 2005 年台湾岛内三大泛蓝政党领导人相继访问大陆以来，两岸政党，尤其是中共与泛蓝阵营各党派之间的对话和交往范围逐步扩大，中共与国民党、亲民党陆续举办了两岸民间精英论坛、两岸经贸论坛、两岸农业合作论坛、两岸经贸文化论坛等一系列交流活动。其中，两岸经贸文化论坛（即"国共论坛"）已连续举办九届，初步实现了制度化。通过举办这些活动，两岸主要政党间就两岸共同关心的众多议题交换意见，并为双方当局做出相关决策提供众多参考意见。自 2008 年国民党重新在台执政以来，国共两党之间多次就两岸间一些重大问题进行深入交流，并逐步形成一些共识，其中许多共识成为两岸官方的正式意见，并最终以两会协议或双方官方政策的形式表现出来。因此，在两岸多种事务性协商模式之中，两岸政党对话机制对处于主导地位的两会协商模式起着重要的补充和推动作用。需要提到的是，与其他协商模式不同，两岸政党对话机制除涉及两岸事务性议题外，还是两岸就政治议题交往意见的重要平台。以已经连续举办九届的"两岸经贸论坛"为例，国共两党均有高层领导人出席论坛，在双方高层发表的讲话中，均会直接或间接就两岸政治议题发表看法。然而，在两岸政治关系定位不明的情况下，两岸政党间的这种政治对话往往是对双方政治共识的强调，其现实作用更多的在于为双方事务性协

---

① Kommers, *The Constitutional Jurisprudence of the Federal Republic of Germany*, Duke University Press（1997），p210-211. 转引自张千帆：《宪法学讲义》，北京大学出版社 2011 年版，第 370 页。

商提供较为稳固的政治前提，而非在政治性议题上取得突破。

综上所述，在两岸事务性商谈曾采取的四种模式中，两会事务性协商机制占据主导地位，是两岸凝聚和表达双方共识的重要平台。除此之外，应急性协商机制、复委托协商机制和行业组织协商机制与两会机制之间，构成历时性的替代关系，两岸党际协商机制则与两会机制之间既构成历时性替代关系，又构成共时性补充关系，各种模式之间相得益彰，共同构成两岸近 20 年来的事务性协商机制。

二、两岸事务性协商的基本特征

尽管两岸间存在多种事务性协商模式，各种模式的参与主体不同，协商内容也存在差别，但总的说来，这些协商模式均表现出一些共同特点，即协商方式的间接性、协商内容的非政治性、协商思维的务实性和协商范围的行政性等基本特征。

其一，从协商方式上讲，两岸事务性协商表现出间接性特征。受两岸政治对立的影响，两岸之间的各种政治争议集中体现为"承认争议"，即大陆和台湾在是否承认对方根本法，以及依据该根本法建立的公权力机关上的争议。[1] 从两岸各自规定来看，双方并不承认对方公权力机关的正当性，因而造成两岸公权力机关之间直接接触的困局，两岸无法以正面接触。因此，自"两航谈判"开始，两岸进行事务性接触和协商皆采取由非官方机构出面，公权力机关在背后操盘或由公职人员以非官方身份的方式进行，不论是两会机制、行业组织机制、复委托协商模式，还是两岸政党对话模式，均不例外。尽管在 2013 年和 2014 年，大陆和台湾两岸事务主管部门负责人已进行接触和会晤，双方在接触时互称官衔，[2] 象征着两

---

[1] 祝捷：《两岸关系定位与国际空间——台湾地区参与国际活动问题研究》，九州出版社 2013 年版，第 14 页。

[2] 凤凰网新闻：《张志军与王郁琦寒暄 以彼此官衔互称对方》，资料来源：http：//news. ifeng. com/mainland/special/xijinpingapec/content-3/detail _ 2013 _ 10/07/30092117 _ 0. shtml，最后访问日期：2015 年 1 月 30 日。环球网：《台媒称两岸进 2.5 时代对首次"官方接触"寄厚望》，资料来源：http：//taiwan. huanqiu. com/news/2014-02/4818975. html，最后访问日期：2015 年 1 月 30 日。

岸公权力机关直接接触的开始，但这种直接接触在短期内仍然无法替代两会事务性协商而成为两岸事务性协商的主要模式。因此，我们认为，在未来一段时间内，间接接触依然是两岸进行事务性协商的主要方式，两岸事务性协商依然会是两岸解决事务性议题的主要沟通管道。

其二，从协商思维上讲，两岸事务性协商充分体现出大陆和台湾长期以来在处理双方关系问题上表现出的务实性特征。在两岸协商的历史上，曾经经历过很长时期的"务虚"阶段，即双方在政治对立思维影响下，对交往的名义、地位、身份等问题关注过多，而对直接关系两岸交往实际的事务关注不够的阶段。以"汪辜会谈"为例，双方在会谈前举行的预备性会谈中，将大量精力用于对诸如会谈用桌的形状、座位安排等本来无关大局的形式问题中，而会谈最终成果却仅仅是达成涉及公证书使用查证、挂号函件查询补偿等两岸间最为简单的事务性问题的协议。[①] 在这种思维模式指引下，两岸事务性商谈的步伐在很长一段时间内停滞不前，"汪辜会谈"后双方举行的十余次事务性协商，竟几乎未能获得任何重要成果，直接关涉两岸民众交往的"三通"问题，亦因台湾方面将其赋予政治色彩而一拖再拖。然而，自2008年两会复谈以来，两岸在协商思维上的日益务实，双方在众多重大事务性问题上迅即达成一致，在短短五年时间里，解决了多项极具现实意义的事务性问题，可谓务实思维的体现。在两会协商的参与人员问题上，两岸官员皆可以"顾问"名义直接参与对话，双方均采取默许和不排斥态度，这亦显示出两岸日渐成熟的务实思维。[②] 两岸这种日益务实的行事思维，为两岸公权力机关在现有的间接性、事务性、行政性交往模式基础上取得突破提供了现实保障。

其三，从协商内容上讲，两岸事务性协商表现出非政治性特征。由于

---

① 相关史料可参见郑剑：《潮起潮落：海协会海基会交流交往纪实》，九州出版社2013年版，第110页。

② 参见邵宗海：《新形势下的两岸政治关系》，五南图书出版股份有限公司2011年版，第128—129页。

两岸尚未就政治关系定位形成共识，且双方意识形态迥异，政治、经济和社会制度差别巨大，在这种情况下，两岸只能运用区分事务性问题和政治性问题的方法，首先集中精力解决一些事务性问题，以推进两岸关系的和平发展。因此，在两岸启动政治性谈判之前，两岸公权力机关交往的内容，主要停留在事务性议题上，而几乎不会涉及政治性议题。然而，这种事务性特点，并不意味着两岸协商与两岸政治关系完全无关，一方面，从两岸事务性协商，尤其是两会复谈以来双方的协商内容看，越来越多的议题涉及双方公权力机关的合作与交往，所谓非政治性的特点在逐渐消解；① 另一方面，从某种意义上讲，两岸事务性协商的历史告诉我们，两岸协商能否顺利举行，协商结果能否得到有效执行与两岸政治关系的发展有着密切关系。

其四，从协商范围上讲，两岸事务性协商表现出行政性特征。从权力分立理论来看，公权力的范围不仅包含行政权，还包含立法权和司法权。与司法合作和立法合作不同，基于行政的公共性理论，两岸行政机关的合作，可以在一定程度上回避台湾地区政治地位和宪法事实的确认问题等具有高度政治敏感性的话题。② 但在尚无充足理论支持的情况下，两岸司法机关和立法机关却无法展开沟通与合作，两岸在司法事务和立法事务上亦缺乏足够的沟通，两会事务性协商的议题范围也很少涉及这两个领域。因此，目前两岸事务性协商的协商范围，基本上局限于行政性事务，而很少涉及司法事务和立法事务。在目前两岸达成的 30 项协议、共识和共同意见中，仅有《海峡两岸司法互助和共同打击犯罪协议》涉及两岸司法事务的合作，其余协议均属于双方行政事务合作，而至今尚没有任何一项协议直接规制两岸立法事务的合作。在未来，随着两岸民间往来的日益密

---

① 如《海峡两岸海关合作协议》即以两岸海关之间的合作和交往为调整对象。

② 参见周叶中、黄振：《论构建两岸关系和平发展框架的行政机关合作机制》，载《武汉大学学报（哲学社会科学版）》2012 年第 2 期。

切，两岸在司法领域的进一步合作势在必行，而两岸在立法领域的协调也将逐渐成为摆在双方面前的议题。

三、两岸事务性协商的规范叙述及其实践评析

1993年"汪辜会谈"时，两会签署的《两会联系与会谈制度协议》是目前两岸签署的唯一一项专门规定两会联系和协商制度的专项协议。依据这一协议，两岸两会于1994年签署了《两会商定会务人员入出境往来便利办法》（以下简称《便利办法》），对协议第五条中提出的双方给予对方人员入出境便利的相关事宜进行了规定。由这一协议、一办法构成的两会事务性协商规范，成为以两岸协议创制机制为调整对象的两岸协议体系。除两会事务性协商机制之外，其余几种两岸事务性协商模式，均不存在专门规制协商机制本身的制度规范，因而我们对两岸事务性协商的规范叙述及其实践评析，主要集中于对两会事务性协商机制的探讨。

（一）《两会联系与会谈制度协议》和《便利办法》的基本内容

《两会联系与会谈制度协议》共八条，分别就两会的会谈、事务协商、专业小组、紧急联系、入出境便利等问题做出了规定。其中，协议对两会会谈制度的规定最为重要，它实际上构成两会事务性协商机制的规范依据。具体说来，协议对两会事务性协商机制的规定以两会联系和协商的基本形式为主。

根据《两会联系与会谈制度协议》之规定，两会的联系与会谈可分为三个基本层次：一是两会负责人之间举行的会谈，二是两会副职负责人或秘书长之间举行的会谈，三是两会副秘书长、处长、主任级人员之间举行的会谈。协议对这三个层次的会谈举行的时间、地点和内容均做了不同规定，具体来说：

其一，两会负责人不定期不定地点的会谈。根据《两会联系与会谈制度协议》之规定，两会负责人，必须"视实际需要，经双方同意后，

就两会会务进行会谈，地点及相关问题另行商定"。这条规定对于两会负责人会谈的条件进行了一定限定，即要举行负责人会谈"实际需要"＋"双方同意"，而对会谈的方式则以"商定"规定之，实际并未进行限定。这种"前紧后松"的规定方式与1993年《两会联系与会谈制度协议》签署时的两岸政治形势密切相关。在当时两岸刚刚展开交往的状况下，两会负责人之间的直接会谈属"战略"层面的会谈，具有较强的政治意义，因此双方对于两会负责人的会谈都在一定程度上持保守态度。这种保守态度表现为对两会负责人会晤的条件进行了较为严格的限制。同样是由于政治形势的影响，双方也不便在协议中直接规定双方会谈的地点等问题，故而以"商定"予以宽松化规定。

其二，两会副职负责人或秘书长定期不定地点的会谈。根据《两会联系与会谈制度协议》之规定，海协常务副会长和海基副董事长或两会秘书长应当定期举行会晤，"原则上每半年一次，在两岸轮流和商定之第三地，就两会会务进行会谈"，而两会副秘书长以及其他人员亦应"就主观之业务，每季度在两岸择地会商"。从两会会谈的层次来看，双方副职负责人或秘书长主要负责对双方已形成的具体共识加以确认，并在此基础上进一步协商，属"战役"层面的会谈。因此，两会副职负责人或秘书长之间会谈的政治色彩较之于两会负责人会谈淡薄，因而双方可以以半年为期，举行定期会谈。

其三，两会其他会务人员定期定地点的会谈。根据《两会联系与会谈制度协议》之规定，"两会副秘书长、处长、主任级人员，就主管之业务，每季度在两岸择地会商"。这一条文实际上确定了除两会正副负责人以外的其他两会会务人员，就两会会务的定期定点商谈机制。从两会会谈的层次来看，双方副秘书长及以下会务人员主要负责对两岸间具体议题和细节进行商谈，属"战术"层面的会谈。因此，较之于两会正副负责人或秘书长之间的会谈而言，两会副秘书长及以下层级会务人员的会谈政治色彩更淡，而事务性色彩更重，故协议对会谈的条件规定更为宽松，会谈地点等问题则规定得较为明确。

总之，《两会联系与会谈制度协议》对两会事务性协商制度的设计较为简单，它既未对两会事务性协商的基本程序做出规定，也未对协商机制的细节做出规定，而只是对不同层次的协商人员的协商时间、地点和内容进行了简单规定。与其说《两会联系与会谈制度协议》是一项专门规定两会事务性协商制度的规范性文件，毋宁说它是一个两岸开始寻求建立制度化协商机制的标志。

（二）两会事务性协商机制的实践评析（1993—1999）

自 1993 年两会签署《两会联系与会谈制度协议》，至 1999 年两会事务性协商中断，两会负责人共有过两次会晤，双方共举行 5 次副职负责人会谈和 11 次副秘书长级会谈。从规范的视角看，两会这 7 年间的联系与协商情况主要表现出以下几个特点：

第一，在 1995 年两会中断会谈前，两会事务性协商已呈现出制度化趋势，能够较好地执行《两会联系与会谈制度协议》的相关规定。根据《两会联系与会谈制度协议》之规定，两会副职负责人之间应当每半年举行一次会谈，会谈内容应为两会会务。在 1993 年至 1995 年期间，时任海协会常务副会长的唐树备和时任台湾海基会副董事长的焦仁和共举行 4 次会谈，即 1994 年 1 月的第一次唐焦会谈、1994 年 8 月的第二次唐焦会谈、1995 年 1 月的第三次唐焦会谈和 1995 年 5 月的"汪辜第二次会谈"预备磋商。在此期间，双方基本上遵从了协议的规定，定期举行会谈。根据《两会联系与会谈制度协议》之规定，两会副秘书长之间应当每季度轮流在两岸举行一次会谈。在 1993 年至 1995 年期间，时任海协会副秘书长的孙亚夫和时任台湾海基会副秘书长的许惠祐共举行七次会谈，其中 1993 年共举办 3 次会谈，1994 年 3 次会谈，1995 年举办 1 次会谈，也基本上遵守了协议的规定，每季度举行一次会谈。

第二，在 1995 年 6 月至 1998 年 4 月间，两会事务性协商中断，《两会联系与会谈制度协议》的执行亦随之中断。从 1993 年 8 月开始，两会按照《汪辜会谈共同协议》和《两会联系与会谈制度协议》的规定，就"违反有关规定进入对方地区人员之遣返及相关问题"等 4 项议题进行事务性协商，经过多轮艰苦协商，两岸已经在很多议题上达成较大共识，亦解决了相应的技术性问题。可以说，两会达成新一批协议已经指日可待。然而，由于时任台湾地区领导人李登辉于 1995 年 6 月"以私人身份"访美，从事制造"两个中国""一中一台"的分裂活动，两会商谈的基础遭到破坏，因而两岸未能就这些已接近瓜熟蒂落的议题达成协议。同时，两会的联系与事务性协商也因此中断近三年，在这三年间，两会亦未能执行《两会联系与会谈制度协议》的相关规定。

第三，在 1998 年 4 月两会恢复联系后，两会已不再按照《两会联系与会谈制度协议》之规定举行定期会谈，而代之以两会负责人会谈为核心，举行相关的预备性磋商。在 1995—1997 年两会协商短暂中断后，两会副职负责人之间仅举行过一次会谈，即 1998 年 9 月，时任海协会常务副会长的张金成与时任台湾海基会副董事长的许惠祐就"汪辜会晤"的行程进行磋商。自此之后，直至 1999 年两会联系中断，双方副职负责人再未举行过会谈，协议规定的会谈制度陷入中断。在 1998 年两会恢复联系之后，两会副秘书长之间所举行的四次会谈，均系对"汪辜会晤"和汪道涵回访台湾事宜进行的预备性磋商，而非事务性协商，且这四次会谈也并未遵守协议所规定的时间。因而，协议规定的两会副秘书长级会谈制度亦陷入中断。

（三）两会事务性协商机制的实践评析（2008.6—2015.1）

自 2008 年 3 月以来，两岸关系获得前所未有的重大进展。自 2008 年 6 月两会复谈起，至 2015 年 1 月，两会共举行十次两会负责人会谈，并举行七次两会副职负责人级别的预备性磋商，以及两次两岸协议成效检讨会，签署多达 21 项事务性协议，2 项共同意见，达成 3 项共识。可以说，这一阶段两岸事务性协商取得了前所未有的成就，这些成就对两岸关系和平发展的推动产生了重大影响。从实践视角看，这六年间两会事务性协商机制运行的实践主要表现出以下三个特点：

第一，两会各层级负责人已初步形成分工明确的定期协商机制。从两会协商的实践来看，2008 年之后参与两会事务性商谈的人员主要包括两会负责人、两会副职负责人以及秘书长、副秘书长等会务人员、具有两会"顾问"或"专家"头衔的两岸业务主管部门人员等。自 2008 年两会复谈至今，两岸已经初步形成各层级负责人之间分工明确的协商机制，各层级会谈的职能也趋于固定。

自 2008 年 6 月第一次"陈江会谈"至今，两会负责人在七年时间里共举行了 10 次会谈，其中 2008 年、2009 年和 2010 年各举行两次会谈，2011 年、2012 年、2013 年和 2014 年各举行一次会谈，每次会谈双方皆会签署一批已经由双方业务主管部门形成共识的协议。与"汪辜会谈"不同，在此期间，两会负责人举行会谈均未选择两岸之外的第三地，而是在两岸轮流择地举行。协商地点的选择，既显示出两会协商是中国内部两个部分之间的协商，也显示出协商本身是两岸两会之间的平等协商。可以说，自两会复谈以来，海协会会长与台湾海基会董事长之间已初步形成每年举行 1—2 次事务性协商的机制，而具体的协商次数则以具体议题的协商情况而定。自第六次"陈江会谈"起，两会就双方负责人会谈的程序问题达成共识，两会会谈采取"制度化、单纯化"原则办理，会谈日程仅含"两会副职负责人层级预备性磋商""两会负责人会谈""签署仪式"及"中外记者会"，排除不必要、与会谈无关的拜会、餐叙活动。①

---

① 台湾地区"立法院经济委员会"：《第六次"江陈会谈"经过报告》，资料来源：http：//www.mac.gov.tw/ct.asp？xItem＝91496&ctNode＝6839&mp＝113，最后访问日期：2015 年 1 月 30 日。

据此，两会负责人会谈的基本程序和职能亦趋于固定，即签署双方已经完成谈判的协议文本，并就下一阶段双方协商议题的设定进行协商，其象征意义远大于实质意义。

与"汪辜会谈"时期不同，两会复谈后，两会副职负责人举行会谈的主要职能已不再是对两会副秘书长及以下级别事务性会谈成果的确认与总结，而是服务于两会负责人会谈，对两岸业务主管部门之间已经形成的共识和协议文本进行确认，供两会负责人正式签署，并安排两会负责人会谈的具体程序事宜。从两会复谈以来的实践来看，两会副职负责人之间举行的会谈主要包括三类，即用于确认双方共识的工作性会谈、用于商讨两会负责人会谈程序性事宜的预备性磋商，以及第六次"陈江会谈"时开始举行的两岸协议执行成效检讨会。其中前两类会谈皆属于两会负责人会谈的准备性会谈，后一类则是从前几次两会负责人会谈的职能分离而出的协议实施评估性会谈，因而我们可以将两会副职负责人之间举行的会谈，定位为两会负责人会谈的准备性和执行性会谈。与两会负责人会谈类似，两会副职负责人会谈的会谈地点亦为在两岸轮流择地举行。

2008 年之后两会事务性协商机制将与协议相关的两岸业务主管部门人员直接引入协商之中，形成"两岸两会搭台，主管部门唱戏"的谈判形式。在整个协商过程中，两岸业务主管部门人员之间举行的业务沟通和谈判，实际上构成双方就具体议题谈判的主要部分，而两会相关人员则在将业务部门人员"带入"谈判后，不再直接介入谈判。这种新的协商模式的形成，源于两方面的原因，一是两会复谈后双方协商的议题与"汪辜会谈"时期相比，其专业性、技术性、复杂性已经远非后者可比，两会组成人员已经很难完全应对，因而必须将两岸业务主管部门人员引入谈判；二是两会复谈后两岸政治互信不断强化，双方之间的政治关系已经远非"汪辜会谈"时期可比，双方着眼的重点已经从当年的"务虚"转向"务实"，因而亦能够接受彼此派出业务主管部门人员直接参与谈判。总之，在两会复谈后的各项两岸协议协商中，两岸业务主管部门成员之间举行的业务沟通之职能亦趋于稳定，即就相关议题进行实质性协商，形成双方均能接受的协议文本，供两会负责人签署。

第二，双方已在实践中形成一套较为固定的两岸协议创制程序。从两会复谈后双方签署二十余项协议的实践来看，两会已经初步形成一套包含议题设定、业务沟通、共识确认、程序商定和协议签署等五个阶段在内的协议创制程序。

（1）议题设定阶段。两会协商的议题设定阶段由两会负责人出面，在举行事务性会谈、签署相关协议的同时，就双方在未来一段时间内协商的重点议题交换意见，并确定双方下一阶段协商的主要议题。[①] 以 2009 年 4 月举行的第三次"陈江会谈"为例，除签署三项两岸协议并达成一项共识外，两会负责人在会谈中还就第四次"陈江会谈"做了沟通与安排，双方商定将"两岸渔工劳务合作""两岸农产品检疫检验合作""两岸标准、计量、认证认可和市场监督合作""避免双重征税问题"等作为下阶段优先协商的议题。[②] 同年 12 月，第四次"陈江会谈"双方即就上次会谈设定的议题签署了《海峡两岸渔船船员劳务合作协议》《海峡两岸农产品检疫检验合作协议》和《海峡两岸标准及计量检验认证合作协议》。

（2）业务沟通阶段。在完成议题设定后，两岸协商进入业务沟通阶段。在这一阶段，两会将组织与双方商定议题相关的两岸主管部门负责人

[①] 第一次"陈江会谈"时，双方系通过函电来往的方式商定该次会谈的两项议题，即"两岸包机"和"大陆人民来台观光"议题。根据台湾海基会的报告，2008 年 5 月 26 日台湾海基会函告海协会，提议双方就"两岸包机"及"大陆人民来台观光"两项议题进行协商，海协会于 5 月 29 日来函邀请江丙坤等访问北京，并就两项议题进行商谈。参见台湾海基会：《第一次"江陈会谈"》，资料来源：http：//www. sef. org. tw/ct. asp？ xItem＝48212&ctNode＝3809&mp＝19，最后访问日期：2015 年 1 月 30 日。

[②] 参见新华网：《陈云林与江丙坤举行第三次会谈》，资料来源：http：//news. xinhuanet. com/newscenter/2009－04/26/content _ 11260601. htm，最后访问日期：2015 年 1 月 30 日。

以两会专家、顾问的身份直接进行业务沟通，就各项议题中的专业性、技术性问题交换意见，并初步形成共识。恰如上文所言，由于两岸事务性协商议题的专业性、技术性、复杂性日趋提升，两会既无能力，也无必要直接出面对相关议题进行协商。因此，在两岸政治环境允许的情况下，双方业务部门人员得以成为业务沟通阶段的主角。以第六次"陈江会谈"为例，为签署《海峡两岸医药卫生合作协议》，两岸医药卫生主管部门负责人在海协会与台湾海基会的安排下，共进行过5次业务沟通，并形成了协议主要内容。①

（3）共识确认阶段。待两岸业务部门就某一议题形成初步共识后，协商进入共识确认阶段。在这一阶段，两会副职负责人将举行工作商谈，对双方业务主管部门之间取得的共识加以确认，就与该议题相关的个别争点进行最后沟通，并形成两岸协议文本。工作性商谈制度系第三次"陈江会谈"时两会确立的一项协商程序，亦被称为"程序性商谈"。根据台湾海基会的报告，2009年4月8日，海协会副会长郑立中和台湾海基会副董事长高孔廉在上海举行会谈，讨论第三次陈江会谈主要日程及会见、参访事宜，双方将此次商谈定位为程序性商谈，以配合正式会谈之举行。② 需要指出的是，工作性商谈制度一般仅出现在双方将签署较为重要的事务性协议或较多协议时，并非每次两会协商都需经过这一程序。

（4）程序商定阶段。待协议文本形成后，两会商谈的重点从协议本身转向两会负责人会谈的程序性事宜，即进入程序商定阶段。这一阶段，一般由两会副职负责人出面举行公开的预备性磋商，磋商的重点内容一般为再次确认协议文本，对协议签署后及生效前双方应当处理的相关措施交换意见，并重点安排两会负责人会谈的相关程序性事宜。一般而言，每次

---

① 参见台湾海基会：《第六次"江陈会谈"筹备情形报告》，资料来源：http：//www. mac. gov. tw/np. asp？ctNode=6854&mp=113，最后访问日期：2015年1月30日。

② 参见台湾海基会：《第三次"江陈会谈"》，资料来源：http：//www. sef. org. tw/ct. asp？xItem=50785&ctNode=3809&mp=19，最后访问日期：2015年1月30日。

两会负责人会谈前，两会副职负责人会视会谈内容的复杂程度，举行1—2次预备性磋商，为双方负责人正式会谈做好相应的准备。

（5）协议签署阶段。协商进入协议签署阶段后，两会负责人举行正式会谈，正式签署经由双方副职负责人确认的协议，整个协议创制过程至此结束。正如上文所言，相较于前述几个阶段的协商程序而言，两会负责人举行会谈并签署协议的象征意义远大于其实质意义，协议签署这一程序的制度意义在于，以两会负责人名义赋予协议以正式的约束力。正如大陆学者陈星所言，两会协商并非真正两岸协商的开始，而是就某些议题进行阶段性协商的最后步骤，即在两岸共识达成之后，用两会协商的形式以制度性和约束性文件把这些共识固定下来。[1]

第三，开创了两岸主管机关人员参与事务性协商的新模式。两会复谈后，双方改变了以往由两会站在具体事务协商前台的做法，允许双方业务主管官员直接参与具体议题的协商，保证双方能够以较为直接的方式实现沟通、联系，快速高效地达成共识。从两会本身在两岸事务性协商中的地位与作用来看，其主要作用已不是直接就事务性议题展开谈判，而是为两岸业务主管部门提供对话平台，供业务主管部门人员就两会设定议题中的专业性、技术性问题交换意见，并形成共识。以《海峡两岸经济合作框架协议》（ECFA）的协商过程为例，双方在两会正式签署前进行过多次正式谈判，参与海协会协商团队的包括时任商务部台港澳司司长唐炜、国台办经济局副局长王征、法规局局长周宁以及商务部、国家发改委、财政部、工信部、海关总署等多个部门的公务人员，与此相对应的是，台湾海基会的协商团队则包括台湾地区"大陆委员会经济处"处长李丽珍、"法政处"处长吴美红、"工业局"局长杜紫军以及"国贸局"等其他部门的

---

① 陈星：《新思维下的两岸关系新模式》，载《中国评论》月刊 2008 年 7 月号。

公职人员。① 尽管这些来自两岸公权力机关的公职人员皆是以"顾问""专家"身份参与协商，但却实际上成为协议谈判的主要操盘者。在 2010 年两会正式签署 ECFA 之后，双方决定共同成立"两岸经济合作委员会"，作为 ECFA 的实施与后续协商机构，许多参与 ECFA 协商的两岸公职人员，随后便被指定为委员会成员，以进一步参与 ECFA 的实施与后续协商。相比而言，两会在两岸事务性协商中的地位，已经由"汪辜会谈"时期的"直接参与者"，转变为"平台搭建者"。这种角色上的转变为两岸直接、高效地展开事务性协商，并签署相关协议提供了有力保障，也为两岸业务主管部门的直接沟通提供了平台支持。正如台湾学者邵宗海所言，这种（两岸主管部门直接参与谈判的）方式，是不是暗示两岸协商将进入官方接触阶段，值得注意。②

综上所述，从 2008 年 6 月两会复谈后的协商实践来看，双方基本上已经没有按照原有《两会联系与会谈制度协议》的规定举行定期协商，而是在实践中形成了一套新的会谈与联系制度。与原有协议规定的各层次定期（不定期）协商制度相比，现行的两会事务性协商制度，既能贯彻两会常态化联系与协商的制度需要，也能够较好地切合两岸关系和平发展的实际情况，快速、高效地完成相关议题的协商，因而这一制度对于两岸事务性协商和两岸协议的创制起到了重要推动作用。

第三节　制度视野下两岸事务性协商机制的反思与重构

制度是人们行为的规范，其运行表征着一定的社会秩序。制度化是指

---

① 参见台湾地区"大陆委员会"：《"两岸经济合作架构协议"第二次协商情形之相关说明》，资料来源：www.mac.gov.tw/public/Data/06231643771.pdf，最后访问日期：2015 年 1 月 30 日。新浪网：《ECFA 第二次正式协商 31 日台北登场》，资料来源：http：//news.sina.com.cn/c/2010-03-29/111517291057s.shtml，最后访问日期：2015 年 1 月 30 日。

② 邵宗海：《新形势下的两岸政治关系》，五南图书出版股份有限公司 2011 年版，第 31 页。

群体和组织的社会生活从特殊的、不固定的方式，向被普遍认可的固定化模式转化的过程。制度化能够在很大程度上使群体和组织的活动具有稳定性、可预测性的特点，从而降低社会运行成本，强化社会秩序。当前两岸关系和平发展，对两岸领导人（尤其是台湾地区领导人）的两岸政策和统"独"态度有着较大的依赖，因而是不稳定的、易动摇的，甚至是"偶然"的。因此，要保证两岸关系和平发展不走回头路，就应当运用制度化的思路，以构建两岸制度化事务性协商机制为突破口，使两岸关系走出人治的泥潭，走向法治化的发展进路。本节拟在本章前两节论述的基础上，运用新制度主义理论对两岸事务性协商的制度化程度进行反思和评价，并从制度建构视角提出两岸制度化协商机制的建构思路，以期为两岸关系走向法治化提供理论支持。

一、新制度主义理论视野下的两岸事务性协商机制

自 2008 年两会复谈以来，两岸理论界和实务界将两岸两会事务性商谈机制视为"制度化协商机制"。然而，两岸却鲜有学者对何为"制度"，何为"制度化"，两岸两会事务性协商机制究竟是否已经达到"制度化"标准等一系列问题进行分析和论述。我们认为，要从制度化视角对两岸事务性协商机制做出评价，就有必要先对"制度"这一概念及其相关问题加以阐释。目前，流行于西方政治学界的新制度主义理论，对制度的概念、制度的类型、制度的变迁等问题，均做出过详尽的阐述，因而我们可以借鉴这一理论，对两岸事务性协商机制做出评价。制度理论是西方政治科学中的一个重要论题，在制度理论的形成和发展过程中，先后出现了旧制度主义、行为主义和新制度主义学派等多种流派，[①] 他们分别从各个层面出发，对制度理论进行理论完善和拓展。我们尝试在梳理新制度主义主

---

① 魏姝：《政治学中的新制度主义》，载《南京大学学报（哲学·人文科学·社会科学）》2002年第 1 期。

要观点的基础上，以这一理论为依托，对两岸事务性协商机制的制度化进行分析。

（一）新制度主义的理论梳理

新制度主义是当前西方较为流行的一种制度理论。它缘起于 1984 年美国学者詹姆斯·G. 马奇和挪威学者约翰·P. 奥尔森发表的论文《重新发现制度：政治的组织基础》。该文对当时政治学研究的五种错误倾向进行了批判，并在此基础上强调政治制度在政治学研究中应当具有核心价值。[1] 在新制度主义中，制度的概念、功能和正式与非正式制度等概念是其理论架构的基础。

作为新制度主义最基本的分析前提，新制度主义内部各流派之间，对"制度"这一概念的界定存在一定差别。规范制度主义认为，制度通过规则发挥作用，其所说的规则包括管理、程序、协议、职责、策略、组织形式、技术、信念、榜样、符号、文化及知识等，其中最重要的是惯例。[2] 理性选择制度主义把制度定义为一种决策规则，认为"制度是个人在决定谁或什么包括在决策环境中，信息是如何处理的，采取什么行动，以及按什么顺序采取行动，个人行动如何转换为集体决策等过程中所使用的规则。这些规则存在于个人所属团体共享的语言描述中，而不是外在环境的可见部分"。[3] 历史制度主义者则认为，制度即对行为起构造作用的正式

---

① 马奇和奥尔森认为，这五种错误倾向包括情景主义（Contextualism）、化约主义（Reductionism）、功利主义（Utilitarianism）、工具主义（Instrumentalism）和功能主义（Functionalism）。See James G. March and Johan P. Olsen, "The New Institutionalism: Organizational Factors In Political Life". *American Political Science Review*, 1984, vol. 78, p734—749. 亦可参见［美］詹姆斯·G 马奇、［挪］约翰·P. 奥尔森：《新制度主义：政治生活中的组织因素》，载何俊志、任军峰、朱德米编译：《新制度主义政治学译文精选》，天津人民出版社 2007 年版，第 19—40 页。

② ［美］詹姆斯·G. 马奇、［挪］约翰·P. 奥尔森：《重新发现制度：政治的组织基础》，生活·读书·新知三联书店 2011 年版，第 21 页。

③ L. Kiser & E. Ostrom, "The Three Worlds of Action: A Metatheoretical Synthesis of Institutional Approaches", in E. Os-trom, ed., *Strategies of Political Inquiry*, Beverly Hills, CA, 1982, p179. 转引自：祝灵君：《政治学的新制度主义：背景、观点及评论》，载《浙江学刊》2003 年第 4 期。

组织、非正式规则及与之相关的程序。^① 尽管上述新制度主义各学派对于制度的定义存在一定差异，但其定义总体上可以从制度的规范性、结构性和组织性上加以界定，各类定义只不过存在研究视角的区别而已。各制度主义学派对于制度定义的差别，并不能掩盖其对制度本质的趋同，即制度在本质上是一种规范，但这并不要求制度一定以正式规则的形式加以表述。新制度主义学者均认为，制度对个人的行为具有规范性，它的存在能够使人的行为的可预测性得到强化。

与旧制度主义不同，新制度主义对于"制度"这一概念的认知，不仅局限于国家、政党、议会等正式制度，还开始关注惯例、范例、行为、守则等非正式制度。在新制度主义的视野中，"显性"的正式制度和"非显性"的非正式制度，共同构成了制度这一整体性概念。在新制度主义的话语体系中，正式制度和非正式制度具有各自不同的特点，亦分别发挥着不同的功能。正式制度是旧制度主义关注的核心对象，新制度主义在发展过程中继承和反映了这一研究对象，并在此基础上扩展出对非正式制度的关注。正式制度一般表现为国家制定的宪法、法律、政策，个人创制的契约等形式。正式制度的基本特征有以下几点：一是其表现形式往往为成文的正式规则，因而其往往能够以较为明确的方式向成员表明规则的意涵；二是其创制往往是组织成员有意识的行为，因而往往需要依照一定的程序进行；三是其实施往往有赖于特定正式机制或组织的保障。总之，正式制度是"非人格化、明确的以及可预期的"，^② 它为人们提供了一种较为稳定的秩序环境。非正式制度的表现形式很多，如惯例、范例、行为等，新制度主义代表人物马奇和奥尔森认为，惯例这一非正式规则在其中

---

① ［美］凯瑟琳·西伦、斯温·斯坦默：《比较政治学中的历史制度主义》，载何俊志、任军峰、朱德米编译：《新制度主义政治学译文精选》，天津人民出版社 2007 年版，第 142 页。

② ［美］詹姆斯·G. 马奇，马丁·舒尔茨：《规则的动态演变——成文组织规则的变化》，周雪光译，上海人民出版社 2005 年版，第 20 页。

的地位尤其重要，他们指出，"惯例遍及四处……有了惯例才会使许多同时发生的行为彼此协调一致"。① 非正式制度的基本特征有以下几点：一是其表现形式往往为不成文的规则，其意含往往较为模糊，在具体活动中的意涵，有赖于个体成员的理解；二是其往往形成于人们的实践活动之中，往往被认为是对社会群体生存需要的响应②；三是其实施往往有赖于群体成员的共同承认与维护，而不以强制性手段加以保障。当然，非正式制度的非强制性，并不意味着它对群体成员没有约束力，只不过其约束力并不以类似于法律的刚性手段来体现，而是以类似于社会舆论、社会传统、道德追求等柔性手段加以体现。

（二）当前的两岸事务性协商机制已体现出制度化的基本特征

从上文对新制度主义理论中制度这一概念的叙述可以看出，评价某一事物是否构成一种制度的标准，不在于其形式是否完整，而在于其对于成员是否具有约束力，即从有效性、稳定性和规范性等标准来考虑这一事物的制度化程度。与旧制度主义相比，新制度主义在研究对象上不再满足于仅仅把法律、体制结构作为一种制度，而是把组织结构、意义结构、规则结构、代理结构、博弈结构等都看作制度的一种，这大大扩展了制度的研究空间。③ 因此，当我们运用新制度主义理论对两岸事务性协商机制进行评价时，应当以新制度主义理论对制度概念的认知，对其制度化程度进行评价。

从两岸事务性协商机制的发展现状看，两岸已经就双方会谈产生了若干常态化、可重复适用的共识，如两会负责人会谈的时间、地点、内容，两会副职负责人会谈的地点、内容，两会其他层级人员的会谈内容等。正

---

① ［美］詹姆斯·G. 马奇、［挪］约翰·P. 奥尔森：《重新发现制度：政治的组织基础》，生活·读书·新知三联书店 2011 年版，第 23 页。

② 吉嘉伍：《新制度政治学中的正式和非正式制度》，载《社会科学研究》2007 年第 5 期。

③ 参见祝灵君：《政治学的新制度主义：背景、观点及评论》，载《浙江学刊》2003 年第 4 期。

是这些既有共识，使人们将两会事务性协商机制定义为一种"常态化、制度化"① 的两岸协商机制。从前文的叙述来看，目前两岸已在实践中就两会商谈过程中设定协商议题、举行各层级协商、执行和实施协议等各个环节形成若干惯例，这些惯例使两岸协商在程序上具有重复适用的特点。由此，我们认为两会事务性协商机制对于两岸而言具有现实的约束力。它规制着两岸协商的具体程序，影响着两岸协议的创制。因此，在新制度主义的理论体系中，我们可以将当前的两岸事务性协商机制认定为一种以双方形成共识或不持异议的惯例为表现形式的制度。

（三）当前的两岸事务性协商机制表现出非正式制度的特点

诚如有些学者所言，两岸关系本身就是一种制度。② 然而，在当前形势下，两岸关系这种"制度"只能是一种广泛意义上的，以非正式制度为主干的制度集合。具体对两岸事务性协商机制来说，这一正在运行中的机制产生于两岸事务性协商的实践之中，并以惯例为主要表现形式，因而亦表现出新制度主义理论中非正式制度的特点。

一方面，当前实际运行中的两岸事务性协商机制产生于两岸事务性协商的实践过程，特别是 2008 年两会复谈以来的实践之中。它根植于两岸关系和平发展框架之内，为两岸关系和平发展提供制度保障。非正式制度形成于人们交往过程中的实践活动，人们在重复性交往活动中，逐渐就某些合作行为形成共识，而当这些共识以习惯（或惯例）方式表现出来，也就形成非正式制度。按照汪丁丁教授的观点，习惯可以被理解成由文化过程和个人在某时刻以前所积累的经验所决定的标准行为。③ 因而，非正

---

① "制度化、常态化"已成为两岸主要政治人物评价两会事务性协商机制的主要词汇。参见《江丙坤：两岸制度化协商常态化 邀陈云林年内访台》，资料来源：http://news.ifeng.com/taiwan/3/200904/0426_353_1126098.shtml，最后访问日期：2015 年 1 月 30 日。

② 大陆学者唐桦认为，两岸关系是一种制度，指的是两岸关系是在长期的历史过程中，在两岸互动和博弈的过程中，所形成的约束两岸人民行为的一种规则，是维持共享信念的系统。唐桦：《两岸关系中的交往理性》，九州出版社 2011 年版，第 116 页。

③ 参见汪丁丁：《制度创新的一般理论》，载《经济研究》1992 年第 5 期。

式制度形成于人们经验累积的过程中，而非理性的设计。它形成于人们交往的实践中，而非刻意地理论设计。因此，上文总结出的两岸事务性协商中表现出来的种种重复性特点，亦可被认为是一种两岸在事务性协商实践中逐渐形成的，为双方所共同体认的惯例。这种惯例便构成了两岸事务性协商机制的核心。

　　另一方面，当前实际运行中的两岸事务性协商机制并不存在于某一特定的正式规则之中，而是表现为一种非正式的惯例。在新制度主义学者的理论框架中，惯例往往被认为是非正式制度（或非正式规则）的一种主要体现形式，它被定义为"所有在正式规则无定义的场合起着规范人们行为作用的惯例或作为'标准'的行为"。① 因此，惯例这种非正式的表现形式，也恰恰成为非正式制度的一个重要标志。正如前文所述，目前唯一一项以两会会谈与联系为调整对象的两岸协议，即《两会联系与会谈制度协议》的实施情况并不理想。2008 年以后，两岸实际上以一种新的、以惯例为表现形式的共识细化和取代了《两会联系与会谈制度协议》的规定，从而构成当前两岸事务性协商机制的制度主干。

　　因此，两岸事务性协商机制尽管已经具有制度化的基本特点，但这种制度化的特点，在很大程度上应当被评价为一种以惯例为主要表现形式的非正式制度。两岸事务性协商机制的制度化，缘起于两岸交往的实践，是两岸在双方举行事务性协商实践中逐渐形成的一种共识的体现。

（四）当前两岸事务性协商机制的非正式制度性存在着现实困境

　　作为一种非正式制度，当前两岸事务性协商机制虽然能够正常运行，为两岸关系和平发展提供制度性支持，但不得不承认的是，当前这种以惯例为主要表现形式的两岸事务性协商机制，依然存在着两方面的现实

① 　参见汪丁丁：《制度创新的一般理论》，载《经济研究》1992 年第 5 期。需要说明的是，汪丁丁教授原文中系对"习惯"一词的解释。本书借用这一解释用于定义与该文中"习惯"一词意义相近的、作为新制度主义中重要概念之一的"惯例"一词。

困境：

一方面，以惯例为主要表现形式的两岸事务性协商机制，与既有的《两会联系与会谈制度协议》这一正式规则所设定的两岸协商机制之间存在着脱节的现象。这一现象长期存在，可能影响到两岸协议的权威性和稳定性。通过上节对两岸事务性协商机制实践的评析可知，2008 年以后，两会事务性协商的实践已经远远超越了 1993 年两会制定的《两会联系与会谈制度协议》的相关规定，部分实践甚至突破了原有协议的规制。因而，当前两岸两会就事务性协商所形成的惯例，实际上与原有协议"脱节"，这一现象一方面反映出两岸关系在过去十几年间的巨大变化，另一方面也反映出两岸两会对双方会谈实践的重视程度，远远高于协议本身。

另一方面，以惯例为主要表现形式的两岸事务性协商机制，并不存在强制约束力，机制的运行易受到外部环境，尤其是政治环境变动的影响。当前，两岸事务性协商机制已具有制度化的基本特点。这种制度化的表现即两岸已在协商实践中自发形成部分规制双方协商程序的惯例。然而，这种惯例的累积并不意味着两岸事务性协商机制对大陆和台湾具有强制约束力，两岸中一方违反惯例并不必然导致协商出现终止，也未必会导致一方承担相应的责任。因此，两岸事务性协商机制的运行在现实中很容易受到外部环境的影响。此处所言的外部环境包括两岸交往过程中的各种政治、经济、文化、社会因素。一旦这些因素发生变动，就极有可能影响到两岸事务性协商的开展。在这些因素中，两岸政治环境，尤其是台湾地区政治局势的变迁，极容易对两岸事务性协商机制的运行产生影响。在缺乏正式规则，尤其是两岸各自域内规定的约束情况下，两岸事务性协商机制的正常运行，无法摆脱一些特定外部因素，特别是台湾地区领导人统"独"立场的影响，因而常常因外部因素的变动而导致中断。

总之，尽管两岸事务性协商机制已初具制度化框架，但这种以惯例等非正式规则为表现形式的制度，往往缺乏外部保障。同时，这些非正式规则亦存在与既有正式规则不相协调的部分。因此，在进一步完善两岸事务性协商机制的过程中，有必要从正式制度与非正式制度划分的角度出发，探索提升这一制度现实约束力的新路径。我们认为，目前以惯例为表现形式的两岸事务性协商机制，即是一种非正式制度，它能够对两岸事务性协商产生现实约束。但这种约束因其并未呈现为一种正式规则而面临不稳定的现实困境。基于这种困境的产生原因和特点，我们认为，可以通过以正式制度取代非正式制度的方式，建构由两岸协议和两岸各自规定构成的两岸事务性协商的正式制度，以实现两岸事务性协商机制的全面制度化，使之能够走向"不因台湾地区政治局势的改变而改变，不因台湾地区领导人政治立场的改变而改变"的发展方向。

二、两岸事务性协商机制的制度重构之一：《两会联系与会谈制度协议》的全面修正

通过上文的分析可知，自两会复谈以来，两会之间的会谈与联系，实际上已经形成了一套新的机制，这套机制已经超越两会于 1993 年签署的《两会联系与会谈制度协议》的相关规定，并形成许多更为细致的规则。事实上，目前两岸关系的发展状况，已经与 1993 年"汪辜会谈"时不可同日而语，因而不论是从将非正式制度正式化的角度看，还是从规则与实践相适应的角度看，我们都有必要在总结现有两会协商经验的基础上，全面修正《两会联系与会谈制度协议》。我们认为，在当前，两岸对《两会联系与会谈制度协议》的修正，应从以下几方面展开：

第一，明确《两会联系与会谈制度协议》在两岸事务性协议体系中的基础性地位。从调整范围上看，《两会联系与会谈制度协议》的调整对象，是两会事务性协商本身，它以两岸协议创制机制为规制对象，因而是唯一规范两会联系与会谈制度的两岸协议。从效力位阶的角度看，《两会联系与会谈制度协议》应当与两会签署的其他事务性协议相区别。这一

协议实际上在两岸事务性协商阶段具有基础性地位。① 具体来说，这种基础性地位表现在两个方面：一方面，这一协议对两岸协议的创制程序做出规定，其地位相当于两岸协议体系中的"立法法"，属广义上的宪制性协议，因而具有基础性地位；另一方面，这一协议直接规定大陆和台湾参与两岸事务性协商的人员、机构等内容，对两岸公权力机关的交往形式进行规定，其意义超越一般的事务性协议，对两岸交往具有整体性规制作用，因而具有基础性地位。因此，修正后的《两会联系与会谈制度协议》应当对其在整个两岸协议体系中的基础性地位进行规定，以提升协议的效力位阶。

第二，修改了原有协议中对两会负责人会谈机制的规定。正如上节所述，原有《两会联系与会谈制度协议》，受协议签署时两岸政治互信不足等问题的影响，双方对两会负责人的会谈，都在一定程度上持保守态度。这种保守态度表现为对两会负责人会晤的条件进行了较为严格的限制，即规定了"不定期、不定地点"的会谈形式。在两会复谈后，较为宽松的政治环境为两会负责人的经常性、定期会晤提供了条件，在实践中双方也已形成两会负责人每年举行1—2次会谈的惯例，因此在修正《两会联系与会谈制度协议》时，可以将原有协议中双方"不定期、不定地点"的会谈改为年度定期会谈，会谈地点则可明确规定为"在两岸轮流择地举行"。

第三，修改了原有协议中关于两会副职负责人以下商谈机制的规定。如上文所述，两会副职负责人的会谈在两会事务性商谈机制中处于"战

①　大陆学者祝捷曾提出，两岸协议体系的构建应当以两岸和平协议作为两岸协议体系的基础，参见祝捷：《海峡两岸和平协议研究》，香港社会科学出版社有限公司2010年版，第426页。需要说明的是，本书所言的，赋予《两会联系与会谈制度协议》基础性地位与其所提出的基础性协议并不相同，《两会联系与会谈制度协议》适用的时间范围限于两岸签署和平协议之前，效力范围则限于两岸事务性协商机制，而不涉及两岸政治性协商机制。因而，严格意义上讲，本书所言的《两会联系与会谈制度协议》所具有的基础性地位是针对两岸事务性协议而言。

役"层面,而双方副秘书长级及以下人员的会谈则处于"战术"层面,其政治色彩较之于两会负责人会谈而言要淡薄许多,因而原有《两会联系与会谈制度协议》对这两个层面的商谈机制采取了定时、不定地点和定时、定地点的规定模式。然而,从两会复谈之后的实践来看,两会副职负责人会谈的主要职责,包括确定双方已经达成一致的两岸协议,为两会负责人会晤做程序性准备,两会副秘书长以下人员及作为两会"顾问""专家"的两岸业务主管部门负责人之间会谈的主要职责,则是就具体议题进行协商,并形成协议草案。因此,在修正《两会联系与会谈制度协议》时,应当将两会副职负责人会谈的这两项职责加以明确,并形成两会副职负责人以协商职责为核心的会谈机制,以取代原有的"半年会谈"机制;同时,应当将两会副秘书长以下人员,及参与两会商谈的两岸业务主管部门负责人之间会谈的主要职责加以明确,形成上述人员以议题协商进度为核心的会谈机制,以取代原有的"季度会谈"机制。除此之外,协议还应明确两会副职负责人以下人员的会谈,应在两岸范围内轮流择地举行。

第四,明确参与两会实质商谈的两岸公权力机关人员的"名义",使之能够名正言顺直接参与会谈。如上文所言,自两会复谈以来,两岸开创了两岸主管机关人员参与事务性协商的新模式,两岸公权力机关负责人已从"幕后"走向"台前",以各种"非官方"身份参与两岸事务性协商。在实践中,双方主管机关人员往往是以两会"专家""顾问"的名义参与谈判。然而,原有《两会联系与会谈制度协议》及《两会商定会务人员入出境往来便利办法》,却并未将"专家""顾问"列为"两会商定会务人员"之列。这种规则机制中的地位缺失,不利于这种两岸协商新模式的制度化,亦不利于两岸公权力机关人员在两岸事务性协商机制中的直接接触。因此,在修正《两会联系与会谈制度协议》时,应当专条明确参与两会事务性协商的两岸公权力机关人员的"名义"与"身份",将"专家""顾问"列入两会会务人员之列。

第五，增加关于两会互设办事机构问题的规定。近年来，随着两岸民间往来日益密切，双方民众在对方领域内亦常面临着许多现实问题。两岸在对方领域内互设办事机构，有利于两岸为双方在对方领域内的民众提供及时、便捷的服务，亦有利于拓宽两岸既有的交往管道，强化双方处理紧急事务的能力。目前，两岸间已在几项既有协议的基础上，在对方领域内设立了功能性办事机构，如两岸根据《海峡两岸关于大陆居民赴台湾旅游协议》之规定，双方同意互设旅游办事机构，负责处理旅游相关事宜，为旅游者提供快捷、便利、有效的服务。[①] 大陆的海峡两岸旅游交流协会即根据此条款之规定，在台北、高雄等地设立了办事处，而台湾的海峡两岸观光旅游协会亦在北京等地设立办事处，以便双方处理大陆居民赴台旅游相关事宜。[②] 然而，此类两岸互设常驻机构系在某一单项两岸协议之下的功能性机构，其职能仅限于协议议定事项，而非两岸两会综合性常设办事机构。在两岸民间交往日趋密切的今天，这些单向功能性办事机构，已经无法满足两岸的现实需求，因而两岸应当在现有常驻机构的基础上，以两会名义，互设综合性办事机构，以实现两岸民间往来过程中产生的各类常态和非常态突发事件的制度化解决。未来的两会互设办事机构，无疑属于两会联系机制的组成部分。因此，在修正《两会联系与会谈制度协议》时，有必要专条明确两会互设机构的性质、职责等细节性规则，为双方办事机构的设立与运行提供规范依据。需要说明的是，未来两岸两会互设办事机构的性质是海协会和台湾海基会的派出机构，属民间团体的组成部

---

① 《海峡两岸关于大陆居民赴台湾旅游协议》第八条。

② 海峡两岸旅游交流协会驻台北办事处于 2010 年 5 月 7 日正式挂牌，台湾海峡两岸观光旅游协会北京办事处 2010 年 5 月 4 日正式揭牌，参见《"海峡两岸旅游交流协会台北办事处" 7 日挂牌》，资料来源：http：//news. xinhuanet. com/tw/2010-05/07/c_1279650. htm，最后访问日期：2015 年 1 月 30 日。《台湾海峡两岸观光旅游协会北京办事处 5 月 4 日揭牌》，资料来源：http：//www. gov. cn/gzdt/2010-05/05/content_1599430. htm，最后访问日期：2015 年 1 月 30 日。

分，系功能性、事务性机构，并非部分台湾政治人物所说的"领事机构"，更不是所谓的"准大使馆"。

三、两岸事务性协商机制的制度重构之二：两岸涉对方事务立法的创设与修改

相对于两岸协议的软性效力特征而言，域内立法对于两岸的约束力来源于双方的根本法，对两岸各自域内的公权力机关和普通民众而言，均具有强制约束力。因此，除全面修正《两会联系与会谈制度协议》外，两岸亦根据两岸事务性协商机制的发展，对各自域内立法进行适应性创设与修改。

（一）大陆应制定合乎两岸关系和平发展阶段性特征的专门立法

在大陆的法律体系中，涉及两岸事务的法律规定主要包括现行《宪法》《反分裂国家法》、其他部门法、地方性法规以及最高人民法院的司法解释等。在这些构成部分中，现行《宪法》是我们处理台湾问题的根本法律依据。它不仅规定了国家和公民统一台湾的义务，体现了"和平统一、一国两制"的基本方针，还是中央各项对台立法和规定的基本依据①；《反分裂国家法》是中央为处理台湾问题颁布的宪法相关法；除宪法和《反分裂国家法》外，以《台湾同胞投资保护法》《中国公民往来台湾地区管理办法》等法律法规为代表的涉台法律规范和以《关于人民法院认可台湾地区有关法院民事判决的补充规定》为代表的涉台司法解释等，均以两岸民间往来为主要调整对象，并不涉及两岸政治事务和两岸制度性协商机制。自 2005 年《反分裂国家法》颁布实施以来，已经初步建立了一套对台立法体系，但这套立法体系依然存在一定程度的缺漏。总体

---

① 参见周叶中、祝捷：《构建两岸关系和平发展框架的法律机制研究》，九州出版社 2013 年版，第 12 页。

而言，现有对台立法体系的立法重点，集中于反对"台独"分裂活动、规制台湾同胞在大陆投资活动等领域，却缺少对台湾居民在大陆个人权利保障、两岸公权力机关事务性交往机制等存在于两岸关系和平发展阶段中若干现实问题的规制。基于制定一部两岸关系综合性立法所具有的重要意义，我们认为，应当加快这部立法的研究和制定工作。由于这部立法以巩固和深化两岸关系和平发展为主要立法目的，故这部立法可命名为《两岸关系和平发展促进法》。

两会平台是两岸进行交流的最重要窗口，也是目前两岸公权力机关交往机制的核心之所在。然而，由海协会和台湾海基会构成的两会平台的法律地位却并不明确。目前，大陆方面关于海协会地位问题之规定，仅见于海协会自行制定的《海峡两岸关系协会章程》之中。根据该《章程》的规定，本会接受有关方面委托，与台湾有关部门和受权团体、人士商谈海峡两岸交往中的有关问题，并可签订协议性文件。[①] 在实践中，海协会的业务指导和管理机关为国务院台湾事务办公室，国台办属于国务院办事机构之列，"其职责在于协助总理办理具体事务，不享有对外实施管理的权能"，[②] 且国务院台湾事务办公室与中共中央台湾工作办公室，属于"一个机构两块牌子"，列入中共中央直属机构序列。因此，从行政法法理上讲，国台办并不具有行政主体资格，因此它也就不符合一般行政法上所讲的"行政委托"之基本条件。唯一能够对国台办与海协会之间委托关系做出的合理解释便是，基于两岸交往的特殊性，这种不符合法理的"行政委托"仍然具有其功能意义上的合法性。然而，这种所谓"功能意义上的合法性"却不能掩盖大陆对海协会处理两岸协商问题法律规定不足的问题。要实现两会事务性商谈机制的正式制度化，就有必要对海协会和两会事务性协商机制的法律地位加以明确，以法律形式确定两岸事务性协

---

① 《海峡两岸关系协会章程》第四条。
② 江国华编著：《中国行政法（总论）》，武汉大学出版社 2012 年版，第 142 页。

商机制的地位与作用。因此，在未来的《两岸关系和平发展促进法》中，应当明确规定两岸两会事务性协商机制的法律地位，确定两岸协议的法律性质，明确其与大陆域内立法的关系。

具体来说，在《两岸关系和平发展促进法》中，对两岸两会事务性商谈机制的规定应当包括以下内容：一是明确两岸事务性协商开展的政治基础和前提，即两岸必须在"九二共识"的前提下展开协商谈判；二是规定两岸事务性协商的参与主体，确定参与协商的组织（包括海协会和各类参与协商的民间机构）的法律地位，明确协商结果的法律效力；三是规定两岸事务性协商机制的基本内容，确定两岸在一定时期内可以展开协商的主要领域，亦可确定若干双方协商的重点议题；四是确定两岸协议的法律性质，确定两岸协议作为一种两岸共同政策对于大陆域内法律体系的效力。总之，大陆只有将这些与两岸事务性协商息息相关的重要内容纳入特别立法之中，才能将两岸事务性协商机制纳入法制轨道之中，才能实现对两岸事务性协商机制制度化的有效支撑。

（二）台湾应对其"两岸人民关系条例"进行适应性修改

"大陆地区与台湾地区人民关系条例"（简称"两岸人民关系条例"）是台湾方面规制大陆事务的基本"法律"。这一条例虽历经多次修改，但奠定其基础的"一国两区"政治定位理论并未改变，与之相关联的涉及两岸事务性协商的基本内容也未改变。然而，随着两岸关系和平发展的不断推进，两岸关系的发展现状，尤其是两岸事务性协商的发展现状，已经远远超过了这部"条例"制定时"立法者"的基本预期。因此，要从台湾地区"法律"规范的角度实现对两岸事务性协商机制的规制，就必须对台湾地区"两岸人民关系条例"中的相关规定进行适当调整，强化台湾当局对两岸事务性协商机制运行的责任，放宽对两岸事务性协商的相关限制，具体而言：

一方面，应当适当调整两岸事务性协商的基本定位，根据两岸事务性商谈的实践，明确"委托"协商的具体内容和相关程序。与大陆相关规定的缺位和模糊不同，"两岸人民关系条例"明确规定了台湾海基会的地位。根据"两岸人民关系条例"之规定，台湾海基会被定位为接受"有关机关委托，协助处理台湾地区与大陆地区人民往来有关之事务……必要时……代为签署协议"① 的民间机构。在这一"条例"之中，"行政院大陆委员会"是组织实施两岸事务性协商的公权力机关，牢牢掌握协商的整体进程。在当前"两岸人民关系条例"的规制下，两岸事务性协商机制并非一个台湾当局必须遵循和积极实施的制度，而是其"处理台湾地区与大陆地区人民往来有关事务"时，"得"采取的手段之一。

另一方面，应当逐渐摆脱"冷战思维"的影响，放宽对委托民间团体参与两岸协商的限制。"两岸人民关系条例"对委托民间团体与大陆进行协商限制极其严格。这与当时该条例受到"冷战思维"影响的"立法"思维有关。这种思维已经明显与两岸关系和平发展的现实相脱节。两会的协商应当得到两岸法律的共同认可与支持，而非限制。因此，未来"两岸人民关系条例"的修正，应当在原有条文之基础上适度放宽对于两会商谈的相关限制。

当然，由于台湾岛内政治形势的复杂性，要求台湾地区在短时间内大幅度修改"两岸人民关系条例"是不切实际的。尽管台湾地区领导人马英九声称，将"要配合现在时空环境全盘翻修'两岸人民关系条例'"，② 但实际上国民党并不具备推进这一全面翻修进程的政治能量。有学者曾指出，对于国民党而言，即使是对"两岸人民关系条例"孤立条款的逐一检修，也会遭遇岛内族群政治与政党政治的强大阻力。③ 因此本书所提出的修改方向，仅仅是一种理论上的展望，并不具备在短期内付诸实践的可

---

① "大陆地区与台湾地区人民关系条例"第四条第二款第二项。
② 网易新闻：《马英九：通盘检讨修正"两岸人民关系条例"》，资料来源：http：//news.163.com/12/1010/22/8DG5B87300014JB6.html，最后访问日期：2015 年 1 月 30 日。
③ 参见田飞龙：《两岸人民关系条例的历史考察与修改展望》，载《台湾民情》2012 年第 6 期。

能性。可以预见的是，台湾地区"两岸人民关系条例"的修改，必将继续依照其"修改孤立条款，逐步推进"的模式进行。

第四节　公民参与视野下两岸事务性协商机制的反思与重构

公民参与，通常又称为公共参与、公众参与，就是公民试图影响公共政策和公共生活的一切活动。[①] 公民参与是协商民主的一种重要表现形式，也构成对传统代议制民主制度正当性的一种重要补强方式。目前，两岸事务性协商机制是两岸共同认可的一种"受权协商机制"，其正当性基础源于形成两岸各自公权力机关的代议制民主。尽管从广泛意义上讲，两岸事务性协商机制及其创制的两岸协议，因其合乎两岸同胞的根本利益而具有实质正当性，亦因其获得两岸当局的正式授权而具有形式正当性，但却因其较为浓厚的"精英政治"和"秘密政治"的色彩而引起两岸民众，尤其是台湾地区部分民众的排斥。2014 年上半年爆发的所谓"太阳花运动"，充分体现出了两岸事务性协商机制的民意正当性危机。本节拟对两岸事务性协商机制的民意正当性危机加以分析，并提出通过引入公民参与理论，构建两岸事务性协商机制中的公民参与机制，以化解这种已经日益凸显的危机。

一、民意正当性危机下的两岸事务性协商机制

2014 年上半年，在两岸关系和平发展势头正盛之时，台湾地区却爆发了反对《海峡两岸服务贸易协议》的所谓"太阳花运动"。尽管"太阳花运动"充分体现出台湾岛内斗争性政党政治对岛内政治生态的负面影响，但此次"运动"亦反映出台湾岛内部分民众对两岸政治精英主导的

---

① 俞可平：《公民参与的几个理论问题》，载《学习时报》2006 年 12 月 18 日第 5 版。

两岸关系发展模式，所表现出的疑虑态度，暴露出两岸事务性协商机制的民意正当性危机。

（一）欧洲一体进程中的"宽容共识"及其终结

两岸事务性协议是由两岸公权力机关借由授权民间团体的名义签署的协议。其合法性来源于立基于代议制民主建构起来的两岸公权力机关。然而，从两岸事务性协议的创制实践来看，这种建基于两岸各自代议制民主基础上的两岸协议的民意正当性，依然受到两岸民众，尤其是部分台湾民众的质疑。熊彼特认为，代议制是一种间接民主，它虽然通过选民选举代表的方式解决了民主的空间问题，但却将民众的权利局限在数年一度的投票权上，将决策归为政治精英的专属，把民主降格为一种产生领袖并使之合法化的制度安排。① 这一观点为我们认识两岸事务性协商机制民意正当性危机提供了理论支持。与两岸关系发展过程中出现的民意正当性危机类似，在欧洲一体化进程中，建基于成员国代议制民主基础之上的欧盟，亦曾出现过所谓"民主赤字"现象。有学者曾以"'宽容共识'的终结"来描述这种现象。在不考虑"主权""国家"等因素的前提下，两岸关系和两岸事务性协商机制发展过程中表现出的这种正当性危机，与欧盟发展过程中曾出现的"民主赤字"现象存在一定的相似性。因此，我们尝试借鉴欧盟发展过程中的相关理论成果，对两岸事务性协商机制中出现的民意正当性危机问题做出诠释，为解决这一问题奠定理论基础。

自20世纪50年代至90年代，欧洲一体化的进程长期由各国政治精英们推动，受一体化进程影响的各国普通民众的意见很少受到重视。50年代中期，欧洲政治一体化的进程受到挫折，此后一直到20世纪80年代，欧洲一体化都主要集中在经济领域。在此期间，欧共体各国的普通民

---

① ［美］约瑟夫·熊彼特：《资本主义、社会主义与民主》，吴良健译，商务印书馆2004年版，第416页。

众对政治精英们推动欧洲经济一体化的行为基本持一种"消极支持"的态度。新功能主义的代表人物林德伯格（L. N. Lindberg）和沙因戈尔特（Scheingold）于 1970 年提出"宽容共识"（permissive consensus）的概念，以描述欧洲普通民众对待欧洲一体化进程的双重情绪。所谓"宽容共识"用于表达一种双重的情况：它一方面表示公民们对于欧洲一体化当中最值得追求的目标存在广泛共识；另一方面又表示他们对一体化的具体实施很不了解，因为是精英们在不顾公众态度的情况下推动一体化前进。① 在欧洲民众与政治精英们形成"宽容共识"的情况下，只要民众们不感到自己的利益受到直接的负面影响，其善意的基本态度以及因无知而产生的被动状况，便允许一体化大步前进，但如果一体化进程触及民族国家主权的敏感领域，那么"宽容共识"便会走向终结。

1991 年 12 月，欧共体 12 国签署《马斯特里赫特条约》（即《欧洲联盟条约》）。该条约为欧共体建立政治联盟和经济与货币联盟确立了目标与步骤，从而构成欧洲联盟成立的基础。然而，在各成员国国内审议《马斯特里赫特条约》过程中，尤其是交付各国全民公决过程中，却出现了该条约在多个国家无法通过或勉强获得通过的情形。其中在丹麦举行全民公决中，丹麦民众以较大比例否决了《马斯特里赫特条约》。这一现象表明，在欧洲一体化进程中形成的普通民众对政治精英的"宽容共识"已经不复存在，欧盟民主正当性不足的问题开始受到人们的关注。

（二）两岸关系和平发展中的"宽容共识"及其终结

两岸关系并非国际关系，两岸协议也并非国际条约，两岸关系和平发展的进程与欧洲一体化进程具有实质性差别。然而，欧洲一体化进程中亦存在着一些值得两岸关系和平发展借鉴的理论要素。从一定意义上讲，两

---

① Leon. N. Lindberg, Scheingold, "Europe's would-be polity: patterns of change in the European community", Englewood Cliffs, *N. J: prentice-Hall*. p41. 转引自［德］贝娅特·科勒-科赫等：《欧洲一体化与欧盟治理》，顾俊礼等译，中国社会科学出版社 2004 年版，第 224 页。

岸关系和平发展的进程在两岸政治精英和普通民众之间，亦存在类似于欧洲一体化进程中的"宽容共识"现象。从 2008 年以来的实践看，两岸透过两会平台商谈和签署两岸协议的过程对两岸民众而言并不透明。甚至对于专门研究两岸关系的学者而言，要了解到每项协议的详细商谈过程都极为困难。在这种情况下，普通民众很难透过制度化渠道表达自己对两岸协议的意见和看法。尽管在当前形势下，绝大部分两岸协议都符合两岸人民的共同利益，但这种"符合"往往是一种浅层次的"符合"，即符合两岸人民对两岸关系从对峙走向缓和、从战争走向和平的需求，却并不能够与作为个体的每一个两岸同胞的切身需要相"符合"。[1] 在这种情形下，只要两岸普通民众不感到自己的切身利益受到直接的负面影响，其对待两岸关系和平发展和两岸协议的基本态度，便不会发生改变，即因两岸协议"符合"两岸民众的基本需要，而允许两岸关系在两岸协议的推动下继续向前发展。两岸民众对待两岸协议推动下两岸关系和平发展的这种"消极支持"态度与欧洲民众对待欧洲一体化发展进程所持的态度相类似。因此，"宽容共识"这一概念亦可用于描述两岸普通民众（尤其是台湾民众）对待两岸关系和平发展进程的双重情绪。在两岸间存在"宽容共识"的情况下，两岸民众对推动两岸关系和平发展的两岸协议一直以来均持较高的支持态度。2008 年至 2013 年间，台湾地区"陆委会"在历次两会商谈之后对台湾民众所做抽样电话访问的调查结果显示，台湾民众对于多项两会协议的赞成比例（满意度）都超过 60%。[2] 这些统计数据充分体现出两岸民众在缺乏对两岸协议了解的情况下，依然可以对这些协议的商签和实施持肯定态度。

《海峡两岸服务贸易协议》是两岸为落实 ECFA 而签署的第二项后续

---

① 参见周叶中、祝捷：《两岸治理：一种形成中的结构》，载《法学评论》2010 年第 6 期。

② 参见台湾地区"大陆委员会"网站发布的电访民意调查，资料来源：http：//www. mac. gov. tw/np. asp？ctNode＝6331&mp＝1，最后访问日期：2015 年 1 月 30 日。

协议，也是两岸自 2008 年恢复两会商谈机制以来签署的第 19 项协议。2013 年 2 月，两岸正式启动《海峡两岸服务贸易协议》的谈判工作，至 6 月 14 日两岸就协议文本和相关附件达成一致。2013 年 6 月 21 日，两岸两会领导人陈德铭、林中森正式签署这一协议。服贸协议本是一项单纯的两岸经贸协议，其所涉及的内容也均属于两岸经济合作事务，但由于台湾岛内斗争性政党政治的影响，这份经济协议却引发了极大的社会争议。

2014 年 3 月 11 日，身兼国民党主席的台湾地区领导人马英九以党主席身份勒令国民党的"立法院"党团通过服贸协议，担任"召委"的张庆忠在委员会初审时，趁乱以隐藏式麦克风宣布完成审查送"院会"存查，从而引发民众抗议活动。3 月 18 日，逾百名反对服贸协议的台湾大学生闯入"立法院"，揭开了台湾学生"占领立法院""反对服贸协议"的所谓"太阳花运动"的抗议活动。3 月 23 日夜，学生攻入"行政院"，台湾当局依照相关规定，出动防暴警察对参与占领"行政院"的学生进行驱逐。3 月 30 日，"反服贸"学生团体发动"三三〇上凯道"的抗议活动，多达数十万台湾民众涌入"总统府"所在的凯达格兰大道，表达对服贸协议的抵制。① 与此同时，台湾亦有民众开始表达反"反服贸"的观点，认为学生占领"立法院"的行为是缺乏理性的，呼吁学生回到学校和家庭，让社会回归理性。直至 4 月 10 日，参与占领"立法院"的学生团体才全部退出"立法院"。②

此次"太阳花运动"一方面暴露出台湾民主的脆弱性和不成熟性，台湾部分民众（尤其是青年学生群体）仍然无法以理性、平和的方式处理内部分歧，这种现象在两岸议题的探讨中尤为突出；另一方面更体现出台湾民众对于两岸关系和平发展仍有疑虑，由于缺乏深入了解，部分台湾

---

① 联合早报：《台湾学生宣战 号召 330 上凯道》，资料来源：http://www.zaobao.com/wencui/politic/story20140328-326043，最后访问日期：2015 年 1 月 30 日。

② 人民网：《反服贸学生 10 日退出立法院 马英九发声明回应》，资料来源：http://tw.people.com.cn/n/2014/0408/c104510-24842677.html，最后访问日期：2015 年 1 月 30 日。

民众受到部分"台独"分裂分子的鼓噪，因而才会出现大批民众涌上街头反对服贸协议的情形。同时，此次"太阳花运动"同样体现出 2008 年以来，由于缺乏充分的公民参与，两岸关系和平发展中存在的"精英政治"与"秘密政治"为两岸事务性协商机制带来的民意正当性危机。我们认为，之所以会出现这种危机，乃是基于两个方面的原因：一方面，在"协议推动型"两岸关系和平发展模式下，两岸举行谈判，继而签署协议的权力。来源于两岸各自公权力机关的授权。在这种情况下，两岸普通民众对两岸关系和平发展的态度，显得并不关键。然而，随着两岸关系和平发展的不断深入，两岸协议的内容已经开始深刻影响两岸普通民众，尤其是台湾民众的生活，因而公众对参与两岸协议商谈和实施的需求正在不断增长。另一方面，"协议推动型"两岸关系的发展，主要依靠两岸间复杂而非公开的谈判进程，因此直接参与两岸谈判的两岸公权力机关成员往往发挥着重要作用。然而，这种谈判进程涉及两岸间众多具体事务的协调和利益的妥协，因而整个谈判过程往往缺乏公开性，因而也就限制了公众直接参与两岸协议的谈判和实施。

总之，在种种条件的限制下，两岸事务性协商机制缺乏两岸民众的有效参与，因而在两岸协议越发深入影响到两岸民众，尤其是台湾民众的日常生活时，上述的两岸"宽容共识"已经走向终结。此时，两岸事务性协议借由两岸公权力机关授权而产生的正当性也将遭遇危机，此次"太阳花运动"即是这种正当性危机的体现。

二、两岸制度化协商机制的制度重构：民众参与的引入

正如上文所言，目前两岸关系和平发展中的民主正当性危机已经逐步显现，由于两岸民众无法直接参与到两岸关系发展的重大决策过程之中，部分政治人物可能会利用各种手段，鼓噪台湾地区民意，从而影响两岸关系和平发展大局。恰如习近平总书记所言，我们所追求的国家统一，不仅

是形式上的统一，更重要的是两岸同胞的心灵契合。要实现这种"心灵契合"，就必须重视当前两岸关系和平发展中呈现出的这种民意正当性危机，为增进两岸民众之间的相互了解，强化两岸民众对两岸关系和平发展的支持与认同奠定基础。要消解这一正在显现的危机，推动两岸事务性协商机制迈向新的台阶，进一步深化两岸关系和平发展，应当及时引入公民参与机制，强化两岸关系和平发展和两岸事务性协商机制的民意正当性基础。

在欧洲一体化的进程中，欧盟逐渐形成了包含以代议制民主为支撑的欧洲议会机制、以协商民主为支撑的公民参与机制和以直接民主为支撑的公民投票机制在内的多样性跨国民主模式，希望借由这三种模式的共同作用，消解欧洲一体化进程中的民主赤字问题，使欧盟的合法性得以巩固。[1] 在这三种模式中，尽管欧盟议会是由欧盟各成员国公民直接选出，但其本身在欧盟宪政框架内处于弱势地位，作为跨国民主表现形式的欧盟议会距离选民过于遥远，其本身的代表性也受到很多人的质疑。尽管建基于直接民主理论之上的公民投票，具有较强的民意代表性，但在实践中，欧洲部分国家的公民投票往往受到投票国国内政治和经济环境的影响，加之选民本身对于部分具有高度专业性的欧盟具体条约和政策的了解有限，欧洲一体化的公民投票，常常变成投票国国内政治的延伸，而一体化公民投票所包含的超国家内容却相应地减少了。[2] 因此，可以预见的是，参与式民主将成为欧盟未来解决民主赤字问题的重要方式，它将为缓解因"宽容共识"终结而引发的欧盟正当性危机发挥重要作用。

要消解两岸事务性协商机制的民意正当性危机，同样应当通过引入公民参与理论，逐渐形成从两岸人民根本利益出发、尊重和反映两岸人民意

---

① 参见王展鹏：《跨国民主及其限度——欧盟制宪进程研究》，人民出版社 2010 年版，第 39 页以下。

② 参见舒旻：《欧洲一体化进程中的全民公决》，载《欧洲研究》2007 年第 4 期。

志、惠及两岸人民切身利益的两岸民意整合机制。之所以强调公民参与对于缓解两岸关系和平发展民意正当性危机的重要意义，其原因有三：

第一，由于两岸关系的特殊性，两岸仍处于政治对立状态，双方很难在短期内形成一个跨两岸的代议制民主机构，并借以强化两岸事务性协商机制的民意正当性。自 2008 年 3 月以来，在大陆和台湾的共同努力下，两岸关系迅速脱离极端对立的状态，进入和平发展的新阶段，并在短短数年间取得许多重大成就。然而，在肯定两岸关系和平发展成就的同时，我们不得不承认，目前两岸仍然处于政治对立状态，双方政治互信的基础已然薄弱，因而两岸协商的重点议题依然停留在经济、社会层面，在短期内尚无法转向具有高度敏感性的政治议题。在这种情况下，两岸难以在较短时期内形成既合乎双方利益，又能为双方共同接受的"超两岸"政治性机构，更遑论建构一套与欧洲议会类似的跨两岸代议制民主机构。因此，试图通过借鉴欧洲议会模式，增强两岸事务性协商机制民意正当性的方案在现阶段缺乏可行性，因而无法用于解决现实问题。①

第二，受制于两岸政治生态、台湾地区有关规定和"公民投票"模式自身的缺陷，大陆和台湾亦不可能透过"公民投票"模式，增强两岸事务性协商机制的民意正当性。受制于岛内长期存在的统"独"矛盾、省籍矛盾和蓝绿矛盾等结构性社会矛盾，台湾岛内民众对于两岸议题的认知，在很大程度上为部分政党左右，以"公民投票"这种非此即彼的模式，解决涉及两岸议题的有关问题，可能会使岛内的社会分裂愈演愈烈，甚至出现某种程度的撕裂。因此，台湾地区"公民投票法"即规定，全岛性质的"公民投票"，仅能适用于"法律之复决、立法原则之创制、重大政策之创制或复决、'宪法修正案'之复决"② 这四种情形，而并不能

---

① 当然，在两岸范围内，依然有学者尝试以类似模式强化两岸事务性协议的可接受性。参见曾雅真：《建构两岸合作的法律制度——"两岸事务审议机制"概念初探》，载《第五届台湾研究新跨越学术研讨会——两岸关系和平发展制度化论文集》，厦门大学 2014 年 9 月（未出版）。

② 参见台湾地区"公民投票法"第二条。

适用于两岸事务性协商机制，运用于解决为数众多的事务性议题。同时，由于在陈水扁执政时期，台湾地区部分政治人物多次鼓吹所谓"公投台独"，大陆方面对于"公民投票"这一方式持高度警惕态度，因而也不太可能接受通过"公民投票"方式达到增强两岸事务性协商机制民意正当性的目的。最后，"公民投票"模式本身也是一种较为牵强的意见表达方式，其结果非此即彼，因此很可能会导致社会国家分裂，甚至永久分裂的结果，因此一个议题能否用于公民投票，通常要以该议题受反对的强度来判断，那些复杂的、专业性高的问题，都不适合举行公民投票。① 总之，无论是从两岸政治生态、台湾地区有关规定，还是"公民投票"模式的自身缺陷而言，两岸不可能就两岸事务性议题，进行逐一"公投"，因而也不可能通过这一模式，实现强化两岸事务性协商机制民意正当性的目的。

　　第三，在两岸民众，尤其是与两岸关系利益相关的群体，对了解和参与两岸协议创制和实施过程的呼声较高的今天，引入公民参与机制能够很好地缓释和消解这部分民众的利益诉求。公民参与对于政治发展而言具有重要意义。公民对决策过程的参与，可以及时发现政策的失误和偏差，及时纠正决策失误，从而使决策更加科学和合理。② 作为一套制度系统的公众参与，不论是在国家宏观的政治生活中，还是在微观的行政过程中，都被理解为健全国家民主制度、提升公共生活民主性和公共性的重要途径。③ 如上文所述，由于缺乏制度化的参与渠道，两岸民众，尤其是台湾民众，对两岸协议的商签和实施过程知之甚少，更无法就协议的相关问题表达自己的意见。在这种情况下，一旦两岸协议可能触及岛内部分民众的切身利益时，就容易引起他们的抵制。自"太阳花运动"发生后，台湾

---

① 参见张莉：《台湾地区"公民投票"考论》，九州出版社 2007 年版，第 7 页。
② 俞可平：《公民参与的几个理论问题》，载《学习时报》2006 年 12 月 18 日第 5 版。
③ 王锡锌：《公众参与：参与式民主的理论想象及制度实践》，载《政治与法律》2008 年第 6 期。

岛内就"两岸协议监督法制化"议题，形成了一定程度的共识，包括台湾当局"行政院""民进党团"和部分"立法委员"，均向台"立法院"提出了"两岸协议监督条例草案"。尽管各版本"草案"，对于两岸协议的性质、两岸协议接受台湾地区立法机构监督时的相关制度安排等，存在较大分歧，但各版本"草案"却无不强调公民参与对两岸协议创制与实施的重要意义。可以说，这体现出台湾岛内各方在"立法"机构审议监督两岸协议问题上的"朝野共识"。①

总之，在当前两岸事务性协商机制面临民意正当性危机的背景下，在两岸事务性协商机制中引入公民参与理论，能够达致运用建基于协商民主之上的两岸公民参与机制缓释和消解两岸事务性协商机制面临的民意正当性危机的目的。

三、构建两岸事务性协商机制中的民众参与机制

考察相关的理论叙述和两岸事务性协商机制的实践，我们认为，应当通过引入公民参与理论，建构两岸事务性协商机制中的公民参与机制。通过一系列具有可行性和有效性的制度安排，促进两岸民众，尤其是利益相关群体对两岸协议创制和实施的了解，提升其对两岸协议的参与程度，有效补强两岸事务性协商机制的民意正当性。具体来说，这一制度安排的设计应从以下两方面展开：

（一）形成两岸事务性协商中的议题征询和协商参与机制

自 2008 年两岸两会复谈起，两岸事务性协商的重点议题陆续涵盖了两岸"三通"议题、两岸社会事务合作议题和两岸经济合作议题。目前，两岸事务性协商的重点集中于 ECFA 后续协议的商谈和两岸两会互设办事

---

① 参见周叶中、段磊：《论台湾立法机构审议监督两岸协议机制的发展及其影响——以"两岸协议监督条例草案"为对象》，载《台湾研究集刊》2015 年第 1 期。

机构等制度化建设议题。考察两岸事务性协商的历史，两岸商谈的议题往往由两岸公权力机关依照两岸关系现状和发展情况加以遴选和确定，两岸民众和利益相关群体对议题选择的影响力微乎其微。同时，在两岸就相关协议内容进行商谈时，也从未允许两岸普通民众（或其代表）参与其中，而仅仅是在双方签署协议，将协议文本向民众公开。正是由于两岸事务性协商在议题选择、协商过程中，体现出的这种"秘密政治"与"精英政治"特点，台湾地区部分民众将两岸协议视为"黑箱"的产物。因此，要强化两岸协议的民意正当性，就必须形成有两岸民众和利益相关群体参与的两岸事务性协商议题征询和协商参与机制。

我们认为，在建构两岸事务性协商机制中的公民参与机制时，应当在整合两岸现有有关制度安排，形成一套符合两岸关系实际的两岸协议事前和事中的议题征询和协商参与机制，具体而言：一是要强化与两岸协议利益相关群体，尤其是重要社会团体的对话沟通，形成制度化的协议议题征询机制和协商参与机制。随着两岸事务性协商议题专业化程度的提升，越来越多的两岸协议与一些特殊群体的利益息息相关。据此，在未来的两岸协议制定过程中，应当形成定期向民众，尤其是特殊利益群体公开协商议题规划，定期征询部分社会团体的意见。同时，应当通过促进两岸协议的创制主体与代表特殊群体利益的两岸有关社会团体之间进行及时有效的对话，提升这些特殊群体对两岸事务性协商的影响力，最终达到拓展两岸事务性协商机制参与范围的目的。① 二是整合包括互联网媒体在内的众多新媒体，促进跨海峡的两岸公共领域的形成和发展。哈贝马斯认为，所谓公共领域，即是公共意见这样的事务能够形成的领域，报纸、期刊、广播、

---

① 尽管在两岸范围内，代表着特殊群体利益的社会团体不能与欧洲政治生态中大量存在的利益集团相等同，但二者在一定程度上存在着相似性。在欧盟的决策机制中，利益集团扮演着重要角色，尽管有学者认为利益集团的参与会对欧盟决策形成反民主性影响，但更多的学者认为在不同的参与模式下，利益集团对欧盟决策合法性的意义呈现出多面性的特点。参见张海洋：《欧盟利益集团与欧盟决策研究——历史沿革、机制运作与案例比较》，社会科学文献出版社2014年版。

电视等就是公共领域的媒介。[①] 在以互联网媒体为代表的新媒体高度发达的今天，新媒体逐渐成为公共领域的重要媒介之一。从两岸关系的实践来看，互联网等新媒体也对两岸关系和平发展产生着越来越大的影响，这种影响在以反对《海峡两岸服务贸易协议》为主题的"太阳花运动"中体现得尤为明显。有学者甚至以"'太阳花学运'以新媒体的整合创新应用，做到零缝隙传播和病毒式扩散效应"，[②] 高度评价此次"反服贸运动"中新媒体的地位和作用。鉴于新媒体对于两岸关系，尤其是两岸基层民众意见的重大影响，我们认为，两岸应当注意整合以互联网媒体在内的新媒体，通过互联网公开征询两岸民众对两岸协商议题选择的意见，通过互联网公开部分两岸协商的过程，使两岸公权力机关能够透过新媒体，更好地了解两岸基层民众对于两岸关系和平发展、两岸事务性协商的意见，从而达到整合民意，强化两岸事务性协商机制民意正当性的目的。三是促进两岸相关智库的建设，通过学术交流促进双方的民意表达与参与。智库主要是指以公共政策为研究对象，以影响政府决策为研究目标，以公共利益为研究导向，以社会责任为研究准则的专业研究机构。[③] 在两岸，有为数众多的智库为两岸公权力机关的两岸事务决策提供意见参考和智力支持，两岸智库之间的交流，能够为双方交往，尤其是对许多重要但又敏感的议题交换意见，提供管道。同时，与两岸公权力机关不同，民间智库能够更好地整合民间意见，通过学术研究方式更为广泛地收集民众对两岸关系和两岸事务性协商的意见。因此，应当积极促进两岸智库建设，通过智库交流，进一步整合两岸民意，通过在两岸协议议题征询阶段召开专家研讨

---

① 参见［德］尤尔根·哈贝马斯：《公共领域》，汪晖译，载汪晖、陈燕谷主编：《文化与公共性》，生活·读书·新知三联书店 1998 年版。

② 联合早报：《林翠绢：新媒体照亮太阳花学运》，资料来源：http：//www.zaobao.com/forum/views/opinion/story20140420-334453，最后访问日期：2015 年 1 月 30 日。

③ 上海社会科学院智库研究中心：《中国智库报告（2013）》，上海社会科学院出版社 2014 年版，第 4 页。

会、议题征询会，在两岸事务性协商过程中邀请部分两岸智库成员参与等方式，强化两岸事务性协商的民意基础。

（二）形成两岸事务性协商中的民意调查机制

民意调查构成现代公共政策评价基础的手段。[①] 作为大陆和台湾共同创制的一种两岸共同政策，在两岸协议开始实施之后，可以运用民意调查等方式，对两岸协议实施状况进行评价，以达到充分了解普通公民的利益需求与政策建议，了解普通公民对政策绩效的评价的目的。从台湾地区的政治实践来看，其已逐步形成一套针对两会协议的公民意见征询与评价机制。众所周知，在台湾，民意调查在今日已成为现代民主生活中不可缺少的一部分，反映在公共政策方面，成为其"政府"决策之重要依据来源。[②] 就两岸协议而言，台湾当局"陆委会"会在两会达成新的协议后，就这些新达成的协议的满意程度和赞成程度进行民意调查，以《海峡两岸共同打击犯罪和司法互助协议》为例，根据"陆委会"调查，78.8%的受访民众对这一协议表示"满意"，21.2%的受访民众对协议表示"不满意"。[③] 当然，台湾方面采取的这种以展开民意调查方式征询民众对两岸协议满意程度的方式，只能在一定程度上反映出民众对协议的评价情况，其精确程度和对两岸协议实施的影响依然十分有限。同时，恰如一些学者所言，台湾地区的部分民意调查，尤其是涉及两岸关系议题的调查结果，"是被操控的、信度与效度不高，真实性值得商榷"，[④] 由于受访者的政治倾向、所处地域及对相关信息的掌握理解程度的差别，使民调"呈

---

① 郑方辉、李旭辉：《民意调查与公共政策评价》，载《江汉论坛》2007 年第 3 期。
② 参见高永光：《台湾民意调查之过去、现在与未来》，载《台湾研究集刊》2012 年第 4 期。
③ 参见台湾地区"大陆委员会"网站发布的电访民意调查，资料来源：http：//www.mac.gov.tw/np.asp?ctNode=6331&mp=1，最后访问日期：2015 年 1 月 30 日。
④ 叶世明：《两岸民调体系建构——兼谈审慎思辨民调理论方法的运用》，载《台湾研究》2012 年第 1 期。

现复杂乃至荒谬的结果"。① 与台湾地区已经运作的较为成熟的民意调查机制相比,大陆方面的民意调查普及程度依然较低。从既有的研究成果来看,大陆方面对两岸关系领域的民意调查,仍然缺乏相关的制度安排和实践经验,仅有少数学术机构曾开展过与此相关的调查。②

综合大陆和台湾民意调查机制的现状,我们认为,在建构两岸事务性协商机制中的民众参与机制时,应当在整合两岸现有的民意调查资源基础上,形成一套符合两岸关系实际的两岸协议实施的事后评价调查机制。具体而言:一是要形成多个具有一定独立性的两岸民意调查机构,使这些机构免于受到两岸政治局势和两岸公权力机关的过多影响,如可以立足于两岸高校和研究机构之间的合作机制,形成跨两岸的学术性民意调查联合体。二是在进行相关的民意调查过程中,注意对两岸协议的直接利益相关群体和非直接利益相关群体加以区分,分别进行深入调查。以《海峡两岸投资保障和促进协议》为例,其主要利益相关对象是两岸从事"投资业务"的人群,因此对该协议的评价,就应当以这些群体对于协议执行情况的心理感受为首要关照对象,而将不属于投资者范畴的其他主体的心理感受作为评价机制的次要关照对象。三是在完成民意调查和相关分析工作之后,将有关数据及时反馈给两岸负责实施协议的公权力机关,使这些调查结果成为其进一步推进协议实施的重要参考。对于某些在实施过程中出现问题的协议(或协议条文),则可交由两岸两会进行进一步协商,适时列为两岸协议修改暂停实施或终止实施的对象。

---

① 杨立宪:《当前台湾在有关两岸关系问题上的主流民意探讨》,载《台湾研究集刊》2002 年第 1 期。

② 如北京大学台湾研究院李义虎教授课题组针对北京地区部分高校制作问卷样本,进行过涉及两岸关系与"一国两制"、两岸交流与合作、两岸统一模式的思考等问题的调研。参见李义虎等著:《海峡两岸关系舆情调研与分析》,中国经济出版社 2012 年版。

第三章　两岸协议的联系主体制度研究

作为一种两岸共同政策，两岸协议体现出强烈的"两岸间"色彩，这直接决定了两岸协议的实施必须由两岸共同进行。双方或须依照两岸协议修改各自域内立法，以消除其各自立法与协议之间的冲突，或须依照两岸协议的要求，就议定事项采取共同立场、共同措施。然而，在两岸共同实施两岸协议时，必然会遇到因两岸的意志差别而引起的双方实施协议行动的不一致。此时，两岸协议在两岸的有效实施，就有赖于双方以特定渠道进行沟通协调，以达到协议议定事项实现的目的。目前，在现有的两岸协议中，两岸共同设计了"联系主体"制度，以协议联系主体作为双方就协议议定事项进行沟通的对象，从而实现了协议实施中双方立场和行动的有效协调。然而，随着两岸协议议定事项的日趋复杂，简单的联系主体制度，已经逐渐无法满足两岸协议发展的需要，因而我们应在借鉴相关理论和实践经验的基础上，重新考虑两岸协议实施主体制度的建构与完善。本章即以对"两岸间"理论的阐释为起始，透过对两岸协议实践中存在的联系主体制度的分析和对"两岸经济合作委员会"这一新型两岸协议联系主体制度的论述，沿着"两岸间"理论的发展方向，对两岸协议联系主体制度的改革提供理论设计。

第一节 "两岸间"理论的提出与两岸协议的
实施保障问题

作为当今世界区域一体化体制最为杰出的代表，欧盟通过其独特的法律体系和治理结构，对欧洲的有效整合和整个世界的政治、经济、安全、文化等领域均发挥着重要作用。国际关系学、国际法学等学科的学者们为描述和预测欧洲一体化进程，提出了许多重要的理论框架。尽管两岸关系并非国际关系，两岸之间正在形成的共同治理结构，也与由主权国家构成的欧盟治理结构不同，但欧洲一体化进程中形成的理论模型及其实践状况，依然能够为我们研究两岸关系和平发展提供有益借鉴。我们在本书第一章对两岸协议的法理定位问题进行探讨时，已尝试引入欧盟一体化进程中部分学者提出的"政府间主义"，进而提出了"两岸间"的概念，但由于论述重点不同，本书第一章并未对"两岸间"理论进行详细阐述。然而，要运用"两岸间"理论对两岸协议的实施保障问题进行探究，就不得不在"政府间"理论的基础上，详细阐释"两岸间"概念的理论内涵与现实功能，进而运用这一理论分析两岸协议的实施保障问题，为我们进一步观察两岸协议实践中存在的联系主体制度提供理论基础。

一、欧洲一体化理论中的"政府间主义"

随着欧洲一体化进程的不断推进，理论界对这一进程的理论诠释和研究也不断向前发展。在数十年间的发展过程中，理论界陆续形成多个尝试从不同侧面描述和解释欧洲一体化进程的理论流派。其中，形成于20世纪60年代中期的政府间主义具有一定的代表性。与其他理论流派相比，政府间主义所描述的欧洲一体化进程与两岸事务性协商机制具有一定的相似性。尽管两岸关系和平发展的进程与欧洲一体化进程存在本质差别，但这并非意味着那些为欧洲一体化进程服务的理论体系就完全不能应用于两岸关系的研究之中。相反，欧洲一体化理论中的一些理论要素，作为研究不同实体之间交往、协调的理论工具，在两岸关系，尤其是两岸事务性协商机制的研究中，有其可供参考之处。基于此，本书拟先对我们将在下文加以改造和利用的"政府间主义"理论予以介绍。

（一）欧洲一体化理论的历史演进

20 世纪 50 年代以来，欧洲一体化的历史进程经过数十年时间的发展，取得了举世瞩目的成效。与此同时，人们开始思考，如何看待欧洲一体化这一前所未有的历史进程，这一进程发展的方向何在。要回答这一问题，既需要人们对欧洲一体化的历史发展进行考察，也需要人们从理论建构的角度出发，尝试以特定的理论框架对欧洲一体化进程进行描述，并依据理论设计对其未来发展进行预测。自 20 世纪 50 年代以来，伴随着欧洲一体化进程的起步、发展、曲折与再次发展，理论界曾陆续出现过联邦主义、功能主义、新功能主义、政府间主义、新-新功能主义、自由政府间主义等多个理论流派。这些理论流派分别从不同角度出发，对欧洲一体化发展的动力机制、发展方向等进行了阐释。

在这些理论流派中，新功能主义在欧洲一体化初期曾一度占据主导地位，这一理论体系在 20 世纪 60 年代初之前，能够较为精确地解释欧洲一体化的发展进路，因而其"一度被奉称为欧洲一体化的官方哲学"。[1] 新功能主义的代表人物，包括厄恩斯特·哈斯（Ernst Haas）、列昂·林德伯格（Leon Lindberg）、菲利普·施密特（Philippe Schmitter）等人。新功能主义立基于功能主义的部分成熟观点，提出"外溢"（spillover）的概念，认为一体化范围会随着一体化的发展从经济部门"外溢"到其他部门，甚至是从经济领域"外溢"到政治领域，最终使原本独立的成员国之间形成一套超国家机制。

---

① 肖欢容：《地区理论的历史演进》，中国社会科学院博士学位论文，2002 年，第 44 页。

然而，1965—1966 年欧洲一体化进程中发生所谓"空椅子危机"，法国代表拒绝参加欧洲理事会会议，整个一体化进程陷入停滞。这种停滞现象是新功能主义理论所不能解释的。"空椅子危机"显示出的欧洲一体化进程中的新现象，为学者们批判新功能主义提供了实践依据。政府间主义的代表人物包括斯坦利·霍夫曼（Stanley Hoffmann）和罗伯特·基欧汉（Robert Keohane）等人。政府间主义立基于新现实主义的理论传统，对新功能主义的观点提出批判。他们认为在欧洲一体化大发展的时代，民族国家远未"过时"，反而具有相当"顽强"的生命力，[①] 主导和制约一体化发展的关键因素，依然是民族国家和国家利益，一体化的最终结果并非一套超国家机制，而是制度化的政府间博弈、谈判机制。

20 世纪 70 年代后，随着欧洲一体化进程的发展，新功能主义和政府间主义这两大理论流派又发生一些变化发展。其中维恩·桑德豪尔兹（waynesnahdolzt）和约翰·齐斯曼（Johll Zysmna）等人在新功能主义基础上提出了新-新功能主义理论；安德鲁·莫拉维科斯克（Andrew Moravcsik）则在政府间主义基础上，引入国内政治分析提出了自由政府间主义理论。这些新的理论流派使欧洲一体化的理论水平发展到一个新的高度，同时也为欧洲一体化进程的发展提供了更为丰富的理论指引。

（二）政府间主义的理论内涵

政府间主义的兴起，一方面源于 20 世纪 60 年代欧共体发展过程中出现的种种曲折，另一方面则源于经典现实主义者对欧洲一体化进程的诠释。与新功能主义不同，政府间主义认为，欧共体的成员国依然是决定欧共体发展结果的主要行为者，超国家机制的关键决策权力，依然为成员国所掌握。1965—1966 年发生的"空椅子危机"，恰恰说明了是否符合国家利

[①] See Stanley Hoffmann, "Obstinate or Obsolete? The Fate of the Nation State and the Case of Western Europe", Daedalus, Vol. 95, No. 3, *Tradition and Change* (Summer, 1966).

益才是判断一国是否参与一体化进程的决定性标准。作为一套与新功能主义相对峙的理论体系，政府间主义的理论内涵可以被归纳为以下三个方面：

第一，从一体化的动力来源来看，政府间主义认为，一体化的动力来源并非新功能主义者所说的，因"外溢"而产生的自主动力，而是源于民族国家对自我利益的追求。"外溢"是新功能主义的核心概念，它包括功能性外溢和政治性外溢，前者是指一体化不可能局限在特定的经济部门，一定领域的合作活动会"外溢"到其他经济部门；后者则指由于政治领导人和社会精英将注意力转向超国家层面，从而将一体化从经济领域外溢到政治、社会等领域。① 新功能主义认为，在政治精英的参与和主导下，一体化进程一旦发动，便会受到"外溢"的影响产生自主动力，从而实现自我维持，自我发展。政府间主义则认为，一体化的动力并非来源于所谓"外溢"产生的"自主动力"，而是源于国家对自身利益的追求。政府间主义的逻辑前提在于，国际体系是一套自助体系。在这一体系中，国家是占据主导地位的行为体，而国家参与一体化的目标，则是维护和提升本国的利益。因此，一体化可以被看作民族国家通过共同的政策决策和共享资源，来增进解决它们共同问题的能力，这也是单个国家寻求其特定利益或增加它的权力的有效方法或工具。② 总之，政府间主义强调国家是一体化进程的主导者，只有在一体化的发展符合国家利益时，国家才会主动参与和推动这一进程，反之，国家则会出面阻碍这一进程。

第二，从一体化的发展范围来看，政府间主义认为，一体化所涉及的范围并非国家主权所涉的全部领域，而是仅限于"低级政治"领域，不会如新功能主义所说的那样，从"低级政治"领域"外溢"到"高级政治"领域。新功能主义认为，在政治精英的参与下，一体化会实现由经

---

① 参见高华：《地区一体化的若干理论阐释》，载李慎明、王逸舟主编：《2003年：全球政治与安全报告》，社会科学文献出版社2003年版。

② 肖欢容：《地区主义理论的历史演进》，中国社会科学院博士学位论文，2002年，第57页。

济领域向政治领域的转变，且参与一体化的人民，也会因一体化进程而逐渐培养出基于一体化的共同认同，而一体化的最终结果将是一套超国家决策机制。霍夫曼认为，新功能主义关于"外溢"的论述是一种无法证明的推导，新功能主义忽视了作为独立政治体的国家在国际关系中的中心地位，而在现实中当功能一体化面临政治化时，一体化就不会按照功能主义预设的方向发展。① 为说明这一观点，霍夫曼提出了"高级政治"和"低级政治"的区分。前者包括敏感性较低的经济政策、福利政策等领域，后者则包括主权、安全等敏感性较高的领域。霍夫曼认为，"低级政治"领域的一体化并不一定会"外溢"到"高级政治"领域，后者反而会因各种因素制约前者的发展。正如上文所述，在政府间主义的理论体系下，国家利益决定一体化进程的范围和深度，各国政府保持着对一体化进程及相涉机构的控制，政府的主要目的是保护其地缘政治利益，如国家安全、国家主权。② 在政府间主义的认识中，一体化的发展范围仅限于"低级政治"领域，而不会向"高级政治"领域自主拓展，或者说在没有主权国家支持的情况下，这种拓展不会如新功能主义所称的那样自我实现。

第三，从一体化的最终结果来看，政府间主义认为，一体化最终形成的并非新功能主义者所说的，凌驾于主权国家之上的超国家机构，而是一套制度化的政府间博弈机制。新功能主义认为，一体化本质上是参与一体化进程的国家向超国家机构转移权力的过程，随着一体化进程的发展，越来越多的决策权力将被转移至超国家机构。因此，从一体化结果的角度看，新功能主义认为一体化将最终产生一套超国家机制，从而取代主权国家原有的决策权力。当然，新功能主义所说的超国家机制与联邦主义所提出的一种依赖一部宪法实现的实体联合并不相同，新功能主义主张的超国家机制包含着多种不同形式，如厄恩斯特·哈斯认为，随着参与一体化进

---

① 参见肖欢容：《地区理论的历史演进》，中国社会科学院博士学位论文，2002 年，第 55 页。
② 参见张茂明：《欧洲一体化理论中的政府间主义》，载《欧洲》2001 年第 6 期。

程的各政治单位放弃绝对主权，一体化的最终结果是形成一个"超国家"结构，而列昂·林德伯格则认为，一体化将形成一个国家间的集体决策系统（collective decision making system）。① 政府间主义立基于传统的现实主义立场，对新功能主义提出的一体化结果预测并不认同。正如霍夫曼所言，在一体化浪潮下，民族国家并未过时，国家利益依然是各国追求的唯一目标。② 在这一设定之下，民族国家既可以因为一体化符合其国家利益而推动这一进程，也可以因为一体化不符合其国家利益而阻碍这一进程。民族国家可能为使其利益能得到更好的实现，将涉及"低级政治"领域的决策权力交给超国家机构，却不可能将涉及"高级政治"领域的决策权力出让。因此，政府间主义认为，一体化的结果仅仅是形成一套国家间的制度化协商机制，各国通过这套机制实现其利益博弈的制度化。

总之，政府间主义延续了现实主义的理论传统，肯定了民族国家与国家利益在一体化进程中的中心地位和决定作用，有效弥补了新功能主义理论体系的不足。在欧盟的政治架构之中，与采取多数决策原则的欧盟第一支柱"欧洲各共同体"不同，作为欧盟第二支柱的"共同与外交政策"（CFSP）和作为第三支柱的"刑事领域警务与司法合作"（JCCM）均采取协商一致的表决原则。前者主要涉及欧盟各国在经济领域方面的合作，体现出"超国家"的基本特点，后者则主要涉及各国在政治领域方面的合作，体现出"政府间"的基本特点。③ 欧盟的这种权力架构，在一定程度上与政府间主义的理论叙述相类似，也体现出政府间主义的诠释力。

二、两岸语境下的"两岸间"理论

我们尝试通过话语改造，取政府间主义理论中符合两岸关系实践的部

---

① See Leon N. Lindberg: "Political Integration as a Multidimensional Phenomenon Requiring Multivariate Measurement", *International Organization*, Vol. 24, No. 4（1970），p. 650.

② See Stanley Hoffmann, "Obstinate or Obsolete? The Fate of the Nation State and the Case of Western Europe", Daedalus, Vol. 95, No. 3, *Tradition and Change*（Summer, 1966）.

③ 参见葛勇平、孙珺：《欧洲法析论》，法律出版社 2008 年版，第 40 页。

分，结合两岸关系和平发展和两岸事务性协商机制的实践，提出"两岸间"理论，为我们分析两岸事务性协商机制和两岸协议的实施方式提供理论基础。

（一）政府间主义与两岸事务性协商机制

正如上文所述，政府间主义描述下的一体化进程，实际上是在政治上互不隶属的主权国家通过制度化协商方式，解决需要各国以共同决策方式处理的现实问题，以实现维护和增进国家利益的目的。两岸同属一个中国，两岸关系不是国际关系。因此，两岸以协商谈判方式解决需双方以共同决策方式解决的事务性问题，并非政府间主义所描述的主权国家之间的谈判。然而，目前两岸尚未统一，处于政治对立状态，在这种现实状态下，双方要解决两岸共同事务，就必须通过协商谈判方式方可实现。亦即是说，政府间主义的理论内涵与两岸事务性协商机制的制度架构，仍然存在一定程度的可比性。这种可比性恰恰构成我们在政府间主义的基础上，结合两岸关系发展实践，形成一套能够较为准确地叙述两岸事务性协商机制的理论框架的基础。

从上述政府间主义的理论内涵与两岸事务性协商机制制度架构的特点来看，二者至少在两个方面存在重大差别：（1）两岸事务性协商机制的参与主体是同属一个中国之内的大陆和台湾，而非国际社会之中的两个主权国家。政府间主义发源于国际关系学中的经典现实主义理论，后者强调政府在国际关系中的重要作用，认为政府、历史和安全是政策的根本。[①]政府间主义继承了现实主义理论这一基本观点，其在描述欧洲一体化进程时，所强调的恰恰是各主权国家及其国家利益在一体化发展中的决定作用。因此，从主权权力应用的角度上看，政府间主义所描述的一体化进程与两岸事务性协商机制存在着本质差别。（2）两岸事务性协商机制运行

---

① 参见肖欢容：《地区理论的历史演进》，中国社会科学院博士学位论文，2002 年，第 54 页。

的最终目的，并非仅限于形成一套成熟的常态化协商制度，而是通过这套协商机制结束两岸长期存在的政治对立，最终实现祖国完全统一。在政府间主义的理论框架中，一体化的最终结果，并非形成一套超国家机制，而是在各国之间形成一套常态化、制度化的协商、博弈机制，以实现各国利益的有效协调。两岸当前正在建构和实施的制度化协商机制，并非两岸关系发展的最终目标，而是一种现实条件下的过渡形态，这与政府间主义下欧洲一体化的最终目标存在一定差别。

政府间主义理论与两岸事务性协商机制之间的差异，决定着我们无法直接应用前者解释后者。然而，这些差异并非不可弥合，政府间主义的理论框架中并非没有可供两岸事务性协商机制研究参考之处。具体说来，两岸事务性协商机制的运行实践中，有三个方面与政府间主义所描述的一体化进程具有相似之处。

第一，两岸事务性协商机制是大陆和台湾公权力机关之间一种制度化的协商、博弈机制。这一机制所形成的两岸协议是一种两岸共同政策。这种共同政策所要解决的正是两岸关系和平发展中产生的现实问题。目前，两岸公权力机关之间存在着两岸两会事务性协商机制、两岸事务主管部门沟通机制、两岸党际沟通机制等多种交往平台。其中两岸两会事务性协商机制处于主导地位。[1] 正如台湾学者邵宗海所言，"两会协商与谈判机制，不仅在过去两岸交流的过程中扮演过重要角色，而且这也已经形成在两岸官方接触之前无可取代的协商机制"。[2] 从本质上看，两岸两会事务性协商机制、是大陆和台湾之间就事务性议题进行协商、博弈的平台，是两岸凝聚共识，创制两岸协议的核心机制。在政府间主义的理论体系中，作为制度形态的"政府间"即是一种各国之间平等协商的常态化博弈平台。

---

① 参见周叶中、段磊：《海峡两岸公权力机关交往的回顾、检视与展望》，载《法制与社会发展》2014年第3期。

② 邵宗海：《新形势下的两岸政治关系》，五南图书出版股份有限公司2011年版，第113页。

仅从制度化的博弈与协商机制这一形式来看，政府间主义所描述的这种协商机制与两岸事务性协商机制具有一定程度的相似性。

第二，两岸事务性协商机制的动力，来源于两岸公权力机关的支持和肯定。由于两岸在一个中国原则上存在着不同认知，两岸公权力机关之间无法全面开展直接接触。[①] 然而，两岸之间一些事务性问题，又要求两岸公权力机关不得不进行协调。因此，双方在绝大多数情况下，仍只能以迂回方式展开沟通和对话。两岸事务性协商机制正是一种两岸公权力机关透过两岸两会进行接触的一种权宜之计。就海协会而言，其章程明确规定，该会"接受有关方面委托，与台湾有关部门和授权团体、人士商谈海峡两岸交往中的有关问题，并可签订协议性文件"。[②] 除此之外，海协会在人员构成上亦与有关公权力机关之间保持着相当程度的一致。[③] 就台湾海基会而言，其章程亦明文规定，该会"办理及接受政府委托办理"多项涉陆业务，而根据"两岸人民关系条例"之规定，台湾海基会作为台湾当局设立的"处理台湾地区与大陆地区人民往来有关之事务"的民间机构，能够"协助处理台湾地区与大陆地区人民往来有关之事务"，并在必要时代为签署协议，其任职人员享有台湾地区"公职人员"身份。[④] 因此，两岸两会可以充分代表两岸公权力机关与对方进行协商，而两岸事务性商谈机制也是在两岸公权力机关支持和推动下方能正常运行和发展。在政府间主义的理论体系中，一体化机构之所以能够协调各国解决各类问题，就是源于各国政府的支持和推动，而非所谓"外溢"效应带来的自

[①] 目前，大陆和台湾的两岸事务主管部门负责人已建立直接沟通机制，但这种机制仅限于这一部门，暂时尚无法扩展到两岸公权力机关的各个部门中去。因此，我们认为，两岸公权力机关之间仍然无法全面进行直接接触。

[②] 《海峡两岸关系协会章程》第四条。

[③] 第三届海协会常务副会长郑立中曾任国台办常务副主任，副会长孙亚夫曾任国台办副主任，副会长叶克冬、李亚飞兼任国台办副主任，副会长蒋耀平兼任商务部副部长，秘书长马晓光兼任国台办新闻局局长、国台办新闻发言人。

[④] 参见《财团法人海峡两岸交流基金会组织章程》、"两岸人民关系条例"第4条、第4-1条。

身强化。仅从制度运行的动力来源来看，政府间主义所描述的一体化机构的运行方式与两岸事务性协商机制，亦具有一定程度的相似性。

第三，两岸事务性协商机制的商谈范围，目前仅限于大陆与台湾之间存在的事务性议题，并不包含涉及两岸政治关系定位和两岸统一等政治性议题。事务性议题和政治性议题，是海峡两岸协商谈判中一个特有的议题划分方式。二者的主要差别在于议题的内容是否涉及两岸统一，涉及两岸公权力的整合问题。从 1986 年以来两岸协商谈判的历程来看，除 1998 年"汪辜会晤"时两岸曾尝试就政治问题展开对话以外，二十多年来两岸协商机制商谈的范围，仅限于事务性议题。① 2008 年两会复谈以来，双方相继就两岸"三通"、经济合作、社会事务合作等事务性议题举行协商，并达成二十余项事务性协议。然而，两岸两会却并未就两岸政治性议题展开沟通，更未达成任何政治性协议。在政府间主义的理论体系中，一体化的发展局限于经济政策、福利政策等政治敏感性较低的"低级政治"领域，难以在涉及国家主权、安全等敏感性较高的"高级政治"领域取得进展。尽管制约两岸协商机制商谈范围的要素很多，其中既涉及两岸关系和平发展的阶段性因素，也涉及台湾地区内部的政治斗争，还涉及部分国际势力的影响，但不可否认的是，目前两岸事务性协商机制的商谈范围，却与政府间主义所提出的"低级政治"领域基本吻合，且政府间主义所提出的这种高级政治与低级政治的区分，也与两岸谈判中的事务性议题与政治性议题的区分，有着一定程度的相似。

从上述比较可以看出，政府间主义的本质在于，对两个或多个在政治上互不隶属的实体之间交往沟通方式的一种描述。在抛开"主权""国家"等两岸尚存在高度争议的概念之后，政府间主义能够在一定程度上对现有的两岸事务性协商机制做出较为准确的描述，这一理论在解决两岸

---

① "汪辜会晤"时双方仅就两岸政治议题发表各自的看法，并未进行实质性沟通，因此此次会晤难以算得上是一种实质意义上的"政治性谈判"，而只能被称为一种"政治对话"。

关系中一些问题时，存在一定的可利用空间。因此，我们尝试以政府间主义这一较为成熟的区域一体化理论架构为基础，通过符合两岸关系发展实际的话语改造，提出能够适用于现阶段两岸事务性协商机制的一套概念体系——即"两岸间"理论，并以这套体系对两岸协议的实施问题做出分析。

（二）"两岸间"理论的提出：对政府间主义的话语改造

政府间主义在欧洲一体化发展过程中，较好地对各国以不让渡主权权力形式强化合作的现象进行了描述，并对其中的缘由做出较为合理的解释。正如上文所述，政府间主义在抛开一些与两岸关系发展实践不相符合的概念之后，其理论框架能够在一定程度上对现有的两岸事务性协商机制做出描述。因此，我们尝试结合两岸关系的实际，建构脱胎于政府间主义的"两岸间"理论架构。具体说来，"两岸间"理论对于政府间主义的话语改造，可以从以下三个层面加以阐释：

第一，"两岸间"中"两岸"一词，用于替代大陆与台湾在政治定位尚未明确的情况下若干难以言明的政治概念。在政府间主义的话语体系中，"政府"是指参与一体化的各成员国政府，他们代表各自国家的利益，参与一体化进程中各国间的谈判，并在实质上主导一体化的进程。然而，由于两岸互不承认对方制定的根本法，亦不承认对方公权力机关的合法性，因此"政府"一词并不符合两岸关系发展的实际。此时，搁置大陆和台湾对于"主权""国家"等问题的争议，以一种近乎中性，却又具有更大包容性的词语，描述大陆与台湾之间的关系成为一种必要。"两岸"一词，恰恰可以满足这一要求。"两岸"一词本是一个地理概念，原指水流两旁的陆地，后逐渐成为台湾海峡两岸中的一个专用词汇，成为台湾海峡两岸的简称。随着两岸关系的演变和发展，"两岸"一词逐渐从一个单纯的地理名词转换为一个政治概念。人们在使用"两岸"时多用于指涉一种政治现实，不仅表明分处台湾海峡两岸的大陆和台湾，而且也表明暂时尚未统一、但同属于"一个中国"的"大陆"和"台湾"。① 从这个意义上讲，作为政治概念的"两岸"，既可以用于代指作为一个整体的大陆和台湾，也可以用于表征台湾海峡两岸在政治上互不隶属的两个地区。因此，"两岸"这一概念能够最大限度地包容两岸关系中"一"与"二"的矛盾，化两岸在政治话语上的争议于无形，而以"两岸间"取代"政府间"也成为一种符合两岸关系发展实际的可行用语。

　　第二，"两岸间"以事务性议题与政治性议题的划分，取代政府间主义中的"高级政治"与"低级政治"的划分，并将着眼点置于解决两岸之间存在的事务性问题，而非"主权""国家"等具有高度敏感型的政治性问题。正如上文所述，尽管在界定范围上仍存在一定程度的差别，但两岸关系中的这种事务性议题与政治性议题的区分，与政府间主义所提出的"高级政治"和"低级政治"之区分具有一定程度的相似。因此，我们在对政府间主义加以改造时，便可以以这种符合两岸关系实践的划分方式，取代其原有理论。因此，"两岸间"理论所要解决的，只是两岸现存的事务性议题，并不包含与"主权""国家"相关的政治性议题，因而也不能直接解决大陆和台湾之间存在已久的"承认争议"问题。亦即是说，"两岸间"理论与其说是提供一种解决两岸争议的方法，毋宁说是为两岸逐步累积互信，以阶段化思路解决双方争议提供一个制度起点，它只关照当前两岸亟待共同解决的事务性问题，而暂不涉及政治性问题。

　　第三，"两岸间"以为两岸关系和平发展的不断深入和祖国完全统一提供制度保障和前提条件的目标，取代政府间主义提升国家利益实现水平的目的。政府间主义认为，各国参与一体化进程的目的在于，通过制度化协商方式更好地维护其国家利益，一体化则是主权国家为追求自身国家利益而进行的一系列讨价还价的过程。与欧洲一体化不同，两岸关系和平发

---

① 祝捷：《论海峡两岸和平协议的基本原则》，载《"一国两制"研究》（澳门）2011 年第 7 期。

展的目标，无法以"国家利益"一词加以概括，更不能为抽象的大陆和台湾的利益所表述。我们认为，两岸关系和平发展的目标在于，通过双方切实有效的合作，维护两岸同胞的共同福祉，从而提升两岸关系和平发展的水平，增进双方政治互信，最终为祖国完全统一创造条件。因此，在建构"两岸间"理论时，我们尝试对政府间主义对一体化发展的目标加以置换，"两岸间"理论所关照的两岸关系和平发展的目标在于，在现阶段，通过保障两岸制度化协商机制的运行，为两岸民众和两岸公权力机关的正常交往提供制度保障，并借此实现增进两岸政治互信，为两岸早日就政治性议题开展协商奠定基础。亦即是说，在"两岸间"理论下，大陆和台湾开展制度化协商的目标，应当是维护两岸交往秩序，保障两岸同胞共同利益，为两岸和平统一提供条件。

（三）"两岸间"理论对两岸关系的描述

经过上述话语改造，"两岸间"理论成为一种兼顾两岸关系发展实际和政府间主义理论中部分能够适用于两岸关系研究实际的理论要素的理论。在这一话语改造完成后，我们可以运用"两岸间"理论，对两岸关系和平发展的实践进行三个层面的描述：

第一，"两岸间"并非对两岸关系的宏观定位和走向的诠释，而只是一种对两岸协商机制的描述和解读。正如胡锦涛同志所言，1949年以来，大陆和台湾尽管尚未统一，但不是中国领土和主权的分裂，而是20世纪40年代中后期中国内战遗留并延续的政治对立，这没有改变大陆和台湾同属一个中国的事实。[①] 因此，两岸关系发展的最终方向应当是通过一定方式，结束大陆和台湾延续已久的政治对立，最终实现祖国完全统一。构建两岸关系和平发展框架，正是祖国大陆在新世纪新阶段提出的一种结束

---

① 胡锦涛：《携手推进两岸关系和平发展 同心实现中华民族伟大复兴——在纪念〈告台湾同胞书〉发表30周年座谈会上的讲话》，载《人民日报》2009年1月1日。

两岸政治对立，实现祖国完全统一的具体方式，是"一国两制"思想在解决台湾问题上的一种新的体现。然而，缺乏互信、缺乏协商机制，是目前两岸关系和平发展的主要限制因素。[①] 要消解这一限制因素，就必须通过大陆和台湾的共同努力，进一步强化两岸政治互信，以政治互信带动其他领域关系的全面发展。"两岸间"正是为消解这一限制因素而提出的一种理论架构，其核心要义正在于以符合两岸关系发展实际的理论，对两岸协商机制进行客观描述，并在此基础上对这一机制发展过程中出现的问题加以解决，最终使这一机制能够解决更多两岸关系发展中的现实问题，为强化两岸政治互信，提升两岸关系和平发展水平提供支持。因此，"两岸间"理论所关注的并非两岸关系的宏观发展问题，而是着眼于两岸协商机制这一牵引两岸关系发展的具体制度的构建问题，实现以微观促宏观，以制度促发展的目的。

第二，"两岸间"是指大陆和台湾之间所形成的一种结构，而并非一种新的政治实体，因而也不具有超越于大陆与台湾之上的"超两岸"机制，而体现为一种两岸常态化、制度化的协商机制。实体，意指存在并起作用的组织机构。[②] 结构，意指系统内各组成要素之间相互联系、相互作用的方式，是系统组织化、有序化的重要标志。[③] 当前，学者们在讨论两岸关系发展方向时所运用的方法论，基本上是将两岸类比为某种政治实体的类型，或是创造出一种新的政治实体类型。[④] 这种以"实体"范畴分析两岸关系的方法，尚存在着许多难以自圆其说之处。从词义的角度来看，尝试在两岸之间建构一个"存在并起作用的组织机构"，往往意味着建构一种"超两岸"的实体。正如上文所述，在两岸政治互信不足的情况下，

---

① 参见周叶中、祝捷：《论两岸关系和平发展框架的内涵——基于整合论的思考》，载《时代法学》2009年第1期。

② 夏征农、陈至立主编：《辞海》，上海辞书出版社2009年版，第2061页。

③ 夏征农、陈至立主编：《辞海》，上海辞书出版社2009年版，第1109页。

④ 参见周叶中、祝捷：《两岸治理：一个形成中的结构》，载《法学评论》2010年第6期。

建立这种"超两岸"实体，面临着众多现实困境。只有通过建立制度化的两岸协商机制，增进两岸政治互信，方能以渐进式的方式消解这些困境。因此，"两岸间"理论尝试建构的并非一种"超两岸"实体，而是一种关注两岸"相互联系、相互作用方式"的结构。在"两岸间"之结构中，大陆和台湾不向新结构让渡其所掌握的治理权力，而是各自保留既有的对己方领域的有效治理权。因此，"两岸间"理论所关注的，并非两岸如何重新形成一个"超两岸"政治实体的问题，而是着眼于在不改变两岸既有现状的情况下，如何使两岸制度化协商机制的现实作用最大化。

第三，"两岸间"协商机制所输出的是一种具有软法属性的两岸共同政策，它对两岸各自域内法律体系能够形成一定影响，但却并不必然在两岸能够直接适用。在欧盟法中，直接适用意味着欧共体（即欧盟第一支柱）以条例形式的立法在各成员国自动适用，不需要经过国内立法机关的批准、核准、确认、接受、转化等程序。[①] 在欧盟法的法律渊源中，具有超国家特点的欧盟第一支柱欧共体的条例、指令、决定等，均能够在各成员国直接适用，而具有政府间特点的第二支柱（共同外交及安全政策）和第三支柱（警察与刑事司法合作）中的共同战略、共同行动、共同立场和公约等法律渊源，则无法在各成员国直接适用，需要各成员国依照各自国内法的有关程序经转化后方可发生约束力。在"两岸间"结构之下，两岸协议作为一种两岸共同政策，影响两岸各自域内法律体系的实施，即两岸协议对大陆和台湾尽管并不具有强制约束力，但却可以在实践中发挥其现实约束力，从而对两岸公权力机关和普通民众产生法律效力。两岸协议这种效力形式的变化，需要依照两岸各自域内立法的规定，经过接受、生效、适用等程序方能实现。亦即是说，两岸协议对两岸公权力机关和普通民众的约束力是一种间接效力。两岸协议的这种间接效力，需要在大陆

———————

① 曾令良：《欧洲联盟法总论——以〈欧洲宪法条约〉为新视角》，武汉大学出版社 2007 年版，第 169 页。

和台湾公权力机关的支持之下方可实现，一旦一方停止对协议实施的支持，两岸协议便无法对两岸产生效力。

三、"两岸间"结构中两岸协议实施保障问题

"两岸间"理论能够较好地对两岸现有的事务性协商机制做出描述，并对本书所提出的两岸协议的法理定位——一种具有软法属性的两岸共同政策——加以印证。因此，以这一概念对现有两岸协议实施机制加以检视，能够很好地发现这一机制之中存在的现实问题，并为解决这些现实问题奠定基础。在"两岸间"结构之中，两岸协议是具有"两岸间"特点的两岸事务性协商机制创制的一种两岸共同政策。它能够反映出两岸为维护和提升双方共同利益所形成的共识，也能够控制和促进两岸在更多领域凝聚新的共识。然而，也恰恰是因为两岸协议仅仅是一种"两岸间"结构的输出品，因此在其实施过程中，也自然会面临一系列不可避免的现实问题。

第一，在"两岸间"之结构下，两岸协议的实施缺乏像一般国内法那样的国家强制力的保障，而只能依靠大陆和台湾各自的公权力机关。正如上文所述，"两岸间"理论关注两岸"相互联系、相互作用方式"的结构。这一结构并不要求大陆和台湾向其让渡各自掌握的治理权力，而是继续保留既有的对己方领域的有效治理权。亦即是说，"两岸间"结构并非凌驾于大陆与台湾之上，而是横跨于大陆与台湾之间，它并不掌握实质权力，而只是为两岸各自手中的治理权力提供沟通管道。那么，作为"两岸间"结构产物的两岸协议，也就不同于一般意义上的国内法。它无法与一般国内法一样，依靠国家强制力保障实施。因此，两岸协议的实施保障主要还是依靠大陆和台湾各自既有的公权力机关体系。两岸依照各自域内法所规定的程序，使两岸协议成为各自域内法律体系的一部分，从而在其域内发生法律效力。然而，在这种运作机制下，两岸协议是否能够得到

有效实施，涉及两个重要问题：一是两岸是否接受两岸协议成为其自身域内法律体系的一部分，即两岸是否能够"自律"地实施两岸协议的问题；二是两岸如何使两岸协议在合乎己方域内法律规制的前提下，成为各自域内法律体系的一部分，即两岸如何"接受"两岸协议的问题。若不能解决这两个问题，两岸协议便会变为一纸空文，无法得到有效实施。

第二，在"两岸间"之结构下，两岸关系中敏感的"主权""国家"等问题并未得到解决，两岸公权力机关之间的交往，依然存在着间接化、碎片化的缺陷。对两岸协议的有效实施将产生不利影响。正如台湾学者张亚中所言，"国家"与"主权"的争议，是两岸最根本的"结"。① 它既是两岸政治关系发展中最为核心的问题，也是两岸关系发展中最敏感的问题。正如上文所述，"两岸间"理论并不涉及两岸宏观政治关系的走向，亦即是说，它并不尝试直接解开两岸关系之中的这个"结"。因此，在"两岸间"结构之下，两岸关系中的核心争议并未得到解决。因此，在这一核心争议直接影响下的两岸公权力机关交往问题亦未能得到解决。囿于"名义"问题，两岸公权力机关的交往仍只能以间接形式进行。双方在交往中或假以两岸两会"顾问""专家"的身份，或采取模糊的"有关部门负责人"的身份进行接触。在两岸刚刚恢复交往或者交往程度并不深入的早期，授权民间团体替代公权力机关交往，尚可以完成相应的协商和合作任务。但随着两岸交往的深入，仅靠民间团体对公权力机关进行替代性交往，显然已不能满足两岸交往深入发展的需要。② 除此之外，作为两岸关系和平发展的法治化形式，两岸协议是两岸公权力机关开展接触、合作的规范依据。然而，由于两岸协议所涉范围的限制，两岸公权力机关之间的沟通和交往体现出碎片化特点，两岸公权力机关各部门之间的交往时常

① 参见张亚中：《两岸主权论》，生智文化事业有限公司1998年版，第2页。
② 祝捷、周叶中：《海峡两岸大交往机制的构建》，载黄卫平等主编：《当代中国政治研究报告》第十辑，社会科学文献出版社2013年版。

出现沟通不畅、信息不对称的现实问题。这些问题都严重制约着两岸关系和平发展的深入，制约着两岸协议的有效实施。

总之，在"两岸间"之结构下，两岸协议的实施需要两岸坚持"自律"，完善各自域内法律对两岸协议实施问题的规制，并共同强化双方有关公权力机关之间的制度化沟通机制。只有如此，两岸协议的实施保障问题才能消解于无形。在上述三个要素中，两岸是否"自律"的问题，受制于两岸政治关系的发展与变化，也受制于两岸政治互信的水平，需要两岸在长期接触、交往的过程中做出共同努力；两岸各自域内法律规范对两岸协议实施问题的规制，涉及两岸协议与两岸各自域内法律体系的衔接问题，在制度设计上体现为两岸协议的接受与适用制度。对此，本书第四章将集中探讨，此处不做赘述；两岸公权力机关之间的制度化沟通机制涉及两岸公权力机关在协议实施过程中的联系与协调，在制度设计上体现为两岸协议的联系主体制度，本章以下各节拟运用本节建构的"两岸间"理论体系，对这一制度的运行及其存在的问题加以探讨，并提出两岸协议联系主体制度的改革与完善方案。

第二节　两岸协议联系主体机制的规范与实践

联系主体是两岸协议的一项特色制度，其本质在于借由两岸协议直接设定协议相关事项的交往主体，实现两岸之间就某项具体协议的制度化交流。两岸协议联系主体制度正是"两岸间"结构下，两岸为保障特定的两岸协议得到有效实施，依照协议为两岸相关公权力机关提供的一种常态化交往制度。与国家之间签署的条约不同，两岸同属一个中国，两岸间签署的事务性协议并非国际条约。在两岸尚存在"承认争议"的前提下，两岸公权力机关之间，无法就事务性协议所涉及的问题进行直接沟通与协调。联系主体机制正是解决两岸在"承认争议"下两岸协议在两岸实施过程中、双方沟通与协调问题的一种替代性制度。在"两岸间"结构之下，联系主体机制成为大陆和台湾这两个既存在政治对立，又在经济社会领域密切交往的主体之间，沟通和协调协议实施问题的初级手段。自"汪辜会谈"时签署的《两岸公证书使用查证协议》以来，各项两岸协议均规定了联系主体。协议联系主体制度已成为两岸协议实施过程中的一项基本制度。这一制度在实践中亦发挥出重要的现实作用。本节在对两岸协议联系主体的规范模式和实践情况做出叙述与归纳后，将分析联系主体在两岸协议实施过程中的地位与作用，最终提出当前协议联系主体制度中存在的问题。

一、两岸协议联系主体的规范模式

考察既有两岸协议的文本可知，在 25 项两岸事务性协议中，有 23 项协议明确规定了协议的联系主体制度。其中大部分协议将联系主体分为"协议议定事项"的联系主体和其他事宜的联系主体两大类。

（一）两岸协议中对联系主体制度的规定

作为参与两岸协议实施的主要主体，在各项两岸协议的文本中，均规定了协议的联系主体制度，因此要对两岸协议联系主体制度进行论述，就必须对现有协议联系主体制度的规范做出叙述与分析。两岸协议中首次出现"联系主体"的是 1993 年签署的《两岸公证书使用查证协议》，该协议规定："关于寄送公证书副本及查证事宜，双方分别以中国公证员协会或有关省、自治区、直辖市公证员协会与财团法人海峡交流基金会相互联系。本协议其他相关事宜，由海峡两岸关系协会与财团法人海峡交流基金会联系。"从两岸协议的文本来看，部分协议以"联系主体"条款加以规定，部分协议则以"联系方法""联系机制"等条款加以规定。截至2015 年 1 月，两岸协议中所规定的联系主体，可整理列表 3-1 如下：

表 3-1 两岸协议联系主体基本情况简表①

两岸协议名称	协议联系主体的规定
《两岸公证书使用查证协议》	关于寄送公证书副本及查证事宜，双方分别以中国公证员协会或有关省、自治区、直辖市公证员协会与财团法人海峡交流基金会相互联系； 其他相关事宜，由海峡两岸关系协会与财团法人海峡交流基金会联系。
《两岸挂号函件查询、补偿事宜协议》	挂号函件之查询由中国通信学会邮政专业委员会与财团法人海峡交流基金会或其指定之邮件处理中心（航邮中心）相互联系。 本协议其他相关事宜由海峡两岸关系协会与财团法人海峡交流基金会相互联系。
《海峡两岸关于大陆居民赴台湾旅游协议》	本协议议定事宜，双方分别由海峡两岸旅游交流协会（以下简称海旅会）与台湾海峡两岸观光旅游协会（以下简称台旅会）联系实施。 本协议的变更等其他相关事宜，由海峡两岸关系协会与财团法人海峡交流基金会联系。
《海峡两岸包机会谈纪要》	本协议议定事项，由海峡两岸航空运输交流委员会与台北市航空运输商业同业公会相互联系。必要时，经双方同意得指定其他单位进行联系。
《海峡两岸空运协议》	本协议议定事项，由海峡两岸航空运输交流委员会与台北市航空运输商业同业公会相互联系。必要时，经双方同意得指定其他单位进行联系。 本协议其他相关事宜，由海峡两岸关系协会与财团法人海峡交流基金会联系。
《海峡两岸海运协议》	本协议议定事项，由海峡两岸航运交流协会与台湾海峡两岸航运协会联系实施。必要时，经双方同意得指定其他单位进行联系。 本协议其他相关事宜，由海峡两岸关系协会与财团法人海峡交流基金会联系。
《海峡两岸邮政协议》	本协议议定事项，由海峡两岸邮政交流协会与财团法人台湾邮政协会相互联系。具体邮政业务由双方邮件处理中心联系实施。 本协议其他相关事宜，由海峡两岸关系协会与财团法人海峡交流基金会联系。
《海峡两岸食品安全协议》	本协议议定事项，由双方食品安全等业务主管部门指定的联络人相互联系实施。必要时，经双方同意得指定其他单位联系实施。 本协议其他相关事宜，由海峡两岸关系协会与财团法人海峡交流基金会联系。
《海峡两岸共同打击犯罪及司法互助协议》	本协议议定事项，由各方主管部门指定之联络人联系实施。必要时，经双方同意得指定其他单位进行联系。 本协议其他相关事宜，由海峡两岸关系协会与财团法人海峡交流基金会联系。

---

① 本表系作者根据两岸协议文本自制。

两岸协议名称	协议联系主体的规定
《海峡两岸金融合作协议》	本协议议定事项，由双方金融监督管理机构、货币管理机构指定的联络人相互联系实施。必要时，经双方同意得指定其他单位进行联系。 本协议其他相关事宜，由海峡两岸关系协会与财团法人海峡交流基金会联系。
《海峡两岸空运补充协议》	本协议议定事项的实施，由双方航空主管部门指定的联络人，使用双方商定的文书格式相互联系。
《海峡两岸农产品检疫检验合作协议》	本协议议定事项，由双方业务主管部门指定的联络人相互联系实施。必要时，经双方同意可指定其他单位联系实施。 其他相关事宜，由海峡两岸关系协会与财团法人海峡交流基金会联系。
《海峡两岸渔船船员劳务合作协议》	本协议议定事项，由双方业务主管部门指定的联络人相互联系实施，经双方同意可指定其他单位负责实施。 本协议其他事宜，由海峡两岸关系协会与财团法人海峡交流基金会联系。
《海峡两岸标准计量检验认证合作协议》	本协议议定事项，由双方业务主管部门指定的联络人相互联系实施。 本协议其他事宜，由海峡两岸关系协会与财团法人海峡交流基金会联系。
《海峡两岸经济合作框架协议》	与本协议相关的业务事宜由双方业务主管部门指定的联络人负责联络。
《海峡两岸知识产权保护合作协议》	本协议议定事项，由双方业务主管部门指定的联络人相互联系实施。必要时，经双方同意得指定其他单位进行联系。 本协议其他相关事宜，由海峡两岸关系协会与财团法人海峡交流基金会联系。
《海峡两岸医药卫生合作协议》	本协议议定事项，由双方相关业务主管部门指定的联络人相互联系实施。必要时，经双方同意得指定其他单位进行联系。 本协议其他相关事宜，由海峡两岸关系协会与财团法人海峡交流基金会联系。
《海峡两岸核电安全合作协议》	本协议议定事项，由双方核电安全及紧急应变主管部门指定的联络人相互联系实施。 本协议其他事宜，由海峡两岸关系协会与财团法人海峡交流基金会联系。
《海峡两岸海关合作协议》	由两岸经济合作委员会海关合作工作小组负责处理本协议及海关合作相关事宜，由双方海关各自指定的联络人负责联络，并建立联络热线，以保障协议的顺利实施。必要时，经双方同意，可指定其他单位负责联络特定事项。 海关合作工作小组可视需要成立工作分组负责处理本协议有关事宜，并向海关合作工作小组报告。 双方海关视需要举行会议，以评估本协议执行情况及研究解决有关问题。

两岸协议名称	协议联系主体的规定
《海峡两岸投资保护和促进协议》	由两岸经济合作委员会投资工作小组负责处理本协议相关事宜，由双方业务主管部门各自指定的联络人负责联系。 投资工作小组设立下列工作机制，处理与本协议相关的特定事项： （一）投资争端协处机制：协助处理投资者与投资所在地一方的投资争端，并相互通报处理情况； （二）投资咨询机制：交换投资讯息、开展投资促进、推动投资便利化、提供纠纷处理及与本协议相关事项的咨询； （三）经双方同意的其他与本协议相关的工作机制。
《海峡两岸服务贸易协议》	由两岸经济合作委员会服务贸易工作小组负责处理本协议及与服务贸易相关事宜，由双方业务主管部门各自指定的联络人负责联系，必要时，经双方同意，可指定其他单位负责联系。 服务贸易工作小组可视需要设立工作机制，处理本协议及与服务贸易相关的特定事项。
《海峡两岸地震监测合作协议》	本协议议定事项，由双方地震业务主管部门指定的联络人相互联系实施。 本协议其他事宜，由海峡两岸关系协会与财团法人海峡交流基金会联系。
《海峡两岸气象合作协议》	本协议议定事项，由双方气象业务主管部门指定的联络人相互联系实施。 本协议其他事宜，由海峡两岸关系协会与财团法人海峡交流基金会联系。

（二）两岸协议联系主体制度的表述类别

从上表 3-1 所列的基本情况可以看出，自《两岸公证书使用查证协议》始，各项两岸协议对于协议的联系机制均有相应规定，其具体规定中涉及的负责"联系"的主体包括以下两种类别：

一是负责协议"议定事项"的联系主体。两岸协议实际上是两岸公权力机关就两岸共同事务进行协调、处理等事宜进行规制的文件，故其主要内容必然会涉及两岸公权力机关职责范围内的具体业务。这些具体业务往往具有较高的专业性和技术性，因而两岸协议往往会规定负责协议"议定事项"的联系主体。"议定事项"一词是两岸协议针对联系主体制度所使用的专门用语，其所指代的正是两岸协议中规定的具有较高专业性和技术性的具体业务。在两岸协议中，与"议定事项"相类似的表述还包括 ECFA 中所称的"与本协议相关的业务事宜"和《两岸公证书使用查证协议》《两岸挂号信函查询、补偿事宜协议》中所列举的业务事宜等。① 因此，两岸协议一般确定大陆和台湾负责从事相关业务的机构负责协议的联系。亦即是说，此类"议定事项"的联系主体，往往也是协议在两岸领域内的实施者。两岸协议中对负责协议"议定事项"的联系主体的表述模式，主要有以下几种：

其一，部分协议中规定由两岸各自设置的民间机构为协议议定事项的联系主体。以《海峡两岸包机会谈纪要》为例，协议规定，议定事项由海峡两岸航空运输交流委员会与台北市航空运输商业同业公会负责联系。此处的两个联系主体均属于两岸各自设立的民间机构。其中前者系在中国民航局主管的社会团体中国航空运输协会的分支机构，后者则是台湾地区航空公司组建的社团法人，二者均非公权力机关，但均可接受公权力机关的委托行事。此种由两岸设置的民间机构为联系主体的情形包括两类：一是双方确定的联系主体均为专门性民间机构，如上述《海峡两岸包机会谈纪要》中规定的海峡两岸航空运输交流委员会与台北市航空运输商业同业公会；二是一方确定的联系主体为专门性民间机构，另一方确定的联系主体则是综合性民间机构，如《两岸公证书使用查证协议》中规定的中国公证员协会或有关省、自治区、直辖市公证员协会与财团法人海峡交流基金会。

其二，部分协议规定两岸业务主管部门指定的联络人（包括其指定的其他单位）为协议议定事项的联系主体。所谓两岸业务主管部门，是指两岸各自负责管理相关协议调整事项的主管部门，亦即是对两岸负责相

① 《两岸公证书使用查证协议》规定，关于寄送公证书副本及查证事宜，双方分别以中国公证员协会或有关省、自治区、直辖市公证员协会与财团法人海峡交流基金会相互联系；《两岸挂号函件查询、补偿事宜协议》规定，挂号函件之查询由中国通信学会邮政专业委员会与财团法人海峡交流基金会或其指定之邮件处理中心（航邮中心）相互联系。此处出现的联系主体亦属此处所称的"议定事项"联系主体。

关事务的公权力机关之代称。首次将"两岸业务主管部门指定的联络人"作为协议联系主体的两岸协议，是《海峡两岸食品安全合作协议》，根据协议规定，协议议定事项，由双方食品安全等业务主管部门指定的联络人相互联系实施。此后，多数两岸协议均采取这一规定模式。而实践中业务主管部门指定的联络人一般即为该部门的负责人。与业务主管部门指定的联络人相对应，一般两岸协议还会规定，"经双方同意，可指定其他单位负责联络"，即在双方达成合意时，允许协议另行指定"业务主管部门指定的联络人"之外的单位作为联系主体，此即另行指定联系主体的规定方法。之所以采取这种规定方式，是两岸为防止因特殊情况而导致两岸协议确定的联系主体无法进行联系的情况下，协议无法继续实施而设计的。这一设计一般与业务主管部门指定的联络人，规定在同一条款之中，二者构成补充关系。

其三，除上述两种联系主体外，ECFA 的后续协议均规定，由"两岸经济合作委员会"相关下属小组和两岸业务主管部门指定的联络人共同构成的联系机制。"两岸经济合作委员会"是 ECFA 第十一条设计的一个两岸共同组成的机构。委员会由双方指定的代表组成，负责处理与 ECFA 相关的事宜。根据 ECFA 的规定，经合会委员会"可根据需要设立工作小组，处理特定领域中与本协议相关的事宜，并接受委员会监督"。作为ECFA 的后续协议，《海峡两岸海关合作协议》《海峡两岸投资保护和促进协议》和《海峡两岸服务贸易协议》，均按照 ECFA 的规定，设置经合会海关工作小组、投资工作小组和服务贸易工作小组，负责处理与协议相关的事宜，而相关业务主管部门指定的联络人负责联络。

二是负责协议其他相关事宜的联系主体。除协议"议定事项"外，两岸协议还规定了负责协议"其他相关事宜"的联系主体。[①] 在两岸协议

---

① 《海峡两岸包机会谈纪要》和《海峡两岸空运补充协议》并未规定"其他相关事宜"的联系主体。

中，其他相关事宜的联系主体一般为海协会和台湾海基会。而所谓"其他相关事宜"的范围，协议并未明确规定。然而，从两岸协议的整体内容来看，所谓"其他相关事宜"，应当是除协议规定的具有专业性、技术性的"议定事项"以外的，其他与协议规定事项相关的事宜。

在两岸事务性协商过程中，两会还定期对既有两岸协议的执行效果进行检讨和回顾。在 2011 年之前，两岸协议的成效检讨，主要通过每次的两会高层会谈进行。如第六次"陈江会谈"之中，双方即针对两会已签署的 14 项协议的执行情况进行重点回顾和检视，双方亦就两岸旅游、空运、共同打击犯罪、食品安全等协议的进一步强化和改善交换了意见。在完成回顾和检视之后，双方决定对《海峡两岸空运协议》中涉及的春节班机的班次进行调整，对《海峡两岸关于大陆居民赴台湾旅游协议》中涉及的大陆旅客赴台方式进行了调整，允许大陆游客以自由行方式赴台，并对大陆游客赴台配额进行了调整。2011 年后，两会达成协议，将定期举办"两岸协议成效与检讨会"，专门对两岸协议的执行效果进行检讨。迄今为止，两岸两会共举行过两次"两岸协议执行成效检讨会"，协议成效检讨已经形成定期机制。对两岸协议的执行成效进行共同检讨和回顾，构成两岸协议联系主体共同进行的一项重要工作。我们认为，这项工作即属于两岸协议中规定的"其他相关事宜"。需要指出的是，ECFA 及其后续协议并未规定"其他相关事宜"的联系主体，而是将所有协议事项的联系职能，交给了两岸经合会下属小组和两岸业务主管部门指定的联络人。

二、两岸协议联系主体运行的实践叙述

从上文对两岸协议联系主体制度的规范叙述可以看出，联系主体对于两岸协议的实施有着重要的制度功能。相对于协议的创制、接受、适用等程序性内容而言，联系主体机制实际上是对两岸协议实施过程中的主体进行规制。在实践中，两岸协议联系主体在协议实施中起到了重要的现实作

用。总体而言，联系主体的实践作用体现在以下两个方面：

第一，各类联系主体均可作为两岸沟通、交流相关信息的有效管道。在两岸协议联系主体中，依照其能否直接以自己的名义采取相关措施，参与实施协议，可分为两种类别：一是只负责联系，而不负责实施的相关主体；二是既负责联系，又负责实施的主体。前者是指上文所述的作为协议议定事项联系主体的两岸各自设置的民间机构和作为协议其他事项联系主体的海协、海基两会；后者则是指两岸业务主管部门（其指定的联络人）、两岸经合会等机构。二者的区别在于，前者无法直接以自己名义在两岸各自域内组织实施两岸协议，但其仍可协助两岸就相关信息进行沟通和交流。后者既可透过联系主体制度实现双方信息互通和交流，也可直接以自己名义在两岸各自域内组织实施两岸协议。尽管前一类联系主体只负责协议实施过程中的"联系"，而不负责"实施"，但其仍然是两岸沟通、交流相关信息的有效管道。海协、台湾海基两会是两岸协议中最典型的，仅负责"联系"而不负责"实施"的联系主体。在 2007 年 7 月发生的"胜大和号"事件中，台湾"胜大和号"渔船因违反大陆方面有关休渔公告而遭到扣押，为解决这一事件，台湾海基会致函海协会，希望双方能够共同维护海上和谐气氛，防止此类事件一再发生，对两岸关系造成不利影响。[①] 在"胜大和号"事件发生后，两岸两会扮演了沟通、协调的角色。

第二，作为议定事项联系主体的两岸业务主管部门，往往直接参与协议的实施，在实施协议的过程中实现双方有效联络。正如上文所言，两岸协议的真正实施主体乃是两岸各自的公权力机关，即两岸协议中表述的"两岸各自业务主管部门"，因而，作为议定事项联系主体的两岸业务主管部门，往往既能够作为联络窗口，与对方实现信息沟通，又能有效主导相关协议在己方领域内的实施。因此，在实践中，作为议定事项联系主体

---

① 参见祝捷：《论两岸海域执法合作模式的构建》，载《台湾研究集刊》2010 年第 3 期。

的两岸业务主管部门，往往能够结合本部门在实施两岸协议过程中的具体
实践，在必要时与对方进行联系。

以《海峡两岸食品安全协议》为例，协议设置了信息（讯息）通报、
协处机制等具体制度，协议的议定事项联系主体，为双方食品安全等业务
主管部门指定的联络人。[①] 在协议实施过程中，两岸食品安全业务主管部
门依照协议的规定，在上述制度的运行过程中均进行过有力的实践，实现
了信息的及时通报，对两岸业务主管机关就相关事件做出预先处理起到了
重要作用。2011 年 5 月，台湾发生的食品遭受塑化剂污染事件，两岸业
务主管部门通过协议联系机制，相互通报了问题产品的流向等重要信息，
为控制事件造成的不良影响起到了重要作用。据台湾当局"陆委会"统
计，在事件处理期间，台湾方面向大陆方面通报信息 17 次，共涉及 60 件
产品，大陆方面则就本案向台湾方面通报信息 4 次，大陆质检方面就入境
口岸实施检疫时，针对台湾产品塑化剂含量判定不合格信息，共向台湾方
面通报信息 30 次，一共涉及 37 件产品。[②] 两岸透过食品安全协议设置的
业务联系机制，建立起顺畅的食品安全联系窗口，使台湾塑化剂事件对大
陆的影响获得全面有效控制，将双方的损失降到较低程度。

又以《海峡两岸农产品检疫检验合作协议》为例。该协议规定，协
议议定事项，由双方业务主管部门指定的联络人相互联系实施。根据这一
规定，两岸检疫检验业务主管部门建立起了农产品贸易检疫检验联系平
台。通过这一平台，两岸均为对方提供各自的检疫检验规定、标准、程序
和个案等信息的查询服务。根据台湾当局"陆委会"公布的数据，截至
2014 年 1 月底，大陆方面与台湾方面通过已经建立的官方业务联系机制，

---

① 参见武汉大学两岸及港澳法制研究中心编：《海峡两岸协议蓝皮书（2008—2014）》，九州出
版社 2014 年版，第 116 页。

② 参见台湾"陆委会"：《两岸十九项协议执行成效》（2014 年 2 月），资料来源：http：//
www. mac. gov. tw/ct. asp? xItem = 102611&CtNode = 7526&mp = 1，最后访问日期 2015 年 1 月 30
日。

已查询、不合格案件通报、讯息回复及联系案件累计 871 件，包括不合格案件通报 401 件，产品输入以及检疫规定查询 67 件，业务联系案 301 件，讯息回复案 102 件。① 《海峡两岸农产品检疫检验合作协议》所创制的两岸业务主管部门的联系制度，对两岸增进彼此相关业务的了解，解决两岸业务主管部门及时处理相关个案发挥了显著作用。

三、两岸协议联系主体制度中存在的现实问题

从目前两岸协议联系主体制度的运行实践来看，联系主体这种两岸协议特有的制度，较为符合两岸关系发展现状，有效帮助了两岸协议的贯彻落实。然而，由于两岸协议联系主体制度本身，并未创造一个新的实体性组织机构。因此，这一制度本质上仍是一种"两岸间"协调机制。从两岸关系的长久发展来看，随着两岸协议所涉内容复杂程度的提升，协议实施过程中必然会出现更多的困难和争议。这就要求两岸建立更加完善、高效、稳定的组织机构，以弥补现有的仅具有简单沟通协商功能的协议联系主体制度的缺陷。从两岸协议联系主体制度的制度设计和运行实践来看，目前的协议联系主体制度仍存在一些影响协议顺利实施问题，若不加以重视，可能在未来两岸协议实施的过程中遭遇困境。具体而言，两岸协议联系主体制度中存在的现实问题，主要体现为以下两个方面：

（一）两岸协议联系主体机制无法解决两岸公权力机关体制不统一的问题

由于两岸的公权力机关体系分别建构于不同的根本法和组织法基础之上，双方的行政机构和业务部门设置存在着许多差异。在两岸协议的执行过程中，两岸各自的业务主管机关无法实现对口合作，经常出现大陆方面

---

① 资料来源：台湾当局"大陆委员会"网站，www.mac.gov.tw，最后访问日期：2015 年 1 月 30 日。

多个部门对台湾方面一个部门、大陆方面多个部门对台湾方面多个部门的现象。这种现象制约着两岸协议联系和实施效率的提升。

以《海峡两岸农产品检检疫验合作协议》为例，该协议的调整范围涉及两岸检疫检验规定、标准、程序等讯息的查询、农药及动物用药残留等安全卫生标准交流、进出口农产品重大疫情及安全卫生事件讯息通报、进出口农产品中截获的有害生物、检出的有毒有害物质及其他不合格情况的通报、重大检疫检验突发事件协处、农产品安全管理追溯体系等具体事项。① 在大陆这些事项分属农业部和国家质量监督检疫检验总局负责管理；而在台湾，这些事项则均归属于其"行政院农业委员会"。亦即是说，在此协议的联系机制之中，双方派出的业务主管部门指定的联系人员，将来自于两岸三个不同部门，出现了大陆方面多个部门对台湾方面一个部门的情况。

从现有的两岸协议联系主体的基本情况来看，这种大陆与台湾之间一对多、多对多交叉联系的情形并非个例。截至 2015 年 1 月，两岸协议联系主体规定所涉及的两岸业务主管部门，可整理列表 3-2 如下：

表 3-2　两岸协议联系主体规定中的业务主管部门一览表②

两岸协议名称	协议联系机制中的业务主管部门
《海峡两岸地震监测合作协议》	大陆方面：中国地震局 台湾方面："交通部"（"中央气象局"）
《海峡两岸气象合作协议》	大陆方面：中国气象局 台湾方面："交通部"（"中央气象局"）
《海峡两岸服务贸易协议》	大陆方面：商务部 台湾方面："经济部"
《海峡两岸投资保护和促进协议》	大陆方面：商务部 台湾方面："经济部"

---

① 参见《海峡两岸农产品检验检疫合作协议》第二至五条。
② 本表为作者自制，相关资料来源于两岸有关业务主管部门网站。

两岸协议名称	协议联系机制中的业务主管部门
《海峡两岸海关合作协议》	大陆方面：海关总署 台湾方面："财政部"（"关务署"）
《海峡两岸核电安全合作协议》	大陆方面：环保部、核安全局 台湾方面："行政院原子能委员会"
《海峡两岸医药卫生合作协议》	大陆方面：卫生部、国家食品药品监督总局 台湾方面："卫生福利部""食品药品管理署"
《海峡两岸知识产权保护合作协议》	大陆方面：国家知识产权局 台湾方面："经济部"（"智能财产局"）"行政院农业委员会"
《海峡两岸经济合作框架协议》	大陆方面：国家发改委、工信部、财政部、海关总署、质检总局 台湾方面："经济部""行政院金融监督管理委员会""行政院经济建设委员会""财政部"
《海峡两岸标准计量检验认证合作协议》	大陆方面：国家质检总局 台湾方面："经济部"（"标准检验局"）
《海峡两岸农产品检疫检验合作协议》	大陆方面：农业部、国家质检总局 台湾方面："行政院农业委员会"
《海峡两岸渔船船员劳务合作协议》	大陆方面：农业部 台湾方面："行政院农业委员会"
《海峡两岸共同打击犯罪和司法互助协议》	大陆方面：最高人民法院、公安部 台湾方面："法务部"、"内政部"（"警务署"）
《海峡两岸空运协议海峡两岸空运补充协议》	大陆方面：交通部中国民航局 台湾方面："交通部"（"民用航空局"）
《海峡两岸海运协议》	大陆方面：交通部海事局 台湾方面："交通部"（"航港局"）
《海峡两岸食品安全协议》	大陆方面：国家食品药品监督管理总局 台湾方面："卫生福利部"（"食品药物管理署"）
《海峡两岸邮政协议》	大陆方面：交通部、国家邮政局 台湾方面："交通部"（"中华邮政股份有限公司"）
《海峡两岸关于大陆居民赴台湾旅游协议》	大陆方面：国家旅游局 台湾方面："交通部"（"观光局"）

这种一对多、多对多情形的出现，不利于两岸相关主管部门就两岸协议调整事项的联系和接触，尤其是当议定事项需要双方紧急沟通时，这种多头联系机制往往会导致协议联系效率的降低。因此，在未来两岸协议实施机制的调整中，应当注意克服因两岸体制冲突而导致的这一现象。

（二）两岸协议联系主体机制无法适应逐渐复杂化的两岸协议发展趋势

1993 年举行的"汪辜会谈"标志着两岸正式建立以两会为沟通管道的常态化事务性协商机制。受制于大陆与台湾之间的政治关系，在"汪辜会谈"上，两岸仅就公证书使用、挂号函件查询等极为简单的事务性议题达成协议。当时，作为《海峡两岸公证书使用查证协议》和《海峡两岸挂号函件查询、补偿协议》议定事项联系主体的中国公证员协会与台湾海基会、中国通信学会邮政专业委员会与财团法人海峡交流基金会，仅需承担协议所规定的一些简单的联系事项。

2008 年 6 月、11 月，两岸两会领导人在时隔十年之后连续举行两次会谈，并签署《海峡两岸包机会谈纪要》等六项事务性协议，涉及两岸"三通"议题和食品安全合作议题。此时，作为相关协议联系主体的多为两岸为解决单项协议联系问题而设置的一些民间机构，如海峡两岸旅游交流协会与台湾海峡两岸观光旅游协会、海峡两岸航运交流协会与台湾海峡两岸航运协会、海峡两岸邮政交流协会与财团法人台湾邮政协会等机构。这些机构往往为两岸有关公权力机关设置的一些临时性机构，因此它们在两岸协议实施中承担的联系职能也较为单一。

在此之后，两岸两会在短短数年间迅速签署了 20 余项事务性协议。双方签署协议的调整范围开始涉及两岸司法互助、陆资赴台、渔船船员劳务合作、农产品检疫检验、标准计量检验、知识产权保护、医药卫生合作、核电安全合作、海关合作等事项。两岸事务性合作的事项范围开始逐步扩大，相关协议对两岸公权力机关协调配合的要求也越来越高。在这种情况下，两岸协议联系主体的制度安排，也做出相应调整。责协议议定事项联系的，开始由之前的一些临时性民间机构，转变为两岸有关公权力部门（协议表述为"双方业务主管部门指定的联络人"），协议联系主体所承担的职能也日趋复杂。

　　受制于两岸协议本身的碎片化特点，现有的两岸协议联系主体机制体现出单一性、临时性等基本特点。从目前两岸协议的发展现状来看，协议数量上的积累并未使两岸协议形成完备的规范体系，无论从协议内容、形式，或是协议间的相互关系看，两岸协议这一协议集合的体系化程度不高。[①] 由于两岸间尚缺乏一种两岸协议中长期议题规划机制，且两岸并未就双方交往中的各项议题达成基础性协议。因此，在短期内两岸协议的这种碎片化特点，尚无法得到根本性扭转。与此相对应的是，两岸协议的联系主体机制，也随之体现出单一性、临时性特点：一方面，两岸协议联系主体所承担的职能往往较为单一，它们所发挥的职能仅是就其所涉及的某项协议的议定事项进行联络，而不涉及与该协议相关的其他协议的联系事项，亦不涉及与协议实施相关的协议解释、变更、实施监督与评估等事项；另一方面，两岸协议联系主体机制所设定的并非一种两岸间的常态化联系平台，而仅是一种在两岸协议实施中出现需要双方沟通协调时的临时性联系管道，协议联系主体并不会定期进行制度化沟通，而仅会在需要交换有关信息时进行联系。当两岸协议所涉事项较为单一的情况下，具有单一性、临时性的两岸协议联系主体机制，尚能就相关两岸协议的实施问题进行有效沟通，从而实现协调两岸有关部门行动的目的。然而，随着两岸协议调整事项的复杂化，这种单一性、临时性的"两岸间"公权力机关沟通机制，已经无法满足两岸协议实施的需要。

　　总之，从目前两岸协议联系主体机制的实践状况来看，这一机制在两

[①]　周叶中、祝捷：《两岸关系的法学思考》（增订版），九州出版社 2014 年版，第 442 页。

岸合作事项较为简单、政治互信尚不充分的情况下，尚能较好地起到沟通、协调、贯彻、落实两岸协议的作用，因而这一机制在实践中得到双方的坚持和肯定。然而，从两岸关系和平发展和两岸协议发展的趋势来看，因双方公权力机关体制机制的差别和两岸协议本身的碎片化导致的问题，亦会随着两岸关系的不断发展而逐渐显现。因此，我们应当考虑在现有协议联系机制的基础上，运用相关理论，对现有联系机制进行适当调整和改革，以便这一机制能在未来两岸协议的实施中更好地发挥其应有作用。

第三节　两岸经济合作委员会的实证研究

从两岸协议中联系主体制度的发展演变来看，协议联系主体所承担任务的复杂性已远非"汪辜会谈"四项协议可比，联系主体在两岸协议的实施过程中扮演着越来越重要的角色。除上节所述传统的两岸协议联系主体外，两岸又通过《海峡两岸经济合作框架协议》设置了一种新型的两岸协议联系主体制度，即由两岸经济合作委员会（以下简称"两岸经合会"）与两岸业务主管部门指定的联络人相配合，共同负责 ECFA 及其后续协议的实施和联系。两岸经济合作委员会代表一种与传统两岸协议联系主体制度不同的、系统性两岸协议联系机制，其职能已经超越传统意义上协议联系主体的基本功能，承担着协议后续磋商、联系实施、争端解决、协议解释、适用等职能。同时，经合会还成为两岸公权力机关和公职人员进行制度化往来和磋商的重要平台。两岸经合会的设置，一方面缘于《海峡两岸经济合作框架协议》实施工作的复杂性，另一方面则体现出两岸尝试强化协议联系主体职能的意愿。与传统的协议联系主体相比，在"两岸间"结构下，以两岸经济合作委员会为代表的两岸综合性、常设性联系机制，成为两岸政治互信逐步强化、合作事项越发繁多情况下，两岸沟通和协调协议实施问题的一种进阶手段。总之，两岸经合会这一新型的协议联系（实施）主体代表着两岸协议实施机制发展的新方向，具有重要的现实意义。因此，我们拟在上节基础上，对两岸经合会这一两岸协议联系主体的最新形式进行实证研究，对其规范渊源、机构构成、主要职能和运行实践进行叙述，并尝试在与 CEPA 联合指导委员会进行比较的基础上，分析其在运行实践中出现的制度缺陷。

一、两岸经济合作委员会的机构安排和人员构成

2010 年 6 月，两岸两会完成近两年的磋商，正式签署《海峡两岸经济合作框架协议》（ECFA）。根据协议第十一条规定，两岸将联合成立"两岸经济合作委员会"，负责处理与本协议相关的事宜。根据这一规定，两岸经合会于 2011 年 1 月 6 日正式成立，委员会由双方指定代表组成。2011 年 6 月，两岸经合会召开第一次例会，会议依照 ECFA 的规定，决定设置货物贸易、服务贸易、投资、争端解决、产业合作、海关合作等六个工作小组，以实现协议规定的"处理特定领域中与本协议相关的事宜，并接受委员会监督"之目的。因此，从机构构成的角度来看，两岸经合会由委员会和工作小组两部分构成，前者由两岸指定代表组成，包含两岸两会高层领导人、两岸经济、质检、财税、海关等与 ECFA 相关的公权力部门负责人等，后者则由两岸经合会根据 ECFA 后续协商的需要设立，成员包括两岸相关公权力机关业务人员。

2010 年两岸经合会成立时，两岸经合会的委员会代表由大陆方面和台湾方面各 14 人组成，双方成员涵盖涉及 ECFA 的各自业务主管部门的负责人和作为双方召集人的两会副职负责人。当时两岸经合会双方的召集人均为两岸两会副职负责人，大陆方面指定代表包含商务部副部长姜增伟（首席代表）、商务部台港澳司司长陈星、国台办经济局局长徐莽、商务部条法司司长李成钢、海协会秘书长马晓光、国家质检总局国际司司长戚秀芹、商务部国际经贸关系司副司长孙元江、国家发改委经贸司副司长朱

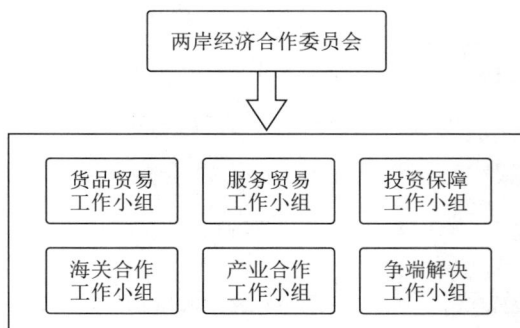

图 3-1　两岸经济合作委员会机构安排示意图[①]

英娟、工业和信息化部财务司副司长马向晖、工业和信息化部国际合作司副司长赵文智、财政部关税司副司长王小龙、海关总署关税司副司长康强、海关总署国际合作司副司长林建田；台湾方面指定代表包括台湾当局"经济部次长"梁国新（首席代表）、"经济部国际贸易局长"卓士昭、"陆委会经济处处长"李丽珍、"经济部投资处处长"凌家裕、"经济部国际贸易局副局长"张俊福、"金管会银行局副局长"邱淑贞、"经济部经贸谈判代表办公室副总谈判代表"杨珍妮、"经济部投资审议委员会副执行秘书"张铭斌、"经济部工业局副局长"连锦漳、"经建会部门计划处副处长"詹方冠、"财政部关税总局征课处处长"黄宋龙、"财政部关政司副司长"谢铃嫒、台湾海基会经贸服务处处长陈荣元。[②]

　　在之后数年间，由于两岸各自主管部门内部的人员调整，两岸经合会的代表也随之进行调整，但人员的职务构成和数量则基本保持稳定。从上述名单可以看出，除召集人由两会副会长级领导担任外，两岸经合会的组

----

①　本图为作者根据 ECFA 之规定与两岸经合会之实践总结自制。

②　此处所称相关人员均为 2011 年两岸经合会正式运作时的任职，人员名单参见：财新网：《两岸经合会起航》，资料来源：http：//www.caijing.com.cn/2011-01-06/110612402.html，最后访问日期：2015 年 1 月 30 日；台湾"中央日报"：《经合会/投保海关 梁国新：两岸有共识》，资料来源：http：//www.cdnews.biz/cdnews_site/docDetail.jsp？coluid=111&docid=101889562，最后访问日期：2015 年 1 月 30 日。

成人员几乎均为与 ECFA 及其后续协议相关的两岸公权力机关的成员，包括两岸财政、经济、商贸、海关、税务、工业、质检等多个业务部门一定职级的负责人。因此，两岸经合会与其说是 ECFA 的一个下设机构，毋宁说是一个与 ECFA 相关的两岸业务主管部门之间的直接沟通平台。从制度设计的角度上讲，这种涵盖两岸各相关主管部门业务人员的代表选派方式，能够有效消解因两岸体制差异而导致的传统协议联系机制"一对多""多对多"的联系体制困境，有利于两岸共同实现 ECFA 后续事宜的协商，亦有利于经合会作为 ECFA 及其后续协议的联系平台，实现其基本制度功能。然而，这种机构构成的方式，却突显出两岸经合会的谈判平台性质，而使其作为 ECFA 实施主体的角色愈发淡化。

二、两岸经济合作委员会的职能设置与制度定位

（一）两岸经合会的职能设置

如上节所述，传统两岸协议联系主体的主要职能，包括依照协议规定通报有关信息、处理与协议相关的突发事件、协调沟通协议实施中的障碍等。然而，两岸经合会作为 ECFA 所特有的一种综合性协议联系与实施机构，其职能设定已远远超过传统协议联系主体。根据 ECFA 第十一条之规定，两岸经合会的主要职能包括以下几项：

一是完成为落实 ECFA 目标所必需的磋商。ECFA 作为一项两岸间的框架协议，其本身并未将两岸经济合作的所有事项进行规定，而是以框架形式对两岸在未来经济合作领域的协商重点进行了规定。因此，自两岸正式签署 ECFA 起，两岸开始依照 ECFA 之规定，就两岸投资促进和保障、海关合作、货物贸易、服务贸易、争端解决等多个方面的合作事项进行磋商。而两岸实施磋商的平台，正是两岸经合会下设的投资、海关、货物贸易等六个工作小组。2012 年 8 月，两岸两会完成对两岸海关合作事项、投资保护和促进事项的磋商，正式签署《海峡两岸海关合作协议》和

《海峡两岸投资保护和促进协议》，并就投保协议的人身自由与安全保护问题达成共识。2013 年 6 月，两岸又正式签署《海峡两岸服务贸易协议》。这些协议与共识的磋商，都是两岸透过"两岸经济合作委员会"框架完成的相关磋商。因此完成 ECFA 后续协议的磋商，乃是两岸经合会的首要职能，这一职能是常规的两岸协议联系主体所不具备的。需要注意的是，两岸经合会的"磋商"职能，并不意味着其可以取代两会签署相关协议。在完成磋商后，协议的签署仍需两岸两会进行。

二是监督并评估 ECFA 的执行。根据以往两岸协议运行实践中的惯例，对两岸协议实践效果的监督和评估，往往由两岸各自业务主管部门负责，再由两会在高层会谈时就相关情况交换意见。在第六次"陈江会谈"之前，历次两岸两会高层会谈，都会就之前会谈签署的两岸协议在近期的执行成效进行回顾和总结。在第六次"陈江会谈"时，两会高层达成共识，"同意在适当时间由两会邀集两岸主管机关，举行'两岸协议成效与检讨会议'，以落实双方关切议题的实际执行"。① 自此以后，两岸两会先后在 2011 年和 2014 年分别在台北和长沙举行两次"两岸协议成效检讨会"，对两岸协议实施情况进行回顾和检视。然而，ECFA 的协议执行的监督与评估并不通过这一机制进行，而是将监督与评估的权限，赋予由两岸业务主管部门人员构成的两岸经合会，这种由两岸业务主管部门之间直接接触，共同监督和检讨协议的执行情况，能够以更高的效率实现保障协议有效实施的目的。

三是解释 ECFA 的规定。在传统的两岸协议实施机制中，除《海峡两岸空运补充协议》外，两岸协议的解释往往规定于协议的"争端解决"条款之中，由两岸"尽速协商解决"。这种协议解释机制实际上并未明确协议的解释主体。这导致两岸协议的解释机制表现出极大的不确定性。②

---

① 台湾海基会：《第六次"江陈会谈"概述》，资料来源：http://www.sef.org.tw/ct.asp?xItem=186011&ctNode=3809&mp=19，最后访问日期：2015 年 1 月 30 日。

② 关于两岸协议的解释机制，参见本书第三章第一节。

ECFA 改变了这种传统的两岸协议，将解释协议的职权赋予两岸经合会，为两岸经合会设置了一项重要职能。然而，由于两岸经合会仅是一个两岸业务主管部门的交流平台，"不是固定机构，亦不是决策机构，且属任务性质，并非常设组织或机关"。① 因此，可以预见的是，在现有制度框架下，两岸经合会在履行 ECFA 解释职能时，依然需由两岸有关公权力机关负责人以协商方式完成。

四是通报重要经贸信息。在传统的两岸协议制度安排中，联系主体有相互通报与协议相关信息的职责。以《海峡两岸关于大陆居民赴台湾旅游协议》为例，协议规定，双方分别由海峡两岸旅游交流协会（以下简称海旅会）与台湾海峡两岸观光旅游协会（以下简称台旅会）联系实施。2010 年台风"鲇鱼"登陆台湾，造成台湾苏花公路塌方，在部分大陆旅客下落不明时，大陆方面即由海旅会出面与台湾台旅会进行联系，了解有关救援信息，并讨论大陆团员家属赴台等事项。② ECFA 所调整的事项涉及两岸服务贸易、货物贸易、税收等多个方面的合作，双方需要通报的经贸信息量远远超过其他协议。因此，ECFA 将通报重要经贸信息的职责赋予两岸经合会，以经合会作为两岸经贸合作的综合性联系机构，以保证双方经贸信息的顺畅传递。

五是在过渡期间解决任何关于 ECFA 解释、实施和适用的争端。根据 ECFA 第十条之规定，两岸应在协议生效后尽快协商"建立适当的争端解决程序"。在建立这一程序之前，有关争端则由双方通过协商或两岸经合会以适当方式解决。根据这一规定，两岸将在 ECFA 的后续协商中就建构两岸经贸争端解决机制展开协商，而两岸经合会则构成过渡期间解决相关

---

① 台湾当局"经济部"：《"立法院"第 7 届第 6 会期经济委员会第 14 次全体委员会议"第六次江陈会谈过程及两岸经济合作委员会相关议题说明"》，资料来源：http：//www. mac. gov. tw/ct. asp？xItem＝91495&ctNode＝5650&mp＝1，最后访问日期：2015 年 1 月 30 日。

② 参见中国台湾网：《海旅会派员赴台湾救助受困和失踪大陆游客》，资料来源：http：//www. taiwan. cn/xwzx/bwkx/201010/t20101025 _1572308. htm，最后访问日期：2015 年 1 月 30 日。

争端的一个替代机构。囿于经合会的"两岸间"属性，可以预见的是，在两岸尚未建立争端解决机制的过渡期间，两岸在 ECFA 实施过程中发生争端时，将会在经合会框架下以平等协商方式解决。

总之，作为一项两岸间框架性协议设立的机构，两岸经合会的职能设置十分集中。这些职能既包含解决两岸经贸纠纷的"裁决"职能，也包含保障协议实施的"解释"职能，还包括完善协议内容的"磋商"职能，可以说是集"立法""司法"与"执法"于一体。除上述职能外，ECFA 还规定，两岸经合会的职权"包括但不限于"上述事项。这一规定潜在地将其职能扩大到与 ECFA 实施相关的所有事项。因此，从职能设置的角度来看，两岸经合会已经远远超越传统的协议联系主体，而成为一个综合性协议实施主体。

（二）两岸经合会的制度定位

从两岸经济合作委员会的机构安排、主要职能和运行实践来看，经合会已经成为《海峡两岸经济合作框架协议》及其后续协议的重要实施机构，其制度定位虽立基于传统的两岸协议联系主体制度，但其所发挥的实质作用已远远超越了联系主体制度。运用本章第一节提出的"两岸间"理论，我们可以对两岸经合会的制度定位做出如下解读：

第一，从组织安排上看，两岸经合会与传统的两岸协议联系主体制度不同，它是一种"两岸间"结构下的两岸共同机构。正如上文所述，传统的两岸协议联系主体机制体现出单一性、临时性等基本特点，协议联系主体机制所设定的并非一种两岸间的常态化联系平台，也并未创设出一个"两岸间"的组织机构，而仅是一种在两岸协议实施中出现需要双方沟通协调时的临时性联系管道。与传统的两岸协议联系主体制度不同，两岸经合会是一个存在于"两岸间"的组织机构，且这一机构是一个由两岸指定代表组成的一个两岸共同机构。

第二，从制度属性上看，两岸经合会与传统两岸协议联系主体制度类似，它依然是一种具有"两岸间"特点的两岸协议实施主体的沟通机制。正如上文所述，"两岸间"是指大陆和台湾之间所形成的一种结构，它体现为一种两岸常态化、制度化的协商机制。尽管两岸经合会是大陆与台湾构建的首个由双方指定代表参与的两岸共同机构，但它既非由仅代表两岸整体利益而非大陆与台湾各自利益的代表构成，也不享有创制对两岸具有直接约束力的规范的权力。因此，这一共同机构并不具有"超两岸"的制度属性，而依然体现出与传统两岸协议联系主体制度相类似的"两岸间"特点。同时，从两岸经合会的运行情况来看，经合会这一机构在实践中所扮演的角色，依然是两岸针对 ECFA 的后续协商与实施而设立的一个有关业务主管机构的联系平台，而非一个具有独立处置权限的实体机构。因此，两岸经合会依然是一种"两岸间"结构下的两岸协议实施主体沟通机制。

第三，从职能设置上看，两岸经合会集"立法""释法""执法""司法"于一身，是一种"两岸间"结构下的综合性机构。从上文对两岸经合会职能设置的叙述来看，依照 ECFA 之规定，两岸经合会拥有进行后续协议磋商、解释协议、监督协议实施、解决协议实施中出现的争端等多种职能。在这种职能设置下，两岸经合会在 ECFA 的实施过程中，实际上扮演了"立法者"（后续协议磋商）、"释法者"（协议解释）、"执法者"（监督并评估 ECFA 的执行）和"司法者"（解决协议实施中的争端）四种角色。在这种安排之下，两岸经合会成为两岸协商处理 ECFA 相关事宜的综合性机构，其职能设置已经远远超越一般意义上的协议联系主体。

总之，从 ECFA 对两岸经合会的制度设计和职能安排看，两岸经合会体现出一种"两岸间"综合性共同机构的制度特点，它为两岸就 ECFA 后续协议的磋商提供了制度保障，也为共同实施 ECFA 及其后续协议提供了制度平台。

三、两岸经济合作委员会运行的实践评析

在完成对两岸经济合作委员会制度设计和职能安排的分析后，我们有必要将视线从规范转向实践，对两岸经济合作委员会近年来的运行实践进行叙述与解读，归纳和分析其中的特点与问题，从而为下一步论证提供依据。

（一）2011 年以来两岸经合会的运行实践

在实践中，两岸经济合作委员会往往以定期召开例会为主要运行方式。截至 2014 年 9 月，两岸经合会共召开过六次例会。在这六次会议上，两岸代表依照 ECFA 之规定，就 ECFA 后续协议的协商、ECFA 早收计划和已签署后续协议的实施情况、双方下一步经济合作的主要方向等问题充分交换意见，形成了一批重要成果。两岸经合会六次例会的基本情况如下表 3-3 所示：

表 3-3　两岸经合会六次例会基本情况简表①

两岸经合会例会时序	会议时间	会议地点	会议取得的主要成果
第一次例会	2011.2.22	台湾桃园	1. 回顾和评估了 ECFA 早收计划的实施情况； 2. 决定依照 ECFA 之规定设置货物贸易、服务贸易、投资、争端解决、产业合作和海关合作六个工作小组； 3. 宣布正式启动《海峡两岸服务贸易协议》《海峡两岸货物贸易协议》和《海峡两岸争端解决协议》的协商工作。

---

① 本表为作者根据相关新闻稿自制，相关资料参见：中国新闻网：《两岸经合会首次例会达成多项共识》，资料来源：http://www.chinanews.com/tw/2011/02-22/2860829.shtml；中国台湾网：《两岸经合会第二次例会举行》，资料来源：http://www.taiwan.cn/jl/tp/201111/t20111102_2131408.htm；中国新闻网：《两岸经合会第三次例会在台湾举行》，资料来源：http://www.chinanews.com/tw/2012/04-26/3847443.shtml；中国台湾网：《两岸经合会第四次例会成果丰硕》，资料来源：http://www.taiwan.cn/plzhx/hxshp/jj/201212/t20121212_3442220.htm；华夏经纬网：《两岸经合会第五次例会举行　将继续推进 ECFA 商谈》，资料来源：http://www.huaxia.com/thpl/tbch/tbchwz/12/3656355_2.html；中国新闻网：《两岸经合会第六次例会圆满举行》，资料来源：http://www.chinanews.com/tw/2014/08-05/6462371.shtml；台湾地区"财政部关务署"新闻稿：《两岸海关举行工作小组会议　扩大深化合作关系》，资料来源：http://www.mof.gov.tw/ct.asp?xItem=75473&ctNode=2449&mp=1；中国新闻网：《两岸经合会第六次例会圆满举行》，资料来源：http://www.chinanews.com/tw/2014/08-05/6462371.shtml。最后访问日期：2015 年 1 月 30 日。

续表

两岸经合会例会时序	会议时间	会议地点	会议取得的主要成果
第二次例会	2011.11.1	杭州	1. 总结了两岸经合会六个工作小组的运作情况； 2. 总结了三项正在磋商阶段的 ECFA 后续协议的协商情况； 3. 总结了 ECFA 早收计划的实施情况； 4. 就 ECFA 未来半年推动的重点和规划等议题交换了意见
第三次例会	2012.4.26	台湾新北	1. 回顾了 ECFA 早收计划在过去半年的执行情况； 2. 总结了六个工作小组的工作进展； 3. 就应对经济形势变化、开拓国际市场交流了经验，介绍各自在服务对方投资者方面所做出的努力； 4. 对 ECFA 的后续协商做出规范安排
第四次例会	2012.12.11	广州	1. 完成了《海峡两岸投资保障和促进协议》和《海峡两岸海关合作协议》的协商工作，提交两会签署； 2. 宣布将大力推动两岸产业合作，决定共同举办两次两岸产业论坛； 3. 宣布两岸经贸团体互设机构审批程序完成，相关机构即将挂牌运行；① 4. 宣布《海峡两岸服务贸易协议》和《货物贸易协议》的商谈工作取得较大进展
第五次例会	2013.12.10	台北	1. 回顾了经合会第四次例会以来各工作小组的运行情况； 2. 回顾了 ECFA 早收计划的实施情况，高度评价该计划的实施成效； 3. 就电子商务商品检验、商品快速通关、电商企业设立程序等议题交换了意见，并将积极推动相关工作，促进两岸电子商务领域的合作
第六次例会	2014.8.5	北京	1. 评估了 ECFA 早收计划的实施成效； 2. 宣布双方在《海峡两岸货物贸易协议》协议文本方面已取得阶段性进展； 3. 宣布双方已确定并交换 5 家投资争端解决机构名单，力争早日运作； 4. 对两岸中小企业合作进行了探讨，就两岸通关、检疫检验便利化等议题交换了意见

---

① 2012 年 12 月 21 日，台湾外贸协会在北京、上海设立台湾贸易中心。2013 年 1 月 31 日，中国机电产品进出口商会也在台北设立驻台北办事处。

从上表 3-3 所列的两岸经合会的运行实践可以看出，两岸通过经合会这一平台，较好地完成了 ECFA 后续协议协商、早收计划和相关协议实施情况评估和两岸经济合作相关议题意见交换等任务，为 ECFA 的有效实施提供了制度保障，也为大陆和台湾共同探索两岸协议实施机制的新模式提供了有益参考。

（二）两岸经合会运行实践中表现出的主要特点

考察两岸经济合作委员会的运行实践，其在实践中表现出以下几个特点：

其一，两岸经合会目前的主要运行方式是召开双边会议，充分体现出"两岸间"的特点。自 2011 年以来，两岸经合会共召开六次例会，每次例会均由双方召集人召集，双方代表出席会议。除召开例会外，两岸经合会还通过下设的六个工作小组召开双边会议，就每个小组所负责的事项展开协商与沟通。以两岸海关合作工作小组为例，自该工作小组成立以来，小组共召开四次工作会议，双方海关就《海峡两岸海关合作协议》的实施问题充分交换意见。在近期举行的第四次工作小组会议上，双方海关宣布，两岸海关正积极推动之合作方案，包括建置原产地证明书电子交换系统、分析两岸货物贸易统计差异、发展 AEO 相互承认机制、协助调查走私漏税案件等。[1] 正如上文所述，"两岸间"的概念着眼于在不改变两岸既有现状的情况下，如何使两岸制度化协商机制的现实作用最大化。从两岸经合会及其下设小组的运行实践来看，两岸经合会的运行情况充分体现出其所具有的"两岸间"特点，即两岸在不改变现有政治关系的前提下，以制度化方式强化双方公权力机关之间的协商、交流与沟通。

其二，两岸经合会目前的主要任务是进行 ECFA 后续协议的磋商和对

---

[1] 台湾地区"财政部关务署"新闻稿：《两岸海关举行工作小组会议 扩大深化合作关系》，资料来源：http：//www. mof. gov. tw/ct. asp？xItem＝75473&ctNode＝2449&mp＝1，最后访问日期：2015 年 1 月 30 日。

已签署协议实施效果进行总结，尚未出现解释协议、解决争端的先例。自2011 年两岸经合会召开首次例会以来，历次经合会例会的重点都集中于两个方面：一是对 ECFA 后续协议近期磋商情况的总结、确认，如在近期召开的两岸经合会第六次例会上，双方协商的重点即确认两岸货物贸易协议的下一轮商谈安排①；二是对两岸已经签署的 ECFA 相关协议（包括ECFA 早收计划）执行情况和实施效果的总结，如在两岸经合会第五次例会上，双方代表即就 ECFA 早收计划的执行情况进行总结。② 然而，两岸经合会的历次例会却并未涉及 ECFA 及其后续协议的解释、争端解决等问题，更无做出解释协议、解决协议争端问题的先例。从 ECFA 实施的实践来看，自 2011 年至今，两岸均未出现关于 ECFA 及其后续协议解释、实施和适用的争端。因此，两岸经合会解释协议和解决争端这两项具有被动性特征的职能也就未能启动。

其三，两岸经合会目前的运行实践并未严格依照 ECFA 的规定，每半年召开一次例会，而是依照 ECFA 后续协议的商谈进度选择例会的召开时间。根据 ECFA 第十一条规定的制度安排，两岸经合会"每半年召开一次例会，必要时经双方同意可召开临时会议"。然而，自 2011 年以来，两岸经合会召开例会的时间并未完全依照上述规定选定会议时间。2011 年和2012 年两岸经合会在上下半年各举行一次例会，2013 年、2014 年两岸经合会则各举行了一次例会。2013 年两岸经合会仅于 12 月召开过一次例会，打破了过去两年经合会每半年召开一次例会的惯例。就这一问题，时任两岸经合会台方首席代表、台湾当局"经济部次长"卓士昭表示，由于大陆方面商务部谈判人员甫上任，需要时间了解业务，今年经合会例会

---

① 中国新闻网：《两岸经合会第六次例会圆满举行》，资料来源：http://www.chinanews.com/tw/2014/08-05/6462371.shtml，最后访问日期：2015 年 1 月 30 日。
② 华夏经纬网：《聚焦：两岸"经合会"第五次例会》，资料来源：http://www.huaxia.com/thpl/tbch/2013/12/3656691.html，最后访问日期：2015 年 1 月 30 日。

"如果没有议题要谈，不要为了开会而开会"。① 2014 年上半年，受台湾地区爆发的"反服贸运动"的影响，ECFA 后续协议磋商亦陷入短暂停顿，故经合会亦未召开例会。结合 2011 年至 2014 年两岸就 ECFA 相关议题进行磋商的具体进度，我们认为，两岸经合会选择例会召开时间，已非完全按照 ECFA 的规定选择，而往往与 ECFA 后续协议的磋商进度相关。

四、两岸经合会与 CEPA "联合指导委员会" 制度的比较及其启示

2003 年 6 月和 10 月，中央政府分别和香港特别行政区政府、澳门特别行政区政府签订《内地与香港关于建立更紧密经贸关系的安排》和《内地与澳门关于建立更紧密经贸关系的安排》（二者英文均为 Closer Economic Partnership Arrangement，简称 CEPA），从而实现了内地与港澳两个特别行政区之间经贸往来的便利化。CEPA 是内地与香港、澳门这两个单独关税区之间签署的双边自由贸易协议，其调整对象涉及双方货物贸易、关税、服务贸易、贸易投资便利化等问题。这与两岸签署的 ECFA 具有一定的相似性。CEPA 中对于机构安排的相关规定，能够为我们研究两岸经合会的相关制度提供一定参考。

（一）两岸经济合作委员会与 CEPA "联合指导委员会" 之比较

为保证两项安排得到有效实施，香港 CEPA 和澳门 CEPA 均规定，成立联合指导委员会。两岸经合会与 CEPA 联合指导委员会在人员构成、机构设置、职能安排等方面，既有相同之处，也有一定差别。

第一，两岸经合会与 CEPA 联合指导委员会的人员构成基本类似，但二者组成人员的参与身份存在一定差别。根据 CEPA 之规定，联合指导委员会由双方高层代表或指定的官员组成。在实践中，联合指导委员会一般

---

① 华夏经纬网：《两岸第五次经合会 10 日登场　将持续完善 ECFA》，资料来源：http://www.huaxia.com/xw/twxw/2013/12/3654403.html，最后访问日期：2015 年 1 月 30 日。

由中央人民政府商务部副部长和香港特别行政区财政司司长（澳门特别行政区经济财政司司长）联合主持，委员会组成人员则为双方相关部门官员。如上文所述，两岸经合会的组成人员为"双方指定的代表"，实践中双方首席代表一般为商务部副部长和台湾当局"经济部次长"，组成人员则涵盖涉及 ECFA 的各自业务主管部门的负责人。可以说，两岸经合会与 CEPA 联合指导委员会的人员构成基本相似，均为双方相关公权力机关的负责人，但受两岸政治对立的影响，经合会代表只能以"双方指定代表"身份参与协商。

第二，两岸经合会与 CEPA 联合指导委员会的机构设置基本类似，但两岸经合会并未设置与 CEPA 联络办公室相似的机构。根据 CEPA 之规定，联合指导委员会下设联络办公室，并可根据需要设立工作组，即联合指导委员会的机构设置由"委员会—联络办—工作组"三个层次构成，其中联络办分别设立在商务部和香港特别行政区财政司（澳门特别行政区经济财政司）。如上文所述，两岸经合会由"委员会—工作小组"两部分构成，前者由两岸指定代表组成，包含两岸两会高层领导人和两岸与 ECFA 相关的公权力部门负责人等，后者则由两岸经合会根据 ECFA 后续协商的需要设立，成员包括两岸相关公权力机关业务人员。因此，从机构设置上看，联合指导委员会和两岸经合会已具有一定程度的相似性，但在具体机构安排上，两岸经合会的设置较为精简。

第三，两岸经合会与 CEPA 联合指导委员会的职能安排基本类似，但因协议内容的差异，二者的具体职能依然存在一定差别。根据 CEPA 之规定，联合指导委员会的职能包括：监督 CEPA 的执行、解释 CEPA 的规定、解决 CEPA 执行过程中可能产生的争议、拟定 CEPA 内容的增补及修正、指导工作组的工作、处理与 CEPA 实施有关的其他事宜。[①] 如前文所

---

① 参见《内地与香港关于建立更紧密经贸关系的安排》第十九条和《内地与澳门关于建立更紧密经贸关系的安排》第十九条。

述，两岸经合会的主要职能，包括完成为落实 ECFA 目标所必需的磋商、监督并评估 ECFA 的执行、解释 ECFA 的规定、通报重要经贸信息和在过渡期间解决任何关于 ECFA 解释、实施和适用的争端等。由于 ECFA 与 CEPA 在协议内容上存在差别，前者系一项框架协议，仅规定两岸经济合作的原则性事项，具体合作内容尚需两岸继续签署后续协议方可生效，后者则系一项综合性协议，协议本身即规定了内地与港澳之间经济合作的具体事项，因此两岸经合会除承担协议实施中双方的沟通事项外，还承担着后续协议的磋商职能。

总体而言，除协议签署的政治背景和协议本身的内容存在差异外，CEPA 联合指导委员会与两岸经合会在制度安排上存在着较高的相似性。因此，排除上述两点差别之后，学者们对 CEPA 联合指导委员会制度设计的观点和意见，即能够供我们在研究两岸经合会时参考适用。

（二）CEPA 联合指导委员会机制的检讨与启示

CEPA 已经签署十余年之久，联合指导委员会在十余年的运行中积累了丰富的经验，学者们亦就委员会的制度设计提出许多重要的参考意见，因此，当我们对两岸经合会进行制度检讨时，可以将其与 CEPA 的联合指导委员会进行适当比较，并借鉴部分学者提出的联合指导委员会的调整、健全意见，对两岸经合会的制度完善提供参考。

CEPA 设置联合指导委员会的初衷在于，为 CEPA 的有效实施提供组织支持，也为 CEPA 实施中双方出现的争端提供解决机制。然而，由于 CEPA 联合委员会的制度安排与国际上较为典型的双边自贸协议所提出的争端解决模式，均有一定差别。因此，关于这一制度安排的合理性和可行性，学者们曾提出过不同的看法。有学者认为，CEPA 设置的以联合指导委员会为核心的争端解决制度符合中国国情，因而是一种富有创造性的制度设计。大陆学者韦经建、王小林认为，尽管 CEPA 联合指导委员会的制度设计并不符合传统的双边自由贸易协议争议解决的典型模式，且这种机制被视为解决争议的政治方式或外交方式，与法律方式大相径庭，但这种所谓的"争议解决制度的缺位"并非是 CEPA 争议解决模式选择的失误，而是迫于政治上的"无奈"和价值选择上的必然。① 然而，亦有学者认为，从长期来看，CEPA 现有的机构安排存在一定的模糊性，因而仍存在健全和发展的空间。大陆学者慕亚平、张晓燕认为，区域合作应当具有完善的机构安排，而 CEPA 的规定只是初步完成了部分机构安排，而不足以使其组织机构有效运行。② 两位学者指出，在 CEPA 现有的规定之下，联合指导委员会的职能过于集中，机构安排单薄，缺乏独立有效的争端解决机制，缺乏各项工作细则，委员会组成人员不合理，因此，应当在遵循机构完善与精简高效平衡原则、透明度原则的基础上，确定 CEPA 新的基本组织架构，以保证这一组织能够满足 CEPA 实施的需要。③ 大陆学者钟立国认为，与其他区域贸易协定相比，CEPA 最突出的一个特点是弱机构设置，其机构设置"非常简单，甚至可以用'简陋'一词来形容"：CEPA 的三大机构之间存在断层，联合指导委员会与工作组之间的联系不够紧密，而联合指导委员会仅由官员构成，其专业性难以得到保障，联络办公室的职能亦被设定得较弱，无法满足委员会的工作需要。④

　　尽管上述学者对于 CEPA 机构安排的总体评价存在差别，但他们均认为，CEPA 联合指导委员会的制度设计不同于传统意义上区域贸易协定的机构安排，且 CEPA 的制度设计并非为了满足以法律思维解决争端，保障协议正常实施的需要，而是为了以政治协商手段协调双方利益，以实现解决争端之目的。同时，上述学者对 CEPA 联合指导委员会制度设计上提出

---

　　① 参见韦经建、王小林：《论 CEPA 的性质、效力及其争议解决模式》，载《当代法学》2004 年第 3 期。

　　② 参见慕亚平、张晓燕：《应当健全 CEPA 协议下的机构安排》，载《法学评论》2007 年第 3 期。

　　③ 慕亚平、张晓燕：《应当健全 CEPA 协议下的机构安排》，载《法学评论》2007 年第 3 期。

　　④ 参见钟立国：《内地与香港 CEPA 机构设置刍议》，载《广西民族大学学报（哲学社会科学版）》2008 年第 1 期。

的检讨与建议，对于我们观察两岸经合会的制度安排，对其做出检视，并提出完善建议具有一定的参考价值。

（三）两岸经合会机构安排的制度检讨

通过上文对两岸经合会和 CEPA 联合指导委员会的比较和对后者制度安排的检讨，我们认为，尽管两岸经合会在现阶段较好地承担了 ECFA 为其设置的相关职能，但这一机制依然存在着一些制度上的缺陷。一旦两岸经济合作进入更为深入的新阶段，两岸经合会的这些制度缺陷，就会成为阻碍其发挥更大作用的障碍。结合学者们对 CEPA 机构安排的观点，我们认为，两岸经合会在机构安排上的缺陷集中表现在职能设置集中与其组织松散之间的矛盾上。

一方面，依照 ECFA 之规定，经合会作为协议的唯一实施机构，要承担诸如监督和评估协议实施的职能。然而，在缺乏实体机构设置的情况下，经合会本身很难承担这两项职能，而只能依靠两岸各自业务主管部门承担。在这种情况下，大陆和台湾各自对己方领域内的协议执行情况进行监督和评估，再通过经合会进行信息交流，这种方式很难真正达到监督 ECFA 及相关协议在两岸范围内实施的目的。另一方面，自第一次经合会例会起，两岸就经合会的会谈结果问题达成共识，确立"不发出共同的结论文件及不发出共同的共识内容"的基本原则，双方将分别就经合会会谈结果发表文件。在这一原则之下，两岸在经合会框架下取得的共识，将出现大陆和台湾的两种表述方式。若二者表述一致则无碍于两岸共识的执行，而若二者表述不相一致，则将会严重阻碍两岸共识的执行。有学者将两岸经合会定位为"既不是机关，也不是机构，而是一个在两会架构下，双方依据 ECFA 建立的经贸协商及沟通平台"。[①] 因此，在两岸经合会的实际运行情况与其制度安排出现脱节时，两岸经合会作为 ECFA 实施

---

① 曾炜：《论 ECFA 的过渡性质及其完善》，载《福建论坛·人文社会科学版》2013 年第 8 期。

机构的功能即被弱化了。

总之，作为一个本应承担与 ECFA 及其后续协议实施相关职能的重要机构，两岸经合会本身所体现出的较强的"两岸间"色彩，为其有效行使职权造成难以克服的结构性问题。在两岸经贸关系日益密切，双方经济合作愈发多元化的今天，若不能及时解决这一问题，两岸经合会在两岸经济合作和 ECFA 实施过程中的作用将日趋弱化。

第四节　两岸协议联系主体制度的改革与发展

基于本章以上各节对两岸协议联系主体制度（包括两岸经济合作委员会制度）的理论叙述、实践分析与问题检视，本节拟在梳理问题意识和总体思路的基础上，借鉴欧盟理事会的若干制度经验，提出两岸协议联系主体制度的改革和发展建议。

一、两岸协议联系主体制度改革的总体思路

树立问题意识，是解决问题的基本前提。只有通过树立正确的问题意识，才能确立解决问题的基本思路。本章的第二、第三节对两岸协议联系主体制度与两岸经合会制度进行的理论分析与实践叙述，为我们提出两岸协议联系主体制度的改革思路提供了问题意识。从上文的叙述来看，这两种运用于协调两岸协议实施的机构都具有很鲜明的"两岸间"色彩，其区别在于二者的制度化程度不同。前者仅仅是一种建基于特定协议的协调机制，后者则是一种具有特定组织框架的综合性协调机制。相对于传统的两岸协议联系主体制度而言，两岸经合会制度在很大程度上克服了因两岸公权力机关体制设置区别而产生的制度缺陷，但却依然存在着机构设置"虚化"的制度困境。

从两岸关系和平发展的趋势来看，传统的两岸协议联系主体和两岸经合会的制度设计，终将无法满足两岸关系和平发展过程中两岸协议实施协

调的需要。一方面，随着两岸关系和平发展的不断深入，两岸民间交往和公权力机关交往的范围、深度不断拓展，大陆和台湾的利益关系愈发密切，双方产生利益冲突的可能性也随之不断提升。在这种情况下，与两岸交往过程中双方利益整合密切相关的两岸协议，在实施过程中可能面临的争议也会随之增多。另一方面，目前，两岸关系和平发展已经进入"深水区"。2014年台湾岛内发生的反对《海峡两岸服务贸易协议》的所谓"太阳花运动"，反映出两岸关系和平发展中累积的许多问题，将许多原本被一路高歌猛进的两岸关系和平发展大好形势所掩盖的问题暴露出来，从而使"协议推动型"两岸关系受到较大影响。① 2014年下半年台湾地区地方公职人员选举（"九合一选举"）中，中国国民党遭遇重大失败，台湾地区政治格局发生翻转，2016年台湾地区再次发生"政党轮替"的可能性大幅提升。② 在上述两方面背景下，两岸协议在实施过程中，两岸产生争议的可能性将不断增大，未雨绸缪方能防患于未然，改革当前的两岸协议联系主体制度（包括两岸经合会制度），建构一套高效、稳定的协议实施协调机制迫在眉睫。

需要指出的是，两岸协议联系主体制度在某种意义上还构成两岸公权力机关交往的一个重要平台。尽管目前大陆和台湾两岸事务主管部门之间已经建立了直接接触的常态化机制，但这种两岸公权力机关之间的直接交往，依然因"承认争议"的阴影而局限于国台办和"陆委会"之间，暂时无法拓展到两岸所有公权力机关。在这种情况下，两岸各自公权力机关之间的交往和接触，依然需要借助一定的"名义"。两岸协议的联系主体制度恰恰可以成为两岸公权力机关之间交往、接触和形成共同决策的平台，为两岸共同解决事务性问题提供制度支持。因此，如何克服两岸公权

---

① 参见周叶中、段磊：《论台湾立法机构监督两岸协议机制的发展及其影响》，载《台湾研究集刊》2015年第1期。

② 周叶中、段磊：《论"法治型"两岸关系的构建》，载《海峡两岸关系法学研究会2014年年会学术论文集》（未出版）2015年1月。

力机关之间的交往障碍，使联系主体制度能够更好地为双方的交往服务，也成为联系主体制度改革的一项重要任务。

与一般意义上制度的改革思路不同，两岸在尚处于政治对立状态下时，制度改革方案的可行性思路，应当从合现实性和可接受性两个面向加以考虑。所谓合现实性，即这一方案应当符合两岸关系发展现状，能够解决两岸关系发展中面临的现实困境，同时能够满足两岸关系和平发展不断深入的需要。所谓可接受性，即这一方案应当是两岸能够共同接受的方案，在两岸政治问题未能解决的情况下，不应当涉及两岸政治立场上的核心争议。前者构成一般意义上制度改革思路的评价标准，即是否能够实现符合实践现状、消除既有制度缺陷、具有一定前瞻性的目的，后者则构成两岸意义上制度改革思路的评价标准，即是否能够做到不触及两岸各自的政治底线，因而能够为两岸所共同接受。本章第一节提出的"两岸间"模式，是合乎两岸关系发展现状的一种理论模型，基于这一模式建构的两岸协议联系主体制度改革思路，能够达到同时满足合现实性和可接受性两项标准的目的。就合现实性而言，两岸协议联系主体制度的改革，应当以强化联系主体机构本身的组织机构和职能设置为主线，使改革后的联系主体能够更加高效、稳定地服务与协调两岸协议的实施。就可接受性而言，两岸协议联系主体制度的改革，应当秉持在两岸存在较大政治分歧的情况下，暂时不触及两岸关系的核心议题，不影响两岸政治关系格局的理念，提出能够为两岸所共同接受的改革方案。

欧盟被称为"人类设计出的最复杂的政体"。[①] 在欧盟的各项制度设计中，有许多值得我们借鉴的要素。在欧盟现有机构安排中，欧盟理事会在欧盟共同政策的决策和实施过程中，作为各国利益代表的欧盟理事会发

---

① Philippe C. Schmitter，*Some Alternative Futures for the European Polity and their Implications for European Public Policy*，in Y. Mény eta. l（eds），Adjusting to Europe：The Impact of the European Union on National Institutions and Policies，London and New York：Routledge，1996，pp. 25-40.

挥着核心作用。从性质上看，欧盟理事会是一个较为典型的"政府间"机构，由各成员国代表组成，分别代表各国利益。从职能上讲，欧盟理事会既是欧盟主要的立法机构，也是欧盟重要的政策实施协调机构之一。尽管欧盟理事会之于欧盟法的实施所发挥的作用，远远大于两岸协议联系主体之于两岸协议实施机制的作用，但二者之间仍然具有一定程度的可比性，前者的许多经验能够为后者所借鉴。在我们尝试运用"两岸间"理论改革两岸协议联系主体机制时，可以按照"两岸间"理论的思维方式，借鉴作为其思想渊源的政府间主义影响下的欧盟理事会的若干经验，在现有传统的两岸协议联系主体机制和两岸经济合作委员会的制度基础上，提出若干有助于两岸协议实施和两岸协议和平发展的改革建议。

二、欧盟理事会制度对两岸协议联系主体制度改革的启示

欧盟理事会又称"部长理事会"（Council of Ministers），在欧盟相关法律文件中简称为"理事会"，是一个由欧盟各国政府部长组成的欧盟决策机构。依照《欧洲联盟条约》（即"马斯特里赫特条约"）之规定，欧盟理事会与欧洲议会、欧洲理事会、欧盟委员会、欧盟法院、欧洲中央银行和审计院共同构成欧盟的机构框架。[①] 理事会的具体工作由常设代表委员会和一系列工作组协作展开，前者的主要职能是就有关提案和政策进行谈判并力求达成协议，后者则由成员国相关政府机构的公务员、常驻代表官员和欧盟官员组成，具体负责讨论和谈判特定议案的细节并向常设代表委员会报告。[②] 可以说，欧盟理事会是一个典型的"政府间"机构，是欧盟成员国维护国家利益与其他国家讨价还价的场所，它与欧盟委员会一起

[①] 《欧洲联盟条约》第13条。本书中关于《欧洲联盟条约》和《欧洲联盟运行条约》的译本均参见程卫东、李靖堃译：《欧洲联盟基础条约——经〈里斯本条约〉修订》，社会科学文献出版社2010年版，以下不再一一注明。

[②] 参见曾令良：《欧洲联盟法总论》，武汉大学出版社2007年版，第191页。

贯彻执行欧盟决策。[1] 在欧盟理事会制定和执行欧盟共同决策时，一般会根据其决策事项的差异而采取不同的表决程序。一般而言，涉及"高级政治"的领域，仍然需要各成员国以全体一致的方式做出共同决策；在"低级政治"领域，则依照事项的差异而分别采取加权的特定多数方式或简单多数方式做出共同决策。[2] 可以说，欧盟理事会制度的建立和完善，对于欧洲一体化进程的发展有着重要意义，尽管两岸协议与欧盟共同外交及安全政策的实施存在一定程度的差异，但欧盟理事会的制度设计和运行实践，对于两岸协议联系主体制度的改革却有着一定的启示。

第一，欧盟理事会既是欧盟主要决策机构之一，也是欧盟共同政策实施中的协调机构。与两岸协议的联系主体不同，欧盟理事会所承担的任务，不仅包括在贯彻实施欧盟共同决策时协调各方行动，也包括制定欧盟重要决策。正如上文所述，欧盟理事会在欧盟现有制度框架中扮演着重要角色。它与欧盟委员会、欧洲议会以及欧洲理事会等机构在欧盟政策制定的不同阶段发挥着不同的作用。根据《欧洲联盟条约》和《欧洲联盟运行条约》之规定，欧盟理事会与欧洲议会"共同行使立法和预算职能"。[3] 尽管后者对前者具有一定的制约作用，但前者在欧盟治理体系中依然是各种决策的最终制定者。可以说，欧盟理事会在一定程度上扮演了欧盟决策形成的核心角色。同时，欧盟理事会还是欧盟共同政策的协调实施机构之一，它与欧盟委员会一道负责贯彻执行欧盟决策。以共同外交与安全政策为例，根据《欧洲联盟条约》之规定，欧盟理事会与欧盟外交事务与安全政策高级代表，共同负责"确保联盟行动的统一性、一致性和有效性"，[4] 各成员国在"采取任何可能影响联盟利益的行动或作出任何可能

---

① 参见杨娜：《欧洲治理体系中欧盟理事会权力的嬗变》，南开大学出版社 2013 年版，第 1 页。
② 需要说明的是，根据《里斯本条约》之规定，欧盟理事会"到会成员或其代表弃权，不妨碍理事会通过需以全体一致同意才能通过的法令"。参见《欧洲联盟运行条约》第 238 条。
③ 《欧洲联盟条约》第 16 条第 1 款。
④ 《欧洲联盟条约》第 26 条。

影响联盟利益的承诺之前"，亦应通过欧盟理事会与其他成员国加以协商。[①] 因此，欧盟理事会既是欧盟的立法机构之一，也是协调各成员国贯彻欧盟决策的协调机构。

第二，欧盟各理事会的划分标准是其具体政策领域，而非依照其具体条约（协议）。与两岸协议联系主体（包括两岸经合会）以协议为单位的划分方式不同，欧盟理事会以其具体的政策领域（以各成员国的政府部门职能作为单位）区分各理事会的标准，形成了完善的理事会体系。根据《欧洲联盟条约》和《里斯本条约》之规定，欧盟理事会依照其所处理事务的差别，分为总务理事会、外交理事会和其他处理欧盟专项事务的理事会。在各理事会中，总务理事会和外交理事会是承担职能最多的两个理事会。在《里斯本条约》签署后，《马斯特里赫特条约》中原有规定的"一般理事会"被一分为二，即分为总务理事会和外交理事会。尽管二者均由各成员国外长组成，但前者的主要职能是"保证其他理事会工作的一致性，并协同欧洲理事会主席与委员会主席筹备欧洲理事会会议和保证其决议的贯彻"，相当于各理事会的组织者和服务者；后者则由专职的负责外交事务与安全政策的联盟高级代表主持，负责统筹欧盟外交事务，相当于专门负责欧盟外交事务的专门理事会。[②] 其他各理事会则依照其涉及的具体政策领域，由各成员国部长组成，如农业理事会则由各成员国的农业部长组成，财政经济理事会则由各成员国财政部长组成。

第三，欧盟理事会拥有完整的决策规则和办事机构。与两岸协议联系主体的（包括两岸经合会）机构"虚化"设置不同，欧盟理事会作为欧盟成员国之间形成和执行共同政策的"政府间"机构，拥有一套完整的实体机构，并已形成较为完善的决策规则。根据《欧洲联盟条约》和

---

① 《欧洲联盟条约》第 32 条。
② 参见戴炳然：《解读〈里斯本条约〉》，载《欧洲研究》2008 年第 2 期。

《里斯本条约》的相关规定，欧盟理事会由五部分构成，即各理事会（包括总务理事会、外交理事会和其他专门理事会）、常设代表委员会、工作小组、理事会主席和秘书处。在这些组成机构中，各机构的工作均围绕着各理事会的协调和决策展开。其中，常设代表委员会由欧盟全职专家组成，主要负责一般性政治问题和解决一些工作小组无法解决的政策问题；工作小组由各国相关政府机构的公务员、常驻代表官员和欧盟官员构成，其主要任务是解决政策提案中的技术性问题，他们也是实际议案的主要谈判者；理事会主席由轮值主席国外长担任，任期 6 个月，任内负责主持理事会会议，努力推进有关事项的审议并寻求一致；秘书处负责协调和协助理事会、常设代表委员会和各工作组的工作。① 一般而言，一项议案的决策，需要经过工作小组、常设委员会和理事会三个阶段的谈判，最终按照事项的差别，按照不同的表决方式获得通过。总之，经过长期的实践，在欧盟多个条约的规制下，欧盟理事会已经形成完整的决策规则和办事机构。这些规则和机构为欧盟理事会制定和贯彻欧盟共同政策起到了重要的支撑作用。

　　欧盟理事会是欧洲联盟制度设计中一个体现政府间合作方式的重要机构。从本质上看，这一机构是一种互不隶属的政治实体之间，通过一系列制度化手段，完成各方博弈与协调，进而做出有益于各方利益的共同决策，并使这些决策得到有效实施的机制。以上文所述的"两岸间"模式来看，欧盟理事会制度所体现的这种制度化行事思维，亦能够为两岸所借鉴。在政治上互不隶属的两岸，亦可以在不改变"两岸间"政治现状的前提下，通过双方共同设计的制度体系，强化双方之间的利益协调，使两岸能够共同输出和实施更多有益于双方利益的共同政策。就两岸协议的实施机制而言，两岸可以尝试汲取上述欧盟理事会制度中的若干相关经验，

---

　　① 参见曾令良：《欧洲联盟法总论》，武汉大学出版社 2007 年版，第 190—191 页；刘文秀、黄胜伟：《欧盟理事会政策制定机制探析》，载《欧洲》2001 年第 4 期。

为两岸协议联系主体机制的完善提供有益借鉴。

三、两岸协议联系主体制度改革的制度设计

在"两岸间"模式下，通过借鉴欧盟理事会的制度设计，我们可以尝试通过整合现有联系主体，设立事务性领域划分的综合性联系主体机制、改革现有联系主体体制构成、设立常设办事机构、提升联系主体决策能力、渐进式建立"超两岸"功能性共同机构等途径，尝试克服现有两岸协议联系主体制度的制度困境。我们将结合两岸协议联系主体的运行情况，提出两岸协议联系主体制度改革的基本思路。

（一）整合现有联系主体，设立以事务性领域划分的综合性联系主体

正如上文所述，传统的两岸协议联系主体制度是基于特定协议的一种"两岸间"协调机制。这种机制难以克服因两岸公权力机关体制设置差异引起的协调困境，同时也无法克服两岸协议体系本身的碎片化问题。我们认为，要克服这些问题，可以借鉴欧盟理事会的制度安排，整合现有的两岸协议联系主体，消解传统的两岸协议联系主体制度中因两岸公权力机关体制不统一导致的两岸一对多、多对多交叉联系和两岸协议碎片化导致的协议联系主体单一性、临时性等困境。具体来说，可以从两个方面入手：

一方面，可以借鉴欧盟理事会中总务理事会的经验，设立由两岸两会代表或双方两岸事务主管部门负责人组成的组织和服务性联系主体，作为各项两岸协议下一般事务的总联络人。恰如本章第二节对两岸协议联系主体表述类别的叙述，一般而言，两岸协议联系主体条款中将"议定事项"和"其他相关事宜"的联系主体做了区别规定，两岸两会往往构成"其他相关事宜"的联系主体。从这个意义上讲，两岸两会实际上承担了各项两岸协议下一般事项总联络人的职能，因此，建立由两岸两会代表组成的两岸协议实施总体联络机构的方案，符合两岸协议传统和现状。与此同

时，目前大陆和台湾两岸事务主管部门已实现常态化直接接触，在必要时，由两岸事务主管部门负责人担任这一两岸协议一般事务总联络人的角色亦未尝不可。

另一方面，可以借鉴欧盟理事会中依照具体政策领域划分各理事会的经验，依照两岸事务性问题涉及的领域，以两岸协议联系主体机制为平台，设置两岸公权力机关的对口联系机制。在尚未解决"承认争议"的情况下，两岸协议的联系机制恰恰可以构成大陆和台湾各对口公权力机关交往的重要平台之一，从而化解双方交往和接触的"名义"之争，避免双方交往过程中产生不必要的麻烦。我们认为，要实现这一目的，应当重新划分两岸协议各项联系主体的制度安排，建立以两岸协议的调整对象为基础的综合性联系主体机制。以两岸交通运输事务为例，目前涉及两岸交通运输事务的协议有六项，其协议联系主体多达八个。[①] 若以事务性问题涉及的领域加以划分，则这六项协议的联系主体可统一组成"两岸交通运输合作委员会"，由这一委员会统一处理各项两岸交通运输类事务性协议的协调实施事宜。依照本书绪论所述两岸协议的调整对象划分，两岸还可以此方式相应组成"两岸社会事务合作委员会""两岸经济事务合作委员会""两岸司法合作委员会""两岸行政事务合作委员会"等。

（二）改革现有联系主体体制构成，设立常设办事机构，赋予联系主体实质权限

与传统两岸协议联系主体不同，两岸经合会是一种"两岸间"具有特定组织框架的综合性协调机构，它在一定程度上克服了传统联系主体的某些缺陷，却依然存在组织机构"虚化"、实质权限较少等问题。因此，

---

① 这六项协议包括《海峡两岸关于大陆居民赴台湾旅游协议》《海峡两岸包机会谈纪要》《海峡两岸空运协议》《海峡两岸空运补充协议》《海峡两岸海运协议》和《海峡两岸邮政协议》，其联系主体包括：海峡两岸旅游交流协会与台湾海峡两岸观光旅游协会、海峡两岸航空运输交流委员会与台北市航空运输商业同业公会、海峡两岸航运交流协会与台湾海峡两岸航运协会、海峡两岸邮政交流协会与财团法人台湾邮政协会等。

当两岸成立了以两岸协议调整对象为划分标准的多个综合性协议联系主体后，即应当同时考虑解决当前两岸经合会存在的制度缺陷，通过为综合性联系主体设立常设办事机构、赋予联系主体部分实质权限等方式，改革联系主体体制构成，使之成为能够承担相应职能的"两岸间"共同机构。

一方面，可以借鉴欧盟理事会的经验，提升现有两岸协议联系主体的实体化程度，建立常设的两岸协议综合性联系主体，将作为"两岸间"协调机制的两岸协议联系主体制度，提升为"两岸间"实体性共同机构。具体来说，可以通过借鉴欧盟理事会中的秘书处这一制度设计，在两岸协议各联系主体下设置专门服务该联系主体的秘书处，负责为联系主体的日常工作提供支持。作为"两岸间"模式下的两岸共同机构，各协议联系主体配备的秘书处成员，由双方分别指定组成，可由双方分别选出一位代表担任秘书处共同秘书长，或由双方代表定期交替担任秘书长。

另一方面，可以借鉴欧盟理事会的经验，赋予常设的两岸协议综合性联系主体以更多实质性权限，使这一原有的"协调机制"上升为一种"两岸间"决策或决策咨询机制。具体来说：一是赋予综合性联系主体以形成具有约束力的规范性文件的权力，为两岸协议的顺利实施提出指导性意见；二是赋予所有综合性联系主体以解释协议，提出协议解释建议案的权力；三是赋予综合性联系主体以定期评估相关两岸协议实施情况，提出协议解释、暂停实施、终止实施建议案的权力；四是允许综合性联系主体就两岸在本领域形成新的事务性协议进行前期磋商，待磋商完成后，将相关草案报两岸两会予以确认。

（三）提升联系主体决策能力，渐进式建立"超两岸"功能性共同机构

欧盟理事会是欧盟治理体系中代表各成员国利益的机构，体现出强烈的"政府间主义"色彩。但随着欧盟政治体制的发展，这一机构亦体现出一定程度的"超国家"特点。根据《欧洲联盟条约》和《欧洲联盟运

行条约》之规定，除非有特殊规定，欧盟理事会以特定多数做出决定。① 严格来说，无论是简单多数还是特定多数，只要不是一致同意，就都体现了一定程度的"超国家性"。② 由于全体一致的表决方式，在一定程度上影响到整个欧盟理事会的决策效率，因而近年来一些原本坚持"共识决"的国家，也逐渐能够接受包含特定多数决和一半多数决在内的"多数决"决策方式，欧盟理事会中"多数决"的表决范围正呈不断扩张趋势。③ 从这个角度看，欧盟理事会这一"政府间"机构的"超国家"色彩，也随之呈上升趋势。基于欧盟理事会权力嬗变中出现的"政府间主义与超国家主义的博弈"，④ 我们认为，从中长期视角来看，随着两岸关系发展的不断深入，两岸协议联系主体制度的改革，亦可能逐渐实现从"两岸间"到渐进式"超两岸"的转变。

考察两岸关系研究的学术发展史，许多学者曾提出通过建构具有"超两岸"色彩的"两岸共同体"，实现最终解决两岸政治对立问题之目的的观点。⑤ 然而，在当前两岸政治对立，两岸间依然存在"承认争议"的情况下，这种尝试建立"超两岸"机制的理论，依然缺乏足够的可行性。就两岸协议联系主体制度的改革方向来看，在当前时期尝试建构"超两岸"的两岸共同机构，仍在合现实性与可接受性两个面向上存在很大困难。从中长期角度看，两岸终究能够在和平发展的过程中，逐步化解以"承认争议"为核心的政治对立。此时，两岸即可借鉴欧盟一体化的经验，尝试建立部分具有"超两岸"性质的两岸功能性共同机构。从两岸交往制度框架的发展情况来看，这种"超两岸"的制度设计，完全可

---

① 《欧洲联盟条约》第 16 条。所谓特定多数，意指"至少 55% 的理事会成员，至少包括 15 名成员，并且他们所代表成员国的人口至少占联盟人口的 65%"。

② 葛勇平、孙珺：《欧洲法析论》，法律出版社 2008 年版，第 100 页。

③ 参见黄伟峰：《欧盟整合模式与两岸主权争议之解析》，载《欧美研究》（台湾）第 31 卷第 1 期。

④ 参见杨娜：《欧洲治理体系中欧盟理事会权力的嬗变》，南开大学出版社 2013 年版，第 1 页。

⑤ 参见张亚中：《"两岸统合"：和平发展时期政治安排的可行之路》，载《北京大学学报（哲学社会科学版）》2014 年第 1 期。

以选择将两岸协议联系主体制度作为突破口，在政治敏感度较低、双方合作已经较为成熟的事务性领域，建构两岸功能性共同机构，为两岸合作等级的进一步提升和两岸以一体化方式实现祖国完全统一提供基础和条件。届时，已经在"两岸间"模式下发展的较为成熟的两岸协议综合性、实体化联系主体，即可在一定的制度安排下，首先蜕变为具有"超两岸"特点的两岸共同机构，在一个中国框架内，为两岸实现完全意义上的共同决策提供支持。

第四章　两岸协议的接受和适用
制度研究[①]

两岸协议自签署到实施，实现从两个民间组织之间的"私协议"，到对两岸具有普遍约束力的法律规范的转变，需要经历一个复杂过程。在这一过程中，两岸依据各自的有关规定接受和适用两岸协议，是两岸协议实施的两项关键步骤。在两岸语境下，两岸协议的接受是指两岸依照各自规定，通过一定方式使本属于民间私协议的两岸协议具有规范意义上的法律效力的过程；两岸协议的适用是指两岸依照各自规定，将协议内容应用于各自领域内的立法、司法和行政活动，使协议内容得以落实的过程。从协议的实施程序上讲，协议的接受是适用的前提，适用是接受的延续，二者具有高度关联性。目前，在两岸协议接受和适用过程中，尚有许多重要的理论与实践问题有待解决，如不引起重视，这些问题将会影响到两岸协议这一两岸共同政策的贯彻落实，对两岸关系和平发展大局产生不利影响。基于协议接受和适用问题对两岸协议实施的重要意义，本章将结合大陆和台湾各自接受和适用两岸协议的实践与相关的法学理论，对两岸协议的接受和适用问题进行分析与探讨。

---

① 本章的部分观点曾以《论两岸协议的接受》为题发表于《法学评论》2014 年第 4 期，以《论两岸协议在大陆地区的适用——以立法适用为主要研究对象》为题发表于《学习与实践》2014 年第 5 期，收入本书时做了较大增补和修改。

第一节　两岸协议接受和适用制度的理论内涵

两岸协议的接受是协议实施过程中的一项重要制度。在两岸完成协议的接受后，具有跨法域和私协议属性的两岸协议即"转变"成两岸各自域内法律体系的一部分。然而，要解释这一重要的性质转变过程，就必须从两岸协议接受和适用制度产生的理论原因、两岸协议接受和适用制度的概念阐释，以及两岸协议接受和适用制度在协议实施制度中的地位与作用三个层面出发，才能清晰地阐明这一制度的理论内涵。

一、两岸协议接受和适用问题产生的理论原因

目前，两岸协议的政治基础和前提是以坚持一个中国原则为核心内容的"九二共识"。因此，从本质上讲，两岸协议是一种"一国内地区间协议"，是"一个中国"的两个部分之间达成的协议。因此，两岸协议与国际条约之间存在着本质差别。然而，"接受"一词是一个国际法学上的概念。它是对缔约国对于条约内容的承认的描述，而与"接受"一词共同使用的"适用"一词，则是对缔约国在承认条约内容后对该条约执行方式的描述。那么，具有"一国性"特征的两岸协议，何以会使用到"接受"与"适用"这两个国际法上的概念呢？从法学角度看，两岸协议之所以会产生接受的问题，绝非是因为某些持"台独"立场的人士所声称的，所谓"两岸协议条约化"主张，而是源于两岸协议在两岸关系背景下所体现出来的跨法域性和私协议性的特点，具体而言：

第一，两岸协议的跨法域性要求两岸通过接受程序，将两岸协议转变①为各自域内的法律规范。所谓"法域"，是指具有或适用独特法律制

---

① 此处所用的"转变"，仅为描述两岸协议向两岸域内法律转换、变化的词语，不具有特定的法律意涵，尤其与国际法上的"转化"不同。

度的区域，乃是一个纯粹的法学概念，与"国家""主权"等概念无关，一个主权国家之内也可以有多个法域。① 大陆和台湾目前仍处于政治对立状态，《中华人民共和国宪法》及依据其制定的法律规范无法在台湾地区现实适用，而台湾地区也依据其现行"宪法"形成区别于大陆的法律体系。② 在这种情况下，在不考虑法律体系正当性的前提下，大陆和台湾在事实上存在着两套互相平行的法律体系，大陆人民和台湾人民在各自公权力机关的实际控制范围内，仅遵守、执行和适用本区域内的法律。对大陆和台湾分属两个不同法域的认识，并不影响大陆和台湾同属"一个中国"的事实，这一点已为两岸学界和实务界所公认。③ 2009 年 4 月两会签订的《海峡两岸共同打击犯罪及司法互助协议》，实际上就隐含着将大陆和台湾视为两个不同法域的理论前提。因此，虽然两岸协议具有"一国性"，但仍需通过类似于国际法上的"接受"的机制，使这种跨法域协议转变为两岸各自法域内的法律规范，继而在两岸各自法域内得到适用。亦即是说，接受程序的功能在于将原本处于"两岸间"的两岸协议，转变为在"两岸内"具有法律效力的两岸域内法律规范，而适用程序的功能则在于，以适当的方式将已完成转变的协议贯彻实施。当然，两岸协议的"接受"与"适用"与国际法上的"接受"与"适用"有着本质的不同，并不能以两岸协议需经接受方能适用为由，就认为两岸协议就是条约，从而否定两岸协议的"一国性"。同样，也不能因为两岸协议的"一国性"，而否定两岸协议接受和适用制度存在的必要性。

第二，两岸协议的私协议性要求两岸通过接受，将两岸协议转变为具有公性质的法律规范，从而在两岸得到适用。两岸协议是两岸政治对立的历史背景下，在两岸公权力机关无法直接接触时，双方透过授权民间团体

---

① 韩德培主编：《国际私法问题专论》，武汉大学出版社 2004 年版，第 117—118 页。

② 参见周叶中：《台湾问题的宪法学思考》，载《法学》2007 年第 4 期。

③ 参见韩德培主编：《国际私法新论》，武汉大学出版社 1997 年版，第 447 页。

海协会和台湾海基会所签订的协议。从协议签订主体来看，两岸协议皆是以海协会与台湾海基会名义签署，而非双方公权力机关所为。海协会和台湾海基会是双方为开展两岸事务性交流而专门成立的团体。其中海协会的法律性质属"社会团体法人"，台湾海基会的法律性质则属"财团法人"。① 根据两岸有关规定，二者均属不具有公权力性质之私主体，其在特定条件下所享有的"公权力主体"之地位，需经两岸公权力机关的授权与委托。因此，由于两岸两会的"私"性质，其所签订的两岸协议，在规范意义上也自然仅具有私协议（民间契约）的性质。因此，从法理上讲，具有私协议性质的两岸协议即便"生效"，也仅能拘束作为签订主体的海协会和台湾海基会，并不对两岸公权力机关和普通民众产生普遍的拘束力，也不能为两岸公权力机关所适用。同时，两岸协议的实施不仅涉及两岸公权力的行使，有的还需要两岸公权力机关对双方各自法域内的法律进行立、改、废活动，这些事项是仅具有"窗口"性质的海协会和台湾海基会难以做到的。为此，有必要通过接受的方式，使两岸协议从仅具有私性质的两岸两会间的协议，转变为在两岸领域内具有普遍拘束力的法律规范，进而使两岸公权力机关可以依照转变后的规范作出相应的行为。通过接受制度，两岸协议被赋予普遍约束力，从而转变为能够拘束两岸公权力机关和普通民众，为他们所适用的法律规范。

综上所述，两岸协议的接受和适用是两岸协议实施过程中的必经程序，也是使两岸协议真正发生法律效力的关键制度。根据两岸协议的跨法域性，两岸协议的实施可以分为在两岸间实施和在两岸各自法域内实施（以下简称"域内实施"）两部分。其中前者意味着抽象意义上的大陆和台湾，有遵守和接受两岸协议的义务，而后者则意味着两岸依照各自域内法律之规定完成协议接受后，协议对两岸域内公权力机关和普通民众均产

---

① 根据《海峡两岸关系协会章程》第 1 条之规定，海协会"是社会团体法人"；根据《财团法人海峡交流基金会组织规程》第 1 条之规定，台湾海基会是"财团法人"。

生普遍约束力。在协议实施的两部分之间，起到衔接和协调作用的，正是两岸协议的接受制度，也正是由于接受制度的存在，使两岸协议能够获得足够的正当性和规范性，使协议能够最终得到适用。

二、两岸协议的接受：协议适用的前提

按照上文的解释，尽管两岸协议并非国际条约，但以"法域"这一学理概念为依托，我们可以在否定台湾地区"国家"属性的前提下，单纯地从理论层面借鉴国际法学中的条约法知识，对两岸协议的相关制度进行分析。

按照国际法的相关知识，接受是指各国在国内履行国际义务的一切形式。对于国际条约而言，条约在缔约国实施问题的本质在于，如何界定和协调国际条约与缔约国国内法的关系问题。关于国际法与国内法的关系问题，历史上主要存在两派观点：一派认为国际法与国内法同属一个法律体系，即所谓"一元论"；另一派则认为国际法与国内法是两个不同的法律体系，即所谓"二元论"。[①] 其中前一派观点中又有两种不同的观点，即对国际法与国内法效力高低的认知存在差别，其中一种观点认为"国内法优先于国际法"，即所谓"国内法优先说"；另一种观点认为"国际法优于国内法"，即所谓"国际法优先说"。[②] 因此，关于这一问题实际上形成两派三论的不同观点。经过两次世界大战之后，"一元论"中的"国内法优先说"已逐渐衰落，失去了其影响力，"国际法优先说"和"二元论"成为主流观点。根据"一元论"中"国际法优先说"，国际法与国内法是一个法律体系，在此体系中，国际法处于金字塔的最高位，各国的国内法从属于国际法。[③] 因此，国际条约一旦生效，应当自然能够在缔约国

---

① 参见王铁崖：《国际法引论》，北京大学出版社 1998 年版，第 180 页。
② 参见王铁崖：《国际法引论》，北京大学出版社 1998 年版，第 180 页。
③ 梁西主编：《国际法》，武汉大学出版社 2003 年版，第 12 页。

国内适用，且国内法与条约相抵触的，自然归于无效。根据"二元论"的观点，国际法与国内法是两套完全独立而没有关联性的法秩序，两者之间没有位阶问题，也没有冲突问题。① 因此，要使某个国际法规范在国内生效，就必须通过国内法的某个法律行为将规范转变为国内法规范。②

这两种关于国际法与国内法关系的理论，为国际法中的接受程序奠定了理论基础，也在实践中影响了各国接受国际条约的具体方式。在实践中，接受本身可分为两种：（1）将条约规定转化（transformation）为国内法；（2）无需转变而将条约规定纳入（adoption）国内法。③ 认同"一元论"的国家多会以国内法明确规定国际条约是国内法的组成部分，能够在国内直接适用，故多选择以纳入方式接受国际条约，如美国、日本、法国、奥地利等国；认同"二元论"的国家则拒绝承认国际法在国内的效力，故多选择转化方式接受国际条约，如英国法律即规定，该国缔结和批准的条约尚需议会就该条约通过特定法案后方可在英国国内适用。

在两岸语境下，两岸协议的接受是指两岸依照各自规定，通过一定方式使本属于民间私协议的两岸协议，具有规范意义上的法律效力的过程。这个过程，既可以通过直接赋予协议以法律效力的方式完成，也可以通过依协议主要内容制定新法律或修改原有法律的形式完成。前者类似于国际法中的纳入方式，后者则类似于转化方式。目前，大陆和台湾在两岸协议的接受实践中，表现出不同的实际情况。在大陆，由于法律并未规定两岸协议的接受程序，因而在实践中形成了复杂、混乱的情况：既出现过部分两岸协议一经生效即可产生法律约束力的情形，也出现过经有关部门通过转化立法赋予协议以法律效力的情形，亦有同一协议在接受中混合着转化

---

① 黄异：《国际法》，新学林出版股份有限公司 2010 年版，第 54 页。

② ［德］沃尔夫刚·格拉夫·魏智通主编：《国际法》，吴越、毛晓飞译，法律出版社 2002 年版，第 125 页。

③ 李浩培：《条约法概论》，法律出版社 2003 年版，第 314 页。此处李浩培先生将"transformation"译为"转变"，本章则采用目前国际法通说，使用"转化"一词。

接受和纳入接受的情形。以《海峡两岸知识产权保护合作协议》为例，在该协议的实施过程中，大陆方面颁布了包含协议主要内容的《关于台湾同胞专利申请的若干规定》。这种立法活动与国际法中的转化行为类似。而国家工商行政管理总局又直接依照协议颁布了《台湾地区商标注册申请人要求优先权有关事项的规定》。这种立法活动则与国际法中纳入转化后的直接适用行为类似。在台湾，"台湾地区与大陆地区人民关系条例"（以下简称"两岸人民关系条例"）对两岸协议的接受制度做出了详尽规定，其接受制度已较为完备。按照"两岸人民关系条例"之规定，若两岸协议内容涉及"修法"或"新订定法律"，需由"行政院"核转"立法院"审议通过后方可生效；若协议内容不涉"修法"或"新订定法律"，则由"行政院"核定后，送"立法院"备查即告生效。[1] 这一程序类似于国际法中的"转化"方式。近年来，在台湾，两岸协议的监督与接受问题备受争议，关于相关的实践，下文将做出较为详尽的介绍与分析，此处不做赘述。

三、两岸协议的适用：协议接受的延续

与协议接受相关联的程序是协议的适用。按照国际法的相关知识，条约的适用就是指缔约国按法定程序把条约具体应用于现实生活，使条约条款得以实现的活动。[2] 一般而言，条约的适用方式包括直接适用和间接适用两种。前者是指一国将条约直接作为本国法律渊源的一种，允许行政机关、司法机关直接援引条约规定行事；后者则指一国的行政机关、司法机关不能直接援引条约规定行事，而只能适用经立法机关通过将条约内容予以转化所制定的法律。需要说明的是，当一国选择通过转化方式接受条约时，该国国家机关仅能适用经转化后的条约，这亦即是间接适用方式。因

---

① 参见"两岸人民关系条例"第 4-2 条、第 5 条。
② 梁西主编：《国际法》，武汉大学出版社 2003 年版，第 302 页。

而上述两种适用方式的划分，仅存在于采取纳入方式接受条约的国家之中。传统理论认为，如果对一国有约束力的国际法规则需要在该国国内实施，必须采纳到其国内法律体系中，才可以直接作为该国的国内法律渊源，并为国家机关所援引。① 亦即是说，条约在一国适用的前提是其已经为该国所接受，即条约已经通过转化或纳入方式成为该国国内法律体系的一部分。

在两岸语境中，两岸协议的适用是指两岸依照各自规定，将协议内容应用于各自领域内的立法、司法和行政活动，使协议内容得以落实的过程。相应的，两岸协议的直接适用就是指两岸行政机关、司法机关和部分立法机关能够直接依据两岸协议进行执法、审判和立法活动；两岸协议的间接适用则是指两岸行政机关、司法机关和部分立法机关只能根据各自立法机关所制定的法律行事，而不能直接以两岸协议为行事根据。需要注意的是，两岸协议适用的前提是协议已经为两岸所接受，成为两岸各自域内法律体系的一部分。

在台湾，由于其对两岸协议采用转化的接受方式，故其公权力部门要执行两岸协议规定的内容，就只能以其域内法律规范为依据，因而不存在直接适用两岸协议的问题。与台湾不同，大陆对两岸协议的适用情况较为复杂。由于大陆法律既未规定两岸协议的接受程序，又没有规定两岸协议的适用程序，因而协议接受和适用程序实际上处于无法可依的状态。在实践中，两岸协议自生效之日起就成为大陆法律体系的一部分，对公权力机关和普通民众产生法律约束力。这种约束力既体现在立法机关依据协议制定相关规范性法律文件上，又体现在司法和行政机关依照协议进行审判和执法活动上，因而出现了公权力机关对协议的直接适用和间接适用并存的情况。亦即是说，大陆公权力机关既可以直接依照两岸协议制定相关立

---

① 万鄂湘主编：《国际法与国内法关系研究》，北京大学出版社 2011 年版，第 61 页。

法、做出司法裁判和行政执法行为，也可以依照以两岸协议为主要内容制定的规范性法律文件，进行相关的立法、司法和执法活动。

对大陆而言，略显混乱的两岸协议的适用实践，对于构建法治化的两岸关系和平发展框架，以及社会主义法治国家建设，都会产生一定的负面影响。因此，从法学角度对现有两岸协议的适用问题进行分析、探讨就显得尤为必要。两岸协议适用涉及的范围很广，其中既包括立法机关的适用，也包括司法机关和执法机关的适用；既包括直接适用，也包括间接适用。本章第二节将详细叙述大陆适用两岸协议的实践，此处不做赘述。

四、两岸协议的接受和适用在协议实施中的制度作用

两岸协议的实施是一个复杂的过程，其起点是协议的签署，经过批准、生效、接受，最终实现协议在两岸各自领域内的适用。因此，两岸协议的接受是两岸协议实施中的一个环节，它在整个协议实施程序中起到了重要作用。具体而言，这种作用体现为衔接与协调两个方面。

第一，协议的接受，上承协议的签署、批准程序，下接协议的生效和适用程序，其制度作用体现为对各个程序的衔接，使各个程序能够共同发挥作用。

自 2008 年两岸两会签订《海峡两岸包机会谈纪要》以来，两岸协议的实施逐步形成一套较为完整的制度体系。这一制度体系在近年来各项两岸协议的实施过程中逐步走向完善。从广义上讲，两岸协议实施的起点在于两岸协议的签署，即两岸两会领导人正式签订协议、完成协议换文之时，终点在于两岸协议的具体内容在两岸各自域内得到适用，即两岸协议的内容内化为两岸各自法律体系的组成部分，在两岸各自领域内发生普遍约束力之时。在两岸，协议的实施制度一般包括协议的签署、生效、接受和适用四个部分，其中签署和生效程序一般由两会负责完成，接受和适用程序一般由两岸各自公权力机关完成。在大陆，目前的协议实施实践中并

没有涉及国家权力机关审议或批准两岸协议的问题，因此协议的实施制度并不包括批准程序。在台湾，根据"两岸人民关系条例"的规定和近年来的实践，涉及修改"法律"、新订定"法律"，以及两岸间重大问题的两岸协议，须经其立法机构审议通过后方能正式生效。这种审议程序与国际法上的条约批准程序具有一定的相似性，因此协议的实施制度还包括批准程序。

在环环相扣的两岸协议实施程序中，协议接受程序实际上扮演了承接协议签署、生效和协议的适用的重要角色。两岸协议的签署是两岸协议实施程序的起点，也是两岸接受协议的前提条件。两岸协议的生效则与协议的接受之间显示出一种特殊的因果关系。一般而言，在国际法中，国家接受的只能是一项已经生效的条约。然而在两岸间，大陆和台湾接受的两岸协议并非一定是一项生效的协议，反而是两岸对协议的接受在有些情形下构成协议生效的前提条件。

根据现有的两岸协议文本，两岸协议的生效条款曾先后采取过四种模式。① 第一，协议在签署后经过确定期间后生效，即两岸协议在双方签订后经过一定期间，待该期间届满后方产生效力，《汪辜会谈共同协议》等协议即采用这种模式。② 第二，协议在签署后的确定时间内生效，即两岸协议在双方签署后一定期间之内产生效力，但实践中一般为该期间届满之日生效，这就使这种模式与第一种模式在实际中产生相当的效果，《海峡两岸空运协议》等协议即采用这种模式。③ 第三，协议在签署后经过一个有限的准备期后生效，即两岸协议规定一个供双方进行准备工作的准备期，但协议又明确限定了准备期的最长时限，待双方完成准备工作后生

---

① 数据统计截至 2015 年 1 月。

② 采用这种生效模式的两岸协议还包括：《两会联系与会谈制度协议》《两岸公证书使用查证协议》《两岸挂号函件查询、补偿事宜协议》《海峡两岸关于大陆居民赴台湾旅游协议》《海峡两岸包机会谈纪要》《海峡两岸食品安全协议》。

③ 采用这种生效模式的两岸协议还包括：《海峡两岸海运协议》《海峡两岸邮政协议》。

效，《海峡两岸金融合作协议》等协议即采用这种模式。① 第四，协议在签署后由双方各自完成相关程序，待完成后以书面通知对方，两岸协议自双方均受对方通知后的次日生效，《海峡两岸经济合作框架协议》等协议即采用这种模式。② 自 2010 年签署的《海峡两岸经济合作框架协议》之后，两岸协议的生效模式已统一采取第四种模式，即协议的生效取决于两岸各自"相关程序"的执行情况。在实践中，台湾方面的"相关程序"实际上就包含了其"立法"机构对两岸协议的审议和接受程序。以 ECFA 为例，2010 年 6 月 29 日两会正式签署协议，8 月 17 日台湾"立法院"通过对两岸协议的审议，并完成对协议相关"法律"的修改，协议的接受程序即告完成。然而，此时，两项协议并未生效，直至当年 9 月 12 日，两会完成协议换文，两项协议方才正式生效。因此，在第四种协议生效模式之下，两岸协议接受程序的完成是协议生效的前提，协议的生效是协议接受的法律后果。

除了协议生效之外，协议接受的法律后果，还包括两岸协议在两岸各自域内的适用。两岸协议的适用是指两岸依照各自规定，将协议内容应用于各自领域内的立法、司法和行政活动，使协议内容得以落实的过程。两岸协议的适用可分为直接适用和间接适用两种适用方式。两岸协议的直接适用是指两岸行政机关、司法机关和部分立法机关能够直接依据两岸协议进行执法、审判和立法活动；两岸协议的间接适用则是指两岸行政机关、司法机关和部分立法机关只能根据各自立法机关所制定的法律行事，而不能直接以两岸协议为行事根据。两岸协议适用的前提是协议已经为两岸所

---

①　采用这种生效模式的两岸协议还包括：《海峡两岸共同打击犯罪及司法互助协议》《海峡两岸空运补充协议》《海峡两岸渔船船员劳务合作协议》《海峡两岸农产品检疫检验合作协议》和《海峡两岸标准计量检验认证合作协议》。

②　采用这种生效模式的两岸协议还包括：《海峡两岸知识产权保护合作协议》《海峡两岸医药卫生合作协议》《海峡两岸核电安全合作协议》《海峡两岸海关合作协议》《海峡两岸投资保护和促进协议》和《海峡两岸服务贸易协议》。

接受，成为两岸各自域内法律体系的一部分。

第二，协议的接受是两岸协议从非规范意义的"两岸间"私协议走向规范意义上的"两岸内"法律规范的过程，其制度作用体现为对两岸协议与两岸各自域内立法之间关系的协调。

如上文所述，两岸协议在形式上是两岸两个民间团体之间达成的协议，具有私协议的性质，其形式上的约束力应当仅及于两岸两会，而无法直接对两岸民众和公权力机关产生普遍约束力。然而，两岸两会毕竟不是一般意义上的民间团体，而是"获得两岸当局之充分授权的机构"，[①] 具有很强的公信力。因此，超越形式意义上的局限性，两会签署的两岸协议可以理解为两岸各自公权力机关意志的体现。

然而，从目前两岸关系发展的实践来看，大陆和台湾并不视两岸协议为一种规范意义上的法。在大陆，尽管许多两岸协议能够作为部分部门规章的立法依据，甚至直接出现在一些司法判决之中，但从整体上讲，两岸协议并未被大陆明确界定为正式的法律渊源，也并未被列入"中国特色社会主义法律体系"之中。[②] 在台湾，根据"两岸人民关系条例"的相关规定，当两岸协议与其现行"法律"不一致或需另定"法律"时，需通过"立法院"根据协议修改"法律"或新订定"法律"，即相关事宜应以"法律"为准，而两岸协议也并未被视为其域内"法律渊源"的一种。因此，并不属于两岸正式法律渊源的两岸协议，要在两岸得到实施，就必须处理好其与两岸各自既有法律体系之间的关系。两岸协议的接受制度正是用于协调二者关系的法律程序。

---

① 邵宗海：《两岸关系》，五南图书出版股份有限公司 2006 年版，第 286 页。

② 根据国务院新闻办公室发布的《中国特色社会主义法律体系》白皮书，我国法律体系的层次构成包括宪法、法律、行政法规、地方性法规、自治条例和单行条例，这也构成了我国官方认可的正式法律渊源。参见《中国特色社会主义法律体系》白皮书，资料来源：http：//news. xinhua-net. com/politics/2011-10/27/c＿111127507＿2. htm，最后访问日期：2015 年 1 月 30 日。

第二节　大陆和台湾接受和适用两岸协议的实践叙述

在完成对两岸协议接受和适用的理论阐释后，我们有必要将视线从理论转向实践，对大陆和台湾近年来的两岸协议接受和适用实践进行叙述与解读，归纳和分析其中的特点与问题，为下一步的论证提供依据。由于两岸在法制传统和制度延续方面存在差别，大陆和台湾的两岸协议接受制度在实践中呈现出不同特点。大陆的协议接受实践表现为既有纳入接受，又有转化接受的混合接受模式，相应地，其协议适用实践则表现为既有直接适用，又有间接适用的混合适用模式；台湾的协议接受实践则表现为以转化接受为主的接受模式，相应地，其协议适用实践则表现为间接适用的适用模式。由于台湾方面适用两岸协议与其适用域内法律规范的具体方式并无差别，因此，本节的论述主要集中于对大陆的协议接受实践、适用实践和台湾的协议接受实践三个方面，而不再单独就台湾的协议适用实践进行叙述。

一、大陆的协议接受实践：默示的转化接受与纳入接受的混合模式

目前，在实践中大陆以纳入方式接受两岸协议的情形较多，即协议生效后并不需要经过类似国际法中的转化程序，直接成为大陆的正式法律渊源。我们在过去曾以两岸协议在大陆具有"直接适用性"来概括大陆的这种纳入接受方式。所谓的直接适用性，是指两岸协议在依据其自身规定生效后，即成为大陆法律体系的一部分，自然具有法律效力。[1] 这种"直

---

① 按照大陆方面在实践中的做法，"直接适用"的内涵是广泛的：其一，在对象上，"直接适用"系指两岸协议适用于包括公权力在内的所有公民、法人和其他组织；其二，在方式上，"直接适用"不仅是有关部门处理具体案件的规范依据，而且是指定规范性文件的依据。关于两岸协议直接适用性的论述，参见周叶中、祝捷主编：《构建两岸关系和平发展框架的法律机制研究》，九州出版社 2013 年版，第 96 页。

接适用"的理论概括，实际上以两岸协议为大陆所接受为前提，而这种直接适用的方式则从反面印证了两岸协议在大陆的接受方式是一种纳入接受。然而，由于这种纳入接受并未像大陆对待国际条约那样，在法律中明确规定条约对法律的优先地位，[①] 而是以一种默认的方式表示接受，因此我们认为，大陆直接适用两岸协议的实践，可以被认为是一种对两岸协议默示的纳入接受。

目前，大陆对两岸协议这种默示的纳入接受，主要表现为大陆有关部门在尚未执行任何协议接受程序时即开始适用协议，具体表现为立法机关直接以两岸协议为依据进行立法活动、审判机关直接以两岸协议为依据进行司法裁判活动、行政机关以两岸协议为依据调整相应的政策等。目前，大陆立法机关以两岸协议为依据，共制定了 14 件法律规范，其法律位阶主要集中于部门规章一级，也包括 2 项司法解释，制定主体则为国务院各部委和最高人民法院。这种直接在立法活动中适用两岸协议的立法例主要有两种：一是明确其立法或释法目的是"为履行""为落实""为促进实施"或"为实施"某项两岸协议，即该项立法或司法解释是对两岸协议已经涉及内容的细化规定；二是明确其立法依据是"依照"或"根据"某项两岸协议，即该项立法或司法解释是对两岸协议所涉内容的扩展性规定。近年来，大陆审判机关的裁判活动中直接援引两岸协议的情形亦有出现，这些司法裁判援引的主要是《两岸公证书使用查证协议》和《海峡两岸共同打击犯罪和司法互助协议》两项协议。除了以立法方式和司法方式直接适用两岸协议外，大陆有关部门还会在两岸协议正式生效前后，以各种行政措施落实协议的规定。以《海峡两岸空运协议》为例，尽管大陆没有依据该协议进行立法，亦没有根据该协议做出司法裁判，但自两

---

① 这种国际条约对国内法的优先地位体现为许多法律中设置的"条约优先"条款上，如《民事诉讼法》第 260 条、《票据法》第 95 条、《海商法》第 268 条等条文均规定"中华人民共和国缔结或者参加的国际条约同本法有不同规定的，适用该国际条约的规定，但中华人民共和国声明保留的条款除外"。

会签署协议后，大陆民航部门即开始着手准备两岸直航工作，并依据协议与台湾民航管理部门建立信息通报制度和渠道。① 在现已正式生效的两岸协议中，以默示纳入方式实现接受，并涉及立法适用和司法适用协议的情况可参见下表4-1：

表4-1 大陆以默示纳入方式接受两岸协议的情况简表②

两岸协议名称	默示纳入接受的表现形式	纳入接受后的适用情况
《两岸公证书使用查证协议》	依据协议制定规范性法律	司法部制定《海峡两岸公证书使用查证协议实施办法》
	依据协议做出司法裁判	浙江省杭州市余杭区人民法院审理的"北京天语同声信息技术有限公司与周福良侵犯著作财产权纠纷案"③、北京市第一中级人民法院审理的"昆山上正电子科技有限公司与国家知识产权局专利复审委员会案"④等案件的判决书中均援引了《两岸公证书使用查证协议》的相关内容
《海峡两岸海运协议》	依据协议制定规范性法律	交通运输部制定《关于海峡两岸间集装箱班轮运价备案实施的公告（2012年第6号）》
		交通运输部制定《关于海峡两岸海上直航发展政策措施的公告（2012年第41号）》
		交通运输部制定《关于海峡两岸海上直航政策措施的公告（2011年第37号）》

---

① 参见中国台湾网：《民航局空管局局长苏兰根：将全力以赴维护好两岸直航航线安全飞行》。2008年12月15日，资料来源：http：//www. taiwan. cn/wxzl/qtbwwx/gwybwgldgjj/minhang/2008 12/t20081224_804781. htm，最后访问日期：2015年1月30日。

② 本表为作者自制。需要指出的是，本表仅列举大陆以立法方式和司法方式直接适用两岸协议的主要情况。由于行政适用的情况难以完整收集和总结，因此对以实施有关行政措施方式适用两岸协议的情形暂不予列举。

③ 判决书文号：〔2011〕杭余知初字第28号，资料来源：万律（westlaw china）法律数据库http：//edu. westlawchina. com/maf/china-cn/app/document？&docguid = i3cf76ad1000001408a 3705e5a2e426bd&srguid = ia744dc1e000001454aa5b00d8509e1a9&spos = 3&epos = 3&td = 4&crumb-action = append&context = 7&lang = cn&crumb-label =% E6% 96% 87% E4% BB% B6，最后访问日期：2015年1月20日。

④ 判决书文号：〔2010〕一中知行初字第330号，北大法宝引证码为：CLI. C. 514870。

两岸协议名称	默示纳入接受的表现形式	纳入接受后的适用情况
《海峡两岸海运协议》	依据协议制定规范性法律	交通运输部制定《关于公布进一步促进海峡两岸海上直航政策措施的公告》（2009 年第 54 号）
		交通运输部制定《关于促进两岸海上直航政策措施的公告》（2009 年第 21 号）
		交通运输部制定《关于台湾海峡两岸间海上直航实施事项的公告》（2008 年第 38 号）
		交通运输部制定《关于促进当前水运业平稳较快发展的通知》
		国家海事局制定《台湾海峡两岸直航船舶监督管理暂行办法》
《海峡两岸邮政协议》	依据协议制定规范性法律	国家发改委、国家邮政局制定《关于核定大陆至台湾地区相关邮政业务资费试行标准的通知》
《海峡两岸共同打击犯罪及司法互助协议》	依据协议制定司法解释	最高人民法院制定《关于进一步规范人民法院涉港澳台调查取证工作的通知》
		最高人民法院制定《关于人民法院办理海峡两岸送达文书和调查取证司法互助案件的规定》
	依据协议做出司法裁判	福建省厦门市海沧区人民法院审理的"中国工商银行股份有限公司厦门市分行诉廖静惠等信用卡纠纷案"① 等案的判决书中引用了《海峡两岸共同打击犯罪及司法互助协议》的相关规定
《海峡两岸经济合作框架协议》	依据协议制定规范性法律	海关总署制定《〈海峡两岸经济合作框架协议〉项下进出口货物原产地管理办法》
		海关总署制定《关于对海关总署令第 200 号有关条款适用事宜的解释》
《海峡两岸知识产权保护合作协议》	依据协议制定规范性法律	国家工商行政管理总局制定《台湾地区商标注册申请人要求优先权有关事项的规定》
《海峡两岸投资保护和促进协议》	依据协议制定规范性法律	商务部、国台办制定《台湾投资者经第三地转投资认定暂行办法》

---

① 判决书文号：〔2012〕海民初字第 2305 号，北大法宝引证码为：CLI. C. 1435920。

当然，大陆亦有部分以转化形式实现对两岸协议接受的情形。具体表现为大陆有关部门以制定规范性文件的形式，全文转发有关两岸协议的主要内容，以完成对协议的接受。如 1994 年 6 月，两岸两会依据《两会联系与会谈制度协议》第五条之规定，以换文形式签署《两会商定会务人员出入境往来便利办法》，1995 年 3 月，国台办、公安部和海关总署发布《关于印发〈两会商定会务人员入出境往来便利办法〉的通知》，将《办法》全文印发，完成了对该办法的转化接受。又如 2010 年 6 月，两岸签署 ECFA 后，海关总署根据协议附件二《适用于货物贸易早期收获产品的临时原产地规则》，发布了海关总署公告 2010 年第 86 号《关于发布〈海峡两岸经济合作框架协议〉货物贸易早期收获产品的产品特定原产地规则》，全文转发了 ECFA 的附件二规则，完成了对该附件的转化接受。

综上所述，从两岸协议的接受实践来看，由于大陆法律并未规定两岸协议的接受程序，因而在实践中形成了复杂、混乱的情况，既存在着纳入接受的情形，也存在着转化接受的情形，故我们可将其称之为一种"混合接受模式"。需要指出的是，这种所谓"混合接受模式"，仅仅是我们基于实践的一种总结，并非一种现实制度的体现。正是由于缺乏规范的两岸协议接受制度，才使协议在大陆地区的适用，出现种种难以自圆其说的问题，也使大陆构建法制化的两岸协议实施制度出现较大的现实困难。

二、大陆的协议直接适用实践：立法、审判与行政适用

按照两岸协议接受与适用的相关理论，有关公权力机关在适用经转化接受的两岸协议时，应直接以转化后的域内法律规范为其行事依据，而在适用经纳入接受的两岸协议时，则可以直接以两岸协议为其行事依据。前者即所谓的间接适用方式，其适用方式与适用一般域内法无异，而后者则是直接适用方式，其适用方式则具有一定的特殊性。在大陆间接适用两岸协议的实践中，立法机关通过制定新的法律规范和修改原有法律规范的方

式适用两岸协议，是最常见的适用方式。除此之外，在实践中还出现过人民法院直接引用两岸协议规定做出裁判或以两岸协议规定作为证据认定依据做出裁判的情形，部分行政机关亦有过依照两岸协议制定行政规范或采取相应行政措施的情形。由于大陆的两岸协议适用活动仍缺乏相应法律规范的调整与规制，因而其中尚存在诸多需要解决的矛盾和问题。

（一）两岸协议在大陆的立法适用活动

一般而言，两岸协议签署后，除转化接受和间接适用协议外，大陆有关部门会结合协议规定和本部门的工作实际，制定若干规范性法律文件，对协议规定的较为原则的内容进行细化，或对既有法律规范进行相应地修改或废止，以保证协议得到有效贯彻实施。

1. 两岸协议的适用与有关机关制定法律的活动①

从目前大陆的实践看，国务院各部委和最高人民法院共制定了 17 件与《两会联系与会谈制度协议》《海峡两岸海运协议》《海峡两岸共同打击犯罪及司法互助协议》等 8 项两岸协议的实施相关联的部门规章和司法解释。在这些规范性法律文件中，国务院各部委共制定部门规章 15 件，涉及 7 项两岸协议的实施问题；最高人民法院制定司法解释 2 件，涉及《海峡两岸共同打击犯罪和司法互助协议》的实施问题。在这些部门规章和司法解释文本中，一般以两种方式说明其与某项两岸协议之间的关联：

一是明确其立法或释法目的是"为履行""为落实""为促进实施"或"为实施"某项两岸协议，即该项立法或司法解释是对两岸协议已经涉及内容的细化规定。如《最高人民法院关于人民法院办理海峡两岸送达文书和调查取证司法互助案件的规定》的序言中明确指出，"为落实《海峡两岸共同打击犯罪和司法互助协议》……制定本规定"；商务部、

---

① 严格来讲，最高人民法院依照《人民法院组织法》进行的司法解释活动，并不属于我国现行宪法中规定的法律制定行为，但为了结构安排和叙述的便利，本章将最高人民法院依照《海峡两岸共同打击犯罪和司法互助协议》制定司法解释的活动，置于协议对法律制定的影响进行论述。

国务院台办制定的《台湾投资者经第三地转投资认定暂行办法》第一条即规定"为……实施《海峡两岸投资保护和促进协议》……制定本办法"等。

二是明确其立法依据是"依照"或"根据"某项两岸协议，即该项立法或司法解释是对两岸协议所涉内容的扩展性规定。如国务院台办、公安部、海关总署制定的《两会商定会务人员入出境往来便利办法》第一条即规定，"本办法依《两会联系与会谈制度协议》第五条订定"；最高人民法院制定的《关于进一步规范人民法院涉港澳台调查取证工作的通知》规定，"根据《海峡两岸共同打击犯罪及司法互助协议》……最高人民法院与台湾地区业务主管部门之间可就民商事、刑事、行政案件相互委托调查取证"等。

2. 两岸协议的适用与有关机关修改和废止法律的活动

当两岸协议所规定的内容与大陆现行法律规范有冲突时，有关立法机关一般会依照协议规定对现行法律规范进行修改，以适应协议的实施。然而，这种修法的实践尚未形成制度，也并无相关法律规范予以规制。目前，由两岸协议引起的大陆域内法的修改实践可以归纳为三种具体方式：

一是在协议正式签订和实施前，有关部门即修改原有法律规定，以适应协议的生效和实施。以 2009 年 4 月签署的《海峡两岸共同打击犯罪和司法互助协议》为例，两岸在协议中就相互认可及执行民事裁判与仲裁裁决（仲裁判断）达成共识，该协议于同年 6 月 25 日正式生效。在这一协议正式签订前，最高人民法院于 3 月 30 日通过《关于认可台湾地区有关法院民事判决的补充规定》，明确了认可台湾地区民事判决的有关规定，从而实际上构成对 1998 年制定的《关于人民法院认可台湾地区有关法院民事判决的规定》的补充和修改，以适应新的两岸协议的实施。尽管这种修改法律（规范性法律文件）的活动，存在于两岸协议正式生效之前，但由于修法的目的在于配合协议的实施，因此，这种修法活动亦是我国以修法方式适用两岸协议的体现。

二是在协议正式生效后，有关部门在协议实施过程中，通过制定新法律的方式修改原有法律规定，以适应协议的实施。以 2013 年 1 月正式实施的《海峡两岸投资保障和促进协议》为例，该协议第一条第二项对"投资者"进行了明确解释，不仅包含"一方企业指根据一方规定在该方设立的实体，包括公司、信托、商行、合伙或其他组织"，还包含"根据第三方规定设立，但由本款第一项或第二项的投资者所有或控制的任何实体"，即协议所指投资者的范围既包括直接投资，也包括第三地转投资。为实施这一协议的规定，商务部和国台办于 2013 年 2 月联合颁布了《台湾投资者经第三地转投资认定暂行办法》。该办法明确规定："台湾投资者以其直接或间接所有或控制的第三地公司、企业或其他经济组织作为投资者在大陆投资设立企业，可……将该第三地投资者认定为视同台湾投资者。"[①] 而根据《台湾同胞投资保护法》及其实施细则之规定，台湾同胞投资是指"台湾地区的公司、企业、其他经济组织或者个人作为投资者在其他省、自治区和直辖市投资"，[②] 即并不包含台湾同胞在第三地设立或控制的经济实体。因此，《台湾投资者经第三地转投资认定暂行办法》，实际上构成了对《台湾同胞投资保护法》及其实施细则中认定台湾同胞投资者标准的修改。

三是在协议正式生效后，有关部门在协议实施过程中，通过制定新的法律规范，并明确废止原有法律规范的方式，实现对原有法律规定的修改，以适应协议的实施。以《海峡两岸知识产权保护合作协议》为例，在该协议生效后，中国专利局颁布了《关于台湾同胞专利申请的若干规定》。该《规定》第十四条明确规定："原中国专利局 1993 年 3 月 29 日颁布的《关于受理台湾同胞专利申请的规定》和 1993 年 4 月 23 日颁布的

---

① 《台湾投资者经第三地转投资认定暂行办法》第二条。
② 《台湾同胞投资保护法》第二条；《台湾同胞投资保护法实施细则》第二条。

《关于台湾同胞申请专利手续中若干问题的处理办法》同时废止。"这一规定构成了原有法律规范的废止，达到了配合协议实施的效果。

除上述三种协议引起法律修改的情况外，在实践中仍然存在一些与两岸协议的规定不一致，且未经任何方式修改的法律规范。这些法律规范的法律效力，因两岸协议的实施而受到影响和削弱，这将会影响我国的法制统一，并对建设法治中国造成一定障碍。

（三）两岸协议在人民法院裁判活动中的适用

目前在大陆各级人民法院的审判活动中，尚存在着将两岸协议直接作为裁判中的证据认定依据和审判依据的现象。这意味着在大陆的两岸协议适用实践中，其直接适用性不仅体现在协议对立法活动的影响上，也体现在其对司法活动的影响上。

在实践中，曾出现过人民法院裁判文书直接引用协议内容作为裁判依据的情形。依照《人民法院组织法》《民法通则》《行政诉讼法》等法律规范的规定，人民法院行使审判权时，其裁判依据包括法律、行政法规、地方性法规、自治条例和单行条例、规章，以及法律没有规定时的国家政策等。在这些法律渊源的表述中，并不包括海峡两岸签署的事务性协议。然而，在实践中，却出现过人民法院直接引用两岸协议内容作为裁判依据的情形，如在福建省厦门市海沧区人民法院审理的"中国工商银行股份有限公司厦门市分行诉廖静惠等信用卡纠纷案"的判决书中，就在其"本院认为"部分直接引用了《海峡两岸共同打击犯罪及司法互助协议》第一条第四项之规定。该份判决书指出："被告对曾锦安的动产继承适用中华人民共和国法律，且《海峡两岸共同打击犯罪及司法互助协议》第一条（四）规定，双方同意在民事、刑事领域相互提供以下协助：认可及执行民事裁判与仲裁裁决（仲裁判断）……但如果相关争议已由台湾地区有关法院作出判决的，中国大陆人民法院就同一争议作出的内容相左的判决，一般情况下是不会被认可……考虑到台湾地区已先行作出裁决，为方便当事人在台湾地区申请认可执行本判决，亦从有利于两岸人民关系的角度出发，本案不宜作出与台湾地区已生效裁判相矛盾的判决。"① 尽管在这份判决书中，并未以《海峡两岸共同打击犯罪和司法互助协议》的规定为依据做出判决，但从判决书的言辞中可以看出，协议规定的内容与中华人民共和国法律一道，构成了支持"被告对曾锦安的动产继承"的法律渊源。而协议规定未能最终成为判决依据的原因，并非该协议不能适用，而是囿于实践中的现实情况，即"考虑到台湾地区已先行作出裁决，为方便当事人在台湾地区申请认可执行本判决，亦从有利于两岸人民关系的角度出发"。通过对这份民事判决书的文义与内在各部分关系之解读，我们认为，两岸协议在实践中已经成为人民法院判决相关案件的裁判依据。

除直接出现在人民法院判决书判决依据的部分外，实践中也出现过人民法院裁判文书引用两岸协议内容作为证据认定依据的情形。如在浙江省杭州市余杭区人民法院审理的"北京天语同声信息技术有限公司与周福良侵犯著作财产权纠纷案"的判决书中，就在其证据认定部分援用《两岸公证书使用查证协议》的相关规定作为其证据认定依据。该份判决书指出："对原告提交的证据，经庭审质证……本院认为，根据我国著作权法及《两岸公证书使用查证协议》、《海峡两岸公证书使用查证协议实施办法》的规定，本案的公证书已履行相关的查证手续，且两份证据相互印证，能证明原告经授权取得涉案 10 首音乐电视作品相应的权利。"② 又如在北京市第一中级人民法院审理的"山上正电子科技有限公司与国家知识产权局专利复审委员会行政诉讼案"的判决书中，亦在其证据认定

---

① 参见福建省厦门市海沧区人民法院〔2012〕海民初字第 2305 号判决书，北大法宝案例引证码：CLI. C1435920。

② 参见浙江省杭州市余杭区人民法院〔2011〕杭余知初字第 28 号判决书，资料来源：中国裁判文书网 http://www.court.gov.cn/zgcpwsw/zj/zjshzszjrmfy/hzsyhqrmfy/zscq/201406/t20140619_1567690.htm，最后访问日期：2015 年 1 月 30 日。

部分援用《海峡两岸公证书使用查证协议》的相关规定作为其证据认定依据。该份判决书指出："……证明文件是依据《海峡两岸公证书使用查证协议实施办法》的规定形成的，符合《审查指南》有关域外证据及香港、澳门、台湾地区形成的证据的证明手续的规定，因此对上述两份公证材料的真实性予以认可。"① 尽管在上述两份判决书中，并未将两岸协议直接列为其裁判依据，但从其言辞中可以看出，人民法院在认定相应证据时，将《海峡两岸公证书使用查证协议》列为与我国著作权法等法律规定具有相当法律效力的证据认定依据。

总之，上述实践充分表明，在大陆，两岸协议能够在司法审判活动中直接适用，并起到与法律相当的作用。据此，我们认为，两岸协议在大陆的审判活动中可以直接适用。

三、台湾的协议接受实践：转化接受与"立法"机构的审议监督

目前，规制台湾方面两岸协议接受实践的法律渊源是"两岸人民关系条例"，"司法院大法官"于 1993 年作成的"释字第 329 号解释"，则从侧面界定了两岸协议的法律地位和审议原则，因而亦构成与该"条例"相匹配的规范来源。自 2008 年以来的实践中，尽管仅有少数两岸协议依照相关规定，以通过"立法"机构审议的方式完成接受程序，但这些实践却对两岸协议在台接受的制度变化有着重要的现实意义。

1. 台湾方面关于两岸协议接受和审议的规范叙述

与大陆的默示纳入接受和并入接受并行的情形不同，针对两岸协议的接受问题，台湾有着较为明确的规定。调整两岸协议审议和接受的主要"法律"条文是"两岸人民关系条例"第 5 条和第 95 条。在过去的 20 余

---

① 参见北京市第一中级人民法院〔2010〕一中知行初字第 330 号判决书，北大法宝案例引证码：CLI. C. 514370。

年时间里，"两岸人民关系条例"历经多次修改，其中与两岸协议审议监督问题相关的第五条第二款亦经历过三次修改，其修改历程如下表4-2所示：①

表4-2 "两岸人民关系条例"关于协议审议监督问题规定简表

修改时间	"两岸人民关系条例"关于两岸协议审议监督之规定
1992年	第五条（第二款）：（两岸）协议，非经主管机关核准，不生效力。 第九十五条："主管机关于实施台湾地区与大陆地区直接通商、通航及大陆地区人民进入台湾地区工作前，应经立法院决议；立法院如于会期内一个月未为决议，视为同意。"
1997年	第五条（第二款）：（两岸）协议，"应经主管机关核准，始生效力。但协议内容涉及法律之修正或应另以法律定之者，并应经立法院议决"。 第九十五条未做修改。
2003年	第五条（第二款）："协议之内容涉及法律之修正或应以法律定之者，协议办理机关应于协议签署后三十日内报请行政院核转立法院审议；其内容未涉及法律之修正或无须另以法律定之者，协议办理机关应于协议签署后三十日内报请行政院核定，并送立法院备查，其程序，必要时以机密方式处理。" 第九十五条未做修改。

从上述规定的修改历程可知，以1997年的"修法"为界，"两岸人民关系条例"对于两岸协议在台湾地区生效的条件设置有着两种不同的态度。在1997年"修法"之前，"立法"机构并无监督审议两岸协议的权限，两岸协议仅需主管机关（即"行政院大陆委员会"）批准即可生效；在1997年"修法"之后，"立法"机构则有权对"涉及法律之修正或应另以法律定之"的两岸协议进行审议，此类协议需通过"立法"机构审议后方可生效。

在1997年"修法"前，台湾岛内部分政治人物曾对1993年"汪辜

① 本表为作者根据台湾地区有关机构发布的《公报》整理而成，参见《"总统府"公报》第5601号、第6155号、第6548号，资料来源：http://www.president.gov.tw，最后访问日期：2015年1月30日。

会谈"签署的《汪辜会谈共同协议》等四项协议的性质，及其是否应当受到"立法"机构监督的问题提出质疑。1993 年 4 月，陈建平等 84 名台湾地区"立法委员"提出"释宪声请"，要求"大法官"就台湾地区"宪法"相关条文中"条约"一词的内容、范围和审议程序问题做出解释。这份"释宪声请"的主要内容，皆围绕着台湾当局"外交部"订定的"条约及协定处理准则"是否涉及"违宪"展开，但在"声请书"第二部分却将"汪辜会谈"时所签署的《汪辜会谈共同协议》等四项协议列入其中，提出"部分朝野立委要求大陆委员会必须将上述四项协议送立法院审议，再度引发有关条约审议权之争议……故声请解释"。① 在这份"释宪声请书"中，主要就与两岸协议相关的两个问题提起"声请"：一是两岸协议是否属于"国际条约"；二是两岸协议在台是否应当送"立法"机构审议。针对这两个问题，台湾地区"司法院大法官"于 1993 年 12 月 24 日作成"释字第 329 号"解释，以否定的方式给予两岸协议一个基本的定性，即认定两岸协议"非本解释所称之国际书面协定"，② 否认了两岸协议属于"国际条约"的定位方式，并同时指出，两岸协议"应否送请立法院审议，不在本件解释之范围"。③"释字第 329 号解释"对于回应两岸协议在台湾地区的法理定位问题具有里程碑式的意义，一方面，该号"解释"以否定方式对两岸协议的性质问题做出回应，即两岸协议"非属……国际条约"，从而使部分妄图通过"大法官释宪"突破台湾地区现行"宪法"对于大陆和台湾"一国两区"政治定位的企图落空；另一方面，该号"解释"也为未来两岸协议审议实践中产生的种种法律规范上的矛盾制造了一定的模糊空间。

1997 年，台湾方面对"两岸人民关系条例"第五条进行修改，加入

---

① "陈建平等八十四人声请书"，资料来源：http：//jirs. judicial. gov. tw/Index. htm，最后访问日期：2015 年 1 月 30 日。

② 台湾地区"司法院大法官"解释，"释字第 329 号"解释理由书。

③ 台湾地区"司法院大法官"解释，"释字第 329 号"解释理由书。

"法律保留"的规定，奠定了台湾地区"立法"机构审议监督两岸协议的基础。2003 年，台湾方面再次对"两岸人民关系条例"第五条进行修改，更加精细化地确立了行政机构和"立法"机构对于两岸协议审议监督问题的权限划分。这两次对"两岸人民关系条例"的修改，基本上确立了台湾地区现有"立法"机构监督审议两岸协议的制度框架。根据现行"两岸人民关系条例"之规定，台湾地区"立法"机构监督两岸协议的方式主要有两种：一是直接对协议进行审议，审议通过后，协议方可生效；二是对行政机构核定通过的协议留存备查，备查本身并不影响协议的生效。就第一种情形而言，根据"两岸人民关系条例"之规定，当两岸协议内容涉及"修法"或"新订定法律"时，需由行政机构核转"立法"机构审议通过后方可生效。就第二种情形而言，根据"两岸人民关系条例"之规定，若协议内容不涉"修法"或"新订定法律"时，则由行政机构核定后，送"立法"机构备查即告生效。① 在前一种情形中，又有一种"法定"的特殊情况，即所谓"推定同意"的决议方式。根据"两岸人民关系条例"第 95 条之规定，若出现涉及"台湾地区与大陆地区直接通商、通航及大陆地区人民进入台湾地区工作"的两岸协议时，协议须提交"立法"机构审议，但 30 日内若"立法"机构未做出决议，则视为审议通过。纵观上述两种情形下的三种规定方式，我们认为，台湾的两岸协议接受程序具有类似于国际法中的"转化"方式的特点。

在上述"核转""审议""核定"和"备查"四个程序中，"核转"和"备查"不具有实质性的审查意义，仅具有形式上的"转交""备案"等意义，而"核定"和"审议"则具有实质性的审查意义。② 换言之，从权力分配的角度来看，台湾的两岸协议接受制度，以是否需要"修法"或新订定"法律"为标准，划定了其行政机构和"立法"机构的接受权

---

① 参见"两岸人民关系条例"第 4-2 条、第 5 条。
② 祝捷：《海峡两岸和平协议研究》，香港社会科学出版社有限公司 2010 年版，第 359 页。

限，即若涉"修法"或新订定"法律"，则协议必须通过"行政院"和"立法院"的双方审议，反之则只需要经过"行政院"一方的审查即可。根据"两岸人民关系条例"第 5 条第 1 项之规定，在签订两岸协议前，台湾海基会必须经"行政院"同意方可签署协议，因而最终签署的两岸协议在某种程度上代表了台湾地区行政机构的立场和态度。因此，若台湾地区对两岸协议的接受适用"行政院"核定、"立法院"备查的方式，则被接受的概率较大，反之则可能受制于"立法院"内各党派之间的斗争而影响协议的接受。因此，除少数极为明显地涉及"修法"或新订定"法律"的问题外，台"行政院"都以协议"未涉及修法"为由，"仅送立法院查照"。

需要说明的是，在台湾地区"立法"机构审议监督两岸协议的过程中，"立法院"在接到"行政院"函送的两岸协议"查照案"时，往往会依据"立法院职权行使法"的相关规定予以处理。尽管"立法院职权行使法"并未明确将两岸协议列为台"立法"机构的一项审议"议案"，但在实践中，台"立法"机构往往将两岸协议视为该法所规定之"行政命令"。根据"立法院职权行使法"第六十条、第六十一条之规定，十五名以上"立法委员"连署或附议时，可将行政机构提交备查的"行政命令"交付有关委员会审查，各委员会于三个月内未完成审查，视为已经审查。亦即是说，当台行政机构依照"两岸人民关系条例"将两岸协议提交"立法"机构备查，有 15 名以上"立法委员"连署或附议时，即可将两岸协议的备查改为审议，审议期限为三个月，若未完成审议则视为已经审议完成。在实践中，多数两岸协议在由"行政院"以"未涉及修法"为由，送"立法院"查照时，即会出现部分"立法委员"连署要求将"查照案"改为"审议案"，并送"委员会"审议，但由于"委员会审议"的时间往往会超过"立法院职权行使法"所规定的三个月，故这种"查照改审议"案往往会因审查超过法定期限而"视为已经审查"，获得通过。

2. 台湾方面接受和审议两岸协议的实践叙述

在 2008 年 6 月以来签署的各项两岸协议的接受实践中，因涉及"修法"或新订定"法律"而提交"立法院"审议的情形，仅发生过三次，即第二次陈江会谈时签订的《海峡两岸海运协议》、第五次陈江会谈时签订的《海峡两岸经济合作框架协议》和《海峡两岸知识产权合作保护协议》。具体来说，前两次"立法"机构对协议的审议又分别适用了两种不同的规定方式。

《海峡两岸海运协议》的接受适用了"两岸人民关系条例"第 95 条预设的特殊情形。2008 年 11 月 4 日签订的《海峡两岸海运协议》是自 2008 年 6 月两会复谈以来首个明确涉及修改"法律"的两岸协议。协议规定，"双方统一两岸登记船舶自进入双方港口至出港期间，船舶悬挂公司旗，船艉及主桅暂不挂旗"，[①] 这与台湾地区"商港法"第 45 条规定的"船舶入港至出港时，应悬挂中华民国国旗、船籍国国旗及船舶电台呼叫旗"有着明显的冲突。时任台湾"立委""法制局长"刘汉廷认为，《海峡两岸海运协议》第 3 条的规定，与台湾地区"商港法"关于"挂旗"的规定相悖。因此，要实施《海峡两岸海运协议》，必须修改"商港法"的上述规定，或修改"台湾地区与大陆地区人民关系条例"，将"商港法"排除出两岸关系适用范围。[②] 按照刘汉廷的观点，《海峡两岸海运协议》无论如何都涉及台湾地区有关"法律"的修改，因而必须由"行政院"核转"立法院"审议。[③] 然而，由于"两岸人民关系条例"第 95 条为"实施台湾地区与大陆地区直接通商、通航及大陆地区人民进入台湾地区工作"的情形，设置了特殊的推定同意的决议程序，即规定"'立法

---

① 《海峡两岸海运协议》第三条。

② 参见《警惕民进党将两岸协议扭曲为"两国条约"》，资料来源：http://www.taiwan.cn/plzhx/hxshp/200811/t20081114_779426.htm，最后访问日期：2015 年 1 月 30 日。

③ 周叶中、祝捷主编：《构建海峡两岸和平发展框架的法律机制研究》，九州出版社 2013 年版，第 117 页。

院'如于会期内一个月未为决议，视为同意"。因此，最终"行政院"以"两岸人民关系条例"的这一规定为依据，使《海峡两岸海运协议》绕过了"立法院"可能进行的冗长审议程序，以"推定同意"方式完成协议的审议和接受程序，于12月14日按时生效。

《海峡两岸经济合作框架协议》和《海峡两岸知识产权合作保护协议》的接受和审议，则遵循了"两岸人民关系条例"第4、5条之规定，经二读通过，完成了接受和审议程序。2010年6月29日，两岸两会领导人正式签署两项协议，随后"行政院"函请"立法院"审议两项协议。7月8日，"立法院"第7届第5会期第1次临时会第1次会议审议两项协议，经国民党党团提出，"院会"通过，两项协议绕过"委员会"审查程序，"径付二读"。8月17日，两项协议在民进党团"立委"全体退席的情况下，由占到"立法院"多数席位的泛蓝阵营各党团以68票赞成，0票反对，0票弃权表决通过《海峡两岸经济合作框架协议》，并照"行政院"提案内容通过了《海峡两岸知识产权保护合作协议》。[①] 8月18日，"立法院"表决通过了与两项协议相关的"商标法""专利法""海关进口税则"等五项"法律"的修正案，完成了协议的接受。可以预见的是，随着两岸关系和平发展不断深入，两岸协议的内容必将越来越多地涉及台湾地区"法律保留"的事项，类似于ECFA和《海峡两岸知识产权保护合作协议》接受实践的情形，也必将越来越普遍。

在实践中，台"立法"机构接到行政机构函送的协议"备查案"时，往往会出现部分"立法委员"申请将"备查案"转为"审议案"的情

① 关于《海峡两岸经济合作框架协议》"二读"审议相关情况，参见台湾地区《"立法院"公报》第99卷第50期，第2—205页，其中二读表决结果见同期《公报》第205页；关于《海峡两岸知识产权保护合作协议》（智慧财产权合作保护协议）二读审议相关情况，参见台湾地区《"立法院"公报》第99卷第50期，第205—212页，其中二读表决结果见同期《公报》，第212页。资料来源：台湾地区"立法院"议事暨公报管理系统，http://lci.ly.gov.tw/LyLCEW/lcivComm.action#pageName_searchResult=1，最后访问日期：2015年1月30日。

形，即依照上述"立法院职权行使法"第六十条之规定，将该案送相关"委员会"审查。然而，由于种种原因，这些"备查转审议"案在台"立法"机构有关"委员会"的审议时间，往往会超过"立法院职权行使法"所规定的三个月期限，使该协议"视为完成审议"，从而获得通过。《海峡两岸服务贸易协议》是2008年以来唯一由台"立法"机构将行政机构送交的"备查案"转为"审议案"且影响到协议生效的案例。自2013年6月27日台行政机构核定《海峡两岸服务贸易协议》并函送"立法"机构备查以来，该协议在台湾的审议活动则遭遇前所未有的困境。2014年6月25日，台"立法"机构经"党团协商"做出决议，决定该协议应经"立法"机构"逐条审查、逐条表决……不得予以全案包裹表决"，非经其审查通过，不得启动生效条款。[1] 8月25日，台"立法"机构做出决定，将服贸协议"交内政、外交及国防、经济、财政、教育及文化、交通、司法及法制、社会福利及卫生环境八委员会审查"，[2] 同时需"由内政委员会再召开16场公听会，并邀集各产业公会及工会代表参加后，方可进行实质审查"。[3] 自此之后，受国民党党内权力斗争和民进党方面蓄意抵制的双重影响，《海峡两岸服务贸易协议》的审议进程一拖再拖。直至2014年3月18日，台湾岛内爆发反对《海峡两岸服务贸易协议》的所谓"太阳花运动"，《海峡两岸服务贸易协议》的审议，陷入无限期推迟状态。

第三节　当前两岸协议接受与适用中存在的现实困境

要建构完善的两岸协议接受和适用制度，其关键在于解决协议接受中存在的现实问题。因此，本节着重研究大陆和台湾在协议接受过程中存在

---

① 参见《"立法院"公报》，第102卷第46期，第403页。
② 参见《"立法院"公报》，第102卷第47期，第2页。
③ 参见《"立法院"公报》，第102卷第48期，第467页。

的现实问题，以实现对协议接受和适用制度的双重关照。尽管当前绝大部分两岸协议都得到了两岸公权力机关的接受，但在两岸政治对立的背景下，受两岸政治关系和台湾岛内政党政治的影响，当前实践中两岸协议接受方式仍然存在着诸多困境。总的来说，这些困境可以被归纳为理论与实践上的双重困境。

一、两岸共有的理论困境：协议与两岸各自域内法律体系的关系问题

尽管两岸可以通过模糊处理的方式使两岸协议的商谈在暂时不考虑协议本身定位的前提下持续进行，但这种理论上定位不明带来的协议定位问题，却对两岸协议的接受造成许多现实困难。在实践中，诸如《海峡两岸食品安全协议》在台湾延迟生效、《海峡两岸空运协议》《海峡两岸海运协议》因涉及租税法定原则部分内容延迟生效、ECFA 审议一波三折、《海峡两岸服务贸易协议》至今仍未通过台湾地区"立法"机构审议等问题，对两岸关系和平发展的大局都产生过负面影响。这些实践中困难的产生，都与两岸协议的接受制度相关联，准确地说是与两岸协议接受制度的理论构建相关联。具体来说，两岸协议接受制度中存在的理论困境主要表现为以下两个具体问题：

第一，两岸协议是否具有"法"的性质，能否产生强制性的拘束力？众所周知，尽管两岸协议是两岸两个民间团体签订的事务性协议，但这种协议的签署却被两岸民众普遍认为是能够代表两岸官方意志的一种规范性文件。然而，这种具有"以官扮民""以民代官"特点的协议毕竟与一般意义上的国内法不同，因而也就产生了两岸协议能否产生如"法"一般的强制约束力的问题。需要注意的是，这一问题在"两岸间"与"两岸内"两个不同的场域中实际上包含着两个问题：一是两岸协议对抽象意义上的大陆与台湾是否具有约束力，即两岸是否必须启动协议的接受程

序；二是两岸协议对两岸各自域内的公权力机关和普通民众是否具有直接约束力，即两岸协议能否在两岸域内直接适用。

第二，两岸协议与两岸各自法域内的规定如何协调？由于两岸协议在经过两岸各自法定程序之前，尚属于两岸两会间的"私协议"，它自然处于两岸各自法域的法律体系之外，与两岸各自法律体系属于不同的规范体系。那么，两岸协议这种跨两岸的规范体系如何与两岸各自域内的法律体系进行协调，便成为两岸协议的另一个理论问题。这一问题的关键便在于如何定位"两岸协议的接受"这一处于衔接位置的关键程序。

上述两个问题若不能得到理论上的合理解释，将会严重影响两岸协议接受制度的构建与完善，同时也会严重削弱两岸协议的权威性，损害两岸共识的达成和执行，妨碍两岸事务性合作的进一步开展，影响两岸互信的建立与强化，最终影响到两岸关系和平发展大局。要对上述两个问题做出合理的解释，实际上无法绕开对"两岸协议是什么"这个问题的回答。若无法给予两岸协议一个明确、合理的法理定位，并以这一定位作为两岸协议实施的理论前提，那么一个完善的两岸协议接受制度的建构也很难实现。目前，两岸学界对于两岸协议的性质定位问题曾做过争论，大陆和台湾的学者对这一问题见仁见智，均从各自立场出发提出过一些具有代表性的观点。

二、大陆接受和适用两岸协议的实践困境

从实践来看，大陆处于积极推动两岸关系和平发展的良好目的，在两岸协议的接受上采取积极态度，因此"协议能否被接受"，这在大陆并非一个值得探讨的问题。然而，与这种积极态度相对应的，则是相对混乱的制度安排。正是由于大陆现有的相对混乱的协议接受制度安排，才使协议在获得接受之后的适用中，存在若干影响其域内法制统一的现实问题。就这种较为混乱的制度安排而言，我们可以尝试以新制度主义政治学中

"非正式制度"的概念来对其进行描述。

1. 大陆的协议接受制度与非正式制度

正如本书第二章所述，在新制度主义政治学的框架中，正式制度是人们有意识制造的一系列政策规则，而非正式制度是人们在长期交往中无意识形成的，二者之间均具有制度的若干共性特征，如二者均可通过社会化得以维持扩散、二者均具有自我强化机制等。[①] 与非正式制度相比，正式制度具有强制性的特征，是一种有形的制度安排。正式制度与非正式制度之间既存在着某种程度上的制度冲突和不兼容，也存在着相互替代和补充的关系。[②]

从两岸协议在两岸的接受实践来看，两岸对待协议的态度存在着明显差异：大陆方面往往基于"政治需要"，将两岸协议的接受视为一种"政治任务"，在没有经过较为规范的程序，即将协议视为一种具有法律约束力的规范性文件加以适用；台湾方面则基于其"民主政治"的基本理念，认为两岸协议并不直接具有法律效力，而需要经过一些特定程序，才能使协议内容得以落实。借用新制度主义政治学中正式制度与非正式制度的分析框架，我们可以将大陆这种有行为、无规则的协议接受方式视为一种非正式制度的体现，而将台湾这种有行为、亦有规则的协议接受方式视为一种正式制度的体现。因此，以这种非正式的制度安排来规制两岸协议的接受，突显出了大陆方面协议接受制度安排的非强制性特征，也解释了大陆在实践中存在的"混合接受"方式出现的原因。

从大陆的实践来看，直接适用两岸协议的做法，似乎意味着大陆并不需要考虑两岸协议与域内法律规范的协调问题，但从规范的角度出发，大陆这种直接适用两岸协议的做法与《立法法》《人民法院组织法》等现行

---

① 参见吉嘉伍：《新制度政治学中的正式和非正式制度》，载《社会科学研究》2007年第5期。

② 参见崔万田、周晔馨：《正式制度与非正式制度的关系探析》，载《教学与研究》2006年第8期。

法律规范的规定，存在一定的抵触。在协议的适用过程中，也现实地存在着许多因无正式规则规制而导致的域内法制不统一的情形。可以说，视"政治需要"直接适用两岸协议的做法是两岸关系处于重大转折期时，大陆方面"特事特办"的特殊做法。这种做法为两岸关系和平发展的持续深入提供了一定便利，但这种做法本身却缺乏规范依据。尽管这种非正式制度安排下的特殊情形，似乎并不妨碍大陆在实践中贯彻落实两岸协议的相关规定，也并不会影响到两岸关系和平发展框架的构建，但事实上非正式的制度安排却无法以其强制性的外在特征保证其稳定性的内在特征，也无法提升台湾方面对大陆制度安排的信任程度。因此，这种非正式的制度安排，不仅会影响到国家的法制统一，还会影响两岸政治互信的强化，并会最终影响到该制度的整体实施。因此，以正式制度替代非正式制度，以法制化的方式取代以政策为核心的制度体，系乃是大陆在协议接受制度中不得不考虑的变革方向。

2. 大陆适用两岸协议过程中的制度困境

与接受制度的非正式性相联系，大陆在适用两岸协议过程中也表现出较为混乱的情形。这种混乱情形在大陆以立法方式直接适用两岸协议的情形中表现得最为突出，而这种混乱的立法适用方式，对整个中国特色社会主义法律体系的完善也存在着较大影响。具体来说，大陆以立法方式适用两岸协议过程中的制度困境主要表现在以下两个方面：

第一，大陆方面尚无协议适用的制度化规定，实践中的立法适用活动具有一定的随意性。

目前两岸协议在大陆的适用制度并非来自一种既有规则的规制，而是来自理论归纳，也即是说大陆尚未形成制度化的两岸协议适用程序。正因为缺乏明确的制度性规则，大陆在与两岸协议相关的立法实践中，存在着一定的随意性。这种随意性，在协议对法律修改活动的影响方面表现得尤为突出。在实践中，大陆一些部门的负责人曾以海协会顾问的身份直接参与协议的谈判过程，因而这些部门往往比较了解协议与本部门所制定法律规范之间存在的冲突问题，因而可以随着协议的谈判进程或签署进程修改其制定的法律规范。以《海峡两岸关于大陆居民赴台湾旅游协议》的修正为例，国家旅游局局长邵琪伟就曾以海峡两岸旅游交流协会会长和海协会顾问的身份参与协议修正文件的谈判中，[①] 因此国家旅游局便赶在协议生效前完成了对原有《大陆居民赴台湾地区旅游管理办法》的修改，以配合协议的实施。

然而，也有一些部门的负责人并未直接参与协议的谈判过程，仅参与协议的具体执行，这些部门往往在协议执行过程中，才会发现协议规定与原有法律规定的不一致，并自此才启动相应的法律修改程序。这就会导致协议适用过程中的法律修改活动具有很强的随意性，而并未完全实现其制度化。以 2008 年 12 月 15 日正式实施的《海峡两岸海运协议》为例。《协议》第三条规定，"两岸登记船舶自进入对方港口至出港期间，船舶悬挂公司旗，船艉及主桅暂不挂旗"，然而根据交通部于 1991 年颁布的《船舶升挂国旗管理办法》规定，"50 吨及以上的中国国籍船舶应当每日悬挂中国国旗"。[②] 显然，该《办法》的这一规定与协议规定并不一致，存在着明显冲突。在协议正式生效后，有关部门也并未及时对该办法进行修改。直到协议正式实施半年后的 2009 年 6 月，交通运输部才发布公告，规定"允许两岸登记的非运输两岸间贸易货物的船舶，从两岸港口或第三地港口进入对方港口，挂旗方式按照《海峡两岸海运协议》规定的船舶识别方式执行"。[③] 协议规定和既有法律规范之间的这一冲突，实际上存在了半年之久。

第二，目前仍有部分法律规定与两岸协议不一致，且这些法律规范尚

---

① 凤凰网：《两会复谈层级高　两岸双方官员均以适当身份参与》，资料来源：http://news.ifeng.com/taiwan/3/200806/0607_353_585836.shtml，最后访问日期：2015 年 1 月 30 日。

② 《船舶升挂国旗管理办法》第五条。

③ 《交通运输部公告（2009 年第 21 号）》第六条。

未以任何方式适应协议的规定，从而在实践中造成大陆域内法制不统一的现象。

除上文已经提及的部分依照两岸协议制定和修改的法律规范外，事实上，目前大陆仍有部分与协议内容存在冲突的法律规范。这种现实存在的冲突，既未通过修改旧法的形式加以解决，也未通过制定新法的方式加以解决。从学理上讲，作为民间协议的两岸协议，其效力理应低于作为国家正式法律渊源的各项法律规范。然而在实践中，这些与协议规定相冲突的法律规范，却已经失去现实约束力，其对现实生活的约束功能已经让位于相关的两岸协议。这种法律低于协议的现象，充分反映出大陆域内法制的不协调、立法与执法相脱节的状况。这无疑应当引起重视。目前，我国现行有效的法律规范与两岸协议不一致的情况，主要可归纳为以下两种类型：

一是协议内容扩展了现有法律规定的许可性内容。这主要表现为协议的规定超越了法律规定的许可范围。以台湾同胞在大陆地区投资问题为例，国务院于 1999 年制定的《台湾同胞投资保护法实施细则》第六条、第七条、第八条规定了台湾同胞在大陆投资的产业要求、投资方式、投资形式等，第九、十、十一条规定了台湾同胞在大陆投资需要进行的审批程序，这些规定实际上对台湾同胞在大陆投资的待遇，进行了一定程度的限制。然而，2013 年 1 月正式生效的《海峡两岸投资保护和促进协议》，却明确规定了"一方对另一方投资者就其投资的运营、管理、维持、享有、使用、出售或其他处置所给予的待遇，不得低于在相似情形下给予该一方投资者及其投资的待遇"，这实际上相当于两岸互相给予对方投资者以"国民待遇"，突破了《台湾同胞投资保护法实施细则》所规定的种种限制，扩展了现有法律中的许可性内容。

二是协议内容规定了现有法律尚未规定的内容。这主要表现为协议规定内容扩展了原有法律规定的内容，其实际效果相当于制定新法。以

《海峡两岸投资保护和促进协议》为例，协议第七条详细规定了两岸一方对另一方投资者在其领域内的投资和收益的征收禁止及其例外，这一规定实际上构成了对《台湾同胞投资保护法》第四条和《台湾同胞投资保护法实施细则》第二十四条中"国家对台湾同胞投资者的投资不实行国有化和征收；在特殊情况下，根据社会公共利益的需要，对台湾同胞投资者的投资可以依照法律程序实行征收，并给予相应的补偿"规定的扩展，从而超出了原有法律的规定范围，起到了与制定新法类似的效果。

总之，两岸协议与现行法律规定不一致，且法律尚未进行修正的情况，在实践中客观存在。这种不一致的情况，不仅不利于大陆域内的法制统一，也不利于大陆对台工作法律体系的切实执行，因此应当尽快予以消除。

三、台湾接受两岸协议的实践困境

与大陆因缺乏明确的法律规范不同，台湾在两岸协议的接受实践中既有规制相关问题的法律规范，又有"立法"机构审议和转化相关协议的实践行为，体现出正式制度的特点。然而，尽管台湾两岸协议接受制度的正式制度体系已经初步形成，但受到台湾地区政党政治的影响，其协议接受制度依然存在一些实践困境。

与西方政党的"左右之争"不同，台湾各主要政党之间的分歧主要集中于族群矛盾、省籍矛盾、统"独"矛盾等方面。按照"选票极大化"理论的解释，民主政治和民意的常态分配对各主要政党都会产生趋同的压力，各党的共同压力趋向是认同和利益的中间地带。[①] 这种"趋中"压力在台湾的政党政治中同样存在。因此，随着近年来台湾政党政治的逐渐成熟，台湾各主要政党的政策取向已开始了"趋中"调整。两岸关系问题作为岛内最为重要的政治议题之一，自然也受到这方面的影响。然而，这

---

① 吴玉山：《台湾的大陆政策：结构与理性》，载包宗和、吴玉山主编：《争辩中的两岸关系理论》，五南图书出版股份有限公司2011年版，第133页。

种"趋中"的发展方向，却不能完全掩盖岛内两大政党之间的对立关系，尤其无法掩盖两大政党之间对两岸政策的分歧。与西方政党制度中体现出的竞争性特点不同，台湾政党的互动模式，从开始就具有对抗性色彩，表现出斗争性特点。这与台湾威权统治崩解过程中形成的对抗性结构有关。① 这种以对抗和斗争为主线的政党政治结构，在存在一定模糊空间的"法律"规定实施过程中，自然会对两岸协议审议和接受产生一定影响。

尽管"两岸人民关系条例"明确规定了以"法律保留"原则为核心的协议审议程序，但这一程序本身却充满着模糊性：一方面，"条例"本身对"需修改法律或新订定法律"的情形，并未做出详细解释，因而可能出现似是而非的模糊地带；另一方面，"条例"仅规定涉及上述情形的，需要经过"立法院"审议，但却并未规定详细的审议程序，甚至未规定协议审议时可以参考的类似程序。这种规则上的模糊性，为两大政党在协议审议过程中的斗争提供了空间。在国民党执政的数年间，民进党等绿营政党不断强调两岸协议的"国会监督"，企图以强化"立法院"在两岸协议审议程序中的地位，来阻止两岸协议在台湾的顺利实施。台湾"立法院"对 ECFA、《海峡两岸知识产权保护合作协议》和《海峡两岸服务贸易协议》的审议过程，集中体现了台湾对两岸协议接受中出现的、因规则的模糊性和政党之间的斗争而引起的实践困境。

2014 年 3 月中旬至 4 月初，台湾地区部分学生团体因《海峡两岸服务贸易协议》的审议问题，发起占领"立法院""行政院"活动，发动大规模游行示威活动，并导致台部分公权力机构一度陷入瘫痪。在此次围绕服贸协议的争议中，民进党扮演了重要的幕后推手角色，致使事件在岛内外引起强烈反响。此次服贸争议，充分体现出台湾岛内斗争性政党政治对岛内政治生态的负面影响，亦体现了台湾方面两岸协议接受制度尚存在一

---

① 陈星：《论台湾政党体制的制度化问题》，载《台湾研究集刊》2013 年第 4 期。

定缺陷。从法律制度的角度来看，在协议的审议和接受过程中，岛内不同政治势力之间主要围绕两个具体问题展开攻防：

第一，协议是否涉及"法律保留"问题。如上文所述，两岸协议在台审议与接受的第一个关键程序，是判定协议是否涉及修改"法律"或新订定"法律"的问题，即是否涉及"法律保留"的问题。一旦协议内容被判定涉及"法律保留"，协议就必须从由"行政院"简单"核定"变为交"立法院"进行冗长且不确定的审议。尽管从原则上看"两岸人民关系条例"对于"立法"机构和行政机构间对有关两岸协议审议权限的划分是明确的，但在实践中仍存在一定的模糊空间。其中尤以"新订定法律"的规定为甚。根据台湾地区"中央法规标准法"之规定，"宪法或法律有明文规定，应以法律定之者""关于人民之权利、义务者""关于国家各机关之组织者"和"其他重要事项之应以法律定之者"，均属于"应以法律定之者"之列。① 将这两个条文结合起来看，有关"两岸协议是否应送'立法院'审议"这一问题的答案就变得模糊起来。关于上述条文中"以法律定之者"的不同解释，足以造成协议是否"送审"问题上完全不同的答案。在这种具有一定模糊性的"法律"规定之下，蓝、绿两大阵营在历次两岸两会高层会谈签署协议后，均会不同程度地爆发关于协议是否应当送"立法院"审议的争论。同时，随着两岸关系和平发展的持续深入，两岸协议的内容也自然会越来越多地触及台湾地区"法律保留"制度的边界。因此，协议是否涉及"法律保留"，是否需要送"立法院"审议的攻防仍将持续。

第二，协议在"立法院"审议的具体程序问题。按照"两岸人民关系条例"之规定，一旦两岸协议被确定涉及"法律保留"，则需进入"立法院"审议程序。由于"法律"并未明确规定具体的审议程序，故岛内

---

① 台湾地区"中央法规标准法"第五条，资料来源：台湾法源网 http：//db. lawbank. com. tw/FLAW/FLAWDAT0201. aspx？lsid＝FL000001，最后访问日期：2015 年 1 月 30 日。

各方往往利用这一规定上的疏漏，围绕具体程序的设置展开攻防。关于具体审议程序的攻防主要涉及三项具体问题：一是协议适用"二读"程序还是"三读"程序的问题，即对两岸协议的审议是按照类似于"法律案"和"预算案"的"三读"程序，还是按照类似于"条约案"的"二读"程序；二是协议是否能够跨越"一读"和"二读"之间的"委员会审查"阶段，"径付二读"；三是协议是否需要适用"逐条表决""逐条通过"的程序。其中前两个问题关系到协议接受的速度问题。审议采用的程序越复杂，其进度就越发受到影响，后一个问题则关系到协议能否被台湾"全案"接受的问题，逐条表决的程序很可能导致部分协议条文获得审议通过，而部分条文无法通过的情形。这将严重影响到两岸协议的权威性与严肃性，亦可能导致两岸就同一协议的反复谈判。上述三个问题都曾在两岸协议的审议实践中出现过。第一个问题的争议曾出现在 ECFA 的审议之前。为简化协议审议程序，国民党方面强调协议具有"准国际条约"的性质，应当参照"条约"的审议程序，二读通过；民进党方面则强调 ECFA 具有类似于"法律案"的性质，应当参照"法律案"的审议程序，三读通过。最终在国民党的坚持下，ECFA 以"二读"程序通过审议。第二个问题的争议亦首次出现在 ECFA 审议过程中。根据"立法院职权行使法"之规定，要让议案"径付二读"，需要"出席委员提议，二十人以上联署或附议，经表决通过"[①] 方可实现。在 ECFA 的"一读会"上，国民党党团按照上述程序，要求协议"径付二读"，并最终获得通过。第三个问题的争议则自 ECFA 的审议开始，持续至当前正在进行的《海峡两岸服务贸易协议》的审议过程。ECFA 审议中，"立法院"最终采用"逐条审议、全案通过"的方式完成审议，知产协议的审议则采用"全案审议、全案通过"的方式完成，而当前正在进行审议，的服贸协议则很有可能

---

① 台湾地区"立法院职权行使法"第八条，资料来源：台湾法源网 http：//db. lawbank. com. tw/FLAW/FLAWDAT0201. aspx？lsid＝FL000290，最后访问日期：2015 年 1 月 30 日。

采取"逐条审议、逐条通过"的方式进行。

上述争议从表面上看是由于"法律"规定存在模糊、审议程序尚不完善造成的，但究其根本，乃是源于台湾岛内的三对矛盾，即台湾当局"立法权与行政权"之间的矛盾、台湾社会中存在的统"独"矛盾和台湾政治版图中的蓝绿矛盾。

第一，台"立法"机构审议监督两岸协议的制度困境，在权力配置层面上反映出台湾地区政权组织形式中出现的"立法"与行政两权之间的矛盾。自 20 世纪 90 年代之后，台湾地区历经七次"修宪"，其政权组织形式趋于混乱，行政与"立法"两权之间的关系愈发微妙。台湾学者颜厥安认为，在当前台湾地区的政权组织形式下，"各个主要宪政机关，都拥有相当的运作空间，寻求其各自权力之极大化"。① 颜厥安通过简化影响因素等方法构建了一套以"总统"得票率和"总统"所属政党在"立法"机构中的席次比例为核心因素的计算模型，得出台湾地区当前体制倾向或趋近于"总统制"的结论。② 这种政权组织形式的制度安排之下，台湾地区"立法"机构的"宪政地位"已经趋近"总统制"之下"国会"的监督角色，因而其对涉外事务（包括两岸关系事务）的监督应当更具参与性。但是，在现行相关规定的规制下，台"立法"机构审议监督两岸协议的权力却受到较大限制，其监督方式被限定为仅能"事后审议"行政机构已经谈判确定了的协议，而大部分情况下则只能以"备查"方式为已经生效的协议"背书"。在这种情况下，台湾内部"行政立法两方对各自的权限定位，颇有落差"，③ 这种落差使台"立法"机构在

---

① 颜厥安：《宪法文本与中央政府体制》，载颜厥安：《宪邦异式——宪政法理学论文集》，元照出版社 2005 年版。

② 参见颜厥安：《宪法文本与中央政府体制》，载颜厥安：《宪邦异式——宪政法理学论文集》，元照出版社 2005 年版。

③ 廖达琪主持：《两岸协议推动过程行政与立法机关权及角色之研究》，台湾地区"行政院研究发展考核委员会"委托研究报告（编号：RDEC-RES-100-004），第 67 页。

审议监督两岸协议的实践中出现较大的现实问题。

第二，台"立法"机构审议监督两岸协议的现实困境，在两岸关系层面反映出台湾社会长期以来存在的统"独"矛盾。台湾社会内部的统"独"矛盾缘起于"二·二八"事件以来台湾民众对国民党当局的不满情绪。在"动员戡乱时期"，"台独"分子利用台湾民众的这种不满情绪，通过话语置换，将台湾人民"争民主、争人权"的心态等同于本土化心态，将台湾人民反抗国民党威权主义的斗争，等同于反抗"外来政权"的斗争。[①] 这使得"台独"从原本不起眼的一股细流，发展成为足以影响两岸关系和平发展的一股逆流。长期以来，统"独"问题都是岛内各种政治力量争相表态的窗口，同时也成为各政党区隔彼此政策的重要节点。2000 年"政党轮替"后，国民党清除了以李登辉为代表的"台独"势力，党内基本上就统"独"问题形成共识。2005 年以来，以时任国民党主席连战访问大陆为标志，国民党开始尝试缓和两岸党际关系，进而积极参与到反对"台独"分裂势力，构建两岸关系和平发展框架的活动中。与此相对的是，民进党自 1990 年以来，长期坚持其"台独党纲"，坚持将"建立主权独立自主的台湾共和国及制定新宪法"的"台独"分裂主张作为其"奋斗目标"，拒绝承认"九二共识"，并不断为两岸关系和平发展制造障碍。各政党对统"独"矛盾的不同态度，直接影响了其对待两岸协议审议监督问题的立场，从而引发各方对这一问题的激烈争论。

第三，台"立法"机构审议监督两岸协议的现实困境，在其内部政党关系层面反映出台湾政治格局中长期存在的蓝绿矛盾。台湾政党的互动模式从开始就具有对抗性色彩，这与国民党当局威权统治崩解过程中形成的对抗性结构有关。[②] 自国民党当局退台之后，国民党长期作为执政党垄

---

① 周叶中、祝捷：《台湾地区"宪政改革"研究》，香港社会科学出版社有限公司 2007 年版，第 200 页。

② 陈星：《论台湾政党体制的制度化问题》，载《台湾研究集刊》2014 年第 3 期。

断政治资源，反对国民党独裁统治的"党外势力"只能以对抗方式与其周旋。自"动员戡乱时期"结束以来，脱胎于"党外势力"的民进党与国民党的关系亦处于一种"离心竞争"（Centre-Fleeing）状态，两党在意识形态上持续对立。① 因此，台湾政治格局中长期存在的蓝绿矛盾从一开始就带有对抗色彩，蓝绿双方以争夺执政权为目标，就各项政治议题展开对抗。台湾岛内各方在"立法"与行政关系和统"独"问题上的争议，其本质是蓝绿两大阵营之间的矛盾，是双方争夺执政权的竞技场。在"立法"机构审议监督两岸协议的问题上，国民党方面希望由其主导的行政机构能够控制两岸协议的商签与实施进程，因而对强化"立法"机构的监督权限问题一直持较为消极的态度；民进党方面则希望利用国民党在两岸关系问题上的政策失误，争取台湾民众支持，进而重新获取执政权，因此，民进党长期致力于通过各种方式强化"立法"机构的监督权限，从而实现由其控制和影响两岸协议在台实施进程的目的。

这些矛盾皆是在台湾地区历史发展的进程中长期形成的，因而亦无法在短期内获得解决，而这三对矛盾恰恰都聚焦于"两岸协议审议监督"问题这一点上，这就使这一问题的化解显得困难重重。随着两岸关系和平发展走向深入，两岸协商的内容也会涉及更多更具敏感性的议题，这些深层矛盾对于协议审议和接受的影响则会随之扩大。

第四节　两岸协议接受与适用制度的构建与完善

要消解两岸协议接受和适用制度中存在的理论与实践的双重困境，就必须以解决上述问题为核心，构建和完善两岸协议的接受和适用制度。要实现这一目标，就应当从理论和实践两个角度出发，分别针对上述问题提

---

① 关于"离心竞争"，参见孙莉莉：《台湾地区政党体制形成的特点及其启示》，载《当代世界与社会主义》2012 年第 1 期。

出针对性策略。具体来说,可以从两岸域内法律体系关系方面完善协议接受的相关理论前提,从强化协议体系化建设、建构法制化的大陆接受制度、引入公民参与机制三个方面完善协议接受的具体制度建设。

一、"缓和二元论":两岸协议与两岸各自法域内规定的关系

两岸协议是一种具有软法特征的两岸共同政策。这一定位既不涉及"主权""国家"等两岸间的敏感问题,又能为切实解决两岸协议实施中的问题提供理论支持。在这一基本定位之下,我们尝试以"国际法与国内法"的关系理论,对协议接受中的理论问题做出回应。

如上文所述,关于"国际法与国内法"的关系理论,主要存在着"两派三论"的观点。在这些观点中,以"国内法优于国际法"为核心的"一元论"的观点。严重影响到国际法的权威与存在基础,因而已被抛弃。而在一段时间内,占主流地位以"国际法优于国内法"的"一元论"和"二元论"也受到一些批判:以"国际法优于国内法"为核心的"一元论",因其"完全否定了两者'对立'的一面"① 而受到一些批评;而极端的,认为国际法与国内法完全无关的"二元论"也受到质疑。目前,多数学者倾向于将国际法与国内法定位为两个不同的法律体系。但这两个法律体系之间并非绝对对立,而是彼此联系、相互影响的。这种观点可以说是"接近二元论而对二元论加以修正的"。② 如德国学者瓦尔特·鲁道夫(Walter Rudolf)认为,国际法与国内法虽然为两个分别独立的法秩序,但是基于各国有遵守国际法的义务,各国国内法应配合国际法制定,而国内法亦应朝向符合国际法方向做出解释,这种观点被台湾学者黄异称之为"缓和二元论"。③ 这种"缓和二元论"较之于极端的"一元论"和

---

① 梁西主编:《国际法》,武汉大学出版社 2003 年版,第 14 页。
② 王铁崖:《国际法引论》,北京大学出版社 1998 年版,第 192 页。
③ 参见黄异:《国际法在国内法领域中的效力》,元照出版有限公司 2006 年版,第 14—15 页。

"二元论"而言，能够更为合理地解释现实中的国际法与国内法之关系，因而为多数学者所认同。

在两岸语境下，两岸协议与两岸各自域内法律体系的关系问题，可以从两个方面加以解读：一方面，从两岸协议的跨法域性和私协议性的现实特征来看，两岸协议所建构的仍是一种两岸间的秩序，它与两岸域内法所建构的两岸内的秩序，存在着规制场域的差别，因此二者无法被归入一种统一的体系之中；另一方面，从两岸协议对两岸各自域内法律体系的现实影响来看，它以直接或间接的方式对大陆和台湾的法律体系产生影响，其结果表现为协议的接受导致的两岸各自法律的立、改、废活动，因此二者之间也并非完全对立，绝无联系。两岸协议与两岸各自域内法律体系之间这种既相互对立，又相互关联的现实关系，与上述"缓和的二元"理论之间具有一定的相似性。因此，我们亦可借用这种"缓和二元论"来解释两岸协议与两岸各自域内法律体系之间的关系。

可以说，"缓和二元论"为大陆和台湾建构和完善各自的两岸协议接受制度提供了理论基础。根据这一理论，两岸协议与两岸各自域内法律体系之间并不属于同一体系。作为两岸共同政策的表现形态，两岸协议与两岸各自域内法构成"缓和的二元"关系。基于这一理论，两岸对作为共同政策的两岸协议应当具有遵守之义务。这种遵守义务体现在两个方面：一是应当依照各自域内法律规范启动协议的接受程序，使协议内容尽快成为各自域内法律体系的一部分；二是在协议尚未被接受之前，两岸不应做出违背协议宗旨和目的的行为。

二、基础性协议的创制：体系化的两岸协议对接受机制的支持

2008 年 6 月以来，两岸陆续签署 21 项事务性协议。然而，两岸协议数量上的积累，并未使两会协议形成完备的规范体系。无论从协议内容、

形式，还是协议间的相互关系看，两岸协议这一协议集合的体系化程度都不高。

以 2010 年 6 月两会签署《海峡两岸经济合作框架协议》为分界线，两岸协议的体系化表现出不同的特征。2010 年 6 月以前的两岸协议，仅有涉及两岸"三通"问题的《海峡两岸包机会谈纪要》《海峡两岸关于大陆居民赴台湾旅游协议》《海峡两岸海运协议》《海峡两岸空运协议》《海峡两岸邮政协议》《海峡两岸空运补充协议》等六项协议之间形成了简单的功能性协议体系，其他的事务性协议之间均无相应的关联关系，因而两岸协议的体系化程度较低。自 2010 年 6 月，《海峡两岸经济合作框架协议》签署之后，这种情况发生了改变，两岸开始根据协议的相关内容展开了 ECFA 后续协议的商签。2011 年 10 月，两会依据 ECFA 的规定，达成《关于加强两岸产业合作的共同意见》和《关于推荐两岸投保协议协商的共同意见》。2012 年 8 月，两会根据 ECFA 达成了《有关〈海峡两岸投资保护和促进协议〉人身自由与安全保障共识》，签署了《海峡两岸海关合作协议》和《海峡两岸投资保护和促进协议》。2013 年 6 月，两会又根据 ECFA 签署了《海峡两岸服务贸易协议》。由此，两岸协议形成了以 ECFA 为核心的一个新的协议体系，目前两岸两会协商的重点，仍为进一步完善这一协议体系。

然而，当前两岸协议的体系化程度距离一个法域内的完整法律体系而言，仍有较大差距。这种差距集中体现在两岸协议缺乏一个在协议体系中起基础性作用的协议。两岸协议要成为一个完善的体系，就必须有具有基础性地位的协议为整个协议体系提供效力来源，并对协议的接受、效力、联系主体、解释等共同的程序性问题进行规范。在目前的两岸协议序列中，仅有 1993 年"汪辜会谈"时签署的《两会联系与会谈制度协议》具有类似功能。但这一协议的内容具有明显的时代性特征，已经远远不能满足规范两岸两会联系、会谈和签署协议等相关问题的需要。因此，创制一项以规范两岸协议自身定位、签署和实施程序为基本内容，确定两岸协议在两岸各自法域内的效力、违反两岸协议的救济途径等重大问题的基础性协议就极为必要。

从当前两岸协议的实践情况看，两岸协议中普遍规定了协议的变更和补充程序、协议的生效程序等内容，却仅有少数协议规定了协议的解释问题，更没有协议规定自身的法律属性等问题。① 然而，要完善两岸协议的制度体系，同时为两岸协议的接受制度提供支持，就必须将这些内容纳入基础性协议的调整范围。由于基础性协议涉及的问题十分复杂，且并非本章的论述重点，因而此处仅提出若干有关该协议的原则性设想，供有关部门和学界参考。

第一，基础性协议在两岸协议体系中应具有基础性和统率性地位。正如上文所言，所谓"基础性协议"，就是在两岸协议体系中具有基础性和统率性地位的两岸协议。这种基础性和统率性表现在协议的内容和位阶上。一方面，基础性协议规定的内容应当适用于所有的两岸协议，一般应包括两岸协议的法律地位，协议的签署、生效、实施程序，协议与两岸各自域内法律体系的关系等，因此它在协议体系中自然具有基础性地位。另一方面，基础性协议的位阶应当高于一般的两岸事务性协议，即现阶段两会所形成的两岸事务性协议，在基础性协议达成之后，如果其内容不与基础性协议相抵触，则可以继续有效，若有与基础性协议相抵触的内容，则应依据基础性协议规定的有关程序进行修改。同时，基础性协议一旦达成，则应当推定此后签署的所有两岸协议均须符合该基础性协议之规定。

第二，基础性协议的内容应当涵盖各项两岸协议所共有的规范。基础性协议与学界热烈探讨的两岸和平协议不同，其内容并不涉及两岸结束敌对状态等政治性内容，而是以程序性内容为主，涵盖各项两岸事务性协议

---

① 截至 2014 年 1 月的两岸协议中，所有协议均有提及协议变更和补充机制，而提及协议解释机制的仅有《海峡两岸空运补充协议》和《海峡两岸经济合作框架协议》及其后续协议。

的共有内容，因而其性质仍属于"事务性协议"之列。这里所说的各项两岸协议的共有规范，包括所有两岸协议的法律地位、协议的创制与实施程序、协议的变迁程序等重要内容，亦可包含两会之间的常规联系制度等。

第三，基础性协议的法律效力应当由两岸以各自域内法律的形式予以确认。尽管基础性协议在两岸协议体系中具有重要的地位和作用，但是，由于基础性协议依然属于两岸事务性协议之范畴，因而其签署主体将仍为两会，故该协议的外在特征依然具有民间私协议的特征。因此，要让该协议在两岸产生拘束力，就必须由两岸各自域内法予以确认后才具有法律效力，才能保证该协议得到有效实施。

总之，基础性协议将对两岸协议从商签到实施的全过程进行有效规范和约束，也将使两岸协议的法制化水平得到有效提升。同时，基础性协议的创制将为两岸协议的系统化奠定良好基础，为两岸协议的接受奠定明确、统一的规范基础。

三、法制化接受和适用制度的建构：大陆的协议接受与适用机制之完善

正如上文所言，大陆的两岸协议接受制度的实践困境集中体现在其当前实施的非正式的制度安排上。因此，以法制化方式实现该制度的正式化，乃是大陆完善其协议接受制度和适用制度的核心所在。亦即是说，构建法制化的两岸协议接受和适用制度是大陆方面的建设重点。在这一目标指引下，我们应当探讨的重点已从"是否建构法制化的协议接受和适用制度"，转向了"如何建构这一制度"。以下分别从法制化的两岸协议接受制度和两岸协议适用制度的建构与完善两个方面，对这一问题进行叙述。

（一）法制化的两岸协议接受制度之建构

要在大陆建构一套法制化的两岸协议接受和适用制度，应当对两个核心问题做出回答：

第一，建构协议接受制度的前提是什么？即如何解释"将两岸协议的接受置于大陆法律体系规制之中"的原因问题。正如上文所言，确定两岸协议的法理定位是建构两岸协议接受制度的重要理论前提，而将这一法理定位以恰当的方式置于大陆法律规范之中，则成为两岸协议接受制度建构的规范前提。因此，建构两岸协议的接受制度，就应当尽快明确两岸协议的域内法律地位，为建立两岸协议接受制度提供法律依据。《反分裂国家法》是大陆目前处理两岸关系问题的基本法律。这部法律既可以通过非和平方式予以适用，也可以通过包括谈判适用和解释适用等和平方式予以适用。[①] 目前，两岸两会举行的事务性商谈正是对《反分裂国家法》第6条、第7条相关规定的适用。然而，由于《反分裂国家法》规定得过于原则，且大陆尚未依据该法制定出相关配套性立法，因此，在大陆现有法律规定中，两会协商机制的定位尚不明确。这直接导致了两会协商产生的两岸协议的法律定位和协议接受、适用的种种问题。因此，要建立健全大陆的两岸协议接受机制，就应当以《反分裂国家法》为依据，依照本书第二章所述，制定《两岸关系和平发展促进法》。在该法中明确两岸两会协商机制的法律地位，规定"两会协商机制是两岸公权力机关在两岸处于政治对立的情况下，无法直接接触时所采取的变通协商方式，其协商结果具有法律约束力"。如此一来，两会协商产生的两岸协议，亦可随之具有相应的法律效力，这将为协议的接受提供规范前提。

第二，在具体接受方式的选择中，是采行纳入接受方式还是转化接受

[①]　参见周叶中、祝捷主编：《构建两岸关系和平发展框架的法律机制研究》，九州出版社 2013 年版，第 25 页。

方式？即在解决制度前提的基础上，如何确定未来制度的具体设计问题。正如上文所说，接受的方式包括纳入接受和转化接受。而当前大陆的接受方式是采取以默示的纳入接受为主、辅以部分转化接受的混合模式。然而，这种混合模式的提法是我们依据大陆的接受实践进行的理论归纳，且在现实中这种混合模式的具体模式选择标准上——即何种情况下采取纳入接受、何种情况下采取转化接受——也并无定论。因此，这种混合模式其实是一种混乱、无序的体现。

就接受方式的选择而言，大陆未来的两岸协议接受制度，既可以采取转化接受的模式，也可以采取纳入接受的模式。若依前者，则应制定相应的两岸协议转化规则，明确规定协议生效后承担转化职能的立法机关和相应的转化程序；若依后者，则应制定统一的纳入条款，即规定"现有法律规定与两岸协议不一致的，以协议为准"。然而，在这两种看似都具有可行性的制度方案之间，我们更加倾向于前者，即采取转化接受两岸协议的接受模式，其原因有二：

其一，从现行《宪法》所确立的根本政治制度来看，转化接受的方式可以为国家权力机关参与监督两岸协议的签署与实施留出制度空间。目前，指导和参与两岸协议商签和实施的主体，一般限于国务院台办和国务院各部委，作为国家权力机关的全国人大及其常委会并没有过参与两岸协议实施的先例。然而，在实践中，许多两岸协议在实施中都涉及相应法律规范的立、改、废问题。[1] 这就要求作为立法机关的全国人大及其常委会能够在一定的制度安排下参与到协议的实施中来。同时，随着两岸关系和平发展的持续推进，两岸共识的议题也随之逐步进入"深水区"，两岸协

---

[1] 两岸协议与现行法律规定不一致，甚至出现抵触的情形在大陆的实践中曾多次出现，如《海峡两岸投资保护和促进协议》第七条，实际上构成对《台湾同胞投资保护法》第四条和《台湾同胞投资保护法实施细则》第二十四条规定的扩展，超出了原有法律规定的范围；《海峡两岸海运协议》第三条关于"两岸登记船舶进入对方港口至出港期间的悬挂公司旗"的规定，在协议正式实施起的半年时间内，与《船舶升挂国旗管理办法》第五条"中国国际船舶应当每日悬挂中国国旗"的规定相冲突。

议的内容可能越来越多地涉及《立法法》第八、九条所规定的"必须由法律规定"的事项。这些事项的立法工作也必须由全国人大及其常委会进行。现有的以默示纳入接受为主、转化接受为辅的混合接受模式，无法满足国家权力机关参与到协议实施过程的需要，也无法保证协议的接受不会完全脱离国家权力机关的监督。因此，转化接受的制度安排符合大陆现有法律制度，较之于纳入接受更为可取。

其二，从上文对两岸协议和大陆法律体系关系做出合理界定的"缓和二元论"的理论出发，转化接受的方式更加符合这种理论定位，更加符合两种不同规范体系下规范转换的现实。按照"缓和二元论"的观点，两岸协议与大陆域内法律体系之间构成"缓和的二元"关系。二者既有联系又相互区别，不能将二者对立起来。但总体而言，基于两岸协议的民间私协议性，我们应当将协议从形式上与大陆域内法律规范相区别，以"二元"作为两种规范体系的基本定位。在国际法中，"缓和二元论"认为，国际法应经国内法机制才有可能在国内领域予以适用，这种具有"变质"功能的机制即是转化接受。① 因此，在这种理论之下，两岸协议应当经过转化程序，方能成为大陆域内法律体系的构成部分，在大陆适用。

（二）法制化的两岸协议适用制度之建构

正如上文所言，协议的接受是协议适用的前提，协议的适用是协议接受的延续。因此，在完成两岸协议接受制度的建构之后，我们方能将视线移步于两岸协议的适用制度之上。我们认为，在以转化接受为核心的两岸协议接受制度的基础上，大陆未来两岸协议适用制度的建构，应当从以下两个方面展开：

其一，制定统一的两岸协议适用规则，以间接适用取代现有的直接、

---

① 参见黄异:《国际法》，新学林出版股份有限公司 2010 年版，第 56 页。

间接混合适用。完善的两岸协议接受制度，为制定统一的两岸协议适用规则提供前提和基础。目前，在大陆适用两岸协议的实践中，既存在着直接适用的现象，也存在着间接适用的现象。然而，随着以转化为主的接受制度的建立，大陆应当尽快着手制定统一的两岸协议适用规则，确立间接适用的两岸协议适用原则，以规范有关机关的协议适用行为。如上文所述，条约的间接适用和直接适用问题，一般存在于选择以纳入方式接受条约的国家。而选择以转化方式接受条约的国家，并不存在适用方式的选择问题。因此，当大陆确立了以转化为主的两岸协议接受制度后，应当及时制定相关法律规范，明确立法、司法、执法机关在两岸协议完成转化之后，只能适用经协议转化而来的大陆域内法律规范，而不能继续直接适用两岸协议。如此一来，前述的国务院有关部委违反《立法法》规定依照两岸协议进行部门规章立法、最高人民法院违反《人民法院组织法》规定依照两岸协议进行释法的情况将不复存在。

需要提及的是，上文所述在大陆各级人民法院审判活动中存在着的，将两岸协议直接作为裁判中证据认定依据和审判依据的现象，是违背司法基本原理的，也是违背大陆法律规定的。我们认为，在完成协议转化规则制定后，应当终止人民法院在审判活动中直接适用两岸协议的行为，以保障大陆审判机关的权威，同时使两岸协议在大陆地区的适用逐步回归到其应有轨道。

其二，尽快开展与两岸协议内容相关的法律清理工作，消除尚未发现的法律冲突。法律清理，又称法规清理、法规整理，是指有关国家机关按照一定程序，对一定时期和范围的规范性法律文件加以审查，并重新确定其法律效力的活动。[①] 正如上文所言，在目前两岸协议的接受和适用尚处无序状态的情况下，大陆现行有效的部分法律规范与两岸协议之间尚存在

---

① 杨斐：《法律清理与法律修改、废止关系评析》，载《太平洋学报》2009 年第 8 期。

部分不协调、不一致的情况。因此，要彻底消除这种引起大陆法制不统一的情况，就必须在制定相应的协议接受、适用规则，解决"增量"问题的同时，及时开展法律清理工作，消除"存量"问题。因此，要处理好两岸协议与大陆法律体系衔接的问题，就必须在建立健全大陆两岸协议接受和适用制度的同时，针对上文中提出的现行立法与两岸协议存在冲突且尚未被修改或废止的情况，及时开展法律清理工作，重新确定相关法律规范的法律效力。

截至 2015 年 1 月，两会共签订了 25 项协议，其中已生效协议 24 项，其内容涉及两会联系会谈制度、运输、邮政、旅游、经济合作、投资保护、司法协助等诸多领域。与之相对应，大陆法律体系中需要进行调整的法律规范亦涉及众多法律部门。其中既包括行政法、经济法等公法部门，也包括民商法等私法部门，范围较广。从法律位阶上讲，目前两岸协议所涉法律规范的调整范围，以全国人大常委会通过的法律、国务院通过的行政法规和国务院各部委通过的部门规章为主，兼及部分地方性法规，层级较多。这种跨越多部门、多层级的法律清理工作，应由全国人大常委会组织实施，其他各级立法主体配合执行，以便于清理工作顺利、高效完成。

针对实践中存在的不同情况，有关立法机关在法律清理过程中，应当分别采取不同方式予以处理：对于与协议规定有部分冲突的立法，应当及时依照协议的相关规定，启动法律修改程序，将冲突部分予以修正，以适应协议的实施需要；对于协议规定内容尚无相关法律规定的，应当依照《立法法》的相关规定，或以特别立法形式将协议内容加以转化，或修改相关的部门法，将协议内容加入其中；对于相关法律规定已经完全与两岸关系和平发展的时代背景脱节，通过修改已经无法适应相关协议实施需要的，应当及时废止这些过时的法律规范。总之，只有在不断完善大陆两岸协议接受、适用制度的同时，及时展开相关法律清理工作，才能最终实现大陆相关领域法律体系的和谐一致。

四、公民参与机制的引入：台湾的协议审议与接受困境之应对

正如上文所言，两岸协议在台湾审议和接受的程序之争，其本质在于台湾岛内斗争性的政党结构。因此，消解台湾的协议审议与接受困境的关键，乃在于如何消除斗争性政党政治对协议审议的负面影响。然而，在当前台湾岛内的政治生态下，想要在短期内完全消除这种负面影响是难以企及的。但是，通过制度上的改良，将公民参与理论引入两岸协议商签和实施机制之中，即能在很大程度上缓和两岸民众，尤其是台湾民众对部分两岸协议的抵触情绪，将这种政党政治的负面影响降到最低。

两岸协议是一种能够对两岸公权力机关和普通民众产生重要影响的公共政策，也是"在国家尚未统一的特殊情况下，唯一能在两岸全部领域发生强制力的法律文件"。[①] 随着两岸关系和平发展的深入，两岸协议所涉及的内容也越来越广泛，从最初的两岸"三通"问题已经逐步扩展到两岸经济合作（包括投资保护、金融合作、知识产权保护等）、司法合作、社会事务合作等各个方面，其重要意义不言而喻。在这种情况下，两岸协议的签署和实施，越来越能引起两岸民众，尤其是台湾民众的高度关注。然而，在当前两岸共同构建的协议商签机制之下，除公开签订协议的领导人会谈，以及最后公布的协议文本外，普通民众根本无从知晓两会协议商谈的过程，更无从参与协议的制定过程并表达意愿。[②] 这种密闭的商签机制带给两岸协议某种"密室政治"的意味。而台湾岛内的一些政党和民间团体正是以协议商签程序的不透明为借口，以"反对黑箱操作""保障国会监督"[③] 为口号，以强化"立法院"审议程序为名，煽动台湾

---

① 杜力夫：《论两岸和平发展的法治化形式》，载《福建师范大学学报（哲学社会科学版）》2011 年第 5 期。

② 周叶中、祝捷：《两岸治理：一个形成中的结构》，载《法学评论》2010 年第 6 期。

③ 参见《绿营硬堵服贸协议 立院将演两岸大战》，中时电子报 2014 年 2 月 16 日，资料来源：http://www.chinatimes.com/newspapers/20140216000377-260108，最后访问日期：2015 年 1 月 30 日。

民意，以实现对部分两岸协议在台接受的恶意阻挠。

在这种情形之下，共同推动两岸协议商签过程的信息公开，将两岸民众参与引入协议的制定过程和实施过程，就能够很好地回应这些反对两岸协议的呼声，达到遏制恶意阻挠的目的。具体来说，可以从以下三个方面逐步推动两岸协议公民参与机制的建构：一是在两岸协议议题选定阶段引入民意征询机制，即在两岸协议尚未选定具体议题时，向两岸民众征询意见，将民众关注度作为协议议题选择的重要参考标准，在协议创制前即对民众公开相应信息。二是在两岸协议商签过程中引入民众代表旁听机制，即向两岸民众代表（至少是与议题具有利益相关性的代表）开放两岸两会针对两岸协议的谈判过程，使民众充分了解商谈过程中双方的信息表达和利益权衡，以达到消除"密室政治"影响的目的。三是在两岸协议实施过程中引入民意调查和反馈机制，即在两岸协议签署并开始实施后，在两岸展开民意调查和反馈意见征询，了解民众对相关协议实施效果的意见和建议，为双方进一步展开相关议题的沟通提供参考意见。

2014 年上半年，台湾地区爆发因反对《海峡两岸服务贸易协议》而引起的所谓"太阳花事件"，台湾地区"立法"机构因此停止运转长达数十日之久。为平息这一事件，马英九当局承诺在台立法机构本会期结束前完成"两岸协议监督法制化"，并随即公布由"行政院大陆委员会"起草的"台湾地区与大陆地区订定协议处理及监督条例草案"。① 该"草案"明确划分了两岸协议商签和审议的四个阶段，明确了"立法"机构审议监督两岸协议的基本程序、方式和协议未能通过审议的法律后果，并强化了协议商签过程中的民众参与机制。该"草案"目前尚未获得台湾地区"立法"机构的批准，在未来也可能存在变数，但"草案"本身在相当程度上体现了台湾地区各界人士对"两岸协议监督"的共识，也表明了台

---

① 中国新闻网：《马英九：两岸协议监督法制化草案最快 3 日后送审》，资料来源：http://www.chinanews.com/tw/2014/03-31/6012961.shtml，最后访问日期：2015 年 1 月 30 日。

湾当局对"两岸协议监督法制化"的基本思路和方向。尽管这一"草案"对两岸关系和平发展将会产生一定的不利影响，但其所提出的将两岸协议纳入制度化轨道的规定，对于逐步消除两岸协议在台湾审议和接受实践中的困境，最终实现两岸关系的法治化，依然具有一定的正面意义。

第五章　两岸协议实施中的法律
技术问题研究

在成文法已经成为法律主流的时代，法律的适用更需要稳定的技术性条件加以支撑。① 所谓法律技术问题，即是在法律适用过程中，为实现法律的基本目的而应用的一些具体手段。《牛津法律大辞典》将"法律技术"解释为："法官和律师的实务技能；利用和运用他们的知识去处理争议或者达到其他预期结果的手段。每一个法律实践部门都有一套实践技能和方法。"② 相对于法律制度和法律理念而言，法律技术即是法律适用过程中的一些具体手段和方法，其价值即在于使存在于文本之上的法律转变为现实中的法律。两岸协议是一种成文规则，它的实施也需要一些法律技术的支持。在两岸协议实施机制的构建中，亦需要对一些重要的法律技术问题加以探讨，本章即拟对两岸协议的解释机制、修改机制、暂停实施和终止实施机制等法律技术问题加以论述。

第一节　两岸协议的解释机制研究③

两岸协议的解释，是指有权解释主体，运用一定的解释方法与解释规

---

① 李龙主编：《法理学》，武汉大学出版社 2011 年版，第 131 页。
② ［英］戴维·M. 沃克：《牛津法律大辞典》，李双元等译，法律出版社 2003 年版，第 1095 页。
③ 本节的主要内容曾以《论两岸协议解释机制的构建与完善》为题，发表于《海峡法学》2015年第 1 期，收入本书时，做了部分增补和修正。

则，通过对既有两岸协议文本正确含义的阐释，使两岸协议得以有效适用的过程。现有的两岸协议是以较为规范化的文本形式进行表述的，在协议适用过程中产生文字歧义或者矛盾而影响协议的正确适用难以避免，因此对两岸协议进行解释对于两岸协议的正确实施至关重要。

一、构建和完善两岸协议解释机制的必要性

正如德国学者拉伦茨所言，"解释乃是一种媒介行为，借此解释者将它认为有疑义文字的意义，变得可以理解"。[①] 法的解释正是在法律适用过程中，由有权者对法律文本中文字的含义加以说明和阐释，以便于它能够为适用者所理解的过程。总体而言，法律解释的必要性源自成文法的局限性，由于立法者的理性有限，语言文字的不确定性和社会的快速发展等现实原因，成文法具有无法避免的局限性。从法律解释的功能来看，建构法律解释制度的功能，至少可以从法律适用、补充漏洞、解决争议等多个方面加以界定。就两岸协议而言，由于协议以文本形式表现，因而建构两岸协议解释机制的必要性与一般的成文法具有一定的相似性。具体来说，构建两岸协议解释机制的必要性在于以下四点：

第一，构建和完善两岸协议解释机制是大陆和台湾正确适用两岸协议的需要。法律是概括的、抽象的，只有经过解释，才能成为具体行为的规范标准。[②] 两岸协议表现为概括、抽象的文本，它以确定的文字表达出两岸的共同意志，以达到为两岸范围内普通民众和公权力机关设定行为标准之目的。因此，在协议适用的过程中，当出现具体的个体、个别的行为时，协议的适用就有赖于适用者将概括、抽象的文本转化为具体的行为规范，即对两岸协议的文本加以解释。从两岸协议适用的场域来看，它既能够约束抽象意义上的两岸，即它在两岸间的适用，也能通过直接或间接方

[①] ［德］卡尔·拉伦茨：《法学方法论》，陈爱娥译，商务印书馆 2003 年版，第 85 页。
[②] 张文显主编：《法理学》，高等教育出版社 2007 年版，第 281 页。

式约束两岸之中的每一个个体，即它在两岸内的适用。就前者而言，协议的解释需要由适用协议的主体，即抽象意义上的两岸共同进行；就后者而言，协议的解释则需要由两岸各自领域内的相关主体承担。

第二，构建和完善两岸协议解释机制是使两岸协议适应两岸关系发展变化的需要。两岸协议是两岸两会依照有关部门的授权协商签署的行为规范，其权威性和稳定性应当受到两岸的共同维护。① 然而，两岸协议所调整的社会关系却在不断变化发展，两岸关系发展和变化的速度远远超过一般社会事务，因而现实与文本之间的紧张关系将会更快显现。法的解释正是一种在不改变法律文本的前提下，赋予法律规范以新的含义，使之适应社会关系发展变化需要的方法。因此，两岸协议的解释成为一种既能缓解两岸协议与两岸关系发展变化之紧张关系，又能照顾到协议文本稳定性的一种必要的方法。

第三，构建和完善两岸协议解释机制是大陆和台湾共同补充两岸协议漏洞的需要。受人类有限理性的限制，任何立法活动都难以做到完美无缺，因而在法律适用过程中，亦会出现因法律内容缺陷、表述模糊、结构矛盾等导致的问题。此时，为了既能够保证法律的稳定性，又能够及时弥补漏洞，人们往往选择以解释的方式达到补充漏洞的目的。作为人们理性创制的结果，两岸协议亦是如此。要达到既不修改协议文本，又有效补充协议实施过程中出现漏洞的目的，唯有通过一套协议解释机制方可实现。

第四，构建和完善两岸协议解释机制还是大陆和台湾解决两岸协议实施中争议的需要。由于两岸协议是大陆和台湾两个处于政治对立的主体之间达成的协议，因此两岸协议的解释机制，不仅承担着解决协议适用和补充协议漏洞等功能，还承担着通过解释化解两岸协议实施中双方争议的功

---

① 国台办发言人曾多次表示"两会受权协商所达成协议的权威性应该得到维护"。参见《国台办新闻发布会辑录（2014 - 04 - 16）》，资料来源：http://www.gwytb.gov.cn/xwfbh/201404/t20140416_6026239.htm，最后访问日期：2015 年 1 月 30 日。

能。当两岸在协议实施过程中对协议文本的含义出现争议时，双方即可以通过解释协议的方式解决这种争议。尽管目前在两岸协议的实施过程中，尚未出现需以协议解释方式解决的争议情况，但我们不得不承认的是，这种"无争议"现象的出现，与 2008 年 3 月以来国民党持续在台执政有着很大关系。随着台湾地区政治局势的变化，"政党轮替"现象可能再度发生，一旦民进党再次执政，两岸协议实施过程中很可能会出现争议，此时协议的解释问题便会浮出水面。因此，在当前两岸关系和平发展持续深入的时代背景下，对两岸协议解释问题的研究，不能不说是未雨绸缪，为未来可能出现的争议情况做好准备。

综上所述，作为一种成文的制度规范，两岸协议无法避免成文法存在的固有局限，因此构建一套行之有效的两岸协议解释机制成为两岸协议实施和发展的过程中的一种必然需要。除此之外，法律解释机制作为一种法律技术，它能够在不断进行的解释中，发展两岸协议的内容，使协议能够随着两岸关系和平发展的不断推进，变得更加充实、丰富。

二、现行两岸协议解释机制的规范叙述及其制度缺陷

目前，两岸协议实施过程中尚未出现解释协议的实践。因此，要对两岸协议的解释机制进行论述，只能从现有的协议解释制度与规范出发，做出叙述和分析。两岸协议的解释存在着解释场域的区分，即在两岸间的解释和在两岸各自域内的解释。就两岸各自域内对两岸协议的解释而言，大陆和台湾均未就这一问题做出明确规定。因此，本部分主要对两岸间的协议解释规范进行叙述，从而为我们发现其中的制度缺陷提供理论素材。

（一）现行两岸协议解释机制的规范叙述

在已签署的两岸协议中，直接提及"协议解释"的包括《海峡两岸空运补充协议》《海峡两岸经济合作框架协议》《海峡两岸投资保护和促进协议》《海峡两岸服务贸易协议》。其中，后三项协议均属于 ECFA 之

后续协议，因此其解释机制均按照 ECFA 第十条之规定进行。除上述四项协议外，其他的两岸协议并未直接规定协议解释问题，而是以"争议解决"条款，潜在地规定了协议解释的相关内容。因此，两岸协议中所规定的协议解释机制实际上包含三种模式：

第一，大部分两岸协议均通过"争议解决"条款规定协议的解释问题。当两岸在实施协议过程中出现争议时，大陆和台湾自然会对同一协议产生不同的解释倾向，协议解释上的争议由此产生。协议实施中产生的争议，其本质是解释上的争议。[①] 因此，两岸协议中出现的"争议解决"条款，自然包含了对"解释争议"的规制。在两岸协议中，有 22 项协议规定了"争议解决"条款。其表述模式有二：一是规定"因适用本协议所生争议，双方应尽速协商解决"，自《两岸公证书使用查证协议》起，包括《两岸挂号函件查询、补偿事宜协议》《海峡两岸空运协议》《海峡两岸海运协议》《海峡两岸食品安全协议》等在内的 21 项协议均采用此模式；[②] 二是规定"因执行本协议所生争议，双方应尽速协商解决"，《海峡两岸金融合作协议》采用此模式。尽管二者在文字表述上有"适用"与"执行"之别，但因二者均属"实施"协议之范畴，因而其本质均属于对协议实施中的争议之解决。根据"争议解决"条款之规定，协议解释仅能在双方就协议"适用"或"执行"发生争议之时进行；当需要进行协议解释时，需由双方"协商解决"。

第二，部分两岸协议以"协商解释"条款规定协议的解释问题。《海峡两岸空运补充协议》是首次提及"解释"一词的两岸协议，亦是两岸

---

① 祝捷：《海峡两岸和平协议研究》，香港社会科学出版有限公司 2010 年版，第 395 页。

② 以此种模式规定"争议解决"问题的协议包括：《两岸公证书使用查证协议》《两岸挂号函件查询、补偿事宜协议》《海峡两岸关于大陆居民赴台旅游协议》《海峡两岸海运协议》《海峡两岸空运协议》《海峡两岸邮政协议》《海峡两岸食品安全协议》《海峡两岸共同打击犯罪及司法互助协议》《海峡两岸渔船船员劳务合作协议》《海峡两岸标准计量检验认证合作协议》《海峡两岸核电安全合作协议》《海峡两岸农产品检疫检验合作协议》《海峡两岸知识产权保护合作协议》《海峡两岸医药合作协议》《海峡两岸气象合作协议》《海峡两岸地震监测合作协议》。(统计数据截至 2014 年 4 月 20 日)

协议中唯一出现的专项规定协议解释问题的条款。根据该协议第十三条"实施方式"第二款之规定,双方对协议的实施或者解释发生争议时,由两岸航空主管部门协商解决。据此,我们可以对这一条款做如下解读:其一,这一条款明确了该协议的解释主体。与以往协议中规定的由"双方"这一模糊化的主体解决争端不同,该项条款明确规定了"两岸航空主管部门"为协议的解释主体;① 其二,这一条款明确了该协议的解释权属。该项条款明确规定了协议解释须由双方"协商解决",亦即是说确定了协议解释权由双方共同享有,解释权的行使方式是协商行使;其三,这一条款明确了协议的解释方式。该项条款明确规定双方对协议解释须为"双方对协议的实施或解释问题发生争议时",即协议解释的前提是双方发生争议,因而该协议的解释只能是被动解释,而非主动解释。

第三,ECFA 及其后续协议均以"争端解决"及"机构安排"条款规定协议解释问题。除以"争议解决"和"协商解释"方式规定两岸协议的解释问题外,2010 年两岸签署的《海峡两岸经济合作框架协议》(ECFA)首次确立了该协议框架下所有后续协议的解释机制,并首次设置了"两岸经济合作委员会"作为协议的解释机构。在 ECFA 中,有两个条文涉及协议的解释问题,即第十条争端解决条款和第十一条机构安排条款。

根据 ECFA 第十条之规定,双方应尽速就争端解决程序达成协议,在这一协议生效前,任何关于协议解释、实施和适用的争端,应由双方协商解决或通过"两岸经济合作委员会"解决。② 本条确立了协议解释出现争端时应适用三种方案:一是建立争端解决程序;二是由双方协商解决;三是由"两岸经济合作委员会"加以解决。从这一条款的逻辑顺序来看,

---

① 需要指出的是,在《海峡两岸空运补充协议》中,两岸航空主管部门亦为该协议的联系主体。《海峡两岸空运补充协议》第十二条规定,双方同意两岸航空主管部门建立联系机制,视必要随时就两岸航空运输的相关事宜进行沟通并交换意见。

② 《海峡两岸经济合作框架协议》第十条。

方案一与方案二、三之间是补充关系，即方案二、三适用于方案一尚未建立前；方案二、三之间是选择关系，即协议解释可采取其中一种方式进行。目前，两岸尚未就争端解决问题达成协议，因而 ECFA 的解释仍采取方案二或三的制度进行。ECFA 第十一条则规定了"两岸经济合作委员会"的具体职能。其中第三项、第五项明确了委员会具有"解释本协议规定""根据本协议第十条规定，解决任何关于本协议的解释、实施和适用的争端"的职能。① 本条款第三项首次将协议解释的职能独立于协议"实施""适用"或"执行"，显示出该协议对于解释条款的重视，同时这一规定亦未以"出现争端"为解释的前提，显示出委员会可就协议做出主动解释的可能性；第五项则是对双方就协议出现争端时的解释问题做出的规定，系对第十条争端解释规定中第三种方案的细化规定。

ECFA 对于协议解释问题规定的复杂程度远超其他两岸协议。它既明确了协议解释的主体（即双方协商解决或由经济合作委员会解决），又明确了解释的方式（既可以在出现争端时解释，又可以不附加条件解释），可谓两岸协议解释机制的一次重大进步。ECFA 之所以设置如此详尽的协议解释机制，一方面是由于两岸协议制定技术的提升；另一方面则是由于较之前所签订的两岸协议而言，该协议的调整对象是两岸全面经济合作问题。这使得两岸就协议内容发生争议的可能性远远高于其他协议，因而必须建构一套较为恰当的协议解释机制。在《海峡两岸投资保护和促进协议》《海峡两岸服务贸易协议》等 ECFA 后续协议中，均规定协议的解释应依照 ECFA 之规定处理。按照 ECFA 与其后续协议的效力关系，可以预见，未来两岸就相关问题签署的协议亦将会采取这种准用性规则模式加以规定。

关于上述三种两岸协议对协议解释问题规定的具体情况，可参见下表5-1：

---

① 《海峡两岸经济合作框架协议》第十一条。

表 5-1　两岸协议中关于协议解释事项的表述简表①

协议解释条款表述类型	协议名称	条款表述	表述位置
通过"争议解决"条款规定协议的解释问题	《两岸公证书使用查证协议》等22项协议	因适用本协议所生争议，双方应尽速协商解决。	
	《海峡两岸金融合作协议》	因执行本协议所生争议，双方应尽速解决。	
通过"协商解释"条款规定协议的解释问题	《海峡两岸空运补充协议》	双方对协议的实施或者解释发生争议时，由两岸航空主管部门协商解决。	协议第十三条"实施方式"第二款。
以"争端解决"及"机构安排"条款规定协议解释问题	《海峡两岸经济合作框架协议》	第十条　一、双方应不迟于本协议生效后六个月内就建立适当的争端解决程序展开磋商，并尽速达成协议，以解决任何关于本协议解释、实施和适用的争端。二、在本条第一款所指的争端解决协议生效前，任何关于本协议解释、实施和适用的争端，应由双方通过协商解决，或由根据本协议第十一条设立的"两岸经济合作委员会"以适当方式加以解决。第十一条　一、双方成立"两岸经济合作委员会"（以下简称委员会）。委员会由双方指定的代表组成，负责处理与本协议相关的事宜，包括但不限于：（三）解释本协议的规定；……（五）根据本协议第十条规定，解决任何关于本协议解释、实施和适用的争端。	ECFA 第十条、第十一条；《海峡两岸投资保护和促进协议》第十二条；《海峡两岸服务贸易协议》第二十条。
	《海峡两岸投资保护和促进协议》	双方关于本协议解释、实施和适用的争端，应依《海峡两岸经济合作框架协议》第十条规定处理。	
	《海峡两岸服务贸易协议》	双方关于本协议解释、实施和适用的争端，应依《海峡两岸经济合作框架协议》第十条规定处理。	

_____

① 本表为作者根据两岸协议文本自制。

（二）两岸协议解释机制中的若干问题

从上述规范和制度分析的角度看，尽管现有的两岸协议，以不同的形式对协议的解释问题做出规定，但这些规定的细致程度和可操作程度依然较低。当前两岸协议解释机制存在的核心问题在于，制度化的解释机制尚未完全形成，具体来说，这一问题表现在以下三个方面：

其一，现行协议解释机制中对解释权主体的规定并不明确。在上述三种解释条款模式之中，"协商解释"条款和"机构安排"条款，分别规定了以协议的联系主体和特定机构为协议的解释主体，而大多数两岸协议所采用的"争端解决"条款则并未规定协议的解释主体，而仅以"双方"这一模糊表述代之。可以说，这种模糊的规定，一方面给两岸协议争议问题带来更加广阔的解决空间，另一方面却给协议解释机制带来极大的不确定性。

其二，现行协议解释机制并未涉及两岸在各自领域内对协议的解释问题。从上文对两岸协议解释机制三种解释条款模式的表述可以看出，现行协议解释机制的规制对象是抽象意义上的两岸在两岸间做出协议解释的过程。而关于两岸协议在大陆和台湾各自领域内适用过程中的解释问题，协议却并未做出规定。在实践中，大陆已经出现了人民法院以两岸协议为证据认定依据或裁判依据进行裁判的情形。[①] 在协议司法适用中，对协议的解释是无法避免的，而大陆相关法律规范对这种情况尚缺乏相应的规范。这种法律上的漏洞应当得到及时弥补，否则将造成法院适用协议时无法可依的状况。

其三，现行协议解释机制并未对解释协议的具体方式、形式、程序和

---

①　参见浙江省杭州市余杭区人民法院审理的"北京天语同声信息技术有限公司与周福良侵犯著作财产权纠纷案"（判决书文号：〔2011〕杭余知初字第28号）、北京市第一中级人民法院审理的"山上正电子科技有限公司与国家知识产权局专利复审委员会案"（判决书文号：〔2010〕一中知行初字第330号）。资料来源：中国裁判文书网 http://www.court.gov.cn/zgcpwsw/zxhz/，最后访问日期：2015年1月30日。

方法等技术性问题做出规定。与解释主体的规定不同，上述三种解释条款之下，协议均未对协议解释中具体操作的问题做出规定。包括协议解释是应以主动方式做出，还是以被动方式做出，是应以抽象形式做出，还是以具体形式做出，以及应采用何种具体程序，适用何种具体解释方法等问题，均未在协议中出现。这种缺乏重要技术性规定的规范模式给协议解释机制的实际运行带来了很大的困难。

总之，受到各种因素的影响和限制，现行的两岸协议解释机制仍是一套制度设计较为简单、可操作性较低的规则安排。可以说，这套现行的解释机制远远无法达到消解因协议的成文性而产生的局限性之目的，更无法为缓解两岸协议文本权威性与两岸关系快速发展变化之间的矛盾。因此，在两岸关系和平发展不断深入的今天，构建一套完善的两岸协议解释机制已成为两岸不得不共同考虑的问题。

三、两岸协议解释机制完善的基本思路与制度设计

要解决上述两岸协议解释机制中的现实问题，激活这一机制的制度功能，完善两岸协议解释机制，就应当就上述问题提出一些有针对性的制度设计策略。具体来说，可以通过确定协议解释权的归属、构建协议冲突协调机制和完善协议解释的技术性规定三个方面提出一些制度设想。

（一）两岸协议解释权归属之确定

解释学被认为是"正确理解另一个的话语（尤其是文本）艺术，他参与到探讨认识的对话中"。① 从这个意义上讲，解释两岸协议的过程就是理解两岸协议意义的过程。两岸协议解释主体问题的本质是解释权的分配问题。两岸协议是一种具有软法属性的两岸共同政策，它与两岸各自域

---

① *Hermeneutik und Kritik*, M·Frank, P.71. 转引自［加］让·格朗丹：《哲学解释学导论》，何卫平译，商务印书馆 2009 年版，第 124 页。

内法律之间存在一种"缓和的效力"。因此，两岸公权力机关和普通民众均有义务以一定方式贯彻落实两岸协议所规定的内容，在这一过程中，各个协议实施者均需首先"理解"两岸协议。从这个角度看，参与贯彻实施两岸协议的两岸公权力机关和普通民众，均是广义上两岸协议的解释者。然而，作为两岸协商达成的一种共同政策，两岸协议的这些解释者对协议做出的解释，并非均属有效解释。正如上文所述，两岸协议解释机制承担着化解协议实施过程中两岸之间发生争议的功能。因此，确定协议解释权的归属问题，即确定两岸协议的解释主体，对于构建完善的两岸协议解释机制有着重要意义。

1997 年 7 月，《香港特别行政区基本法》（以下简称"《基本法》"）正式生效，在此之后，全国人大常委会根据《基本法》的规定，对《基本法》进行了三次解释。《基本法》解释机制的规范安排和实践，对构建完善的两岸协议解释机制具有一定的参考价值。《基本法》第 158 条对基本法的解释问题做了明确规定。该条文的基本内容包括四点：一是《基本法》的解释权属于全国人大常委会；二是香港特区法院经全国人大常委会授权在审理案件时，对《基本法》关于香港特区自治范围的条款自行解释；三是香港特区法院在审理案件时，对《基本法》其他条款也可以解释，但存在一定限制；四是全国人大常委会在对基本法进行解释前，应征询所属的香港特区基本法委员会的意见。① 从上述规定可以看出，基本法解释机制主要具有以下几个特点：一是基本法的解释权属于全国人大常委会；二是基本法实施过程中全国人大常委会和特区法院分别行使解释权；三是基本法解释的具体方式可以是全国人大常委会做出立法解释和香港特区法院在审判中做出的解释。对于基本法的解释机制，有学者指出，这种解释机制体现出原则性与灵活性的结合，为基本法体制确立了一套可

---

① 参见黄江天：《香港基本法的法律解释研究》，三联书店（香港）有限公司 2004 年版，第 122 页。

为各方接受的框架。但缘于两种法律制度之间的内在冲突和断裂，这一机制存在着一些潜在问题和冲突。① 因此，基本法解释机制的制度设计，对于两岸协议解释机制仅有有限的参考意义。

2003 年 6 月和 10 月，中央政府分别和香港特别行政区政府、澳门特别行政区政府签订《内地与香港关于建立更紧密经贸关系的安排》和《内地与澳门关于建立更紧密经贸关系的安排》（简称 CEPA）。CEPA 设置的协议解释机制对于构建完善的两岸协议解释机制亦具有一定的参考意义。根据 CEPA 第十九条关于"机构安排"问题的规定：双方共同成立"联合指导委员会"，该委员会的职能包括"解释《安排》的规定"，同时该条还规定"根据双方将本着友好合作的精神，协商解决《安排》在解释或执行过程中出现的问题……委员会采取协商一致的方式作出决定"。从上述规定可以看出，CEPA 的解释机制具有以下几个特点：一是 CEPA 的解释权属协议双方，即由中央政府和香港特别行政区政府（澳门特别行政区政府）共同所有；二是协议解释职能由双方代表组成的联合指导委员会行使；三是协议解释的具体方式是由委员会采取协商一致方式做出决定。可见，在解释权的归属问题上，协议确立了双方共识决策、共同解释的基本模式。

两岸协议是两岸在政治对立情况下，以平等协商方式共同制定的一种共同政策，在协议的实施过程中，两岸是权利义务平等的两个主体。从这个角度上看，两岸协议与 CEPA 具有一定程度上的相似性。同时，两岸协议在实施过程中将涉及大陆和台湾法域，这两个法域分别实施各自的法律制度。从这个角度上看，两岸协议与基本法又具有一定程度的相似性。因此，我们在构建和完善两岸协议解释机制时，应当结合两岸协议的自身特点和 CEPA 与基本法解释机制的经验，提出一套合理的解决方案。具体来

---

① 参见黄江天：《香港基本法的法律解释研究》，三联书店（香港）有限公司 2004 年版，第 138 页。

说，这一方案对协议解释权归属的安排包括以下三点：

第一，两岸政治对立的现实决定着两岸协议的解释权归属只能以协议实施的场域，而非协议调整的事务进行划分。从上文所述《基本法》的解释机制来看，全国人大常委会和香港特区法院对基本法解释权归属的划分是以解释涉及的事务划分的。前者享有中央对于特别行政区关系问题等的解释权，后者则只享有自治范围内事务的解释权。然而，在当前，两岸仍处于政治对立状态，二者在政治上互不统属，一方在未获得对方同意时做出的决策，在对方领域内并不产生实际效果。因此，两岸协议的解释机制无法采取与基本法相类似的权力划分方式，而只能以解释协议的场域为标准，划分出在两岸各自领域内的解释权归属主体和在两岸之间的解释权归属主体。

第二，当两岸协议在两岸各自域内进行解释时，其解释权的分配可以借鉴《基本法》的解释机制，尊重大陆和台湾各自域内的现有法律制度，即由两岸分别行使各自域内的协议解释权。如上文所述，《基本法》解释机制的一大特点在于其对大陆和香港两个不同法域法制特点的包容性。它既能保持大陆以人大常委会为主的立法解释机制运行的顺畅性，也能兼顾香港以法院为主的普通法解释机制的法律传统，从而很好地解决了两套法律体系在基本法解释这一问题上的兼容问题。与基本法的情况相类似，大陆和台湾分属两个法域，因此两岸协议的解释权归属设计，必须考虑到这种跨法域性的特点，尊重两岸两个法域的各自特点。从这个意义上讲，当涉及两岸协议在两岸各自范围内实施的问题而需要解释时，可由大陆和台湾根据各自法律解释的基本制度确定。需要说明的是，两岸协议在两岸各自域内的解释问题，还涉及协议的适用问题。在大陆，两岸协议具有直接适用性，因此协议在大陆的解释制度，可以参照与法律类似的立法解释、行政解释与司法解释并存的解释制度。在台湾，两岸协议并不具有直接适用性，其公权力机关所适用的乃是经接受程序后，由两岸协议转变而成的其域内法律，因此协议在台湾的解释制度与其域内法律的解释制度完全一致，亦即是说在台湾并不存在形式意义上对两岸协议的解释，而只存在对由两岸协议转化而成的法律的解释。

第三，当两岸协议在两岸之间进行解释时，其解释权的分配可以借鉴CEPA 的解释机制，即由两岸以"共识决"方式，采取协商一致方式做出解释。尽管 CEPA 的签署双方是存在中央与地方隶属关系的中央政府和香港（澳门）特区政府，但二者在 CEPA 框架下却是权利义务平等的两个WTO 成员。CEPA 采取的共同决策、协商解释的解释权归属分配方式，很好地解决了这种平等主体之间的关系设定问题。正如上文所述，两岸协议是大陆和台湾这两个在政治上互不隶属主体之间签署的协议。尽管二者在政治地位上并不对等，但在协议的权利义务分配上却是平等的。从这一点来看，两岸协议在两岸之间解释权归属问题的设计，可以参考与其相类似的 CEPA 模式，即共识决策、协商解释。

（二）两岸协议解释冲突协调机制的构建

如上文所言，两岸协议解释权的分配应当依照场域原则，区分两岸内的解释权归属与两岸间的解释权归属，由两岸各自享有其域内的协议解释权，由两岸共同享有两岸间的协议解释权。依照此种制度安排，在协议解释机制运行时，有可能出现两岸各自作成的协议解释与两岸共同作成的协议解释之间、两岸各自作成的协议解释之间发生冲突的情形。这种冲突情形出现的原因，主要缘于双方法律解释制度的差异。在大陆，现行《宪法》法律的解释权赋予全国人大常委会，并通过相关法律的规定，建立了"以全国人大常委会为主导，各机关分工配合的法律解释体制"，[①] 即全国人大常委会可以做出立法解释，最高人民法院和最高人民检察院可以根据审判工作中具体应用法律的问题做出司法解释的法律解释制度。这种

---

① 李龙主编：《法理学》，武汉大学出版社 2011 年版，第 278 页。

法律解释体制表现出较为强烈的立法机关解释机制的特点，立法机关对法律享有终局解释权，其做出的法律解释具有最高法律效力。在台湾，台湾地区现行"宪法"规定，"司法院解释宪法，并有统一解释法律及命令之权"，① 从而建立了一套由司法机关主导的法律解释制度。在台湾地区的政治实践中，"司法院大法官"不仅有权解释"宪法"和"法律"，行使对一般法律的"违宪审查权"，甚至还出现过对"宪法增修条文"进行"违宪审查"的情形。② 因此，两岸法律解释制度表现出较大的差异。这种差异很容易造成两套法律解释机制在分别对两岸协议（或根据两岸协议制定的相关法律规范）进行解释时发生冲突的情形。为有效解决这种可能出现的协议解释冲突问题，我们有必要在考虑到冲突发生原因的前提下，构建一套有序的协议解释冲突协调机制。

两岸协议是大陆和台湾协商制定的一种具有软法属性的共同政策。在两会商谈中，海协会与台湾海基会代表各自一方，通过表达立场、进行博弈和妥协的方式，最终形成能够为双方共同接受的共同意志，它对大陆和台湾均产生事实上的约束力。从这个意义上讲，由两岸通过协商机制形成的具有共识特征的协议解释，依然是两岸共同意志的体现。因此，这种共同解释的效力自然高于两岸各自做出的域内协议解释。具体来说，这种效力上的高低之分，可以从以下几个方面加以解读：

其一，当两岸就同一事务各自做出的协议解释与两岸共同做出的协议解释发生冲突时，应当以后者为准，前者与后者冲突的部分不能对两岸发生效力。从上文对协议现有解释机制的叙述可知，两岸以协商方式作成的共同解释实际上也是两岸共同意志的体现，它以两岸共同事务为调整对象。因此，当两岸各自做出的协议解释与双方共同做出的协议解释发生冲

---

① 台湾地区现行"宪法"第七十八条。

② 2000年3月24日，台湾地区"司法院"作成"释字第499号解释"，宣告1999年9月15日"国民大会"通过的第五个"宪法增修条文""违反修宪条文发生效力之基本规范……为自由民主宪政秩序所不许"，故而无效。参见"释字第499号解释"解释文。

突时，必然意味着两岸各自意志已经抵触了双方共同意志，此时就必须遵循共同意志高于单方意志的原则，确立共同解释高于单方解释的基本原则，而与共同解释冲突的单方解释不能对两岸发生效力。

其二，当两岸就同一事务各自做出的协议解释发生冲突，且这种冲突可能影响两岸共同利益时，应由两岸以协商方式就该事项做出共同解释，并依照共同解释对双方各自做出的协议解释加以修正。大陆和台湾分属两个不同的法域。因此，双方对对方法域内的法律制度应当持尊重态度，只有当对方法域内的有关规定影响到两岸共同利益时，双方才应当以协商方式解决这种单方面的利益影响情形。基于对两岸两个法域各自制度的尊重，我们认为，当两岸就同一事务做出的协议解释发生冲突时，并不当然造成双方做出共同解释的情况，而只有当这种单方面解释之间的冲突影响到两岸共同利益时，才构成双方协商解决机制启动的条件。同样基于对两岸两个法域各自制度的尊重，当两岸以协商方式就协议解释的冲突问题达成共识时，这种共识也应当通过双方各自域内规定的修改，实现对两岸各自域内有关主体的约束。

其三，当两岸曾就一项协议涉及事务做出过共同解释之后，对于同一事项，两岸再各自进行解释时，应当依据这一已有的共同解释做出。基于两岸共同意志高于两岸单方面意志的基本原则，两岸已就一项协议的有关事务做出过共同解释，两岸再就该项事项进行单方面解释时，自然应当保持与共同解释的一致，即根据已有共同解释做出单方解释。当然，由于两岸协议本身政策性的特点，此处的"根据"并非意味着两岸各自做出的协议解释必须明文体现出这种效力来源的情形，而仅仅意味着两岸各自做出解释时应当在实质上考虑到共同解释的内容及其效力。

（三）两岸协议解释机制技术性规定的完善

正如上文所述，现行两岸协议解释机制制度安排的细致程度和可操作程度依然较低，这使得这套机制难以在实际运行中承担其应有职责。因此，要让两岸协议解释机制能够从一套真正具有可操作性的制度安排，就必须从制度设计的细节入手，即对这一机制的运行方式加以细化设计。

第一，应按照协议解释具体情形的差异确定协议解释的具体方式。两岸协议的解释方式，即协议的解释应采取主动解释还是被动解释的问题。这个问题在两岸间和两岸内两个不同的场域内有着不同的实际情况。两岸协议在两岸域内的解释方式亦与法律解释相类似，故本书不做赘述。然而，协议在两岸间解释方式的设计却值得进一步探讨。从两岸协议现有的解释规定来看，"争议解决"与"协商解释"的解释条款，适用以双方发生争议为前提，因而隐含着被动的解释方式。而以"机构安排"方式规定的解释条款，则将协议的解释与发生争议相区别，即无需双方发生争议，相关机构亦可主动解释协议。就未来两岸协议解释机制中协议解释方式而言，我们认为，可采取主动解释与被动解释相结合的方式进行，即依照两岸事务性协议的实施情况，决定是以主动方式还是被动方式做出解释。一方面，两岸协议调整的事项涉及两岸关系和平发展的各个方面，在遇到一些协议实施过程中两岸可能出现因现实情况发生重大变化而引起协议需要解释的情形时，应当允许有权主体为避免问题的出现而做出主动解释；另一方面，两岸协议解释机制的核心作用在于消解两岸争端和分歧，这一作用发挥的前提恰恰在于争端和分歧的出现，因而大部分情形下的协议解释自然应是一种被动解释。从两岸协议解释的主体来看，不论是两岸两会还是两岸经济合作委员会，二者均没有明确的权力属性，因而无需像两岸域内解释机关一样，以机关的性质区分协议解释的具体方式。因此，两岸协议解释方式的设计，只需遵循两岸协议解释的目的即可，以协议目的实现决定协议解释的具体方式。

第二，应依照解释形式的差异分别设计不同的解释程序。两岸协议的解释程序，即协议解释过程中各项具体制度运行顺序的问题。在两岸域内，协议的解释程序属两岸各自规定的调整范围，本书不再赘述，在两岸间，协议的解释则需进一步加以探讨。现有的两岸协议中，并未就协议解释的基本程序做出规定。各种规定模式中，仅以"协商"二字对解释的程序做出最为简要的描述，显然过于简单，并不具备可操作性。我们认为，在未来两岸协议解释机制的设计中，协议的解释应当依主动解释和被动解释而设计不同的解释程序。如上文所言，主动解释需以具有独立地位的两岸共同机构为前提，而被动解释则可在两会协商框架下进行。就主动解释而言，一般应以两岸共同机构的存在为前提，在该机构运行的过程中，就其所发现的协议中出现的问题，可以主动进行内部商谈，并做出协议解释。就被动解释而言，则无需要求共同机构的存在，只需两岸中一方提出解释协议的请求，由两会出面就该请求进行讨论，经双方协商一致后做出有权解释即可。在两会就某项具体协议的解释讨论过程中，若遇到涉及两岸业务部门具体业务执行问题时，应首先由协议规定的联系主体负责就协议解释问题进行协商，并提出不具拘束力的参考解释方案，该方案经两会举行正式商谈通过后，以两岸协议形式体现，即以协议解释协议。

第三，应确立以文义解释为基础、目的解释为边界、历史解释为重要参考的协议解释方法体系。两岸协议的解释方法，即在解释协议过程中应当遵守哪些解释规则、适用哪些方法的问题。法律的解释方法主要有文义解释、历史解释、目的解释等几种，这些基本的解释方法对于两岸协议的解释依然适用。然而，在两岸协议的解释中，不同的解释方法具有不同的制度定位。具体来说，文义解释应当构成协议解释的基础，目的解释则应成为协议解释的边界，而历史解释则是协议解释的重要参考。文义解释，指依照法文用语之文意及通常使用方式而为解释，据以确定法律之意义而言。[①] 在传统的法律解释方法之中，文义解释构成了典型解释方法的基础，法的解释应以文义解释开始。因此，就两岸协议的解释而言，文义解

---

① 杨仁寿：《法学方法论》，中国政法大学出版社 2013 年版，第 139 页。

释亦应是协议解释的基础，任何解释都不得超越协议文本的"预测的可能性"。目的解释，系指以法律规范目的，阐释法律疑义之方法。[1] 此处的目的，是指整个法律规范的目的，而非某一条款的单独目的。就两岸协议而言，目的解释是协议解释的边界，任何协议的解释都不应超越协议的基本目的。在两岸协议的解释中，解释协议所符合的"目的"可从宏观和微观两个层面加以界定：从宏观上讲，解释任何一项两岸协议都应当符合"九二共识"的基本原则，符合有利于推动两岸关系和平发展的基本原则。从微观上讲，解释某项特定的两岸协议应当符合该项协议签署时两岸所欲达到的目标，而协议的基本目标一般均会体现在协议的文本之中。历史解释，即在解释时探求"最能配合立法者的规定意向或其规范想法"[2] 的解释方法。就两岸协议而言，历史解释应当是解释两岸协议的重要参照。回顾两岸关系发展的历史，两岸关系的演变在很大程度上受到两岸政治局势，尤其是台湾地区政治局势变化的影响。在台湾地区"政党轮替"已成常态的今天，台湾当局对两岸协议的态度可能因执政党的不同而截然不同。故在解释两岸协议时，应当注重对协议签署时相关谈判材料的分析，以协议签订时双方的共同意思为重要参考，以免协议的解释受到变动后的台湾当局意志的影响。

第二节　两岸协议的修改机制研究

两岸协议的修改，是指有权修改主体，根据两岸关系发展的现实情况对既有两岸协议的内容进行变更、补充的过程。在现有的两岸协议文本中，协议的修改机制往往以"协议的变更"和"未尽事宜"两种形式加以表述，前者系指狭义上对协议内容的修正，后者则指对协议的补充。为

---

[1]　杨仁寿：《法学方法论》，中国政法大学出版社 2013 年版，第 172 页。

[2]　[德] 卡尔·拉伦茨：《法学方法论》，陈爱娥译，商务印书馆 2003 年版，第 207 页。

方便叙述，本书将这两类条款统一归入两岸协议的修改机制之中。

一、构建两岸协议修改机制的必要性

恰如庞德所言，法律必须稳定，但又不能静止不变。[①] 法律一旦制定后，为了保证法律的权威性，就需要在一定程度上保持法律文本的稳定性，不能朝令夕改。这种法律文本的稳定性很大程度上得益于法律解释机制。透过有效的法律解释机制，因社会发展实际的变动而引发的对法律文本的直接冲击方能得以消解。然而，这毕竟要求解释本身不能超越法律文本之"预测的可能性"，否则该解释将成为"离开法文的字句"，因而无法维持其"尊严即适用之安定性"。[②] 当社会发展实际与法律文本之间的鸿沟扩大到无法以解释来消弭时，就需要通过法律的修改机制来实现法律文本对社会实际发展的吸纳，从而赋予法律新的生命力。就两岸协议而言，协议修改与解释之间的关系亦是如此。总体而言，构建两岸协议修改机制的必要性，体现在维护两岸协议权威性、稳定性，为以阶段化方式解决两岸事务性议题，从而实现促进两岸关系和平发展的目的。

第一，构建两岸协议修改机制，是维护两岸协议权威性、稳定性的需要。两岸协议是两岸关系和平发展法治化的表现形式，两岸协议的签署表征着大陆和台湾对两岸交往秩序的期待。可以说，两岸协议本身就是一种秩序的体现，它是两岸关系由无序走向有序，从缺乏可预期性到平稳发展的重要表现。因此，作为两岸共同意志的体现，两岸协议应当被赋予权威性和稳定性，它不能随意地因两岸任何一方意志的改变而改变，也不能毫无依据地被任意修改。然而，恰如前文所述，在社会的变化发展之中，法的稳定与变化之间，必然需要一种能够使二者得到平衡、妥协的机制，而法律的修改正是一种这样的机制。就两岸协议而言，要维护两岸协议的权

---

① ［美］罗斯科·庞德：《法律史解释》，邓正来译，中国法制出版社 2002 年版，第 2 页。
② 杨仁寿：《法学方法论》，中国政法大学出版社 2013 年版，第 129—130 页。

威性和稳定性，并非意味着我们要毫不顾忌两岸关系发展的实践，一味死守可能已经僵化的协议文本，而是应当按照一套稳定的制度、确定的条件，适时地完成对两岸协议文本的修改。如此一来，两岸协议的修改机制，便成了维护协议权威性和稳定性、协调协议文本与两岸关系发展现实关系的一种有效工具。

第二，构建两岸协议修改机制，是以阶段化方式解决两岸事务性议题的需要。从两岸关系和平发展的实践来看，由于两岸长期以来处于政治对立状态，双方缺乏政治互信，因此，两岸往往遵循从易到难，循序渐进的思维，以阶段化的方式尝试解决一些复杂的事务性议题。以大陆居民赴台湾旅游问题为例。这一问题本是一个与两岸"三通"相关的经济性议题，由于两岸之间长期的政治对立，这一单纯的经济性议题却横亘于两岸间多年无法得到解决。2008 年 6 月，两岸两会签署《海峡两岸关于大陆居民赴台湾旅游协议》，协议规定"赴台旅游以组团方式实施，采取团进团出形式，团体活动，整团往返"，初步解决了大陆居民赴台旅游的问题。可以说，规定大陆居民赴台旅游需遵守"团进团出"的规定，不啻体现出台湾方面的一种戒备心理。2011 年 6 月 21 日，两会通过换函确认《海峡两岸关于大陆居民赴台湾旅游协议修正文件一》，修改了原有协议中"以组团方式实施"的规定，而变更为"开放大陆居民赴台湾个人旅游"，进一步解决了大陆居民赴台"自由行"的问题，为大陆居民正常赴台旅游问题的解决画上完满的句号。《海峡两岸关于大陆居民赴台湾旅游协议》的修改实践，充分体现出两岸以阶段化方式解决事务性议题的基本思路，而两岸协议修改机制的构建，恰恰是实现这种阶段化方式的必然需要。

第三，构建两岸协议修改机制，是促进两岸关系和平发展、推进两岸治理结构形成的需要。两岸关系和平发展是两岸各方的最大共识，也是一定时期内大陆统摄对台政策的主导思想。在构建两岸关系和平发展框架的过程中，两岸比以往更加强烈地体现出对制度的需求。规范化的两岸协议是两岸治理的主要工具，也是体现两岸有效决策和结果趋同的一种重要形式，它能够为两岸关系和平发展进行制度供给。① 然而，两岸关系和平发展框架本身即是一个变化和发展之中的结构，其内涵随着两岸关系和平发展实践的发展而发展。因此，作为两岸关系和平发展框架制度渊源的两岸协议，也自然应当随之不断发展。与两岸协议的解释相类似，通过对协议内容的修改，便可在维持原有协议存在的前提下，实现对作为两岸治理工具的两岸协议内容的调整，从而保证两岸治理功能的持续实现，进而对两岸关系和平发展起到促进作用。

二、两岸协议修改的规范与实践

现有两岸协议多对协议本身的修改（包括未尽事宜的补充）问题做出规定。在 2008 年以来的两岸关系实践中，亦出现了多次的协议修改实践。因此，要对两岸协议修改机制进行进一步叙述，就应当首先对协议修改的规范与实践加以总结，以便为我们进一步做出分析论证提供理论素材。

（一）两岸协议修改的规范叙述

与解释条款"稀有"的现状不同，在现已签署的两岸协议中，绝大部分均设有协议的变更条款与补充条款。现有两岸协议关于协议变更和补充问题的规定主要包括以下三种表述模式，即针对协议整体变更的表述方式、针对具体事项表述方式和针对协议未尽事宜的表述方式。

第一，针对协议整体变更的表述方式。两岸协议中，一般以专项条款对协议的变更制度加以规定。这种条款的效力范围一般及于协议的全部内容，因此我们称之为"针对协议整体变更"的规定。在两岸协议中，这种条款的表述一般有两种方式，一是"协议变更……经双方协商同意"，这种表述模式见于"汪辜会谈"时签署的《两岸公证书使用查证协议》

---

① 参见周叶中、祝捷：《两岸治理：一种形成中的结构》，载《法学评论》2010 年第 6 期。

《两岸挂号函件查询、补偿事宜协议》和《两会联系与会谈制度协议》；二是"协议变更……经双方协商同意，并以书面形式确认"，这种表述模式见于2008年6月两会复谈之后的两岸协议。①

第二，针对具体事项变更的表述方式。在部分两岸协议中，协议就某些特定事项规定了可以变更的具体内容。这种条款一般规定于协议的某一特定条款之中，其效力范围仅及于该项条款，因此我们将其称之为"针对具体事项变更"的规定。在两岸协议中，有6项协议存在这种"针对具体事项变更"的条款。其中4项协议出现在附件的表述中，2项协议出现在协议正文的表述中。这些条款往往以"调整""增加""增减""继续磋商"等用语对协议"具体事项变更"的问题做出规定。这些条款的具体表述和表述的位置可参见下表：

第三，针对协议未尽事宜的表述方式。除上述两种对协议的变更之规定外，两岸协议还规定了对"未尽事宜"的补充制度。自《两会联系与会谈制度协议》开始，各项两岸协议均就"未尽事宜"设置了专项补充条款。该条款的具体表述是"本协议如有未尽事宜，双方得以适当方式另行商定"。

上述三种表述方式的具体内容可参见下表5-2：

表5-2　两岸协议修改规范的具体表述方式②

协议修改条款表述类型	协议名称	条款表述	表述位置
针对具体事项表述方式	《大陆居民赴台湾旅游协议》	"组团一方视市场需求安排……第二年双方可视情协商作出调整"。	附件1"海峡两岸旅游具体安排"
	《海峡两岸海运协议》	"双方同意视情增加开放港口"。	附件"海峡两岸直航船舶、港口安排"

① 首次提出"双方协商同意，并以书面形式确认"的是《两岸关于大陆居民赴台旅游协议》，自此以后的各项协议均遵循此种模式。

② 本表为作者根据两岸协议文本自制。

续表

协议修改条款表述类型	协议名称	条款表述	表述位置
针对具体事项表述方式	《海峡两岸空运协议》	"今后视市场需求适时增减班次"、"春节期间可视情适量增加临时包机"。	附件"海峡两岸空中航路、客货运包机安排"
	《海峡两岸渔船船员劳务合作协议》	"近海登船港口可视需要调整，并知会对方"，"暂置场所可视需要调整，并知会对方"。	附件"海峡两岸渔船船员劳务合作具体安排"
	《海峡两岸空运协议》	"双方同意在台湾海峡北线航路的基础上开通南线和第二条北线双向直达航路，并继续磋商开通其他更便捷的新航路"。	《海峡两岸空运协议》第三条
		"双方同意尽可能在本协议实施半年内就定期客货运航班作出安排"。	《海峡两岸空运协议》第四条
	《海峡两岸空运补充协议》	"双方同意在台湾海峡北线航路的基础上开通南线和第二条北线双向直达航路，并继续磋商开通其他更便捷的新航路"。	《海峡两岸空运补充协议》第一条
	《海峡两岸投资保护和促进协议》	"协议生效后，双方应尽快交换并公布本条第一款第四项规定的两岸投资争端解决机构名单。双方经协商可调整该机构名单"。	《海峡两岸投资保护和促进协议》第十三条第三款
针对协议整体变更的表述方式	《两岸公证书使用查证协议》《两岸挂号函件查询、补偿事宜协议》《两会联系与会谈制度协议》	协议变更或终止，应经双方协商同意。	
	2008年6月后签署的各项两岸协议	协议变更，应经双方协商同意，并以书面方式确认。	
针对协议未尽事宜的表述方式	除《汪辜会谈共同协议》外的各项两岸协议	本协议如有未尽事宜，双方得以适当方式另行商定。	

（二）两岸协议修改的实践叙述

在两岸协议的实践中，两岸两会依照相关协议的规定，曾对两岸协议及其附件进行多次修改活动。其中，上述三种规范模式所涉及的协议，均有过修改的实践。这些修改实践，为我们观察现行两岸协议修改机制的运行方式，发现和解决其中存在的问题和矛盾有着重要的现实意义。

第一，在实践中，根据"针对协议整体变更"条款完成对协议变更的情形共出现过一次，即两会通过换函确认《海峡两岸关于大陆居民赴台湾旅游协议修正文件一》，对《大陆居民赴台湾旅游协议》进行了部分变更。2011 年 6 月 21 日，两会通过换函确认《海峡两岸关于大陆居民赴台湾旅游协议修正文件一》，将原有协议中"双方同意赴台旅游以组团方式实施，采取团进团出形式，团体活动，整团往返"的规定，变更为在此基础上"开放大陆居民赴台湾个人旅游"，即开放大陆居民赴台"自由行"。《修正文件一》分别就大陆居民赴台"自由行"的开放区域、开放人数、停留时间、申办程序、旅行安排、逾期停留和实施方式进行了相应规定。同时，需要指出的是，《修正文件一》首次援引原协议第九条的变更条款，明确了该文件与原协议的法理关系。

第二，在实践中，根据"针对具体事项变更"条款对协议进行修改的情形出现过两次：一是《海峡两岸空运补充协议》对《海峡两岸空运协议》部分条款的变更；二是《海峡两岸渔船船员劳务合作具体安排修正文件一》对《海峡两岸渔船船员劳务合作协议》附件部分条款的变更。2009 年 4 月 26 日，两会签署《海峡两岸空运补充协议》，依据《空运协议》第一条、第三条和第四条之规定，将原有《空运协议》所规定的"客运包机常态化安排"[①] 改为"开通两岸定期客货运航班"，并在原有

[①] 《海峡两岸空运协议》第六条。

协议规定的航线基础上，"开通南线和第二条北线双向直达航路"，[①] 实现了两岸空运业务正常化。尽管《空运补充协议》名为"补充协议"，但根据其内容判断，该项协议实际上是对《空运协议》内容的变更。2011 年 3 月 1 日，两会通过换函确认《海峡两岸渔船船员劳务合作具体安排修正文件一》的方式，完成了对《海峡两岸渔船船员劳务合作协议》附件"海峡两岸渔船船员劳务合作具体安排"的变更。该《修正文件一》对原有"具体安排"第四条证件查验的规定进行了变更，将原有规定的"近海船员须持登轮作业证件领取当地查验证件"，变更为"近海船员须持登轮作业证件或旅行证件领取当地查验证件"；对第七条接驳船舶的规定进行补充，新增了一款规定，"双方同意海峡两岸海运协议许可的海上客运船舶，可搭载持各自主管部门发给许可/旅行证件的船员，往返两岸直航港口履行本协议"。

第三，在实践中，根据"未尽事宜"条款对两岸协议进行修改的情形总共出现过 11 次。具体来说：1 次是针对《两岸公证书使用查证协议》中的文本种类进行补充，增加相互寄送涉及税务、病历、经历、专业证明等四项公证书复本种类；7 次是针对《海峡两岸空运补充协议》附件"海峡两岸航路及航班具体安排"部分进行补充，分别调整和增加了相应的航班班次、直航点等；3 次是针对《海峡两岸渔船船员劳务合作协议》及其附件"海峡两岸渔船船员劳务合作具体安排"进行补充，对原有的"契约（合同）要件""权益保障""证件查验""接驳船舶""旅行证件"等内容做了补充。需要说明的是，除《海峡两岸公证书使用查证协议》的补充是通过两会分别致函对方，确认完成修改之外，其他十次协议补充均是由两会换函完成修改。

上述两岸协议修改的实践情况可参见下表 5-3：

---

① 《海峡两岸空运补充协议》第一条。

表 5-3　两岸协议修改实践情况简表①

修改时间	所涉协议名称	修改的具体内容	修改完成方式
1994.11.22	《海峡两岸公证书使用查证协议》	增加相互寄送涉及税务、病历、经历、专业证明等四项公证书复本种类。	两会分别致函对方，确认完成修改。
2010.11.2	《海峡两岸空运补充协议》附件"海峡两岸航路及航班具体安排"	开通台北松山—上海虹桥航线；增加客运航点及班次；增加不定期旅游包机；购舱及代号共享、湿租飞机、定期航班管理。	两会以换函方式确认《海峡两岸空运补充协议修正文件一》。
2011.3.15		增加三个定期通航点。	两会以换函方式确认《海峡两岸空运补充协议修正文件二》。
2011.6.21		增加一个包机航点；增加货运班次。	两会以换函方式确认《海峡两岸空运补充协议修正文件三》。
2013.3.1		增加八个航班点，每方每周增加 29 个往返航班；调整双方不定期旅游包机额度和季节性旅游包机额度。	两会以换函方式确认《海峡两岸空运补充协议修正文件四》。
2013.8.12		增加了上海浦东与桃园和台北松山航线指定承运人数量；增加了航班班次。	两会以换函方式确认《海峡两岸空运补充协议修正文件五》。
2013.10.17	《海峡两岸空运补充协议》附件"海峡两岸航路及航班具体安排"	调整台湾松山和上海浦东航班数量。	两会以换函方式确认《海峡两岸空运补充协议修正文件六》。
2014.1.8		每周增加 72 个航班；调整不定期旅游包机额度；调整季节性旅游包机额度。	两会以换函方式确认《海峡两岸空运补充协议修正文件七》。
2011.5.6	《海峡两岸渔船船员劳务合作协议》附件"海峡两岸渔船船员劳务合作具体安排"	将"旅行证件"增补为近海船员领取当地查验证件的凭证；允许海峡两岸海运协议许可的海上客运船舶，可搭载持各自主管部门发给许可/旅行证件的船员，往返两岸直航港口履行本协议。	两会以换函方式确认《海峡两岸渔船船员劳务合作具体安排修正文件一》完成对"安排"的修改。

①　本表为作者根据两岸有关部门公布的协议修改情况自制。

续表

修改时间	所涉协议名称	修改的具体内容	修改完成方式
2014. 5. 29		修正"安排"第三条第一项、第二项、第五条，增加"工伤保险""具体保障项目为身故保险（含意外及疾病死亡）、残疾保险和意外门诊急诊及住院医疗保险"。	两会以换函方式确认《海峡两岸渔船船员劳务合作具体安排修正文件二》完成对"安排"的修改。
2014. 5. 29	《海峡两岸渔船船员劳务合作协议》	修改协议第四条第一项，增加"工伤保险""具体保障项目为身故保险（含意外及疾病死亡）、残疾保险和意外门急诊及住院医疗保险"。	两会以换函方式确认《海峡两岸渔船船员劳务合作协议修正文件一》完成对该协议的修改。

三、现行两岸协议修改机制的制度缺陷及其完善

通过上文对两岸协议修改（包含变更与补充）规范与实践的分析，可以看出，目前协议修改机制的制度安排尚不完善。具体说来，应当从实体和程序两个方面对两岸协议修改机制的完善加以设计。

（一）两岸协议修改机制的实体制度缺陷及其完善

从实体意义上讲，现有协议文本中并未明确规定协议修改的界限。任何法律的修改都存在一定的限制，这种限制不仅表现在程序方面，更表现在实体方面。就国际法而言，任何国际条约的创制与修改，都不得违反国际强行法之规定；就国内法而言，宪法的修改"不得与宪法所确立的国家根本制度、根本精神和根本原则相抵触"[1]；除宪法外，任何国内法都不得与宪法相抵触。不论是国际条约还是作为国内法的宪法和法律，一旦超越其界限而肆意修改，即使其可能获得表面上和暂时的法律拘束力，但最终却会"丧失实效性，而不能获得终极的有效性"。[2] 从当前两岸协议

---

① 周叶中主编：《宪法》（第三版），高等教育出版社 2011 年版，第 378 页。

② ［日］芦部信喜：《制宪权》，王贵松译，中国政法大学出版社 2012 年版，第 108 页。

的文本看，文本中对于协议修改界限的唯一表述即是"双方协商一致"。这一表述并未从实体意义上对协议修改的界限加以规制。当然，各项两岸协议中出现的有关协议目标的规定，① 从一定意义上构成了对协议修改的限制。但这种"限制"仅仅存在于理论推断之中，却无法构成对协议修改的明确限制。尽管两岸协议作为一种两岸共同政策，在未经两岸一致同意的情况下无法完成修改，这种共同性的基本特点能够有效防止出现有悖于协议目标的修改，但是若协议文本未能明示协议修改的界限，将可能给台湾岛内部分"台独"分子以议题发挥的空间。在历史上，"台独"分子以讨论某些两岸间具体事务之名，行破坏一个中国原则之实的情况屡见不鲜。在两岸协议并未明确协议修改界限的情况下，我们无法排除"台独"分子借某项两岸协议修改之名，行破坏两岸关系和平发展之实的情况发生。因此，我们认为，应当明确两岸协议的修改界限，避免制度漏洞可能带来的长远危害。

作为一种具有软法特征的两岸共同政策，两岸协议的修改理应受到一定程度的限制，不能肆意而为。我们认为，协议修改的实体限制应当有二：一是不得违反"九二共识"。正如本书绪论部分所言，"九二共识"是两岸展开对话与交流的政治基础和前提，也是两岸协议得以签署和实施的基本前提。因此，任何对两岸协议的修改，都不得违反"九二共识"。否则，这种修改无效。二是不得有碍于"推动两岸关系和平发展"基本目标的实现。两岸在两会框架内进行交流的目的在于，实现海峡两岸的和平与发展，这也是所有两岸协议所致力实现的目标。因此，两岸协议的修

---

① 在两岸协议中，一般均有对协议目标的规定，部分协议的目标条款存在于协议的"序言"部分，如《海峡两岸食品安全协议》的序言规定，"为增进海峡两岸食品安全沟通与互信，保障两岸人民安全与健康……达成协议如下"，因而"增进两岸食品安全沟通与互信，保障两岸人民安全与健康"即构成该协议的目标；部分协议的目标条款则存在于协议正文部分，如《海峡两岸海关合作协议》第三条即明确规定，协议的目标为"促进双方海关程序的简化及协调，提高通关效率，便利ECFA的执行"和"便利两岸人员及货物的往来，促进两岸贸易便利与安全"。

改，应当顺应这一基本目标之实现，而决不能与之相违背，更不能妨碍这一目标的实现。

（二）两岸协议修改机制的程序制度缺陷及其完善

从程序意义上讲，现有协议修改机制并未对协议的修改程序、依据和具体方式加以明确规定。如上文所述，在过去的数年间，已有过十余次的两岸协议变更与补充实践。其修改的程序、方式等各不相同，表现出一定程度的失序特征。这种失序现象的出现，很大程度上是由于两岸协议中关于协议修改机制的规则缺失。在两岸协议实践中，经常会出现"实践在前，规则在后"的情况。在缺乏规则约束的前提下，协议修改的实践自然会体现出较为混乱的情形。现有两岸协议仅仅规定了修改原则与修改主体，但是并未明确规定协议修改应当遵循的程序、依据，以及修改应当采取的方式等。因此，我们认为，应当明确规定协议的修改程序和具体方式等问题，以消除现实中出现的混乱现象。法律程序能够"通过促进意见疏通、加强理性思考、扩大选择范围、排除外部干扰来保证决定的成立和正确性"，[①] 因此，两岸协议修改的具体程序，对于保证协议修改机制发挥其应有作用具有重要意义。我们认为，就具体的修改程序设计而言，两岸协议的修改应当遵循以下基本程序：

第一阶段：修改提议的提出。在本阶段，两岸中的一方根据其实际需要，透过两会渠道，向对方提起对某一具体两岸协议进行修改的建议。对于一方提出的不违背协议修改实体限制的修改提议，另一方应当在一定期限内做出回应，双方应当在一定期限内就此提议展开协商。

第二阶段：协议修改的协商。在本阶段，两会应就一方提起的修改协议提议展开平等协商。为避免双方就某一协议无限期地进行协商，应当明

---

① 季卫东：《法律程序的意义——对中国法机建设的另一种思考》，载《中国社会科学》1993 年第 1 期。

确规定一定的协商期限，并推定在固定期限内如双方未能就修改问题达成一致，则程序终止，协议不发生修改。

第三阶段：协议修改意见的达成。在本阶段，两会应就协议修改的提议经协商后达成一致，并以一定方式将这种一致意见公之于众。在双方就此问题达成一致之后，应当由两会签署相应的书面"修改协议"或"换函"确认修改意见。

除修改程序的设置外，我们亦应对协议修改的具体方式加以关注。目前两岸协议的修改方式有两种，即"以协议修改协议"和"以换函修改协议"。从修改方式的规范程度来看，前者的规范性明显高于后者。从上文的归纳来看，协议修改的实践也印证了这一观点。即对两岸协议正文部分的修改，一般采取"以协议修改协议"的方式，而对协议附件部分的修改，则采取"以换函修改协议"的方式。我们认为，这种实践中对于协议不同部分的不同修改方式，具有一定的现实依据和可行性，因而这种实践方式应当被纳入协议修改机制的正式规定之中，而不应仅以一种"惯例"的形式表现出来。

第三节　两岸协议暂停实施和终止实施机制研究

当一项法律文本的内容已经与社会现实完全不能协调（或在特定时期内不能协调），透过法律解释和法律修改机制亦不能缓解因此而带来的现实与文本的紧张关系时，法律的废止（或中止）制度便随之出场，以消解这种紧张关系。在两岸协议的语境下，这种废止（或中止）制度即两岸协议的终止实施制度（暂停实施制度）。在当前的两岸协议文本中，协议的终止实施制度仅存在于个别协议之中，而暂停实施制度则并未明确体现在协议文本之中。这种文本的空白体现出两岸协议相关制度的缺位。本节即是从理论出发，结合两岸协议中的相关文本和实践，对两岸协议的暂停实施和终止实施制度加以探讨，以期为弥补这一文本空白提供理论支持。

一、两岸协议暂停实施和终止实施的基本理论

两岸协议的暂停实施，是指协议在两岸间生效后，由于出现一定的主客观原因，协议规定的部分内容暂时停止对两岸产生拘束力，当相关原因消失或两岸重新达成协议后，协议恢复拘束力的过程。两岸协议的终止实施，是指协议在两岸间生效后，由于一定主客观原因的出现，协议所规定的全部内容永久停止对两岸产生拘束力。回顾历史，我们发现，两岸协议的执行在很大程度上受到两岸政治形势的影响。同时，随着两岸交往的深入发展，一些两岸协议也必然会出现废止或中止实施的可能，因此协议暂停实施与终止实施机制具有其存在的必要性。

（一）法律暂停实施与终止实施的理论叙述

暂停实施和终止实施的基本制度在国际法和国内法中均有体现。要对两岸协议的相关机制做出分析，就有必要对国际法和国内法中的相关知识加以梳理和借鉴。暂停实施和终止实施制度，在国际法上体现为国际条约的终止和暂停实施，在国内法上体现为法律的废止和暂停实施。

在国际法中，条约的终止是指一个有效的条约，由于一个法定的原因，其所发生的一些效果终止的那种法律情况。[1] 条约终止一般缘于某些特定原因，这些原因导致条约已经无法继续履行或无需继续履行。一般而言，条约终止往往是由于期限届满、解除条件成立、履行完毕、履行不能、全体当事国同意、废约或退约、被后条约所替代、战争或者出现情势根本变化、一方重大违约等原因。[2] 条约终止的法律后果是因该条约而产生的权利义务关系的终止。条约的暂停实施，是指由于一个法定的原因而其所发生的一些法律效果暂时停止的那种法律情况。[3] 条约的暂停实施往

---

① 李浩培：《条约法概论》，法律出版社 2003 年版，第 419 页。
② 万鄂湘等：《国际条约法》，武汉大学出版社 1998 年版，第 335 页。
③ 李浩培：《条约法概论》，法律出版社 2003 年版，第 419 页。

往是由于条约自身规定、当事国同意、后订条约默示同意、外交关系与领事关系的断绝，以及情势根本变更等原因。[①] 条约暂停实施的法律后果是条约产生的权利义务关系的暂时停止。另外，需要说明的是，基于条约必须善意履行的原则，在条约暂停实施期间，停止施行条约的当事国不得做出任何妨碍条约恢复施行的行为。[②]

在国内法中，亦存在因各类现实情况而导致的法律的暂停实施和终止实施的情形，但国内法对相应的情形一般称之为法律的暂停实施和法律的废止。前者往往用于应对国内发生的重大突发事件，或用于解决改革中的局部"先行先试"活动与现行法律的冲突问题，后者则用于应对"法律不符合立法政策的要求或不适应社会发展的需要，达到相当的程度"[③] 的情况。法律废止的情况往往与法律清理活动相联系。在大陆的实践中，随着改革进程的不断推进，大批不符合改革要求的法律被废止，较大的几次法律废止活动出现在 1994 年、2001 年和 2013 年。与法律废止不同，在大陆的立法实践中，法律暂停实施的情况较少出现，其典型代表是 2013 年因设立上海自贸区而在自贸区范围内，暂停实施特定法律 3 年。2013 年 7 月，国务院通过《中国（上海）自由贸易试验区总体方案》，决定在上海自贸区范围内实行若干新的政策措施。然而由于这些措施"与现行外资企业法、中外合资经营企业法、中外合作经营企业法以及文物保护法 4 部法律的有关规定不一致"，[④] 为解决这种改革过程中出现的改革现实与现行法律之间的矛盾，国务院提请全国人大常委会授权国务院在自贸区范围内，暂时停止实施部分法律 3 年。综上所述，法律（包括国际法与国内法）的暂停实施和终止实施制度中的核心问题在于两点：一是启动制

---

① 万鄂湘等:《国际条约法》，武汉大学出版社 1998 年版，第 349 页。
② 万鄂湘等:《国际条约法》，武汉大学出版社 1998 年版，第 408 页。
③ 李林:《立法理论与制度》，中国法制出版社 2005 年版，第 236 页。
④ 《关于〈关于授权国务院在中国（上海）自由贸易试验区等国务院决定的试验区内暂时停止实施有关法律规定的决定（草案）〉的说明》，载《全国人民代表大会常务委员会公报》2013 年第 5 期。

度的具体原因；二是启动制度的法律后果。

（二）两岸协议暂停实施和终止实施制度的基本问题

就两岸协议而言，协议本身亦存着与法律类似的暂停实施和终止实施问题。一方面，两岸协议可能受两岸间某些突发事件，在一定时期内不宜继续实施，因而需要以暂停实施的方式对这种协议效力间断状态加以规制；另一方面，两岸协议可能因大陆和台湾双方的合意或一方意志而停止发生约束力，因而亦需要以终止实施的方式实现这一目的。然而，与国际法和国内法并不完全相同的是，对两岸协议而言，暂停实施和终止实施制度应当分情况加以考虑，即当双方协商一致，暂停或终止实施某项两岸协议的情形和两岸中一方单方面暂停或终止实施某项两岸协议的情形。在前一种情形中，由于两岸以协商方式就两岸协议效力状态的变化已经达成一致，因而问题的重点并不在于两岸选择暂停或终止实施协议的原因，而在于双方运用这两项制度的具体程序。在后一种情形中，问题的重点则在于两岸中的一方单方面暂停或终止实施某项两岸协议是否具有正当性，即两岸在单方面采取暂停或终止实施协议的措施时是否拥有正当理由。在这种情形下，两岸协议暂停实施和终止实施制度的核心应当在于对协议一方运用这一制度正当原因的设计。对两种不同情形下两个问题的回答，构成了两岸协议暂停实施和终止实施制度的基本框架。从两岸协议的法理定位出发，即可对这两种情形下两个问题所产生的具体问题加以论述。

第一，作为一种两岸共同政策，两岸协议的创制、实施都体现出两岸共同性的基本特点，因此，对协议效力状态的调整亦应该遵循两岸协商一致的基本原则。两岸协议作为两岸平等协商的结果，当两岸一致认为协议应当被暂停实施或终止实施时，双方自然有权使自己（永久的或暂时的）不再受相关协议的拘束，这一原则的正当性不言自明。因此，在此种情形下，两岸应当建构一套完整的制度体系，以实现对两岸协议暂停实施和终止实施行为的规制。

第二，尽管两岸协议是两岸合意的结果，是两岸共同意志的表现形式，但两岸协议在效力特征上表现出软法的特点，对两岸仅具有软性约束力，因此两岸中任意一方均可在实践中单方决定暂停或终止实施一项两岸协议。在此种情形下，两岸应当在借鉴国际法与国内法相关知识的基础上，对一方单方面暂停实施或终止实施两岸协议的合理原因加以界定。根据上文对国际法和国内法中，法律（条约）的暂停实施和终止实施制度的叙述，特定的重大问题往往构成这两项制度的启动原因。这些原因中，部分原因能够适应两岸协议相关制度的建构，而部分原因无法适用于两岸协议。因此，在两岸协议暂停实施和终止实施制度的建构中，应当结合两岸关系和平发展的实践，明确这两项制度启动的具体原因。

二、两岸协议暂停实施和终止实施的规则叙述和实证分析

要考察两岸协议的暂停实施和终止实施制度，就无法绕过协议中所涉及的相关制度的规则和实践。就规则而言，部分两岸协议以其不同方式规定了协议的暂停实施和终止制度；就实践而言，1999—2008 年 3 月间，两岸两会商谈的中止，实际上构成对《两会联系与会谈制度协议》的暂停实施，成为两岸协议历史上唯一一次协议暂停实施。

就两岸协议的终止制度而言，目前明确规定了协议终止的两岸协议，包括 1993 年签署的《两会联系与会谈制度协议》《两岸公证书使用查证协议》《两岸挂号函件查询、补偿事宜协议》，以及 2010 年签订的《海峡两岸经济合作框架协议》。这四项协议针对协议终止的具体规定，可分为两种表述模式：一是前三项协议所应用的表述模式，即规定"协议变更或终止应经双方协商同意"①；二是后一项协议所应用的表述模式，即规定"一方终止本协议应以书面通知另一方。双方应在终止通知发出之日

---

① 《两会联系与会谈制度协议》第六条第二款；《两岸公证书使用查证协议》第六条第二款；《两岸挂号函件查询、补偿协议》第九条第二款。

起三十日内开始协商。如协商未能达成一致，则本协议自通知一方发出终止通知之日起第一百八十日终止。本协议终止后三十日内，双方应就因本协议终止而产生的问题展开协商"。① 前一种规定模式的逻辑在于，协议的终止必须由双方达成一致方可实现，后一种规定模式的逻辑则与之相反，即协议的终止权归属于协议的一方，但协议最终的终止需要经过双方在特定期限内的协商。在两岸协议实施的历史上，尚未出现过一方或双方明示终止某项协议的情况。

需要说明的是，作为 2008 年 6 月两会复谈以来唯一一项设有协议终止实施条款的协议，ECFA 中设置协议终止条款并非出于偶然，而是大陆对台湾方面部分人士诉求的一种回应。根据台湾当局"经济部国际贸易局"的声明，ECFA 终止条款的设计，"系国际上许多自由贸易协定（FTA）的惯例，目的在顾及签约方未来倘面临重大情势变更，无法履行协定中的义务时，可以通知之方式退出（多方签约）或终止（双方签约）该项协定，此重大情势之变更可能系来自国际的或国内的经济环境变迁"。② 而国民党籍"立法委员"赖士葆在"立法院"审议 ECFA 时发言称："（ECFA）第十六条是可以不写文字下来的，但是因为民进党不断的讲，不断的讲，我们顺应民进党的主张，把原本为惯例的第十六条将之条文化、文字化。"③ 由此可见，其他两岸协议不明文规定终止条款，并非由于两岸的疏忽，而是这一条款已经被双方默认为"惯例"，因而无需"条文化、文字化"。

就两岸协议的暂停实施制度而言，目前各项协议中并未出现明示规定，而仅有部分协议中涉及与这一制度相关的默示规定。以《海峡两岸

---

① 《海峡两岸经济合作框架协议》第十六条。
② 台湾地区"经济部国际贸易局"：《有关施明德先生呼吁删除 ECFA 终止条款的几点说明》，资料来源：http：//cweb. trade. gov. tw/Mobile/Detail. aspx？nid＝829&pid＝320000，最后访问日期：2015 年 1 月 30 日。
③ 台湾地区《"立法院"公报》第 99 卷第 50 期，第 73 页，赖士葆发言。

服务贸易协议》为例，该协议第八条规定，"因实施本协议对一方的服务部门造成实质性负面影响，受影响的一方可要求与另一方磋商，积极寻求解决方案"。这一规定意味着当该协议实施中出现"对一方的服务部门造成实质性负面影响"的情况时，双方即可启动磋商程序，以协商解决方案。而此处的解决方案，自然包括终止实施或暂停实施此项协议（或其中某些特定条款）。

在两岸协议实施的历史上，尚未出现为两岸所共同认可的协议暂停实施的情况，但从两岸关系发展的实践情况来看，却出现过协议效力中止的情形。1993 年"汪辜会谈"时，两岸两会就两会联系与谈判制度签署《两会联系与会谈制度协议》，该协议在 1999 年至 2008 年 6 月间，实际上即处于效力中止的暂停实施状态。根据《两会联系与会谈制度协议》之规定，"海协常务副会长与海基会副董事长或两会秘书长，原则上每半年一次……就两会会务进行会谈"，[①] "两会副秘书长、处长、主任级人员……每季度在两岸择地会商"，[②] 这一条文规定了两会副领导人以下的各级会务人员的会谈制度。然而，1999 年 7 月之后，两会间的正常接触和联系，即因李登辉抛出的"两国论"而被迫中断，直到国民党重新上台执政后的 2008 年，两会的联系方才恢复。这种两会联系的暂时中断，实际上就是两岸对《两会联系与会谈制度协议》实施效力的一种中止和暂停，而两会的复谈，实际上就是两岸对《两会联系与会谈制度协议》实施效力的一种恢复。

三、两岸协议暂停实施和终止实施制度的建构与完善

结合两岸协议文本中对于协议暂停实施和终止实施制度的规定，围绕上文针对这两项制度所提出的两项基本问题，我们认为，应从以下三个方

---

① 《两会联系与会谈制度协议》第一条第二款。
② 《两会联系与会谈制度协议》第一条第三款。

面建构与完善协议暂停实施与终止实施制度。

（一）应明确建立两岸协议的暂停实施和终止实施制度

从两岸关系和平发展的趋势和两岸协议发展的实践来看，出于促进协议有效实施，维护两岸共同利益的目的，我们认为，两岸应当明确建立两岸协议的暂停实施和终止实施制度，以适应协议变迁机制的制度需求。一方面，应当将暂停实施和终止实施条款，正式纳入各项两岸协议的文本之中，明示这两项制度的存在。从当前两岸协议的条款结构来看，协议的暂停实施和终止实施条款，作为协议效力状态改变的两种情形，可列于协议的"协议履行与变更"条款中，作为其中一款，并将这一条款相应地改为"协议履行、变更、暂停实施与终止实施"。另一方面，应当在协议文本中对两项制度的内涵加以界定，即规定两岸协议的暂停实施，意味着在特定期间内协议对双方不再发生约束力，但双方仍不得为破坏恢复协议之行为，协议效力的恢复则由双方以协商方式决定；两岸协议的终止实施则意味着协议对双方不再发生约束力。

（二）应明确两岸中一方决定协议暂停实施和终止实施的制度规则

正如上文所言，在单方决定协议暂停实施或终止实施的情形下，一方启动制度的原因规则，构成判断其行为正当性的标准。因此，我们应当针对两岸协议实施中可能出现的影响协议实施的情形加以归纳，并明确其中可以成为协议一方单方面终止或暂停实施协议的原因。

就协议的暂停实施而言，我们应当在借鉴国际法与国内法相关知识的基础上，结合两岸关系发展实践对其制度启动原因加以设计。在上文介绍的国际法中条约暂停实施的原因中，"当事国同意""外交关系与领事关系的断绝"这两种原因，并不属于单方决定的范围，因而不能为两岸协议所借鉴，而"条约自身规定""后定条约默认同意"和"情势根本变更"这三种原因，则可以与两岸协议的实践相关联，且具有一定的合理性。然而，"条约自身规定"和"后定条约默认同意"这两种情形，实际上仍属于缔约各方合意，而非单方意志的结果，因而这两项规则不能为我们所借鉴。在上文介绍的国内法暂停实施的原因中，"解决改革中的局部'先行先试'活动与现行法律的冲突问题"的情形，在两岸协议中并不存在，因而不能为我们所借鉴。综合国际法与国内法相关理论，结合两岸关系发展实践，我们认为，应当将协议规定事项发生"情势根本变更"，设定为单方决定两岸协议暂停实施的基本原因。

就协议的终止实施而言，我们亦应借鉴国际法的相关理论与实践，对其制度启动原因加以设计。在上文介绍的国际法中条约终止实施的原因中，"期限届满""解除条件成立""履行完毕""全体当事国同意""背后条约所替代"等原因，均属于缔约各方合意的表现，并不属于单方决定的结果，而"战争"并不属于正当的一方终止协议实施的理由，因此这几种原因并不能为我们所借鉴。因此，我们认为，应当将单方决定两岸协议终止实施的原因，设定为以下两项：一是发生重大情势变更，继续履行协议将对一方显失公平；二是一方根本性违反协议，即协议一方违反该协议中最为核心的规定，使协议事实上处于被破坏的状态时，另一方可宣布单方面终止协议实施。

（三）应明确两岸协议暂停实施和终止实施制度实施的具体程序

就两岸协议的终止实施而言，若双方存在协商的可能性，则存在着上文所述的两种协议终止实施的规范模式，即双方一致同意方可终止协议和双方未能协商一致时则协议（自一方提出之日起 180 日）终止。

我们认为，由于两岸协议并不具有事实上和法律上的强制力，因此后者无疑更具有可操作性。因而，两岸协议的终止实施程序应当采取 ECFA 第十六条所设置的机制。反之，若双方不存在协商之可能性，即出现一方根本性违反协议或一方宣布不再执行协议的情形时，则协议自此两种情形出现时，自动终止在海峡两岸的实施。对于两岸协议的暂停实施而言，若

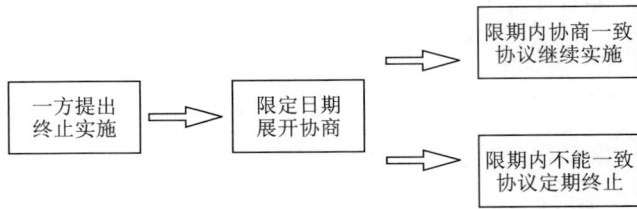

一方提出 终止实施 → 限定日期 展开协商 → 限期内协商一致 协议继续实施 / 限期内不能一致 协议定期终止

图 5-1　两岸协议的终止实施程序图

出现双方明示协商的情形，则其程序可以参照上述的协议协商终止实施程序；若出现双方默示同意暂停实施情形时，则自双方不再在各自领域内实施协议开始，该协议进入暂停实施状态。

第六章 《海峡两岸交往综合性框架协议》（建议稿）[①]

　　两岸交往是指大陆和台湾以各种方式进行沟通、接触和交流的过程。它包含两岸民众之间的交往和两岸公权力机关之间的交往两个层次。2008年以来，随着两岸关系和平发展的逐渐深入，两岸之间的交往日趋多元、复杂。因此，运用法治思维，积极构建两岸交往机制，促进两岸在各层次交往的常态化和制度化，对于增进两岸民众情感、强化两岸交往联系、积累两岸政治互信等，均有着重要现实意义。两岸协议作为两岸法制的重要构成部分，能够在一定程度上将两岸既有的共识予以固化，并对大陆和台湾产生现实约束。在这种情况下，两岸有必要凝聚共识，以平等协商的方式，共同构建体系化的两岸交往机制，促进和保障两岸各层次的交往，形成"两岸交往综合性框架协议"，为两岸交往机制的规范化提供法理基础。为此，我们在长期进行两岸关系和两岸交往机制研究的基础上，依托"两岸大交往机制"的理论框架，草拟了《海峡两岸交往综合性框架协议》（建议稿），以期推动大陆和台湾早日就两岸交往问题形成制度性协议，促进和规制两岸交往行为，使大陆和台湾逐步形成法治化的两岸关系。同时，本建议稿也是运用全书构建的两岸协议实施机制理论

[①] 本章的主要观点曾发表于《"一国两制"研究》（澳门）2015年第2期，收入本书时有修改。

体系，形成的一份两岸协议建议稿，这份建议稿即是对两岸各层次交往问题的一种宏观规制，也是对本书前五章建构的理论体系的一种实际应用。

序 言

为促进海峡两岸关系和平发展，保障两岸交往有序进行，基于互信互谅、平等互利、循序渐进的原则，海峡两岸关系协会与财团法人海峡交流基金会就双方交往事宜，经平等协商，达成协议如下：

【释义】序言部分是两岸协议的传统内容，主要对本协议的目的、谈判与签署协议的原则、主体和名称等基本问题进行说明。具体而言，本协议的序言主要规定下列内容：一是协议目的。作为构建两岸关系和平发展框架的重要文件，两岸交往综合性框架协议的根本目的在于，保障两岸交往的有序进行，进而达到凝聚共识，拓展两岸互信的目的。因此，此处将协议目的表述为"保障两岸交往有序进行"。二是协议谈判和签署的原则。按照两岸协议的惯例，两会在协议谈判和签署的过程中处于平等地位，因而此处确立"互信互谅、平等互利"为达成协议的原则。三是协议主体。自1993年以来，各项两岸协议的谈判和签署主体均为两岸两会，这种两会事务性协商机制已成惯例。因此，此处的协议主体仍规定为"海峡两岸关系协会与财团法人海峡交流基金会"。四是协议名称。两岸在两会机制下形成了协议前冠之以"海峡两岸"的惯例。这一惯例在本协议中并无修改必要，宜继续沿用。因此，本协议的名称确定为"海峡两岸交往综合性框架协议"。

第一部分 总 则

第一条 两岸交往的目标

本协议的目标为：

一、增进双方之间的各层次交往，保障双方交往的有序进行。

二、扩大双方在交往过程中的合作领域，建立更加广泛的合作机制。

三、通过规范双方交往秩序，进一步维护和拓展两岸关系和平发展的良好局面。

【释义】本条规定本协议的目标。两岸协议的目标条款是整个协议的基本条款，它既为整个协议的具体规定指明方向，又为协议在适用过程中存在疑问时提供指导。在两岸协议中，自《海峡两岸农产品检疫检验合作协议》起，各项协议均以不同方式设置目标条款，且一般置于协议的第一条或第一章中。基于目标条款对协议的重要意义和近年来两岸协议形成的传统，本协议亦将目标条款置于全文第一条。本协议所规定的三项目标是对协议性质、内容、功能等基本思路、基本精神予以总结，并分层递进进行的规定。

首先，本协议作为规制两岸各层次交往机制的基础性协议，为两岸各层次交往提供基本准则、形成健康的交往秩序无疑是协议的首要目标。因此，本条确定"加强和增进双方之间的各层次交往，保障交往的有序进行"为协议的第一项目标。

其次，本协议以构建两岸大交往机制为指导思想，因而有效整合和扩大两岸现有的交往范围，扩大双方合作领域亦应当是本协议的当然目标之一。可以说这是两岸实现有序交往的必然结果。因此，本条将"扩大双方在交往过程中的合作领域，建立更加广泛的合作机制"确定为协议的第二项目标。

最后，除上述两项目标外，本协议在整个两岸关系和平发展框架中无疑也具有重要作用。一方面，作为两岸关系和平发展框架的重要组成部分，两岸交往机制的形成，将为整个发展框架的完善提供动力支持；另一方面，由于两岸交往对于两岸各领域互信的强化具有重要作用，因而两岸交往机制的形成和拓展亦将为两岸关系和平发展创造更好的内在条件。因此，本条在前两项目标基础上将"进一步维护和拓展两岸关系和平发展的良好局面"确定为协议的第三项目标。

第二条　两岸交往的合作范围

双方同意本着平等互惠原则，就两岸交往事宜，加强在包括但不限于下列领域的交流合作：

（一）双方民间交往的制度安排，包括双方民间往来的规定、待遇、标准等问题的交流与合作。

（二）双方公权力机关交往的制度安排，包括双方公权力机关往来的原则、规则、名义，双方公权力机关以议题为核心的合作机制等问题的交流与合作。

【释义】本条规定协议的合作范围。在两岸大交往机制的整体安排下，两岸就双方交往这一议题的合作范围，明确为主要涵盖双方民间交往的制度安排和双方公权力机关交往的制度安排两个构成部分。在两岸大交往机制中，两岸交往的主体是两岸民众，其主导者是两岸公权力机关。两岸民间交往机制包含两岸民众在经贸、投资、旅游、就业、就学、文化交流、探亲、婚姻等各个方面的交往，其政治色彩较为淡薄，受两岸政治关系变动的影响较小。对两岸民间交往机制而言，最重要的内容应当包含两岸就上述民间交往领域中的法律规范、给予对方居民的待遇、标准等问题的交流与合作等。因此，本协议规定两岸就民间交往制度安排的合作，应包括双方民间往来的规定、待遇标准等问题。两岸公权力机关交往机制是两岸在政治上存在分歧的情况下，为处理涉及公权力运作的两岸事务性问题而产生的一种交往机制。目前两岸公权力机关交往机制包含两会交往机制和刚刚建立的大陆和台湾两岸事务主管部门沟通机制等具体制度。对于两岸公权力机关交往机制而言，其正常运行受到两岸间政治分歧的影响较大，同时亦受到两岸公权力部门体制设置不一等制度困境的影响，因此在构建这一机制时，应充分考虑"非政治化"和体制对应等现实问题。因此，本协议规定两岸就公权力机关交往制度安排的合作，应当包括对双方交往过程中的"非政治化"问题加以消解的双方交往之原则、规则、名义等问题，以及对体制对应问题加以消解的以议题为核心的合作机制构建等问题。

第三条　两岸交往的基本原则

一、双方以适当方式鼓励和支持民间交往的开展，并遵循下列原则：

（一）双方承诺就两岸民间交往过程中的相关事项展开持续协商；

（二）双方对两岸民间交往的单方规制应以有利于民间交往的开展为原则；

二、双方公权力机关应以双方商定的、适当的名义和方式开展交往，并遵循下列原则：

（一）双方尊重彼此在各自领域内的管辖权；

（二）双方公权力机关在开展业务交往活动中，不涉及政治问题。

三、在双方交往中出现上述原则无法涵盖的现实问题时，由双方以协商方式解决。

【释义】法律原则是指可以作为规则的思想基础或政治基础的综合性、稳定性的原理和准则。① 对本协议而言，协议的基本原则构成协议各项具体条款的根基，其效力涵盖整个协议。结合两岸交往实践，本条拟设计三项内容作为本协议的基本原则，其中两项分别规制两岸民间交往和两岸公权力机关交往，一项对整个两岸交往机制进行兜底性规制，具体

---

① 李龙主编：《法理学》，武汉大学出版社 2012 年版，第 127 页。

说来：

第一，本条规定了两岸民间交往的基本原则。两岸民间交往是两岸交往中数量最大也最活跃的交往形式。本条提出，两岸应持有共同"鼓励和支持"两岸民间交往的基本态度，并遵守两项基本原则：其一，由于两岸民间交往涉及两岸民众往来中的各种问题，其内容纷繁复杂，故本条首先规定了双方就民间交往中产生的相关事项进行继续协商的原则，即明确两岸将以协商方式解决两岸民间交往问题，以强化两岸在这一领域的共识决策方式，避免过去纯粹的单方决策所导致的各类问题，从而做出有利于两岸民众交往的制度安排。其二，在提倡两岸以共识决策解决两岸民间交往中各类问题的同时，协议并不完全否认大陆和台湾单方决策的重要意义，但协议对两岸单方决策进行了原则性限制，即两岸做出的单方面规制应以有利于两岸民间交往的开展为原则，以避免两岸中一方刻意限制两岸交往情况的出现。

第二，本条规定了两岸公权力机关交往的基本原则。本协议试图以"两岸间"这一概念作为指导构建两岸公权力机关交往机制的理论基础。①以"两岸间"概念为指导的两岸公权力机关交往机制，就是以对两岸现有治理权力边界的尊重为基础，将政治问题与现实中的共同治理相分离以适应两岸现实的一种方案。②在这一方案指导下，两岸应"以双方商定的、适当的名义和方式"开展交往，并遵循以下两项基本原则：一是双方应尊重彼此在各自领域内的管辖权。尊重对方现有治理权力是两岸公权力机关展开交往与合作的基础，为尽量规避"主权""治权"等政治敏感性较高的用语的使用，本条以"管辖权"来描述双方在各自领域内的治理权力，并以"尊重"代替"承认"，用以描述（而非规定）大陆和台

---

① 参见祝捷、周叶中：《论海峡两岸大交往机制的构建》，载黄卫平等主编：《当代中国政治研究报告》第十辑，社会科学文献出版社 2013 年版。

② 周叶中、段磊：《海峡两岸公权力机关交往的回顾、检视与展望》，载《法制与社会发展》2014 年第 3 期。

湾对待对方治理权力的基本态度。二是双方交往中的非政治化原则。在"两岸间"的理论架构之下，两岸公权力机关交往、合作的主要目的是解决两岸事务性问题，故应尽力去除两岸公权力机关在双方交往过程中的政治属性，达到"政治脱敏"的效果。因此，本条明确了双方公权力机关交往的主要目的，即"业务交往"，明文要求双方避免涉及政治问题。

第三，本条规定了双方协商解决未尽事宜的基本原则。在海峡两岸的交往活动中，可能出现各种各样的现实问题，这些现实问题可能超越两岸在签署协议时的预料。因此，除规定两岸民众和两岸公权力机关交往的基本原则外，本条还设置了兜底性条款，即当发生上述原则无法涵盖的现实问题时，由两岸以协商方式解决的规定。

第二部分 两岸民间交往的制度安排

第四条 两岸双方尊重对方民商事法律制度

两岸双方尊重对方民商事法律制度，并致力于共同建立区际法律冲突规范，以解决双方在民商事法律规则中存在的差异。

双方承诺，己方居民在对方领域内时，遵守对方之民商事法律规定。

【释义】 在一定时期内，囿于两岸之间存在的"承认争议"，大陆和台湾均不承认对方制定的法律规范，亦不认为己方居民在对方领域内应当遵守对方制定的相关法律规定。在两岸交往隔绝的情况下，这种不承认态度对两岸民众基本权利的保护并无太多影响。然而，在两岸民众交往日盛的时期，这种不承认态度则不仅无法在实践中得到切实执行，亦不利于两岸民众的个人权利在对方领域内获得有效保障。

在两岸打破隔绝状态、双方民间交往日趋密切的情势下，台湾方面对两岸政治关系定位发生了改变，以"一国两区"为基础制定了作为其调整两岸事务基本法律的"两岸人民关系条例"。在"两岸人民关系条例"

中，台湾方面开始允许适用"大陆地区之规定"，① 间接承认了大陆地区民事法律在台湾地区的可适用性。与此同时，大陆方面亦在考虑到两岸民众交往日盛的情况下，逐渐改变其对待台湾地区法律规定的态度，有条件地承认了台湾地区相关法律规定在大陆的可适用性。2010 年最高人民法院《关于审理涉台民商事案件法律适用问题的规定》的出台，实现了大陆对台湾地区民事法律的适用效力从间接承认到直接承认的转变。② 这对于解决两岸交流中产生的各类纠纷，明确法律适用问题，具有重大实践意义。2009 年，两岸签署《海峡两岸共同打击犯罪和司法互助协议》，为两岸在司法互助方面的合作提供了规范依据。这体现出两岸尝试以共识决策方式，解决双方在司法领域之中的合作的基本态度。总之，两岸已在实践中对对方民商事法律规范的适用性持承认态度，且已开始致力于强化双方在民商事司法活动中互助合作的实践，故本条对这一实践中的既有现象加以确认，规定双方尊重对方民商事法律制度。

在承认对方民商事法律规范适用性的基础上，构建两岸区际法律冲突规范成为两岸必须面对的现实问题。所谓区际法律冲突，就是在一个国家内部不同地区法律制度之间的冲突，或者说是一个国家内部不同法域之间的法律冲突。③ 由于两岸分属两个不同法域，在两岸交往过程中，自然会产生区际法律冲突问题。从法理上讲，要解决区际法律冲突问题，可以采用制定全国统一的区际冲突法、各法域分别制定各自的冲突法、制定统一实体法等方式。④ 在两岸当前尚处于政治对立的形势下，双方很难以全国统一制定冲突法或实体法的方式，解决两岸间存在的区际法律冲突。因

---

① "两岸人民关系条例"第 41 条规定，"大陆地区人民相互间及其与外国人间之民事事件，除本条例另有规定外，适用大陆地区之规定"。

② 《关于审理涉台民商事案件法律适用问题的规定》第 1 条规定，根据法律和司法解释中选择适用法律的规则，确定适用台湾地区民事法律的，人民法院予以适用。

③ 黄进：《区际冲突法研究》，学林出版社 1991 年版，第 48—49 页。

④ 参见黄进：《试论解决区际法律冲突的途径》，载《法学评论》1988 年第 1 期。

此，以协议方式推动两岸各自区际法律冲突规则的趋同化，既能够取得与全国统一制定区际冲突法相类似的法律效果，又无碍于双方在政治对立情况下各自维持自己的法制权限，从而能较好地解决两岸区际法律冲突。因此，本协议规定，双方致力于共同建立区际法律冲突规范，以解决双方在民商事法律规则中存在的差异。

在承认对方民事法律规范可适用性的前提下，要求己方人员在对方领域内尊重对方相关法律规定，成为两岸尊重对方民商事法律制度的应有之义。商务部、国家发改委和国台办曾于2010年联合制定了《大陆企业赴台湾地区投资管理办法》，该办法第三条即规定："大陆企业赴台湾地区投资，应……认真了解并遵守当地法律法规……"按照这一规定，大陆已经在法律规范中明确了己方居民在台湾地区遵守当地法律规范的义务。这种义务的确立，是出于对台湾地区既有社会秩序的尊重，亦是出于对大陆赴台居民个人权利的保护。因此，本协议所规定的"双方承诺，己方居民在对方领域内时，遵守对方之民商事法律规定"之条文，亦是对两岸既有规定的一种确认与拓展。

需要指出的是，在区际私法中，适用其他法域的民商事法律，只是为了保护私人的民商事利益，并非对该法域国际政治和法律地位的认同。[①]因此，大陆方面允许在发生区际法律冲突时适用台湾地区法律，要求己方居民在台湾地区遵守当地规定，并非是对台湾"主权"或"治权"的承认，而是将台湾地区法律重新视为"一个中国"法律体系的一部分，将台湾地区法律视为保障当地秩序的规则。然而，这种要求己方居民在对方领域内遵守对方法律法规的规定，目前仅限于个别领域，并未形成概括性规定。而这种零散的规定方式已无法满足现实需要。因此，本条确立了大陆和台湾应要求"己方民众在对方领域内遵守对方民商事法律规定"的

---

① 徐崇利：《两岸民商事法律冲突的性质及立法设计》，载《厦门大学法律评论》第五辑。

概括性原则，以保障两岸民众在对方领域内的活动，不对对方领域内的既有社会秩序产生影响。

第五条 两岸双方居民在对方领域内的法律地位

双方承诺，双方居民在对方区域内享有不低于对方居民之法律地位。

【释义】 随着两岸交往的日益深入，两岸居民前往对方领域内婚嫁、探亲、旅游、投资、就学、就业等活动日益频繁。在这一背景下，大陆居民在台湾的法律地位和台湾居民在大陆的法律地位，成为两岸关系和平发展中的一个新问题。在台湾，关于大陆居民在台湾地区的法律地位问题，其"两岸人民关系条例"做出了较为细致的规定。其内容涉及大陆人民在台湾地区法律地位的原则性规定、大陆居民入境台湾地区、大陆人民在台湾地区居留、定居、就业、从事商务或观光活动、担任公职或登记为公职候选人、担任涉密职务、组织政党、从事投资、就学等事项。① 总之，在"两岸人民关系条例"中，台湾当局以"确保台湾地区安全与民众福祉"为由，通过各类限制性规定，确立了大陆人民在台湾地区有别于台湾人民的法律地位。近年来，尽管台湾地区"司法院"透过一系列"大法官解释"，部分修正了这种区别对待的限制性规定，确立了适用于大陆人民人身自由、迁徙自由和收养领域的同等对待原则，但总体而言，大陆人民在台湾地区的各项基本权利之行使仍处于受限状态。②

确认两岸居民在对方领域内有不低于对方居民的法律地位，有利于促进两岸民众的日常交往，保障两岸民众在对方领域内的基本权利。目前，在部分两岸协议中，零散地规定了两岸居民在对方领域内的法律地位问题，如《海峡两岸投资保护和促进协议》中即规定，"一方应确保给予另一方投资者及其投资公正与公平待遇，并提供充分保护与安全"，但此类

---

① 参见"两岸人民关系条例"第二章。
② 参见祝捷：《论大陆人民在台湾地区的法律地位——以"释字第 710 号解释"为中心》，载《台湾研究集刊》2014 年第 2 期。

规定仅散见于两岸签署的几项专项协议，其保护范围极其有限。因此，站在增进双方民众交往的角度，两岸应当尽快以专门协议（或协议条款）概括性地确认两岸居民在对方领域内的法律地位，全面推行同等对待原则。因此，本条以"双方居民在对方区域内享有不低于对方居民之法律地位"的表述方式确认这一原则，以满足两岸关系发展过程中双方民众的现实需要。

第六条 两岸共同促进民间交往

一、为实现共同促进两岸民间交往之目的，双方同意加强包括但不限于以下合作：

（一）两岸居民在对方区域内居留和定居时产生的各类问题；

（二）两岸居民之间在婚姻、抚养、赡养、收养、继承中产生的各类问题；

（三）两岸居民在对方区域内就学、就业中产生的各类问题；

（四）两岸居民在对方区域内进行经贸活动、投资活动中产生的各类问题

（五）两岸居民在对方领域内进行文化交流活动和社会组织交流活动中产生的各类问题。

二、双方应尽速针对本条合作事项的具体计划与内容展开协商。

【释义】两岸民间交往机制所涉及的，乃是两岸交往中数量最庞大、形式最活跃的交往形式，也是与两岸民众福祉关系最密切的交往形式。因此，在确定两岸民商事法律规定的合作原则和两岸给予对方居民在己方领域内享受同等待遇的原则后，本条以列举方式规定了双方在两岸民间交往领域中应重点强化合作的具体领域。依照民事活动的范围不同，本条分别规定了双方应强化合作的领域，具体包括两岸居民在对方区域内居留、定居、就学、就业、进行经贸活动、投资活动、文化交流活动、社会组织交流活动中产生的各类问题，两岸居民之间婚姻、抚养、赡养、收养、继承

中产生的各类问题等。当然，本条亦明确指出，双方加强合作的领域"包括但不限于"上述领域。这一规定为双方在未来民间交往中出现其他不属于上述条款罗列之问题时，继续进行合作提供了依据。除此之外，本条还专项规定，双方应尽速针对上述问题展开具体协商，从而明确了双方在上述领域进行后续协商，签署本协议之后续协议的义务。

第三部分 两岸公权力机关交往的制度安排

第七条 两岸公权力机关交往平台的构建与维护

两岸双方致力于共同促进公权力机关之间的业务往来，以实现促进和保障双方民间往来、维护两岸关系和平发展之目的。

双方公权力机关得通过包括但不限于以下之平台进行交往：

（一）海峡两岸关系协会与财团法人海峡两岸交流基金会之商谈机制；

（二）双方两岸事务主管机构之沟通机制；

（三）双方共同认可的其他沟通机制。

双方致力于共同构建和维护上述交往平台，并视情况需要，进一步拓展双方交往渠道。

【释义】本条规定两岸公权力机关交往平台的构建与维护机制。所谓交往平台，即由两岸以共识形式构建的能够为双方提供常态化的理性沟通机会的制度安排。[①] 在历史上，两岸公权力机关之间曾通过两岸两会、个案授权民间组织、行业组织和两岸事务主管部门等渠道进行过交往。目前仍在运行的渠道包括两会事务性商谈机制和两岸事务主管部门沟通机制。这两种两岸公权力机关间的交往机制，既有分工上的区别，又可以相互弥补与配合，共同发挥着保障双方公权力机关沟通、交流的功能。

---

① 　周叶中、段磊：《海峡两岸公权力机关交往的回顾、检视与展望》，载《法制与社会发展》2014 年第 3 期。

自 1991 年以来，两岸两会接受双方公权力机关授权，通过平等协商，签署了 21 项事务性协议。两岸透过这一平台，就双方共同关心的事务性议题充分交换意见，形成两岸共识，并以协议形式将两岸共识予以固化。因此两会事务性协商机制的主要功能，在于解决两岸之间的众多事务性问题，保障双方在事务性议题上的沟通与合作。与历史悠久的两会机制不同，大陆和台湾两岸事务主管部门之间的沟通管道刚刚建立。国台办主任张志军与台湾"陆委会主委"王郁琦在 2013 年 APEC 会议期间短暂寒暄，并于 2014 年 2 月和 6 月完成互访，宣告双方建立常态互访机制。从双方两次正式会谈的实践来看，两岸事务主管部门进行沟通的内容，既涉及两岸政治性议题，如两岸领导人会晤等问题，也涉及两岸事务性议题，如两岸两会互设办事处、两岸共同推动 ECFA 后续协商等问题。但总体而言，双方在这一机制中并不涉及两岸交往中的具体问题，而是宏观地就双方的两岸政策交换意见。因此，两岸两会和两岸事务主管部门这两套交往机制之间，已形成较为清晰的分工，二者相互影响，相互促进，共同构成当前两岸公权力机关的交往平台。在这一现实背景下，本条对两岸现有的两种公权力机关交往平台进行制度确认，要求双方应共同构建和维护这两个交往平台，并以"双方认可的其他交往平台"的兜底性规定，保障两岸创设其他交往平台和恢复运行原有交往平台的可能性。最后，本条还为两岸共同构建除上述几种交往平台之外的两岸公权力机关交往机制预留了制度空间，规定双方"情况需要，进一步拓展双方交往渠道"。如此一来，本条的设计既保障了两岸现有公权力机关交往机制的正常运行，也为双方在未来开拓新的交往机制，如拓宽两岸公权力机关直接接触范围等提供了可能。

第八条　两岸业务人员交往的非政治化

双方业务人员的接触应以"有关部门负责人""执法人员"等名义进行，双方在交往过程中应避免触及政治问题。

【释义】本条规定两岸公权力机关交往中双方业务人员交往的非政治化原则。目前，大陆和台湾尚不能就两岸政治定位问题提出双方均可接受的方案，因而两岸间存在的政治分歧无法得到消解，这种分歧的集中表现即是双方的"承认争议"。① 承认争议在政治上的具体表现之一，便是两岸互不承认对方公权力机关和政治职位的"合法性"，构成两岸政权核心的公权力机关和政治职位也为两岸所否认。② 然而，随着近年来两岸事务性往来逐渐密切，在合作执法、信息沟通等方面，两岸公职人员之间的直接接触已经无法避免。自《海峡两岸食品安全合作协议》以来，绝大部分两岸协议都将"双方业务主管部门指定的联络人"作为协议的议定事项联系主体，在实践中，两岸协议的具体实施和实施中的沟通，均由两岸各自的业务主管部门进行，因而在两岸协议的联系机制之下，两岸公职人员亦存在直接接触的现象。在这些场合，双方公职人员往往以民间身份，如顾问、专家等，或是以"业务部门主管人员""执法人员"等政治色彩较弱的身份进行接触。两岸共同坚持的这种以非政治化方式处理两岸事务性问题的默契，充分体现出双方的务实态度，为双方联系、接触的顺利进行，避免政治分歧带来的负面影响提供着重要支持。然而，两岸这种在业务往来中以"非政治化"方式处理相互间关系的方式，却仅仅是双方的一种政治默契，而并无正式制度加以明确。我们认为，应当以协议形式，将这一"政治默契"加以明确，以保证双方业务人员的正常往来。因此，本条明确规定，双方业务人员在交往过程中，应当避免触及政治问题，并明确双方交往过程中的身份为"有关部门负责人""执法人员"等。

第九条　两岸城市交往

双方支持两岸城市之间的友好交往，双方共同致力于建设两岸城际友

---

① 参见祝捷：《论两岸海域执法合作模式的构建》，载《台湾研究集刊》2010 年第 3 期。

② 祝捷：《两岸关系定位与国际空间——台湾地区参与国际活动问题研究》，九州出版社 2013 年版，第 25 页。

好关系，鼓励双方签署城际事务性合作协议和备忘录。

【释义】本条规定两岸城市之间的交往机制。城市是两岸各自地方政权的组成部分，也是双方公权力机关交往的构成单元之一。在当前两岸存在的"承认争议"之中，双方争议的核心集中于中央层面，即"一个中国"问题。大陆对于台湾地区地方政权的合法性并不否认，在两岸城市交往的实践中，亦以"市长""县长"名义，称呼台湾地区地方行政机关负责人。因此，两岸城市间公权力机关的交往，成为两岸在存在较大政治分歧的情况下，双方实现直接接触和往来的一个突破口。在台湾方面"政党轮替"已成常态的今天，拒不承认"九二共识"的民进党重新在台执政并非没有可能，这将可能重新阻断大陆和台湾当局"中央"层面交往的渠道。然而，在台湾"地方"层面却极难出现一党垄断全部县市执政权的局面。因此，构建两岸城市间交往机制，能够在两岸出现特殊政治局势的情况下，为两岸提供另一条公权力机关之间的交往管道。

在实践中，两岸多个城市间建立了友好关系。如上海市与台北市、南京市与新北市、富阳市与基隆市、龙岩市与桃园市、漳州市与台南市等。其中尤以上海市与台北市之间的交往最为密切。自2000年起，两市就开始轮流举办城市论坛，两市市长亦曾进行过互访。2011年7月，台北市市长郝龙斌访问大陆，参加"上海-台北城市论坛，与上海市市长韩正举行会晤，双方签署教育、卫生医疗、旅游合作交流合作备忘录。① 我们认为，作为两岸公权力机关交往机制的一项重要渠道，两岸城市间交往机制，包括双方以备忘录形式进行合作的方式，应当被固定下来，以成为两岸间一种制度化的交往方式。因此，本协议专条规定两岸城市间交往机制，鼓励和支持双方城市签署城际事务合作协议和备忘录。

---

① 参见中国广播网：《上海-台北城市论坛举行　共同签署合作备忘录》，资料来源：http://news.cnr.cn/gnxw/201107/t20110725_508281483.shtml，最后访问日期：2014年7月11日。

第四部分　本协议的实施条款

第十条　本协议的实施主体

一、双方成立"两岸交往合作委员会"（以下简称委员会），作为协调本协议相关事务性问题的两岸跨区域共同机构，负责本协议及其后续协议的实施。

二、委员会由双方指定代表组成，委员会每半年召开一次例会，必要时经双方同意可召开临时会议。

委员会下设秘书处，作为委员会的常设机构，秘书处成员由双方指定人员组成，秘书长由双方各自指派一人共同担任。委员会秘书处可依照委员会指示，执行委员会所承担的事务。

三、委员会的权限包括：

（一）本协议后续协议的协商；

（二）监督并评估本协议的执行情况；

（三）通报有关本协议的相关信息；

（四）就本协议及其后续协议的解释、修改问题进行协商。

四、本协议相关后续协议的达成和协议解释、修改文本的签署，由海峡两岸关系协会与财团法人海峡交流基金会负责。

【释义】本条规定本协议的实施主体。从两岸协议的传统来看，协议议定事项①的实施，往往需要通过双方设定的联系主体进行沟通协调。这种联系主体既可以是由两岸各自设置的民间机构，也可以是两岸业务主管部门指定的联络人。然而，这种联系主体机制，却无法克服两岸业务主管部门设置中存在着体制不统一的问题。在现有的两岸协议中，经常出现大陆多个业务主管部门联系台湾一个部门，或大陆多个业务主管部门联系台

---

① "议定事项"一词是两岸协议针对联系主体制度所使用的专门用语，其所指代的正是两岸协议中规定的具有较高专业性和技术性的具体业务。与"议定事项"相对的是协议的"其他事项"，按照两岸协议的传统，协议其他事项的联系事宜往往由两会负责。

湾多个部门的情况。这种多重联系的情况，对于两岸协议实施中的畅通联系较为不利。因此，ECFA 在原有两岸协议联系主体制度的基础上，创设了"两岸经济合作委员会"这一机构。其代表由两岸各自指定，一般为两岸各自负责协议相关事宜的业务部门主管人员，其职能包括协议后续协商、监督、评估、解释、争端解决等。ECFA 设置的这种综合性协议联系机制，很好地解决了两岸业务主管部门体制不统一带来的联系困境。然而由于种种原因，两岸经济合作委员会在实际运行过程中，逐渐演变为无实体机构的一个对话平台，且这一平台"不发出共同的结论文件及不发出共同的共识内容"。两岸经合会这一原本可以成为两岸协议实施主体的机构被"虚化"了，这就使其原本可以发挥出的职能，尤其是监督、评估协议执行情况等需由实体机构完成的职能受到很大限制。

因此，本协议在对协议实施机构进行安排时，采取了在两岸经合会模式基础上，对其进行适当修正的方法，设置"两岸交往合作委员会"，以适应本协议对其职能设定的需求。具体来说，"两岸交往合作委员会"对两岸经合会模式的修正包含以下几点：一是设置委员会秘书处，作为委员会常设机构，秘书处成员亦由双方指定，可由双方分别选出一位代表担任秘书处共同秘书长，或由双方代表定期交替担任秘书长。作为常设机构，委员会秘书处可以承担监督、评估协议实施、通报信息等需由常设机构完成的任务，并为委员会召开会议提供协助。二是明确委员会仅负责后续协议、协议解释、修改的"协商工作"，亦即是说，明确委员会在这些重要职能行使过程中的"协商平台"属性，以保证两岸两会在上述问题上的主导地位，避免再次出现两岸经合会屡遭台湾地区部分人士质疑权力过大，超越监督的境况。① 与此相适应的是，本条明确规定，本协议相关后

① 在两岸经合会设立后，台湾地区部分"立法委员"不断提出，两岸经合会"这种机制的设计未来可能架空行政、立法、司法三权，超越了整个国家的权利，而且看起来是一个违宪的设计，而架空的结果会变成一个超级怪兽"。参见台湾地区《"立法院"公报》，第 100 卷第 9 期，第 318 页。基于此，本协议修正了两岸经合会相关规定中可能引起误解的表述。

续协议的达成和协议解释、修改文本的签署，由两岸两会负责实施。三是出于同样理由，取消了两岸经合会规定中，其职权"包括但不限于"的表述，将两岸交往合作委员会的职能限定为协议明确规定的内容。

除上述修正外，本条对于两岸交往合作委员会的职权设置，基本维持了与两岸经合会类似的表述，即包括后续协议的协商工作、协议监督和评估、协议信息通报和协议及后续协议的解释、修改问题的协商工作。在经过上述调整和完善后，由两岸交往合作委员会和两岸两会共同构成的一套机制，其职能已远远超越传统两岸协议规定的"联系主体"，而更加近似于包含各项协议实施权能的主体，因此本条定名为实施主体。

第十一条 本协议的遵守

双方应遵守协议。

【释义】 本条规定本协议的效力和效力实现方式。两岸协议的效力，是指协议的拘束力。在两岸协议中，一般以"双方应遵守协议"来规定协议的效力。这一规定一方面以"双方"回避两岸定位问题，以此替代可能导致两岸争议的"大陆""台湾""中共""国家"等词汇，防止出现不必要的问题；另一方面，以"遵守"二字总括协议效力的实现方式问题，至于双方如何遵守和实施协议，则交由双方自行决定。这一表达方式能够较好地表述两岸协议的效力问题，因而，本条遵循两岸协议的惯例，保留这一规定。

第十二条 本协议的后续协商

双方应当尽速针对本协议所规定的各项事宜展开协商，并以达成相关后续协议的方式予以落实。

根据本协议签署的后续协议，构成本协议的一部分。

【释义】 由于本协议涉及两岸民间交往、两岸公权力机关交往的各个层面，因而两岸很难在短期内就各层面的所有议题达成一致，因此，本协议采取了与《海峡两岸经济合作框架协议》（ECFA）类似的框架协议形式，即双方先就若干与两岸交往相关联的原则性、基础性议题和未来两岸交往中出现的各类议题之处理方式达成一致，签署框架协议，再就框架协议中涉及的各项问题展开具体协商，形成后续协议。因此，本条设定了两岸就本协议规定的相关事项展开后续协商和签署后续协议的义务，以促进两岸尽快将这一框架协议落到实处。

第十三条　本协议的监督评估

两岸交往合作委员会（含委员会秘书处）应定期对本协议及其后续协议的实施进行评估，以监督协议在两岸的实施情况。

完成相关监督、评估工作后，委员会应及时向两岸两会提交评估报告。

【释义】本条是对两岸交往合作委员会监督评估协议实施情况这一职能的细化规定。根据以往两岸协议运行实践中的惯例，对两岸协议实践效果的监督和评估，往往由两岸各自业务主管部门负责，再由两会在高层会谈时就相关情况交换意见。在第六次"陈江会谈"之前，历次两岸两会高层会谈，都有总结和检讨前次会议签署的两岸协议在近期的执行成效的内容。在第六次"陈江会谈"时，两会高层达成共识，"同意在适当时间由两会邀集两岸主管机关，举行'两岸协议成效与检讨会议'，以落实双方关切议题的实际执行"。① 自此以后，两岸两会先后在 2011 年和 2014 年分别在台北和长沙举行两次"两岸协议成效检讨会"，对两岸协议实施情况进行回顾和检视。在两岸签署 ECFA 后，ECFA 的监督评估工作则由两岸经合会负责实施。然而，正如上文所言，两岸经合会因其机构的"虚化"而导致其很难切实执行协议监督和评估工作。因此，本协议所设的协议实施主体——两岸交往合作委员会设置了作为其常设机构的秘书处。秘书处作为一个实体机构，可以行使委员会的协议监督和评估职能。

---

① 台湾海基会：《第六次"江陈会谈"概述》，资料来源：http：//www. sef. org. tw/ct. asp? xItem＝186011&ctNode＝3809&mp＝19，最后访问日期：2014 年 6 月 28 日。

除此之外，本条还细化规定了委员会的报告职责，即在其完成对协议的定期监督和评估后，应当向两岸两会提交评估报告，以便将本协议及其后续协议的实施评估机制与"两岸协议成效与检讨会议"机制相结合，共同构成系统化的两岸协议监督评估机制。

第十四条　本协议的修改

一、双方可通过协商方式，以另定协议或换函确认形式对本协议进行变更。

二、双方可通过协商方式，以另定协议或换函确认方式对本协议的未尽事宜加以补充。

【释义】本条规定本协议的修改机制。两岸协议的修改，是指有权修改主体，根据两岸关系发展的现实情况，对既有两岸协议的内容进行变更、补充的过程。在现有的两岸协议文本中，协议的修改机制往往以"协议的变更"和"未尽事宜"两种形式加以表述。前者系指狭义上对协议内容的修正，后者则指对协议的补充。为方便叙述，本条将这两类条款统一归入两岸协议的修改机制之中。关于本协议的变更，本条延续两岸协议的既有传统，仍规定变更应由"双方通过协商方式进行"。然而，与以往协议不同的是，本协议明确了协议变更的形式，即"可以另定协议或换函确认形式进行"。这既是对既有两岸协议变更实践的一种总结与确认，又是对两岸协议变更机制的一种规则完善。关于本协议的补充，本条延续了两岸协议的既有传统，仍规定对未尽事宜通过协商方式加以补充。而补充未尽事宜的具体形式，亦遵循两岸协议的惯例，即可以另订协议或换函形式进行。

第十五条　本协议的解释

本协议由双方通过协商方式解释。

（一）协议的解释应以书面形式做出；

（二）协议解释一旦做出，即与本协议具有同等效力；

（三）协议解释涉及本协议嗣后签订的后续协议之规定时，其效力适用于该后续协议。

【释义】本条规定本协议的解释机制。两岸协议的解释，是指有权解释主体，运用一定的解释方法与解释规则，通过对既有两岸协议文本正确含义的阐释，使两岸协议得以有效适用的过程。对两岸交往综合性框架协议进行解释，是适用本协议的重要环节。在目前签订的两岸协议中，所规定的协议解释机制实际上包含三种模式，即以"争议解决"条款规定解释问题、以"协商解释"条款规定解释问题和以"机构安排"条款规定解释问题。

关于本协议的解释机制，需要明确以下几个问题：一是关于解释机制的作成方式。根据两岸协议的解释惯例，两岸间对于本协议的解释只能通过两岸协商机制进行。在这一机制之下，本协议的解释亦应遵循两会商谈机制形成两岸协议的制度，以协商方式做出，而书面化的形式要求则使这种协商结果更为明确。二是关于解释的启动程序。在这种协商机制之下，双方均可就各自在适用本协议过程中出现的需要对协议进行解释的问题，提出解释申请，以便启动解释程序。三是关于解释的效力问题。就本协议而言，基于解释与被解释对象具有同等效力的基本原理，对本协议的解释理应与本协议具有同等效力。同时，由于本协议系针对两岸交往机制达成的框架性协议，在本协议之后将会达成若干后续协议，以贯彻实施本协议的要求，因此本协议的解释若涉及后续协议，则解释的效力应当及于该后续协议。

第十六条 本协议的接受与生效

本协议签署后，双方应各自完成相关程序并以书面形式通知另一方。本协议自双方均收到对方通知后次日起生效。

本协议于×月×日签署，一式四份，双方各执两份。四份文本中对应表述的不同用语所含意义相同，四份文本具有同等效力。

【释义】本条规定本协议的接受和生效办法。两岸协议的接受是指两岸依照各自规定，通过一定方式使本属于民间私协议的两岸协议，具有规范意义上的法律效力的过程。① 由于两岸协议在形式上仍属于两岸两会这两个民间机构签署的协议，因而要使其在两岸范围内具有相应的法律效力，就必须依照两岸各自域内法律所规定的接受程序，以实现协议在形式上的转变。在近年来的两岸协议中，协议的生效往往采用"完成准备后相互通知生效"的模式，即规定双方各自完成相关程序后以书面通知对方，协议自双方均收到通知起生效，实际上是后完成准备的一方通知之日为生效日。② 亦即是说，两岸协议的生效是以双方接受协议为前提的，当双方均完成协议接受程序后，协议方可在两岸范围内生效。实践证明，这种先接受、后生效的表述方式，符合两岸关系发展实践，故本协议遵循两岸协议的惯例，仍采用"完成准备后相互通知生效"的模式，表述协议的接受和生效条款。

两岸两会在两岸事务性谈判中是平等关系。这种平等关系不仅体现在谈判过程中，亦体现在协议文本中。因此，本协议在保持主体内容不变的情况下，允许在落款顺序、纪年表述上，分别设置两个不同版本。大陆所持版本落款海协会在前，台湾海基会在后，使用公元纪年；台湾所持版本落款台湾海基会在前，海协会在后，使用台湾地区通行纪年，双方各持有己方版本和对方版本各一份。两份落款、纪年表述不同的协议，具有同等效力。

---

① 周叶中、段磊：《论两岸协议在大陆地区的适用——以立法适用为主要研究对象》，载《学习与实践》2014 年第 5 期。

② 此种模式见诸《海峡两岸经济合作框架协议》之后的各项两岸协议。

附录1　与两岸协议相关的两岸各自规定（节选）

一、大陆方面与两岸协议相关的法律、法规、裁判文书（节选）[①]

《中华人民共和国宪法》（节选）

……（序言）台湾是中华人民共和国的神圣领土的一部分。完成统一祖国的大业是包括台湾同胞在内的全中国人民的神圣职责。

……

第三十一条　国家在必要时得设立特别行政区。在特别行政区内实行的制度按照具体情况由全国人民代表大会以法律规定。

……

第五十二条　中华人民共和国公民有维护国家统一和全国各民族团结的义务。

……

《反分裂国家法》（节选）

第一条　为了反对和遏制"台独"分裂势力分裂国家，促进祖国和

---

① 此处所列之大陆方面与两岸协议相关的法律、法规、司法解释和裁判文书等均引自北大法宝网站，http://www.pkulaw.cn/，最后访问日期：2015年1月30日。

平统一，维护台湾海峡地区和平稳定，维护国家主权和领土完整，维护中华民族的根本利益，根据宪法，制定本法。

第二条　世界上只有一个中国，大陆和台湾同属一个中国，中国的主权和领土完整不容分割。维护国家主权和领土完整是包括台湾同胞在内的全中国人民的共同义务。

台湾是中国的一部分。国家绝不允许"台独"分裂势力以任何名义、任何方式把台湾从中国分裂出去。

第三条　台湾问题是中国内战的遗留问题。

解决台湾问题，实现祖国统一，是中国的内部事务，不受任何外国势力的干涉。

第四条　完成统一祖国的大业是包括台湾同胞在内的全中国人民的神圣职责。

第五条　坚持一个中国原则，是实现祖国和平统一的基础。

以和平方式实现祖国统一，最符合台湾海峡两岸同胞的根本利益。国家以最大的诚意，尽最大的努力，实现和平统一。

国家和平统一后，台湾可以实行不同于大陆的制度，高度自治。

……

第七条　国家主张通过台湾海峡两岸平等的协商和谈判，实现和平统一。协商和谈判可以有步骤、分阶段进行，方式可以灵活多样。

台湾海峡两岸可以就下列事项进行协商和谈判：

（一）正式结束两岸敌对状态；

（二）发展两岸关系的规划；

（三）和平统一的步骤和安排；

（四）台湾当局的政治地位；

（五）台湾地区在国际上与其地位相适应的活动空间；

（六）与实现和平统一有关的其他任何问题。

……

海峡两岸关系协会章程（节选）

（1991 年 12 月 16 日通过）

……

第二条　本会以促进海峡两岸交往、推动两岸关系和平发展、实现祖国和平统一为宗旨。

第三条　为实现上述宗旨，本会致力于：

一、加强同赞成本会宗旨的社会团体和各界人士的联系与合作。

二、协助有关方面促进海峡两岸各项交往和交流。

三、协助有关方面促进海峡两岸同胞交往中的问题，维护两岸同胞的正常权益。

第四条　本会接受有关方面委托，与台湾有关部门和授权团体、人士商谈海峡两岸交往中的有关问题，并可签订协议性文件。

……

《海峡两岸公证书使用查证协议实施办法》（节选）

第一条　为履行《两岸公证书使用查证协议》，制定本实施办法。

第二条　凡与海峡交流基金会（以下简称海基会）联系寄送公证书副本和查证公证书，由中国公证员协会或省、自治区、直辖市公证员协会（或公证员协会筹备组，以下同）进行，任何个人、公证处或省以下公证员协会不得向海基会寄送公证书副本或答复查证事项。

各公证员协会应有专人负责登记、寄收公证书副本、答复查证函，结算费用和统计分析资料等工作。

第三条　根据协议的约定，应寄送的公证书副本包括：

1. 用于继承的亲属关系公证书、委托公证书，以及根据案情需要办理的出生、死亡、婚姻等公证书；

2. 收养、婚姻、出生、死亡、学历、委托书公证书;

3. 用于大陆居民赴台湾定居,或台湾居民赴大陆定居的亲属关系、婚姻、出生等公证书;

4. 用于减免所得税而办理的扶养亲属公证证明,包括亲属关系、谋生能力、病残、成年在学公证书、缴纳保险费或缴纳医药费公证书;

5. 财产权利证明公证书,指公民、法人或其他组织所享有的财产权利公证证明,包括物权、债权、继承权等有形财产和专利、著作、商标等无形财产权。

……

国务院台办、公安部、海关总署关于印发
《两会商定会务人员入出境往来便利办法》的通知

(1995 年 3 月 24 日)

各省、自治区、直辖市人民政府台办、公安厅(局),海关广东分署,各直属海关:

经国务院领导同志批准,海峡两岸关系协会与台湾财团法人海峡交流基金会商谈订的《两会商定会务人员入出境往来便利办法》已于 1994 年 6 月 22 日正式生效,现印发你们,请遵照办理。具体需要提供入出境往来便利的两会会务人员名单,以海峡两岸关系协会的书面通知为准。海关凭海协书面通知对两地副会长和副董事长以上人民及其率领的人员实行免检,对两会其他会务人员个人行李物品一般不予查验;对带进的小礼品予以免税放行;对带进的会商工作所需的办公用品凭海协出具的保函暂准免税进境,其中对通讯设备需加验无线电管委会出具的证明。

两会商定会务人员入出境往来便利办法:

一、依据

本办法依《两会联系与会谈制度协议》第五条订定。

二、商定会务人员范围

本办法所称商定会务人员系指：

1. 海协会长、副会长、秘书长；海基会董事长、副董事长、秘书长。

2. 海协副秘书长、主任、副主任；海基会副秘书长、主任秘书、处长、副处长。

三、具体便利

两会商定会务人员团体协议所定事由入出境，由对方代为办证并持证，按指定地点入出境。

对两会主任或处长级以上主管相互给予适当查验通关等便利。

前项主管之随行会务人员及经同意之同行人员亦得享有前二项之便利。

四、申请期限

两会商定会务人员因本协议所定事由入出境，应于 10 日前提出申请，遇特殊情况，另行商定。

五、交换资料

两会应相互提供商定会务人员学历及职务等资料，如有变动亦同。

六、必要协助

两会商定会务人员因本协议所定事由入出境，对方应提供通讯便利等必要协助，但携带特殊通讯设备，应先知会对方同意，并于出境时携出。

台湾海峡两岸直航船舶监督管理暂行办法

海船舶〔2008〕597 号

……

第一条　为保障人民生命及财产安全，防止船舶污染水域，促进海峡两岸经贸交流，便利人员往来，依据《海峡两岸海运协议》和相关法律法规的规定以及航海惯例，制定本办法。

第二条　本办法适用于从事两岸间客货直接运输的船舶（以下简称直航船舶）及有关单位和个人。

第三条　海事管理机构按照《关于台湾海峡两岸间海上直航实施事项的公告》的相关要求，依照本办法对直航船舶实施监督管理。

……

最高人民法院关于人民法院认可台湾地区
有关法院民事判决的规定（节选）

（1998 年 1 月 15 日最高人民法院审判委员会第 957 次会议通过）

第一条　为保障我国台湾地区和其他省、自治区、直辖市的诉讼当事人的民事权益与诉讼权利，特制定本规定。

第二条　台湾地区有关法院的民事判决，当事人的住所地、经常居住地或者被执行财产所在地在其他省、自治区、直辖市的，当事人可以根据本规定向人民法院申请认可。

……

最高人民法院关于涉台民事诉讼文书送达的若干规定（节选）

（最高人民法院审判委员会第 1421 次会议通过，2008 年 4 月 17 日最高人民法院公告公布，自 2008 年 4 月 23 日起施行）

为维护涉台民事案件当事人的合法权益，保障涉台民事案件诉讼活动的顺利进行，促进海峡两岸人员往来和交流，根据民事诉讼法的有关规定，制定本规定。

第一条　人民法院审理涉台民事案件向住所地在台湾地区的当事人送达民事诉讼文书，以及人民法院接受台湾地区有关法院的委托代为向住所地在大陆的当事人送达民事诉讼文书，适用本规定。

涉台民事诉讼文书送达事务的处理，应当遵守一个中国原则和法律的基本原则，不违反社会公共利益。

第二条　人民法院送达或者代为送达的民事诉讼文书包括：起诉状副本、上诉状副本、反诉状副本、答辩状副本、授权委托书、传票、判决书、调解书、裁定书、支付令、决定书、通知书、证明书、送达回证以及与民事诉讼有关的其他文书。

……

最高人民法院关于人民法院认可台湾地区有关法院民事判决的补充规定（节选）

（2009 年 3 月 30 日最高人民法院审判委员会第 1465 次会议通过）

为了更好地解决认可台湾地区有关法院民事判决的相关问题，维护当事人的合法权益，现对最高人民法院《关于人民法院认可台湾地区有关法院民事判决的规定》（以下简称《规定》）作出补充规定。

第一条　申请人同时提出认可和执行台湾地区有关法院民事判决申请的，人民法院应按规定对认可申请进行审查。

经人民法院裁定认可的台湾地区有关法院民事判决，与人民法院作出的生效判决具有同等效力。申请人依裁定向人民法院申请执行的，人民法院应予受理。

第二条　申请认可的台湾地区有关法院民事判决，包括对商事、知识产权、海事等民事纠纷案件作出的判决。

申请认可台湾地区有关法院民事裁定、调解书、支付令，以及台湾地区仲裁机构裁决的，适用《规定》和本补充规定。

……

最高人民法院关于审理涉台民商事案件法律适用问题的规定

（2010 年 4 月 26 日由最高人民法院审判委员会第 1486 次会议通过，2010 年 12 月 27 日最高人民法院文件法释〔2010〕19 号公布，自 2011 年 1 月 1 日起施行）

为正确审理涉台民商事案件，准确适用法律，维护当事人的合法权益，根据民法通则、民事诉讼法等有关法律，制定本规定。

第一条 人民法院审理涉台民商事案件，应当适用法律和司法解释的有关规定。

根据法律和司法解释中选择适用法律的规则，确定适用台湾地区民事法律的，人民法院予以适用。

第二条 台湾地区当事人在人民法院参与民事诉讼，与大陆当事人有同等的诉讼权利和义务，其合法权益受法律平等保护。

第三条 根据本规定确定适用有关法律违反国家法律的基本原则或者社会公共利益的，不予适用。

最高人民法院关于人民法院办理海峡两岸送达文书
和调查取证司法互助案件的规定

（2010 年 12 月 16 日由最高人民法院审判委员会第 1506 次会议通过，自 2011 年 6 月 25 日起施行）

为落实《海峡两岸共同打击犯罪及司法互助协议》（以下简称协议），进一步推动海峡两岸司法互助业务的开展，确保协议中涉及人民法院有关送达文书和调查取证司法互助工作事项的顺利实施，结合各级人民法院开展海峡两岸司法互助工作实践，制定本规定。

第一条 人民法院依照协议，办理海峡两岸民事、刑事、行政诉讼案件中的送达文书和调查取证司法互助业务，适用本规定。

第二条　人民法院应当在法定职权范围内办理海峡两岸司法互助业务。

人民法院办理海峡两岸司法互助业务，应当遵循一个中国原则，遵守国家法律的基本原则，不得违反社会公共利益。

第三条　人民法院和台湾地区业务主管部门通过各自指定的协议联络人，建立办理海峡两岸司法互助业务的直接联络渠道。

第四条　最高人民法院是与台湾地区业务主管部门就海峡两岸司法互助业务进行联络的一级窗口。最高人民法院台湾司法事务办公室主任是最高人民法院指定的协议联络人。

最高人民法院负责：就协议中涉及人民法院的工作事项与台湾地区业务主管部门开展磋商、协调和交流；指导、监督、组织、协调地方各级人民法院办理海峡两岸司法互助业务；就海峡两岸调查取证司法互助业务与台湾地区业务主管部门直接联络，并在必要时具体办理调查取证司法互助案件；及时将本院和台湾地区业务主管部门指定的协议联络人的姓名、联络方式及变动情况等工作信息通报高级人民法院。

第五条　最高人民法院授权高级人民法院就办理海峡两岸送达文书司法互助案件，建立与台湾地区业务主管部门联络的二级窗口。高级人民法院应当指定专人作为经最高人民法院授权的二级联络窗口联络人。

高级人民法院负责：指导、监督、组织、协调本辖区人民法院办理海峡两岸送达文书和调查取证司法互助业务；就办理海峡两岸送达文书司法互助案件与台湾地区业务主管部门直接联络，并在必要时具体办理送达文书和调查取证司法互助案件；登记、统计本辖区人民法院办理的海峡两岸送达文书司法互助案件；定期向最高人民法院报告本辖区人民法院办理海峡两岸送达文书司法互助业务情况；及时将本院联络人的姓名、联络方式及变动情况报告最高人民法院，同时通报台湾地区联络人和下级人民法院。

第六条　中级人民法院和基层人民法院应当指定专人负责海峡两岸司法互助业务。

中级人民法院和基层人民法院负责：具体办理海峡两岸送达文书和调查取证司法互助案件；定期向高级人民法院层报本院办理海峡两岸送达文书司法互助业务情况；及时将本院海峡两岸司法互助业务负责人员的姓名、联络方式及变动情况层报高级人民法院。

……

第十六条　人民法院协助台湾地区法院调查取证，应当采用民事诉讼法、刑事诉讼法、行政诉讼法等法律和相关司法解释规定的方式。

在不违反法律和相关规定、不损害社会公共利益、不妨碍正在进行的诉讼程序的前提下，人民法院应当尽力协助调查取证，并尽可能依照台湾地区请求的内容和形式予以协助。

台湾地区调查取证请求书所述的犯罪事实，依照大陆法律规定不认为涉嫌犯罪的，人民法院不予协助，但有重大社会危害并经双方业务主管部门同意予以个案协助的除外。台湾地区请求促使大陆居民至台湾地区作证，但未作出非经大陆主管部门同意不得追诉其进入台湾地区之前任何行为的书面声明的，人民法院可以不予协助。

第十七条　审理案件的人民法院需要台湾地区协助调查取证的，应当填写《〈海峡两岸共同打击犯罪及司法互助协议〉调查取证请求书》附录部分，连同相关材料，一式三份，及时送交高级人民法院。

高级人民法院应当在收到前款所述材料之日起七个工作日内完成初步审查，并将审查意见和《〈海峡两岸共同打击犯罪及司法互助协议〉调查取证请求书》附录部分及相关材料，一式二份，立即转送最高人民法院。

……

中国工商银行股份有限公司厦门市分行诉廖静惠等
信用卡纠纷案民事判决书（节选）

〔2012〕海民初字第 2305 号

……诚然，被告对曾锦安的动产继承适用中华人民共和国法律，且《海峡两岸共同打击犯罪及司法互助协议》第一条（四）规定，双方同意在民事、刑事领域相互提供以下协助：认可及执行民事裁判与仲裁裁决（仲裁判断），但如果相关争议已由台湾地区有关法院作出判决的，中国大陆人民法院就同一争议作出的内容相左的判决，一般情况下是不会被认可，本案中台湾地区板桥地方法院已于 2011 年 10 月 5 日作出了民事裁定，债权人在规定期限内不为报明，仅得就剩余遗产行使权利。考虑到台湾地区已先行作出裁决，为方便当事人在台湾地区申请认可执行本判决，亦从有利于两岸人民关系的角度出发，本案不宜作出与台湾地区已生效裁判相矛盾的判决，故，厦门工行对曾锦安在台湾地区的遗产（包括动产与不动产）仅就剩余遗产行使权利更为妥当……

中音传播（深圳）有限公司诉邹林宏案民事判决书（节选）

〔2011〕云高民三终字第 39 号

……

本院认为……北京市公证协会根据《海峡两岸公证书使用查证协议实施办法》的相关规定，向中音公司出具了〔2009〕京公核字第 521 号文件，证明《授权证明书》与海基会寄来的副本一致。中音公司提交的证据符合法律规定。

……

北京天语同声信息技术有限公司与周福良侵犯著作财产权
纠纷案民事判决书（节选）

〔2011〕杭余知初字第 28 号

……

对原告提交的证据，经庭审质证，本院认证如下：对证据1，被告对光盘的真实性无异议，但认为不能证明原告享有著作权。对公证书的真实性无异议，但对内容的真实性表示怀疑。本院认为，根据我国著作权法及《两岸公证书使用查证协议》、《海峡两岸公证书使用查证协议实施办法》的规定，本案的公证书已履行相关的查证手续，且两份证据相互印证，能证明原告经授权取得涉案 10 首音乐电视作品相应的权利。

……

山上正电子科技有限公司与国家知识产权局专利
复审委员会案行政判决书（节选）

〔2010〕一中知行初字第 330 号

……

专利复审委员会当庭对上述两份公证材料予以开封，富士康公司、鸿海公司对该证明文件本身的真实性无异议，该证明文件是依据《海峡两岸公证书使用查证协议实施办法》的规定形成的，符合《审查指南》有关域外证据及香港、澳门、台湾地区形成的证据的证明手续的规定，因此对上述两份公证材料的真实性予以认可。

……

二、台湾方面与两岸协议相关的规定（节选）①

台湾地区现行"宪法"（节选）

"……

第四条　中华民国领土，依其固有之疆域，非经国民大会之决议，不得变更之。

……"

台湾地区现行"宪法增修条文"（节选）

"序言

为因应国家统一前之需要，依照宪法第二十七条第一项第三款及第一百七十四条第一款之规定，增修本宪法条文如左。

……

第十一条

自由地区与大陆地区间人民权利义务关系及其它事务之处理，得以法律为特别之规定。

……"

"台湾地区与大陆地区人民关系条例"（节选）

"**第 1 条**　国家统一前，为确保台湾地区安全与民众福祉，规范台湾地区与大陆地区人民之往来，并处理衍生之法律事件，特制定本条例。本条例未规定者，适用其他有关法令之规定。

第 2 条　本条例用词，定义如下：

一、台湾地区：指台湾、澎湖、金门、马祖及政府统治权所及之其他

---

①　此处所列之台湾方面与两岸协议相关之规定均引自法源法律网：www.lawbank.com.tw，最后访问日期：2014 年 10 月 25 日。

地区。

二、大陆地区：指台湾地区以外之中华民国领土。

三、台湾地区人民：指在台湾地区设有户籍之人民。

四、大陆地区人民：指在大陆地区设有户籍之人民。

第3-1条 行政院大陆委员会统筹处理有关大陆事务，为本条例之主管机关。

行政院得设立或指定机构，处理台湾地区与大陆地区人民往来有关之事务。

第4条 行政院大陆委员会处理台湾地区与大陆地区人民往来有关事务，得委托前项之机构或符合下列要件之民间团体为之：

一、设立时，政府捐助财产总额逾二分之一。

二、设立目的为处理台湾地区与大陆地区人民往来有关事务，并以行政院大陆委员会为中央主管机关或目的事业主管机关。行政院大陆委员会或第四条之二第一项经行政院同意之各该主管机关，得依所处理事务之性质及需要，逐案委托前二项规定以外，具有公信力、专业能力及经验之其他具公益性质之法人，协助处理台湾地区与大陆地区人民往来有关之事务；必要时，并得委托其代为签署协议。第一项及第二项之机构或民间团体，经委托机关同意，得复委托前项之其他具公益性质之法人，协助处理台湾地区与大陆地区人民往来有关之事务。

第4-1条 公务员转任前条之机构或民间团体者，其回任公职之权益应予保障，在该机构或团体服务之年资，于回任公职时，得予采计为公务员年资；本条例施行或修正前已转任者，亦同。

公务员转任前条之机构或民间团体未回任者，于该机构或民间团体办理退休、资遣或抚恤时，其于公务员退抚新制施行前、后任公务员年资之退离给与，由行政院大陆委员会编列预算，比照其转任前原适用之公务员退抚相关法令所定一次给与标准，予以给付。

公务员转任前条之机构或民间团体回任公职，或于该机构或民间团体办理退休、资遣或抚恤时，已依相关规定请领退离给与之年资，不得再予并计。

第一项之转任方式、回任、年资采计方式、职等核叙及其他应遵行事项之办法，由考试院会同行政院定之。

第二项之比照方式、计算标准及经费编列等事项之办法，由行政院定之。

第4-2条　行政院大陆委员会统筹办理台湾地区与大陆地区订定协议事项；协议内容具有专门性、技术性，以各该主管机关订定为宜者，得经行政院同意，由其会同行政院大陆委员会办理。

行政院大陆委员会或前项经行政院同意之各该主管机关，得委托第四条所定机构或民间团体，以受托人自己之名义，与大陆地区相关机关或经其授权之法人、团体或其他机构协商签署协议。

本条例所称协议，系指台湾地区与大陆地区间就涉及行使公权力或政治议题事项所签署之文书；协议之附加议定书、附加条款、签字议定书、同意记录、附录及其他附加文件，均属构成协议之一部分。

第4-3条　第四条第三项之其他具公益性质之法人，于受委托协助处理事务或签署协议，应受委托机关、第四条第一项或第二项所定机构或民间团体之指挥监督。

第4-4条　依第四条第一项或第二项规定受委托之机构或民间团体，应遵守下列规定；第四条第三项其他具公益性质之法人于受托期间，亦同：

一、派员赴大陆地区或其他地区处理受托事务或相关重要业务，应报请委托机关、第四条第一项或第二项所定之机构或民间团体同意，及接受其指挥，并随时报告处理情形；因其他事务须派员赴大陆地区者，应先通知委托机关、第四条第一项或第二项所定之机构或民间团体。

二、其代表人及处理受托事务之人员，负有与公务员相同之保密义务；离职后，亦同。

三、其代表人及处理受托事务之人员，于受托处理事务时，负有与公务员相同之利益回避义务。

四、其代表人及处理受托事务之人员，未经委托机关同意，不得与大陆地区相关机关或经其授权之法人、团体或其他机构协商签署协议。

第5条 依第四条第三项或第四条之二第二项，受委托签署协议之机构、民间团体或其他具公益性质之法人，应将协议草案报经委托机关陈报行政院同意，始得签署。

协议之内容涉及法律之修正或应以法律定之者，协议办理机关应于协议签署后三十日内报请行政院核转立法院审议；其内容未涉及法律之修正或无须另以法律定之者，协议办理机关应于协议签署后三十日内报请行政院核定，并送立法院备查，其程序，必要时以机密方式处理。

第5-1条 台湾地区各级地方政府机关（构），非经行政院大陆委员会授权，不得与大陆地区人民、法人、团体或其他机关（构），以任何形式协商签署协议。台湾地区之公务人员、各级公职人员或各级地方民意代表机关，亦同。台湾地区人民、法人、团体或其他机构，除依本条例规定，经行政院大陆委员会或各该主管机关授权，不得与大陆地区人民、法人、团体或其他机关（构）签署涉及台湾地区公权力或政治议题之协议。

第5-2条 依第四条第三项、第四项或第四条之二第二项规定，委托、复委托处理事务或协商签署协议，及监督受委托机构、民间团体或其他具公益性质之法人之相关办法，由行政院大陆委员会拟订，报请行政院核定之。

第6条 为处理台湾地区与大陆地区人民往来有关之事务，行政院得依对等原则，许可大陆地区之法人、团体或其他机构在台湾地区设立分支机构。

前项设立许可事项，以法律定之。

第7条 在大陆地区制作之文书，经行政院设立或指定之机构或委托之民间团体验证者，推定为真正。

第8条 应于大陆地区送达司法文书或为必要之调查者，司法机关得嘱托或委托第四条之机构或民间团体为之。

......

第95条 主管机关于实施台湾地区与大陆地区直接通商、通航及大陆地区人民进入台湾地区工作前，应经立法院决议；立法院如于会期内一个月未为决议，视为同意。

第95-1条 主管机关实施台湾地区与大陆地区直接通商、通航前，得先行试办金门、马祖、澎湖与大陆地区之通商、通航。

前项试办与大陆地区直接通商、通航之实施区域、试办期间，及其有关航运往来许可、人员入出许可、物品输出入管理、金融往来、通关、检验、检疫、查缉及其他往来相关事项，由行政院以实施办法定之。

前项试办实施区域与大陆地区通航之港口、机场或商埠，就通航事项，准用通商口岸规定。

输入试办实施区域之大陆地区物品，未经许可，不得运往其他台湾地区；试办实施区域以外之台湾地区物品，未经许可，不得运往大陆地区。但少量自用之大陆地区物品，得以邮寄或旅客携带进入其他台湾地区；其物品项目及数量限额，由行政院定之。

违反前项规定，未经许可者，依海关缉私条例第三十六条至第三十九条规定处罚；邮寄或旅客携带之大陆地区物品，其项目、数量超过前项限制范围者，由海关依关税法第七十七条规定处理。

本条试办期间如有危害国家利益、安全之虞或其他重大事由时，得由行政院以命令终止一部或全部之实施。

......"

"行政院大陆委员会组织条例"（节选）

"……

第三条　本会对于中介团体经授权处理台湾地区与大陆地区各项业务交流事项，有指示、监督之责。

……"

台湾地区"财团法人海峡交流基金会捐助暨组织章程"（节选）

"……

第二条　本会以协调处理台湾地区与大陆地区人民往来有关事务，并谋保障两地区人民权益为宗旨，不以营利为目的。但提供服务时，得酌情收服务费用。

第三条　本会为达成前条所定之宗旨，办理及接受政府委托办理下列业务：

一、台湾地区与大陆地区人民入出境案件之收件、核转及有关证件之签发补发等事宜。

二、大陆地区文书之验证、身分关系之证明、协助诉讼文书之送达及两地人犯之遣返等事宜。

三、大陆地区经贸信息之搜集、发布；间接贸易、投资及其争议之协调处理等事宜。

四、两地区人民有关文化交流之事宜。

五、协助保障台湾地区人民在大陆地区停留期间之合法权益。

六、两地区人民往来有关咨询服务事宜。

七、政府委托办理之其它事项。

……"

"行政院大陆委员会与财团法人海峡交流基金会
重新签订之委托契约"（节选）

"立契约书人行政院大陆委员会（以下简称甲方）为处理台湾地区与大陆地区人民往来衍生之问题，特依台湾地区与大陆地区人民关系条例第四条，委托财团法人海峡交流基金会（以下简称乙方）处理有关中介事务，双方同意订立本契约……

第一条　（委托事项）甲方委托乙方处理台湾地区与大陆地区人民往来有关之事务，其详细内容如附件；甲方经乙方同意后得增减委托项目。甲方得视业务需要，个别委托乙方处理前项附件内容以外之其他有关事务。

第二条　（设立分支机构）乙方因处理委托事务之需要，在第三地区或大陆地区设立分支机构时，应先征得甲方之书面同意。

第三条　（自行处理原则、复委托应遵守之要求）乙方应自行处理委托事务。乙方经甲方事先书面同意，得委托具有公信力、专业能力及经验之其他具公益性质之法人，协助处理受托事务。

……

第十七条　（契约期间）本契约有效期间自中华民国 102 年 10 月 28 日起至 103 年 10 月 27 日止，为期一年。期限届满前一个月内，双方如无异议，自动延长一年。再次期满者，亦同。"

"台湾地区与大陆地区订定协议处理及监督条例草案"[1]（节选）

"……

第三条　本条例用词，定义如下：

一、协议：指台湾地区与大陆地区人民关系条例第四条之二第三项所

---

[1]　此处所列为台湾当局行政机构草拟并于 2014 年 4 月 3 日正式提交其"立法"机构审议的版本。

称之协议。

二、协商议题形成阶段：指经两岸商议确认成为协商议题，至开始进行业务沟通安排前之阶段。

三、协商议题业务沟通阶段：指两岸就协商议题及内容进行业务沟通之阶段。

四、协议签署前阶段：指协商议题业务沟通完成，至协议正式签署前之阶段。

五、协议签署后阶段：指协议签署后，至协议生效之阶段。

……

第六条　协议权责主管机关应会同行政院大陆委员会及议题相关机关，依下列各阶段，向立法院院长、副院长、朝野党团、相关委员会、召集委员或委员等，进行沟通及咨询：

一、协商议题形成阶段：说明两岸已商议纳入业务沟通之议题、目标、协商规划期程、范畴及初步协商规划。

二、协商议题业务沟通阶段：业务沟通有重大进展或阶段性成果时，应说明其进展或成果，及协商议题之重点、因应方向及效益；业务沟通大致完成，并经两岸协议国家安全审查机制审查无危害国家安全之虞后，应说明影响评估及因应方案。

三、协议签署前阶段：说明协议重要内容、预期效益及推动规划，并配合立法院相关委员会要求进行项目报告。

四、协议签署后阶段：说明协议文本内容、预期效益、配套措施及执行方案等，并向立法院相关委员会进行项目报告。

前项沟通、咨询，如涉及机密事项，应以不公开或秘密会议方式进行；未涉及机密而事涉敏感不适合公开者，必要时得以秘密方式进行。

第七条　协议权责主管机关应会同行政院大陆委员会及议题相关机关，依下列各阶段，以出席或办理各项说明会、座谈会、协调会或公听会等方式，与社会大众进行沟通及咨询：

一、协商议题形成阶段：广泛搜集舆情反映，适时说明协商议题、目标、协商规划期程、范畴及初步协商规划。

二、协商议题业务沟通阶段：听取各界意见，并适时说明两岸沟通之阶段性成果、协商议题之重点、因应方向及效益；业务沟通大致完成，经两岸协议国家安全审查机制审查无危害国家安全之虞后，并应举办公听会。

三、协议签署前阶段：说明协议重要内容、预期效益、影响及后续推动规划。

四、协议签署后阶段：公布协议文本，说明协议文本内容、预期效益、配套措施及执行方案等。

……

第九条　协议权责主管机关于协商议题之业务沟通有相当进展时，应将协商议题提报国家安全审查机制，依下列规定进行审查：

一、初审：由行政院指派政务委员，视协商议题，邀集国家安全局、国防部、行政院大陆委员会、中央相关机关及学者专家，召开会议审查。

二、复审：由国家安全会议召开会议审查。

第十条　两岸协议之国家安全审查，视协商议题内容，包括下列事项：

一、国防军事

二、科技安全

三、两岸关系

四、外交及国际关系

五、其他涉及经济安全、就业安全、社会安全、信息安全等经认为有必要进行评估之事项。

第十一条　协商议题及内容经依第九条所定程序审查后，其处理方式如下：

一、经初审或复审认为该协商议题或内容有危害国家安全之虞者，协议权责主管机关应即停止协商，并研商后续处理程序。

二、经初审或复审认为该协商议题或内容有调整必要者，协议权责主管机关应依两岸制度化协商程序再进行业务沟通，并提报国家安全审查。

三、经初审及复审认为该协商议题及内容无危害国家安全之虞者，协议权责主管机关得进行后续协商及签署程序。

……

第十四条 协议之内容涉及法律之修正或应以法律定之者，协议统筹办理机关应于协议签署后三十日内报请行政院核转立法院审议；其内容未涉及法律之修正或无须另以法律定之者，协议统筹办理机关应于协议签署后三十日内报请行政院核定，并送立法院备查，其程序，必要时以机密方式处理。

第十五条 协议之内容涉及法律之修正或应以法律定之者，行政院核转立法院审议时，应一并提出须配合修正或制定之法律案。

前项协议，经立法院二读会议决之。立法院审议时，应一并审议须配合修正或制定之法律案，法律案应经立法院三读会议决之。

第十六条 协议之内容未涉及法律之修正或无须另以法律定之者，于送达立法院后，应提报立法院会议。

出席立法委员对于前项协议之内容，认为有违反、变更或抵触法律者，或应以法律定之者，准用立法院职权行使法第六十条第二项、第六十一条、第六十二条第一项及第二项规定处理。

第十七条 协议经立法院审议未通过或审查未予备查者，协议统筹办理机关应即通知协议对方，视需要与对方重启协商。

重启协商后之协议，仍应依本条例规定办理。

第十八条 协议于立法院完成有关程序后，应经协议双方交换文件，始生效力。

……

第二十条　经立法院审议通过之协议，与法律有同一效力；其他协议，不得与法律抵触。

……"

台湾地区"司法院大法官释字第 329 号解释"（节选）

（1993 年 12 月 24 日作成）

"解释文：宪法所称之条约系指中华民国与其它国家或国际组织所缔约之国际书面协议，包括用条约或公约之名称，或用协议等名称而其内容直接涉及国家重要事项或人民之权利义务且具有法律上效力者而言。其中名称为条约或公约或用协议等名称而附有批准条款者，当然应送立法院审议，其余国际书面协议，除经法律授权或事先经立法院同意签订，或其内容与国内法律相同者外，亦应送立法院审议。

解释理由书：……

而台湾地区与大陆地区间订定之协议，因非本解释所称之国际书面协议，应否送请立法院审议，不在本件解释之范围，并此说明。

抄立法院立法委员陈建平等八十四人声请书

……

今年四月二十七日至二十九日，由行政院大陆委员会授权之财团法人海峡交流基金会董事长辜振甫与大陆方面的海峡两岸关系协会会长汪道涵在新加坡进行会谈，并签署'辜汪会谈共同协议'、'两会联系与会谈制度协议'、'两岸公证书使用查证协议'及'两岸挂号函件查询、补偿事宜协议'等四项协议，部分朝野立委要求大陆委员会必须将上述四项协议送立法院审议，再度引发有关条约审议权之争议。对于何种协议应送立法院审议，何种协议仅须送立法院备查，涉及宪法第五十八条第二项及第六十三条有关'条约案'之意义与范围之厘清，故声请解释。

……"

附录 2　两岸商谈与两岸协议大事记
（1986—2014）

1986 年

5 月 3 日，台湾"华航"一架波音 747 货机降落在广州白云机场，该机机长王锡爵要求与亲人团聚，并在大陆定居，另外两名机组成员要求返回台湾。中国航空公司致电台湾"华航"公司，邀请其尽快派人到北京，同中国民用航空公司共同商谈有关该机、货物等善后处理问题。

5 月 17 日至 20 日，中国航空公司与台湾"华航"公司各派出 3 名代表，在香港进行了为期 4 天的谈判，就交接货机、机组人员和货物事宜达成协议，此次谈判被称为"两航谈判"。

5 月 23 日，中国航空公司与台湾"华航"公司根据已达成的协议，双方代表在香港启德机场办理了"华航"B198 号波音 747 货机及机上货物的交接手续。该机两名机组人员——副驾驶员董光兴、机械师邱明志也同机到达，由"华航"公司代表接回。

9 月 28 日，台湾民主进步党在台北圆山饭店宣布成立，该党成为台湾岛内"解严"前成立的第一个"在野党"。

11 月 10 日，民进党举行"第一次全国党员代表大会"，江鹏坚当选该党第一任党主席。

1987 年

7 月 15 日，台湾当局宣布废除在台湾地区实施长达 38 年之久的"戒严令"，并随之废除与"戒严"相关的 30 种"法律"。

9 月 16 日，中国国民党中央执行委员会常务委员会决定，取消民众到大陆探亲的禁令。

10 月 14 日，中国国民党中央执行委员会常务委员会通过"五人小组"的探亲研究报告，原则上同意除现役军人及现任公职人员之外，凡在大陆有血亲、姻亲、三等亲以内的亲属者，可以登记赴大陆探亲。

10 月 14 日，国务院有关方面负责人就台湾当局开放台湾同胞赴大陆探亲一事发表谈话说，台湾当局采取这一措施对两岸人民的交往是有利的，热情欢迎台湾同胞到大陆探亲旅游，保证来去自由，提供方便。台湾当局也应该允许居住在大陆的同胞去台湾探亲，对探亲不应有不合理的限制。希望台湾当局采取更加积极的态度。

10 月 17 日，台湾红十字组织开始受理台湾民众请托协助寻找大陆亲人的申请，并提供代转信函服务。

1988 年

2 月 21 日，李登辉正式就任台湾地区领导人、国民党中央代主席后举行首次记者招待会，一方面强调必须以新观念来处理两岸关系问题，另一方面又声称其一切政策措施，将以台湾"安全做出发点"，对于两岸的民间交流目前"不会去倡导"，"三不政策""不会去改变"，也不会接受"一国两制"的安排。

7 月 3 日，国务院颁布《关于鼓励台湾同胞投资的规定》，该规定共二十一条，对台湾投资者在大陆进行投资的形式、行业、待遇等问题做出规定。

1989 年

3 月 16 日至 17 日，中国奥委会与台湾"中华奥委会"分别派出代表，就"Chinese Taipei"的中文译名问题进行了为期两天的协商谈判，双方未能对译名问题达成一致意见。

4 月 4 日至 6 日，时任中国奥委会副主席何振梁、秘书长魏纪中和副秘书长屠铭德与时任台湾"中华奥委会"秘书长李庆华在香港再次举行谈判，就"Chinese Taipei"的译名达成协议。今后台湾体育团队赴大陆比赛，大陆主办单位对于台湾团队及体育组织，均称之为"中华台北"。

5 月 1 日，台湾出席"亚银"年会的代表团到北京，是两岸隔绝 40 年以来，台湾首次派出官方代表团来大陆参加会议。台湾方面是以"中国台北"的理事身份出席会议，被称为"亚银模式"。

11 月 1 日，大陆方面的海峡两岸经贸协会和台湾方面的海峡两岸商务协调会在香港举行第一次委员会会议，双方签订了《协议书》。

1990 年

5 月至 6 月间，时任台湾红十字组织负责人徐亨、秘书长常松茂等一行到大陆访问，两岸红十字组织秘书长曲折、常松茂，在北京开始了两岸红十字组织的第一次工作会谈，开启了两岸红十字组织经常性的联系管道。

7 月 21 日，台湾方面以极不人道方式遣返大陆渔船"闽平渔 5540 号"，造成 25 名大陆私渡人员窒息死亡。大陆方面强烈要求台湾当局必须严肃处理此事，保证今后不再发生类似案件。

8 月 13 日，台湾方面又将 50 名私渡人员强行遣返，导致大陆渔船

"闽平渔5202号"被台军舰撞沉，21人落水遇难。

9月11日至13日，时任中国红十字总会秘书长韩长林等与时任台湾红十字组织秘书长陈长文等就两岸红十字组织参与见证主管部门执行海上遣返事宜进行协商，史称"金门谈判"。经充分交换意见后，双方达成《海峡两岸红十字组织在金门商谈达成有关海上遣返协议》，即"金门协议"。

10月7日，台湾当局宣布成立"国家统一委员会"，该"委员会"在编制上隶属于台湾当局"总统府"，负责两岸统一大政方针的研究与咨询。

11月21日，台湾当局成立"财团法人海峡交流基金会"，作为其处理两岸关系的"中介团体"，辜振甫出任该会董事长，许胜发、陈长文出任副董事长，陈长文兼任秘书长。

1991 年

2月7日，台湾"陆委会"正式核准财团法人海峡交流基金会的申请设立。该会开始接受"陆委会"的委托，协调处理海峡两岸人民往来的有关事务。

2月11日，时任台湾"陆委会副主委"马英九称，两岸红十字组织针对遣返作业而举行的"金门协议"，值得斟酌与探讨，加以改进。

2月19日，财团法人海峡交流基金会正式挂牌运行。

3月13日，两岸红十字组织在香港举行会谈，两岸与会人员就有关人员遣返问题进一步交换意见。

4月22日，台湾当局"国民大会"三读通过废止"动员戡乱时期临时条款"提案。

4月30日，时任台湾地区领导人李登辉正式宣布"动员戡乱时期"将于同年5月1日零时起终止，并同时公布废止"动员戡乱时期临时条款"。

6 月 7 日，中央台办负责人受权就海峡两岸关系与和平统一问题发表谈话，呼吁国共两党就正式结束两岸敌对状态、逐步实现和平统一进行谈判。建议：（1）由海峡两岸有关部门和受权团体或人士，尽快商谈实现直接"三通"和双向交流的问题，扩大交往，密切联系，繁荣民族经济，造福两岸人民。（2）中国共产党和中国国民党派出代表进行接触，以便创造条件就正式结束两岸敌对状态逐步实现和平统一进行谈判。（3）中共中央欢迎国民党中央负责人以及国民党中央授权的人士访问大陆。

10 月 25 日，时任台湾海基会秘书长陈长文表示，为了两岸关系的未来发展，建议中共把政治与实务分开，并成立类似台湾海基会的中介团体。

11 月 3 日，时任台湾海基会秘书长陈长文等一行抵达北京，此行主要就两岸共同防治犯罪程序性问题及民间交流事务与国台办等相关单位进行磋商。

12 月 16 日，海峡两岸关系协会成立。该协会为社会团体法人，以促进海峡两岸交往，发展两岸关系，实现祖国和平统一为宗旨，致力于加强同赞成其宗旨的社会团体和各界人士的联系与合作，协助有关方面促进海峡两岸各项交往和交流，协助有关方面促进海峡两岸同胞交往中的问题，维护两岸同胞的正常权益。汪道涵被推举为该会首任会长，唐树备任常务副会长。

1992 年

3 月 22 日至 3 月 27 日，时任台湾海基会法律服务处处长许惠祐等六人赴北京，并于 23 日至 26 日与时任海协会李亚飞副秘书长就"海峡两岸公证书使用"和"开办海峡两岸挂号函件查询、补偿"问题进行第一次工作性商谈。

5 月 10 日，时任台湾"总统府"副秘书长邱进益在由"陆委会"主办的"国统纲领"与两岸关系座谈会上，首度提出有关两岸关系发展新方向的个人看法。他建议效仿 1972 年东西德签订基础条约，在两岸和平统一的共识下，双方约束不互相使用武力，先行解决武力问题，才能为两岸统一跨出第一步。

5 月 14 日，时任台湾"陆委会副主委"马英九在"两岸签署和平协定评估公听会"上表示，两岸不否定对方为"政治实体"；在一个中国原则下，以和平方式统一；在国际间不相互排斥对方生存；即尊严、安全和相互尊重三项原则。此三项原则，是在台湾的中国人所关切、也绝不能放弃的最后底线。

5 月 19 日，台湾"国统会"研究委员会就"一个中国"涵义问题达成初步共识，认为 1949 年以前及未来统一后，"一个中国"并无疑问，而 1949 年后分裂的事实也不能不承认，在现阶段分裂的情况下，中国的主权问题应予"虚悬或者冻结"。

7 月 29 日，台湾"国统会"研究委员会就"一个中国"的内涵做成初步结论，并研拟了三段文字，以表达"中国目前暂时处于分裂状态，有两个政治实体分治海峡两岸"的理念，强调"一个中国两个政治实体"及"一国两地区"的政治现实。

8 月 1 日，台湾"国统会"通过"一个中国"的涵义，称："海峡两岸均坚持'一个中国'之原则，但双方所赋予之涵义有所不同……（大陆方面）认为'一个中国'即为中华人民共和国，将来统一以后，台湾将成为其辖下的一个'特别行政区'。（台湾方面）则认为'一个中国'应指一九一二年成立迄今之'中华民国'，其主权及于整个中国，但目前之治权，则仅及于台、澎、金、马。台湾固为中国之一部分，但大陆亦为中国之一部分。"

8 月 27 日，海协会负责人就一个中国原则发表谈话指出，海峡两岸交往中的具体问题是中国的内部事务，应本着一个中国的原则协商解决；

在事务性谈判中，只要表明坚持一个中国原则的基本态度，可以不讨论"一个中国"的涵义。

11 月 3 日，台湾海基会正式致函海协会，建议"以口头声明方式表述一个中国原则"。

11 月 16 日海协会正式回函通知台湾海基会，海协会的口头表述要点是："海峡两岸都坚持一个中国的原则，努力谋求国家的统一。但在海峡两岸事务性商谈中，不涉及'一个中国'的政治涵义。"该函还附上台湾海基会增列的第 3 项口头表述文字。

12 月 3 日，台湾海基会函复海协会，对达成共识未表示异议。从以上两会来往的信函中可以看出，双方的共识是"海峡两岸均坚持一个中国原则，努力谋求国家的统一"。（简称"九二共识"）

1993 年

3 月 16 日，海协会致电台湾海基会，建议两会在双方现有的草案文本基础上，于月内继续就两岸公证书使用和挂号函件业务两项议题进行磋商。

3 月 18 日，台湾"陆委会"公布"辜汪会谈背景说明书"，明确该会谈的性质属于事务性及功能性商谈，不涉及政治性问题。

4 月 7 日，应海协会邀请，时任台湾海基会副董事长兼秘书长邱进益一行乘机抵达北京，与时任海协会常务副会长唐树备进行"汪辜会谈"预备性磋商。在磋商期间，海协会副秘书长孙亚夫与台湾海基会副秘书长石齐平就"汪辜会谈"的程序、仪式、议题等举行了工作性会谈。此次预备性磋商中，双方共达成八项共识，达到了预期效果。

4 月 23 日，时任海协会副会长唐树备与时任台湾海基会副董事长兼秘书长邱进益就"汪辜会谈"最后准备工作举行会谈。会谈结束后，唐树备和邱进益分别举行记者招待会。双方确定，"汪辜会谈"于 4 月 27

日上午 10 时举行。

4 月 24 日，海协会与台湾海基会决定在 1993 年年内协商 6 大议题，即两岸合作遣返私渡人员问题、两岸共同打击海上犯罪活动问题、两岸渔事纠纷处理问题、两会规划召开两岸民间经济交流会议、两岸知识产权合作问题、两岸司法协助问题。

4 月 25 日，时任海协会会长汪道涵率海协会代表团一行 11 人前往新加坡，出席同时任台湾海基会董事长辜振甫举行的"汪辜会谈"。汪道涵在机场贵宾厅接受记者采访时称，此次同辜振甫先生的会谈是民间性、经济性、事务性和功能性的，双方将就两岸经济交流及科技、文化交流等方面的问题进行商谈，争取达成积极成果。

4 月 27 日，"汪辜会谈"在新加坡正式举行。海协会会长汪道涵和台湾海基会董事长辜振甫就两岸经济合作、两岸科技文化交流、海协与台湾海基会的会晤等问题交换了意见。

4 月 29 日，两岸两会在新加坡海皇大厦举行签字仪式，双方签署《两岸公证书适用查证协议》《两岸挂号信函查询、补偿事宜协议》《两会联系与会谈制度协议》及《汪辜会谈共同体协议》四项协议。

5 月 6 日，时任国家主席江泽民在会见台湾民营银行大陆考察团全体成员时指出："汪辜会谈"是成功的，是有成果的，它标志着海峡两岸关系发展迈出历史性的重要一步。我们希望这次会谈的成果得到巩固和发展，海峡两岸进一步加强经济、科技交流与合作，扩大各项交流，共同为繁荣两岸经济、发展两岸关系、振兴中华、和平统一祖国而努力。

5 月 21 日，台湾地区行政机构负责人通告各级行政单位，"汪辜会谈"时签订的 4 项协议查照实施，并于当月 29 日正式生效。

5 月 28 日，海协会致函台湾海基会表示，"汪辜会谈"签署的四项协议第二日生效，海协会将落实协议各项规定，协助有关方面，全面履行协议规定并开展相关事务。海协会希望与台湾海基会在四项协议的基础上，巩固和发展"汪辜会谈"的成果，加强联系与合作，促进两岸关系向前发展。

5月29日，司法部根据《两岸公证书使用查证协议》制定的《海峡两岸公证书使用查证协议实施办法》正式实施。

8月27日，台湾"陆委会"正式授权台湾海基会，与大陆海协会进行"汪辜会谈"后续协商，除了遣返私渡客等五项议题之外，劫机与台商权益保障问题亦在授权范围之内。

1993年8月30日至9月3日，两会依照《两会联系与会谈制度协议》之规定，举行"汪辜会谈"后首次工作性商谈，商谈由时任海协会副秘书长孙亚夫与时任台湾海基会副董事长许惠祐主持。此次商谈中，海协会提出落实《汪辜会谈共同协议》规定的各项商谈的一份时间表，与台湾海基会协商，希望自9月下旬起，对《协议》规定的五项事务性谈判及经济、科技交流等议题有计划地进行商谈。

8月31日，国务院台湾事务办公室、国务院新闻办公室发表题为《台湾问题与中国的统一》白皮书。白皮书以翔实的史料介绍了台湾问题的由来及现状，阐明了中国政府关于台湾问题的基本立场和分针、政策，以助于国际社会正确了解台湾问题的真实情况和中国政府的立场主张。

11月2日至7日，两会举行"汪辜会谈"后第二次工作性商谈，商谈由时任海协会副秘书长孙亚夫与时任台湾海基会副董事长许惠祐主持。海协会希望就"违反有关规定进入对方地区人员之遣返及相关问题""协商两岸海上渔事纠纷之处理""台商在大陆投资权益及相关问题""两岸工商界人士互访问题""遣返劫机犯"及"两会工作人员往来便利"等议题与台湾海基会进行商谈。

12月17日，两会举行"汪辜会谈"后第三次工作性商谈，商谈由时任海协会副秘书长孙亚夫与时任台湾海基会副董事长许惠祐主持。此次商谈在台北举行，这是大陆海协人员首次进入台湾参与谈判。双方继续就第一次和第二次工作性商谈中涉及的议题交换意见。

1994 年

1 月 31 日至 2 月 4 日，两会依照《两会联系与会谈制度协议》之规定，举行首次副会长（副董事长）级会谈，大陆方面主谈人为时任海协会常务副会长唐树备，台湾方面主谈人为时任台湾海基会副董事长焦仁和，此即第一次"唐焦会谈"。双方就"劫机犯遣返""私渡人员遣返""海上渔事纠纷"等三项事务性议题的遗留问题交换了意见并达成共识。双方商定于 3 月下旬在北京就三项事务性商谈议题举行第四次工作性商谈，并拟定协议草案。唐树备与焦仁和上午在"唐树备先生与焦仁和先生会谈共同新闻稿"上签字，并对外发表。

3 月 25 日至 30 日，两会举行"汪辜会谈"后第四次工作性商谈，商谈由海协会副秘书长孙亚夫与台湾海基会副秘书长许惠祐主持。

4 月 2 日，24 位台湾旅客在乘坐"海瑞号"游船在千岛湖观光时，与 6 名大陆船员及 2 名大陆导游共 32 人，在湖上遭遇歹徒抢劫并被歹徒放火烧死。此即震惊中外的"千岛湖惨案"。此次事件为两岸关系蒙上了一层阴影。

4 月 12 日，时任海协会常务副会长唐树备指出，"千岛湖事件"是两岸交流中的一个意外，不能也不应阻碍两岸关系的发展。

同日，时任海协会副会长唐树备会见时任台湾海基会副秘书长石齐平，双方就"千岛湖事件"达成三点共识：一、当前应全力迅速查明"千岛湖事件"发生原因，并尽快公布；二、两会原则上同意就两岸同胞生命财产安全受到损失的问题交换意见；三、两会根据各自授权，采取可能的措施，消除因此事件引起的消极影响。

6 月 22 日，依照《两会联系与会谈制度协议》的相关规定，海协会与台湾海基会经过一年多的磋商，双方通过换函方式确认，宣布《两会商定会务人员入出境往来便利办法》生效。

7月5日，台湾当局"陆委会"颁布"台海两岸关系说明书"。该说明书内容包括六个部分，即大陆对台政策的"演变"，台湾当局对两岸关系架构的涉及，台湾当局拒绝接受"一国两制"的主张，台湾当局坚持追求中国统一的目标和台湾当局处理两岸关系的原则。

7月12日，国台办发言人就台湾当局公布的"台海两岸关系说明书"发表谈话指出，该说明书坚持统一目标，主张"一个中国"，反对"两个中国""一中一台"，值得肯定。但该说明书也歪曲了台湾问题的由来，鼓吹"两岸分裂分治"等谬论，实质是制造"两个中国"、"一中一台"，危害中国主权和领土完整，危害和平统一大业。

7月30日至8月2日，两会举行"汪辜会谈"后第五次工作性商谈，商谈由时任海协会副秘书长孙亚夫与时任台湾海基会副董事长许惠祐主持。此次商谈中，双方整理完成三项事务性议题的协议架构，同时确认彼此对各项协议项目的共识与分歧，遗留未决问题都将由两会负责人继续商谈解决。

8月4日至7日，两会举行第二次副会长（副董事长）级会谈，大陆方面主谈人为时任海协会常务副会长唐树备，台湾方面主谈人为时任台湾海基会副董事长焦仁和，此即第二次"唐焦会谈"。在会谈中，双方就三项议题达成书面共识，发表了《海协会与海基会台北会谈共同新闻稿》。

11月22日至27日，两会举行"汪辜会谈"后第六次工作性商谈，商谈由时任海协会副秘书长孙亚夫与时任台湾海基会副秘书长许惠祐主持。在会谈中，双方商定了"违反有关规定进入对方地区人员遣返及相关问题""两岸劫机犯等遣返事宜""两岸海上渔事纠纷之处理"三项协议文本，并取得初步成果。

1995 年

1 月 22 日，两会举行第三次副会长（副董事长）级会谈，大陆方面主谈人为时任海协会常务副会长唐树备，台湾方面主谈人为时任台湾海基会副董事长焦仁和，此即第三次"唐焦会谈"。与此同时，两会同时举行了第七次工作性商谈，商谈由海协会副秘书长孙亚夫与台湾海基会副董事长许惠祐主持。在这两次同时举行的两会商谈中，双方就"违反有关规定进入对方地区人员之遣返及相关问题"等四项议题进行协商，就两岸经济、文教交流交换意见。双方还就"违反有关规定进入对方地区人员之遣返及相关问题""有关共同打击海上走私、抢劫等犯罪活动问题"等问题达成共识，但在"两岸海上渔事纠纷之处理"议题上存在较大争议，未能签署协议。

1 月 30 日，时任中共中央总书记、国家主席江泽民在新春茶话会上发表题为《为促进祖国统一大业的完成而继续奋斗》的重要讲话。在讲话中，江泽民提出八项推进祖国和平统一的主张。这八项主张是：一、坚持一个中国的原则，是实现和平统一的基础和前提。二、对于台湾同外国发展民间性经济文化关系，我们不持异议。但是，我们反对台湾以搞"两个中国""一中一台"为目的，所谓"扩大国际生存空间"的活动。三、进行海峡两岸和平统一谈判，是我们的一贯主张。在一个中国的前提下，什么问题都可以谈。谈判过程中，可以吸收两岸各党派、团体有代表性的人士参加。四、努力实现和平统一，中国人不打中国人。五、面向21 世纪世界经济的发展，要大力发展两岸经济交流与合作，以利于两岸经济共同繁荣，造福整个中华民族。六、中华各族儿女共同创造的五千年灿烂文化，始终是维系全体中国人的精神纽带，也是实现和平统一的一个重要基础。七、两千一百万台湾同胞，不论是台湾省籍还是其他省籍，都是中国人，都是骨肉同胞、手足兄弟。要充分尊重台湾同胞的生活方式和当家作主的愿望。八、我们欢迎台湾当局的领导人以适当身份前来访问；我们也愿意接受台湾方面的邀请，前往台湾。

3月24日，国台办、公安部、海关总署发布《关于印发〈两会商定会务人员入出境往来便利办法〉的通知》，将两岸两会签署的《两会商定会务人员入出境往来便利办法》印发有关部门。

5月27日至28日，时任海协会常务副会长唐树备与时任台湾海基会副董事长焦仁和在台北为举行第二次"汪辜会谈"第一次预备性磋商，就正式会谈之程序问题达成共识。

6月7至11日，李登辉以所谓"私人"名义访美。在此期间，李登辉在美国康奈尔大学发表政治演讲，并在各种场合大肆进行旨在制造"两个中国""一中一台"的活动。

12月20日，时任海协会常务副会长唐树备在京接受记者采访时说，台湾当局只有真正回到"一个中国"立场上来，停止在国际上制造"两个中国""一中一台"的活动，两岸两会的事务性商谈才能恢复。

1996 年

3月20日，台湾地区举行首次领导人直接选举，国民党籍候选人李登辉、连战，民进党籍候选人彭明敏、谢长廷，无党籍候选人林洋港、郝柏村，无党籍候选人陈履安、王清峰参选。

3月23日，台湾地区领导人选举结果公布，国民党籍候选人李登辉、连战以54%的得票率分别当选台湾地区正副领导人。

同日，国务院台办新闻局负责人发表谈话指出，台湾领导人产生方式的改变及其结果，都改变不了台湾是中国领土一部分的事实。事实证明，广大台湾民众要求稳定和发展两岸关系，唾弃"台独"。

4月29日，台湾海基会就"汪辜会谈"三周年致函海协会，呼吁尽快恢复两岸商谈。辜振甫就"汪辜会谈"3周年发表谈话，称两岸此刻要

"回归到追求一个中国的过程"，呼吁举行第二次"汪辜会谈"。

8月7日，大陆依照两岸《金门协议》的相关规定，透过两会管道，在双方红十字组织人员见证下，将潜逃大陆的台湾刑事犯侯文明等5人遣返台湾归案。

8月20日，交通部发布《台湾海峡两岸间航运管理办法》，并决定即日起实施。该办法明确规定两岸间的航线是实行特殊管理的国内航线，并就其适用范围、申请经营两岸航运业的具体规则等做出规定。

8月21日，外经贸部发布了《关于台湾海峡两岸间货物运输代理业管理办法》，该办法明确规定两岸间的海上之大货物运输属于特殊管理的国内运输，并就其适用范围、从业资格、申请手续等做出规定。

9月21日，海协会常务副会长唐树备表示，海协会如获大陆有关方面授权，愿在有适当气氛的情况下与台湾海基会为两岸政治商谈做程序性安排，包括政治商谈的议题、方式、时间、地点等具体事宜，找到双方都可接受的方法。

同日，台湾当局"陆委会主委"张京育表示，台湾当局希望"九七"后能尽速建立一个和平稳定海峡两岸暨香港三地关系的新架构，以利进一步扩大互利互惠的关系。他还表示，台湾当局已开始研拟"港澳关系条例"，视香港为有别于大陆其他地区的"特别区域"，继续维持并增进台港现有各种关系。

12月1日，国台办颁布《关于台湾记者来祖国大陆采访的规定》，该规定共十二条，对台湾记者赴大陆采访的相关申请程序和审批机制进行规定。

1997 年

1月22日，海峡两岸航运界代表就福州、厦门两港与高雄港之间的船舶试点直航有关专业技术问题进行沟通和会晤，经过一天的务实磋商，双方对所有谈及的问题都达成了共识，并签署会谈纪要。

1月30日，中共中央台办、国台办在人民大会堂举行纪念江泽民同志《为促进祖国统一大业的完成而继续奋斗》重要讲话（即"江八点"）发表两周年座谈会。时任中台办、国台办主任陈云林指出，台湾召开所谓的"国家发展会议"、背离一个中国原则，不提国家统一，并以所谓"宪政改革"为名，决定冻结台湾省"省长""省议会"选举，朝着"废省"方向迈出了危险的一步。

5月2日，港台海运代表就7月1日后港台船舶互航问题在香港举行协商，但双方在具体问题上未达成共识。

5月24日，第二轮台港航运协商结束，双方达成《港台海运商谈纪要》，《纪要》规定在台港口登记的船只进出香港时，在船尾及主桅杆暂不悬旗；在香港登记的船只在进出台港口时则在船尾悬挂紫荆旗，主桅杆不悬旗。

6月16日　海协会与台湾海基会就《港台海运商谈纪要》相互致函，予以确认。《港台海运商谈纪要》于7月1日生效。

7月1日，国家主席江泽民在首都各界庆祝香港回归祖国大会上发表重要讲话，讲话指出，按照"和平统一、一国两制"的基本方针最终解决台湾问题，完成祖国统一大业，是一切华夏子孙的殷切愿望。我们希望台湾当局以民族大义为重，真正回到一个中国的立场上来，为发展两岸关系、实现祖国完全统一迈出切实的步伐。

9月12日，中共中央总书记江泽民在中共十五大报告中，再次郑重呼吁：作为第一步，海峡两岸可先就"在一个中国的原则下，正式结束两岸敌对状态"进行谈判，并达成协议；在此基础上，共同承担义务，维护中国的主权与领土完整，并对今后两岸关系的发展做出规划。

11月6日，海协会致函台湾海基会重申愿意推动两会互访，邀请焦仁和率台湾海基会董监事团12人出席海协会于1997年12月7日至9日在厦门举办的"跨世纪两岸经济关系展望研讨会"开幕式，并在厦门、上海、北京等地进行为期 6 天的参访。

12 月 31 日，国家主席江泽民发表新年讲话，希望台湾当局以民族大义为重，以诚意和实际行动来推动两岸各项交流往来和"三通"，并呼吁台湾当局尽早在一个中国的原则下进行两岸政治谈判。

1998 年

1 月 26 日，首都各界人士在人民大会堂举行纪念江泽民《为促进祖国统一大业的完成而继续奋斗》重要讲话（即"江八点"）发表 3 周年座谈会。国务院副总理钱其琛指出，促进两岸政治谈判是现阶段全面推动两岸关系的关键，希望台湾当局做出认真、积极、明确的回应。

2 月 5 日，海协会常务副会长唐树备接受记者采访时称，在今年两岸关系发展中，进行政治谈判是一个不容回避的内容，及早进行政治谈判的程序性商谈是两会重开商谈时一个不可回避的问题。

7 月 26 日，两岸两会秘书长级就辜振甫赴大陆参访和"汪辜会晤"、两会共同关切的问题交换意见，双方强调愿意积极促成辜振甫访问大陆，这是两岸中断协商 3 年以来，两会秘书长级就辜振甫赴大陆参访事宜再度交换意见。

10 月 14 日，应海协会邀请，台湾海基会董事长辜振甫率台湾海基会参访团抵达上海，开始为期 6 天的参访行程。海协会常务副会长唐树备夫妇、秘书长李亚飞专程到机场迎接。海协会会长汪道涵在上海和平饭店和平厅与辜振甫进行首次晤谈，会后双方举行了吹风会。唐树备指出，两岸政治对话已经开始。

10 月 15 日，汪道涵与辜振甫在上海新锦江饭店再度晤谈，并取得 4 项共识，包括两岸两会要进行政治、经济对话；加强两会间的各层次交流；加强两会处理个案相互协调；汪道涵夫妇将应邀在适当时机访台等。

10 月 18 日，中共中央政治局委员钱其琛会见辜振甫一行。时任中共中央总书记江泽民在北京钓鱼台国宾馆礼节性会见辜振甫夫妇，并就涉及两岸关系的重大问题发表看法，对此次"汪辜会晤"所达成的四项共识表示赞赏，并希望辜振甫先生继续为两岸关系的发展做出新的积极贡献。

1999 年

1 月 1 日，时任中共中央总书记、国家主席江泽民在全国政协新年茶话会上发表讲话。讲话指出，实现祖国的完全统一，是不可抗拒的历史潮流。我们同台湾当局依然存在政治分歧，但可以通过对话和谈判求得合情合理的解决。海峡两岸应进一步扩大交流，全面发展两岸关系，推动祖国和平统一的进程。

1 月 28 日，时任国务院副总理钱其琛在《为促进祖国统一大业的完成而继续奋斗》重要讲话（即"江八点"）发表四周年暨《告台湾同胞书》发表二十周年座谈会上发表讲话，确认海协会会长汪道涵将于当年适当的时候访问台湾。

3 月 17 日，时任海协会副秘书长李亚飞一行赴台，与时任台湾海基会副秘书长詹志宏就汪道涵访台事宜举行磋商。

6 月 27 日，时任台湾海基会副秘书长詹志宏一行抵达北京，与时任海协会副秘书长李亚飞就汪道涵访台事宜举行磋商。

7 月 9 日，李登辉在接受"德国之声"专访时公然宣称，将两岸关系定位在"国家与国家"，至少是特殊的"国与国的关系"。

7 月 10 日，时任台湾海基会董事长辜振甫声称，两岸会商是"国与国"的对谈。

7 月 11 日，中台办、国台办发言人就李登辉"两国论"发表谈话指出，李登辉分裂言论再次暴露其分裂祖国的政治本质，台湾一切分裂势力应立即悬崖勒马；大陆将一如既往地推动祖国和平统一进程。

7月15日，时任中台办、国台办主任陈云林在中国和平统一促进会第六届理事大会上指出，李登辉"两国论"倒行逆施，使海协会、台湾海基会在一个中国原则下接触、交流、对话的基础不复存在。

7月30日，海协会发表声明指出，一个中国原则是两岸关系与和平统一的基础，也是两会交往的基础。台湾方面提出的"两国论"分裂主张使两岸两会接触、交流、对话的基础不复存在。随后，海协会退回台湾海基会附有"两国论"内容的传真。

12月20日，时任国家主席江泽民在赴澳门出席政权交接仪式上讲话指出，"一国两制"伟大构想，是我们完成祖国统一的唯一正确道路，"一国两制"在香港、澳门的成功实践，将会为我们早日解决台湾问题、实现祖国的完全统一发挥重要的示范和促进作用。

2000 年

1月28日，时任国务院副总理钱其琛出席江泽民同志《为促进祖国统一大业的完成而继续奋斗》重要讲话（即"江八点"）五周年纪念大会，呼吁两岸在一个中国原则下进行对话和谈判。

2月21日，国务院台湾事务办公室发布《一个中国的原则与台湾问题》白皮书。该白皮书包括前言、一个中国的事实和法理基础、一个中国原则是实现和平统一的基础和前提、中国政府坚决捍卫一个中国原则、两岸关系中涉及一个中国原则的若干问题、在国际社会中坚持一个中国原则的若干问题以及结束语七个部分。

3月18日，台湾地区举行领导人选举，民进党籍候选人陈水扁、吕秀莲，国民党籍候选人连战、萧万长，无党籍候选人宋楚瑜、张昭雄参选，最终陈水扁、吕秀莲以39.3%的得票率当选台湾地区正副领导人。

同日，中台办、国台办就陈水扁、吕秀莲当选台湾地区领导人发表声明，重申一个中国原则，表示台湾地区领导人的选举及其结果，改变不了台湾是中国领土一部分的事实，并指出，对台湾新领导人"我们将听其言观其行"。

5月20日，陈水扁发表"就职演说"，提出所谓"四不一没有"的政策主张，即"保证在任期之内，不会宣布独立，不会更改国号，不会推动'两国论'入宪，不会推动改变现状的统独公投，也没有废除国统纲领与国统会的问题"。

8月23日，海协会致函台湾海基会，对台湾地区遭受"碧利斯"台风袭击、人员伤亡深表关切。

11月2日，海协会致电台湾海基会，对在"象神"台风中受灾的台湾同胞表示慰问。

2001 年

2月13日，国家旅游局负责人宣布，台湾同胞来祖国大陆旅游去年突破300万人次。台湾"内政部""交通部""陆委会"称，自今年7月1日起，受理大陆人士申请赴台观光，对象限于"有固定且正当职业者"或"年逾50岁者"，初期每日以"一千人"为限。

3月20日，由时任国务院台湾事务办公室经济局局长何世忠领队的"海峡经济科技合作中心访问团"抵达台北，开始在台湾岛内进行为期十天的考察访问。在访台期间，何世忠表示，大陆一贯的主张就是回到"九二共识"的框架下，现阶段台湾当局应该明确承认一个中国原则，明确承认两岸两会1992年达成的共识。

3月27日，台湾海基会紧急致函海协会，请求海协会协助广东公安机关及时侦办"三二五台商徐金源遇害案"，并呼吁两岸应早日就保障台商人身与财产安全问题展开协商。

4月27日，台湾海基会董事长辜振甫在"汪辜会谈"8周年记者会上发表谈话称，1992年两岸两会达成"一个中国，各自表述"的共识，是双方恢复对话协商的基础，两岸对"共识与协议的诚实遵守，对于双方互信的累积与正常往来，乃是绝对必要的"。

5 月 8 日，台湾"共同市场基金会"董事长萧万长率团访问大陆。时任中央台办主任、国台办主任陈云林宴请了萧万长，双方就"两岸共同市场"问题交换了意识。

5 月 14 日，外交部发言人就世界卫生大会决定拒绝所谓"邀请台湾参加世界卫生大会提案"发表谈话指出，中国政府坚决反对任何人以卫生健康问题为借口，从事分裂中国的活动，也反对任何国家干涉中国内政。

7 月 1 日，时任中共中央总书记江泽民在中国共产党建党八十周年庆祝大会上发表讲话。他指出，台湾作为中国一部分的地位，绝不允许改变。中国共产党人维护国家主权和领土完整的立场是坚定不移的。我们有最大的诚意努力实现和平统一，但不能承诺放弃使用武力，我们完全有能力制止任何"台独"分裂图谋。结束祖国大陆同台湾分离的局面，实现祖国的完全统一，是中国共产党人义不容辞的使命。他呼吁：海峡两岸同胞和海外侨胞团结起来，反对分裂，为推动两岸关系发展和祖国和平统一进程而继续奋斗。完成祖国的统一大业是人心所向，是任何人任何势力也阻挡不了的历史潮流。

10 月 9 日，时任中共中央总书记江泽民在纪念辛亥革命九十周年大会上发表讲话。他表示，希望台湾当局明确接受一个中国原则，并在此原则的基础上开放两岸"三通"，恢复两岸对话。

11 月 11 日，世贸组织第四届部长级会议审议通过了台湾以"台澎金马单独关税区"（简称"中华台北"）名义成为 WTO 第 144 个成员。

12 月 1 日，台湾地区第五届"立法委员"选举结果揭晓，在 225 个席次中，民进党赢得 87 个席次，国民党获得 68 席，亲民党获得 46 席，台湾团结联盟获得 13 席，新党获得 1 席，无党籍代表获得 10 席。

12 月 16 日，汪道涵在海协会成立十周年酒会上指出，两岸应当尽早进行直接"三通"，并加强经济合作。

2002 年

1 月 16 日，台湾"行政院"通过"加入世界贸易组织（WTO）两岸经贸政策调整执行计划"，首次开放 2126 项大陆农工产品入岛。台"行政院"同步宣布配套措施，包括开放两岸直接通汇及开放"陆资入台"间接投资服务业。

1 月 24 日，时任国务院副总理钱其琛在出席纪念江泽民同志《为促进祖国统一大业的完成而继续奋斗》重要讲话（即"江八点"）发表 7 周年座谈会上重申，世界上只有一个中国，大陆和台湾同属一个中国，中国的主权和领土完整不容分割。大陆方面愿意与坚持一个中国原则、主张发展两岸关系的台湾各党派、各界人士加强交流和对话。

2 月 4 日，时任海协会副会长孙亚夫表示，两岸两会要恢复联系，首先必须解决两岸接触对话谈判的基础，现阶段民进党人士若要来大陆访问，应当符合一个中国原则。同日，海协会驻澳门特别行政区办事处正式成立，时任海协会副秘书长张晓布担任办事处主任。

3 月 24 日，时任国台办常务副主任李炳才、海协会秘书长李亚飞在与来访的时任台湾金门县长李炷峰会谈时表示，大陆将考虑以"专案"形式，解决金门高粱酒在大陆地区的商标注册问题，同时也愿配合解决金门、厦门间设立定期航船问题。

3 月 31 日，台湾地区花莲外海发生 6.8 级地震，海协会当日致函海协会，向岛内地震受灾同胞表示慰问。

4 月 1 日，台湾海基会回函海协会，对海协会对台湾花莲地震的关切与慰问表示感谢。

5 月 23 日，时任海峡两岸关系研究中心主任唐树备指出，台港之间通过民间对民间、行业对行业、公司对公司的新模式进行的航运谈判应当进行下去，并可以作为两岸民间谈判的试点。

6月4日，大陆海峡两岸航运交流协会表示，希望能与台湾海峡航运协会尽快以"民间对民间"的方式就两岸直航展开协商。

8月3日，时任台湾地区领导人陈水扁以视频直播向在日本举行的"29届世界台湾同乡联谊年会"发表谈话，正式抛出所谓"一边一国论"。

8月5日，国台办召开新闻发布会时指出，陈水扁的"一边一国"论与李登辉"两国论"如出一辙，充分暴露了他顽固坚持"台独"立场的真面目，是对包括台湾同胞在内的全体中国人民的公然挑衅，也是对国际社会公认的一个中国原则的公然挑衅，必将对两岸关系造成严重破坏，影响亚太地区的稳定与和平。国台办警告台湾分裂势力悬崖勒马，停止一切的分裂活动。

10月20日，时任国务院副总理钱其琛在第七次全国台湾同胞代表会议上表示，世界上只有一个中国，大陆和台湾同属一个中国，中国的主权和领土完整不容分割。他指出，台湾当局领导人不久前鼓吹大陆与台湾是"一边一国"，煽动以所谓"公投方式"决定台湾前途，这一分裂言论与李登辉的"两国论"一脉相承，是对一个中国原则的公然挑衅。

12月2日，台湾海基会召开第五届董监事第一次会议，辜振甫续任董事长，并确定许惠祐、许胜发、张宏俊为副董事长，许惠祐兼任秘书长。

2003 年

1月1日，时任中共中央总书记胡锦涛在全国政协茶话会上指出，新的一年里，要一如既往地坚持"和平统一、一国两制"的基本方针和江泽民主席的八项主张，在一个中国原则基础上推动恢复两岸对话与谈判，加强两岸同胞相互往来与交流，积极推动两岸直接"三通"，坚决反对任何"台独"分裂活动。

1月20日，陈水扁声称：鼓吹"三通"直航将会为台湾带来多大利益，可能是一厢情愿的说法，"一个中国"是争论不休且短时间内不可能有答案的严肃问题。

1月24日，时任国务院副总理钱其琛在江泽民同志《为促进祖国统一大业的完成而继续奋斗》重要讲话（即"江八点"）发表八周年座谈会上发表题为《两岸同胞同心携手，为完成祖国统一而努力奋斗》的讲话，他表示尽快恢复两岸对话与谈判，是我们一贯的主张，两岸应当维护两会商谈的政治基础。同时，他还呼吁台湾当局把握机会，尽快推动两岸"三通"谈判。

4月28日，辜振甫发表题为"恢复协商，走向双赢"的谈话，他指出，在"汪辜会谈"十周年之际，两岸应本着相互宽容的心态，重启沟通性对话，开创两岸互动新局面。

5月23日，海协会致函台湾海基会表示，祖国大陆十分关心台湾非典疫情，将向台湾同胞捐赠防治非典医疗物资，并愿意派遣医疗组赴台。

5月25日，台湾海基会回函海协会，拒绝接受祖国大陆捐赠的防治非典医疗物品。

9月23日，时任台湾海基会董事长辜振甫称，两岸虽在政治上存在不同立场，但两岸交流频繁已成趋势，因而呼吁两岸两会恢复接触沟通，以便真正解决两岸交流中衍生的诸多问题。

10月9日，台湾地区"立法"机构通过"两岸人民关系条例修正案"，为两岸协商设立了"复委托机制"。"两岸人民关系条例修正案"规定，（受委托的民间团体）得复委托前项之其他具公益性质之法人，协助处理台湾地区与大陆地区人民往来有关之事务。

2004 年

1 月 16 日，陈水扁公布"3·20 公投"的两个题目：第一"台湾人民坚持台海问题应该和平解决，如果中共不撤除瞄准台湾的飞弹、不放弃对台湾使用武力，您是否赞成政府增加购置反飞弹装备，以强化台湾自我防卫能力？"第二"您是否同意政府与中共展开协商，推动建立两岸和平稳定的互动架构，以谋求两岸的共识与人民的福祉？"

1 月 17 日，国台办发言人就陈水扁公布所谓"3·20 公投"议题发表谈话指出，这是对台海和平与稳定的单方面挑衅，其实质是要为今后利用"公投"实现"台独"做准备。

1 月 19 日，时任国务委员唐家璇在出席纪念江泽民同志《为促进祖国统一大业的完成而继续奋斗》重要讲话（即"江八点"）发表九周年座谈会上发表题为《两岸同胞团结起来，共同为祖国统一而努力奋斗》的讲话，讲话指出，大陆和台湾同属一个中国，中国是两岸同胞共同的家园。两岸同胞有责任共同把我们的家园守护好、建设好、发展好。

3 月 20 日，台湾地区领导人选举结果揭晓，民进党籍候选人陈水扁、吕秀莲获得 647 万票（得票率为 50.11%），再次当选台湾地区领导人。国民党籍候选人连战、宋楚瑜获得 644 万票（得票率为 49.89%）。

3 月 20 日，台湾当局举办"和平公投"，因投票人数未达总投票权人数的一半以失败收场。

3 月 20 日，中台办、国台办就台湾当局举办公民投票发表声明指出：3 月 20 日台湾当局执意举办所谓"和平公投"，试图挑衅两岸关系、分裂国家，公投结果无效。事实证明，这一非法行径不得人心。任何把台湾从中国分割出去的企图都是注定要失败的。

5 月 17 日，中台办、国台办受权就当前两岸关系问题发表声明指出，现在，有两条路摆在台湾当权者面前：一条是悬崖勒马，停止"台独"

分裂活动，承认两岸同属一个中国，促进两岸关系发展；一条是一意孤行，妄图把台湾从中国分割出去，最终玩火自焚。何去何从，台湾当权者必须做出选择；并提出了在一个中国原则下发展两岸关系的 7 项主张；警告"如果台湾当权者铤而走险，胆敢制造'台独'重大事变，中国人民将不惜一切代价，坚决彻底地粉碎'台独'分裂图谋"。

5 月 20 日，陈水扁在"就职演说"中称，在 2008 年卸任前将交出"一部合时、合身、合用的新宪法"，对于"涉及国家主权、领土及统独的议题"，"个人明确地建议"这些议题不宜在此次"宪改"的范围之内；并称"如果两岸之间能够本于善意，共同营造一个和平发展、自由选择的环境，未来中华民国与中华人民共和国或者台湾与中国之间，将发展任何形式的关系，只要 2300 万台湾人民同意，我们都不排除"。

5 月 24 日，国台办新闻发言人表示，陈水扁"5·20 讲话"通篇充满"台湾是一个主权独立国家"的意涵，表明他并没有放弃"台独"分裂立场。

10 月 27 日，时任国台办发言人张铭清在记者招待会上表示，大陆方面的"三通"政策并未改变两岸可以按照"台港模式"谈通航问题，希望台湾方面指派民间组织、行业协会或公司与大陆进行谈判。

12 月 17 日，十届全国人大常委会第二十六次委员长会议决定将《反分裂国家法（草案）》列入十届人大常委会第十三次会议议程草案，于 12 月 25 日到 29 日的会议期间进行审议。

2005 年

1 月 7 日，时任民航总局台办主任浦照洲与台北市航空运输商业同业公会理事长乐大信在澳门会晤，双方就推动春节包机的技术性问题达成共识。

1 月 28 日，时任全国政协主席贾庆林在纪念江泽民同志《为促进祖国统一大业的完成而继续奋斗》重要讲话（即"江八点"）十周年大会上发表《坚决遏制"台独"分裂活动，维护台海地区和平稳定，继续争取两岸关系朝着和平统一的方向发展》的重要讲话，在谈话中除了总结江泽民同志《为促进祖国统一大业的完成而继续奋斗》重要讲话的重要成果外，还全面阐述了以胡锦涛为总书记的党中央对当前台海局势的看法及对两岸关系重大问题的主张。

3 月 4 日，时任中共中央总书记胡锦涛发表了"关于新形势下发展两岸关系的四点意见"：坚持一个中国原则决不动摇；争取和平统一的努力决不放弃；贯彻寄希望于台湾人民的方针决不改变；反对"台独"分裂活动决不妥协。

3 月 14 日，十届全国人大三次会议高票通过《反分裂国家法》。这是中国历史上第一部代表人民意愿，以法律形式规范反对"台独"分裂活动和促进祖国和平统一的特别法。

3 月 28 日至 4 月 1 日，时任中国国民党副主席江丙坤率团参访大陆。此次访问既是"缅怀之旅""经贸之旅"，也是"破冰之旅"。江丙坤一行走访了北京、南京、广州等地，所到之处受到大陆民众热烈欢迎，"开启国共两党再次对话先河"。这是 56 年来中国国民党首次正式组团访问大陆；国台办与国民党参访团会谈取得 12 项初步成果；提升了两岸交流政治层次，带动了有实质内容并给两岸带来实惠的交流对话新潮流。

3 月 31 日，时任中共中央政治局常委、全国政协主席贾庆林在人民大会堂会见了时任中国国民党副主席、中国国民党参访团团长江丙坤一行。贾庆林表示，我们一直希望并积极争取在一个中国原则基础上恢复两岸对话和谈判。两岸同胞是血脉相连的一家人，我们要务实地多做促进两岸经济合作的实事、推动两岸交流与往来的实事、为两岸同胞谋利益的实事，以促进两岸同胞相互理解，培养互信，发展共同利益。

4 月 26 日至 29 日，时任国民党主席连战开始了为期 8 天的访问大陆之旅。此次访问定名为"和平之旅"。在此期间，胡锦涛与连战在北京举行会谈，双方就促进两岸关系改善和发展的重大问题及两党交往事宜，广泛而深入地交换了意见。这是六十年来国共两党主要领导人首次会谈，具有重大的历史和现实意义。双方共同发布名为"两岸和平发展共同愿景"的《会谈公报》。两党共同体认到：坚持"九二共识"，反对"台独"，谋求台海和平稳定，促进两岸关系发展，维护两岸同胞利益，是两党的共同主张；促进两岸同胞的交流与往来，共同发扬中华文化，有助于消弭隔阂，增进互信，累积共识；和平与发展是二十一世纪的潮流，两岸关系和平发展符合两岸同胞的共同利益，也符合亚太地区和世界的利益。两党基于上述体认，共同促进以下工作：促进尽速恢复两岸谈判，共谋两岸人民福祉；促进终止敌对状态，达成和平协议；促进两岸经济全面交流，建立两岸经济合作机制；促进协商台湾民众关心的参与国际活动的问题；建立党对党定期沟通平台。

5月5日至13日，亲民党主席宋楚瑜率团到西安、南京、上海、长沙、北京等地访问，展开九天八夜的"工作之旅"。在此期间，胡锦涛与宋楚瑜在北京举行正式会谈，双方就促进两岸关系改善与发展的重大问题及两党交往事宜，坦诚、深入地交换了意见，并共同发表《会谈公报》，就促进在"九二共识"基础上，尽速恢复两岸平等谈判；坚持反对"台独"，共谋台海和平；推动结束两岸敌对状态，促进建立两岸和平架构；加强两岸经贸交流，促进建立稳定的两岸经贸合作机制；促进协商台湾民众关心的参与国际活动的问题；推动建立"两岸民间精英论坛"及台商服务机制等达成共识。

7月6日至13日，新党主席郁慕明率领代表团抵达广州，展开为期八天七夜的"民族之旅"。在此期间，胡锦涛与郁慕明率领的访问团在北京人民大会堂举行会谈，胡锦涛就当前发展两岸关系提出了四点看法：共同促进中华民族的伟大复兴；坚持一个中国原则；坚决反对和遏制"台独"；切实照顾和维护台湾同胞的切身权益。

9月15日至16日，第一届"两岸民间精英论坛"在上海举行，本届论坛由中共中央台湾工作办公室与亲民党中央党部政策研究中心共同主办，海峡两岸关系研究中心与中华两岸和平发展协会共同承办。此次论坛是落实5月胡锦涛总书记与宋楚瑜主席会谈公报的重要举措。本届论坛的主题是"促进两岸经济交流与合作"，与会人士就大陆经济发展与台商在大陆投资、两岸直接通航、两岸农业交流合作、两岸投资贸易正常化等四项议题，进行了广泛而深入的研讨，达成诸多共识。

11月18日，国台办与台"陆委会"同步公布明年春节包机方案，除原有上海、北京、广州三个航点外，再增加厦门一个航点，营运班次从48班增到72班（两岸双方各飞36班），承载对象从今年涵盖的台商负责人、员工及其眷属，扩大到"持有双方合法入出境证照之台湾地区居民"。

12月3日，台湾地区"三合一"选举（县市长、县市议员、乡镇市长）结果揭晓。在县市长中，泛蓝阵营获得了17席，泛绿取得了6席。在县市议员选举中，国民党取得了408席，民进党得到192席，亲民党获得31席，"台湾团结联盟"得到11席，新党2席，无党籍人士合计获得256席。在乡镇市长方面，中国国民党获得了173席，民进党得到35席，亲民党获得3席，无党团结联盟1席，无党籍人士合计获得107席。

2006 年

1月19日，台"陆委会"称：台当局在1月20日至2月13日期间扩大实施金马与大陆间的通航项目，金马旅台乡亲无需以组团方式，即可直接经由"小三通"出入大陆。

2月7日，两岸春节包机圆满结束，两岸12家航空公司共飞行72个往返班次、1144个航班，运送台湾居民及台商眷属27276人次。

4月14日至15日，第一届"两岸经贸论坛"在北京举行。该论坛由中共中央台办海研中心与中国国民党国政研究基金会主办，海峡经济科技合作中心与两岸和平发展基金会共同承办。这是中国国民党与中国共产党继中国国民党和平之旅后，再一次的双方高层会晤。两党人士和两岸企业界人士、专家学者、台商代表等共400余人出席会议。

4月16日，中共中央总书记胡锦涛在北京会见国民党主席连战及参加两岸经贸论坛的人士，对两岸关系发展提出四点建议。

6月14日，海峡两岸航空运输交流委员会宣布，海峡两岸航空业民间组织就清明、端午、中秋、春节期间的两岸客运包机和紧急医疗救援包机、残疾人包机以及有特殊要求的货运包机等的技术性、业务性问题达成共识，做出框架性安排，经双方业务主管部门认可，自即日起实施。

10月17日，两岸农业合作论坛在博鳌举行。论坛以"加强两岸农业合作，实现两岸农业互利互赢"为主题，由中共中央台湾工作办公室海研中心与中国国民党国政研究基金会共同举办。全国政协主席贾庆林就进一步推进两岸农业交流与合作提出四点建议：共同努力，优化两岸农业合作的环境和条件；统筹兼顾，拓展两岸农业合作的深度和广度；以人为本，切实维护和发展两岸农民的利益；着眼长远，逐步建立和完善两岸农业合作机制。

12月9日，台北、高雄市长选举结果揭晓。国民党参选人郝龙斌大胜对手民进党参选人谢长廷，当选台北市长。民进党参选人陈菊险胜国民党参选人黄俊英，当选高雄市长。

2007 年

2月14日，担任2007年两岸春节包机大陆首飞任务的航班飞往台湾，这标志着2007年度两岸春节包机计划正式展开。

3月4日，陈水扁提出"四要一没有"，即"台湾要'独立'、台湾要'正名'、台湾要'新宪'、台湾要发展；台湾没有左右路线、只有统'独'问题"。

3月5日，中共中央台办、国务院台办负责人发表谈话表示，陈水扁公然抛出"四要一没有"主张，是赤裸裸鼓吹"台独"，在"台独"分裂道路上又迈出危险一步；这再次表明，陈水扁是一个毫无诚信的"台独"政客，他已经用"四要一没有"取代了"四不一没有"的承诺。

4月7日，吴伯雄当选中国国民党新任党主席，时任中共中央总书记胡锦涛致电祝贺。次日，吴伯雄复电胡锦涛表示感谢。

4月28日，时任中共中央总书记胡锦涛在北京会见了国民党主席连战及参加两岸经贸文化论坛的代表。胡锦涛指出，两岸分则两害，合则共赢。加强两岸经贸文化的交流合作，增进两岸同胞福祉，促进中华民族的伟大复兴，是人心所向，大势所趋。

4月28日至29日，第三届"两岸经贸文化论坛"在北京举行。论坛由中共中央台湾工作办公室海研中心与中国国民党国政研究基金会共同主办，主题是"两岸直航、旅游观光、教育交流"，国共两党及亲民党、新党、无党团结联盟人士和两岸企业界人士、专家学者、台商代表等共500余人出席了会议。本届论坛在前两届论坛的基础上提出以下共同建议：促进两岸空中直航与航空业交流合作；推动两岸海上通航和救援合作；继续拓展福建沿海与金门、马祖、澎湖直接往来的范围和层次；积极促进两岸教育交流与合作；继续推动实现大陆居民赴台旅游；促进两岸关系和平发展。

6月22日，首次两岸端午包机顺利完成，共有两岸11家航空公司在北京、上海、广州、厦门和台北、高雄等城市间执行包机任务。

7月12日，台湾海基会召开临时董监事会，会议通过决议，由洪奇昌出任台湾海基会第三任董事长。

10月15日，中国共产党第十七次全国代表大会召开，时任中共中央总书记胡锦涛在"十七大报告"中指出，我们要始终坚持一个中国原则。大陆和台湾虽然尚未统一，但两岸同属一个中国的事实从未改变，国家领土和主权从未分割、也不容分割。两岸双方应恪守反对"台独"、坚持"九二共识"的共同立场，增进维护一个中国框架的共同认知，在此基础上求同存异。对台湾任何政党，只要不主张"台独"、认同一个中国，我们都愿意同他们交往、对话、合作。我们要持续推进两岸交流合作。深化经济合作，厚植共同利益。扩大文化交流，增强民族认同。密切人民往来，融洽同胞感情。促进平等协商，加强制度建设。希望双方共同努力，探讨国家尚未统一特殊情况下的两岸政治关系，做出合情合理安排；商谈建立两岸军事安全互信机制，稳定台海局势；协商达成两岸和平协议，开创两岸关系和平发展新前景。

2008 年

1月12日，台湾地区举行第七届"立法委员"选举。在总共113个"立委"席次中，中国国民党获得81席，民进党获得27席，其他政党及无党籍人士获得5席。与本次选举同时举行的"反贪腐公投"和"讨党产公投"因投票人数未达总投票权人数的一半，两项公投无效。当晚，陈水扁宣布辞去民进党主席职务。

3月22日，国民党籍候选人马英九当选台湾地区领导人。国民党籍候选人马英九、萧万长获得765万票（得票率为58.45%），民进党籍候选人谢长廷、苏贞昌获得544万票（得票率为41.55%）。

4月12日，时任中共中央总书记胡锦涛在博鳌会见了萧万长先生率领的台湾两岸共同市场基金会代表团一行，就两岸经济交流合作问题交换意见。

4月29日，时任中共中央总书记胡锦涛会见了中国国民党荣誉主席连战和夫人及随行的访问团成员。胡锦涛指出，当前台湾局势发生了积极变化，两岸关系呈现出良好发展势头。两岸双方应当共同努力、建立互信、搁置争议、求同存异、共创双赢，切实为两岸同胞谋福祉、为台海地区谋和平，开创两岸关系和平发展新局面。

5 月 20 日，马英九就任台湾地区领导人。马英九在"就职演说"中说到，两岸不论在台湾海峡或国际社会，都应该和解休兵，并在国际组织及活动中相互协助、彼此尊重。两岸人民同属中华民族，本应各尽所能，齐头并进，共同贡献国际社会，而非恶性竞争、虚耗资源。并将以"尊严、自主、务实、灵活"作为处理对外关系与争取国际空间的指导原则。

5 月 26 日，海峡交流基金会人事改组，江丙坤担任台湾海基会董事长，高孔廉任副董事长并兼任秘书长。"陆委会"正式授权台湾海基会，就周末客货运包机、大陆观光客赴台等三项议题，与海协会展开协商。

5 月 28 日，时任国民党主席吴伯雄访问大陆，时任中共中央总书记胡锦涛会见了吴伯雄。胡锦涛在会谈中强调，希望国共两党和两岸双方共同努力，"建立互信、搁置争议、求同存异、共创双赢"，继续依循并切实落实"两岸和平发展共同愿景"。反对"台独"、坚持"九二共识"，是双方建立互信的根本基础。

6 月 11 日至 14 日，海协会会长与台湾海基会董事长再握手。陈云林与江丙坤在京举行会谈，两会协商谈判正式恢复。在此次会谈中，海协会与台湾海基会就两项协商议题签署《海峡两岸包机会谈纪要》及《海峡两岸关于大陆居民赴台湾旅游协议》。

6 月 12 日，时任国台办主任王毅会见时任台湾海基会董事长江丙坤和台湾海基会代表团成员。王毅表示，海协会与台湾海基会在"九二共识"基础上恢复商谈，两会通过平等协商就两岸周末包机以及大陆居民赴台旅游达成共识。

6 月 13 日，时任中共中央总书记胡锦涛会见时任台湾海基会董事长江丙坤和台湾海基会代表团成员。胡锦涛指出，海协会和台湾海基会在

"九二共识"的共同政治基础上恢复商谈并取得实际成果，只要双方秉持"建立互信、搁置争议、求同存异、共创双赢"的精神，就一定能够不断推动两岸商谈进程。

6月21日，海峡两岸旅游交流协会发布《大陆居民赴台湾地区旅游注意事项》《大陆居民赴台湾地区旅游领队人员管理办法》《〈大陆居民赴台湾地区旅游团名单表〉管理办法》三项文件。

8月8日，胡锦涛对国民党荣誉主席连战前来出席北京奥运会开幕式表示欢迎，并再次对台湾各界支持大陆同胞抗击四川汶川特大地震表示衷心感谢。

11月3日至7日，两岸两会领导人陈云林与江丙坤在台北举行第二次会谈，即第二次"陈江会谈"。在此次会谈中，海协会与台湾海基会签署《海峡两岸空运协议》《海峡两岸海运协议》《海峡两岸邮政协议》及《海峡两岸食品安全协议》四项协议，两岸"三通"大步迈进。

11月22日，亚太经济合作组织（APEC）第十六次领导人非正式会议在秘鲁召开，胡锦涛在此期间会见了连战。胡锦涛在会晤中指出，两岸关系已呈现良好发展局面，双方已共同签署两岸空运、海运、邮政、食品安全等多项协议，希望两岸双方抓住当前难得的历史机遇，多为两岸同胞做实事、做好事，切实为两岸同胞谋福祉、为台海地区谋和平。胡锦涛还表示，在国际金融危机正从局部向全球蔓延的关键时刻，两岸更应该加强沟通，积极推动互惠互利的经贸合作，努力化挑战为机遇。

12月5日，国家发改委、国家邮政局根据《海峡两岸邮政协议》，发布《关于核定大陆至台湾地区相关邮政业务资费试行标准的通知》，该通知自同年12月15日起实施。

12月10日，交通运输部根据《海峡两岸海运协议》，发布《关于台湾海峡两岸间海上直航实施事项的公告》，该公告于同年12月15日起实施。

12 月 15 日，国家海事局依据《海峡两岸海运协议》制定的《台湾海峡两岸直接通航船舶监督管理暂行办法》正式实施。

12 月 20 日，第四届"两岸经贸文化论坛"在上海举行。论坛由中共中央台湾工作办公室海峡两岸关系研究中心与中国国民党国政研究基金会共同主办，本届论坛以"扩大和深化两岸经济交流与合作"为主题，两岸各界人士、专家学者等 400 余人出席会议。与会人士围绕拓展两岸金融及服务业合作、促进两岸双向投资、构建两岸经济交流合作机制三项议题，进行了广泛深入研讨并达成以下共同意见：积极合作应对国际金融危机的冲击；促进两岸金融合作；相互参与扩大内需及基础建设；深化两岸产业合作，拓展领域，提高层次；加强两岸服务业合作；完善两岸海空直航；加强两岸渔业合作；加强投资权益保障；实现两岸经济关系正常化，推动建立两岸经济合作机制。

12 月 31 日，中共中央举行纪念《告台湾同胞书》发表 30 周年座谈会，时任中共中央总书记胡锦涛发表六点对台意见，即"恪守一个中国，增进政治互信；推进经济合作，促进共同发展；弘扬中华文化，加强精神纽带；加强人员往来，扩大各界交流；维护国家主权，协商对外事务；结束敌对状态，达成和平协议"。

2009 年

4 月 17 日至 19 日，时任海协会副会长郑立中与时任台湾海基会副董事长高孔廉在台北举行了第三次"陈江会谈"预备性磋商。双方确立了《海峡两岸共同打击犯罪及司法互助协议》《海峡两岸金融合作协议》与《海峡两岸空运补充协议》三项协议文本，并对"陆资入岛"事务的争议点进行磋商，最后商定了台湾海基会协商代表团的主要行程。

4 月 25 日至 27 日，第三次"陈江会谈"在南京举行。两岸两会领导人陈云林与江丙坤代表双方签署《海峡两岸共同打击犯罪及司法互助协议》《海峡两岸金融合作协议》以及《海峡两岸空运补充协议》等 3 项协议，并就共同推动陆资入台投资达成共识。

5 月 26 日，时任中共中央总书记胡锦涛在人民大会堂会见了时任国民党主席吴伯雄及其率领的代表团。胡锦涛在会面中回顾了两岸关系取得的一系列重要进展，并就在新的起点上进一步推动两岸关系向前发展发表了关于增进两岸政治互信、促进两岸经济合作、加强两岸文化教育交流、发展涉外事务、结束两岸敌对状态并达成和平协议以及加强国共两党交流对话等重要意见。

6 月 8 日，台湾当局"内政部"发布"大陆地区人民进入台湾地区许可办法"。该办法放宽了大陆居民赴台探亲及停留期间、探病或奔丧等的限制，增加了大陆居民赴台接受医疗服务常态化等规定。

6 月 9 日，时任海协会理事周宁率领的大陆司法交流参访团拜会台湾海基会，并就两岸共同打击犯罪及司法互助的有关业务问题，与台湾方面专家进行座谈。

7 月 27 日，时任全国政协主席贾庆林在人民大会堂会见了前来大陆参访的中国国民党荣誉主席连战一行。贾庆林强调，2008 年 5 月以来，两岸关系之所以能够不断取得积极进展，最重要的是，两岸双方在反对"台独"、坚持"九二共识"的基础上建立了政治互信，切实依循并努力落实"两岸和平发展共同愿景"。这是两岸关系发展的重要基础和正确方向。

7 月 11 日，第五届两岸经贸文化论坛在湖南长沙召开。与会各界人士经过两天的研讨，提出以下共同建议：加强两岸文化交流合作，共同传承和弘扬中华文化；深化两岸文化产业合作，增强两岸文化产业的国际竞争力；促进两岸教育交流与合作，提升两岸教育品质；共同探讨协商签订两岸文化教育交流协议，建立两岸文化教育合作机制；加强两岸新闻交流；支持台资企业在大陆发展壮大，推动两岸在节能环保和新能源产业领域的合作。

10 月 1 日，中共中央总书记胡锦涛在庆祝中华人民共和国成立 60 周年大会上表示：将坚定不移坚持"和平统一、一国两制"的方针，推动海峡两岸关系和平发展，继续为实现祖国完全统一而奋斗。

10 月 21 日，台湾当局制定的"大陆地区观光事务非营利法人来台设立办事处从事业务活动许可办法"正式实施。台湾地区将正式受理大陆经贸团体申请赴台设立办事处。该许可办法主要规范大陆经贸团体赴台设立办事处应备文件、许可范围、许可条件、申请程序、申报事项、审核方式、管理事项及其他应遵行事项等。

10 月 28 日，时任海协会会长陈云林在北京人民大会堂会见由时任台湾海基会江丙坤董事长率团的"海基会新闻交流团"。陈云林表示，希望在两岸关系新形势下，两岸新闻媒体及从业人员密切接触，加强交流，为两岸关系和平发展创造积极的舆论环境。

11 月 3 日，时任海协会常务副会长郑立中与时任台湾海基会副董事长高孔廉，针对第四次江陈会谈准备事宜，在宜兰举行了程序性商谈。双方就两岸农产品检疫检验、避免双重课税及加强税务合作、渔船船员劳务合作、标准计量检验认证合作等四项议题交换协议文本，并对第四次"陈江会谈"日程安排等事宜交换了意见。

11 月 14 日，第十七次 APEC 领导人非正式会议在新加坡举行。时任中共中央总书记胡锦涛在新加坡会见了中国国民党荣誉主席连战。胡锦涛指出，希望国共两党和两岸双方加强交流对话，增强良性互动，增进政治互信，坚定信心，多做实事，积极推动两岸关系取得新进展。要继续按照"先易后难、先经后政"的步骤推进两岸协商。

11 月 15 日，时任台湾海基会副董事长高孔廉会见时任海协会副会长王在希率领的"文化教育交流团"，双方就两岸文化教育交流事项广泛交换意见。

12 月 10 日，郑立中、高孔廉在福州举行第四次"陈江会谈"预备性磋商。双方对四项议题达成多项共识，并商定了海协会协商代表团访问的主要日程。

12 月 21 日至 23 日，第四次"陈江会谈"在台中市举行。双方签署《海峡两岸农产品检疫检验合作》《海峡两岸标准计量检验认证合作》《海峡两岸渔船船员劳务合作》等 3 项协议，并将两岸经合框架协议列为第五次会谈重点议题。

2010 年

1 月 26 日，《海峡两岸经济合作框架协议》首次专家工作商谈在京举行，并取得多项共识。本次商谈的内容包括：对两岸研究单位共同研究的结论和建议予以评价；商议两岸经济合作框架协议的正式名称及基本结构；通报双方专家工作小组的构成；沟通和相互交换商谈所需的经贸管理规定等。

3 月 19 日，《海峡两岸农产品检疫检验合作协议》《海峡两岸标准计量检验认证合作协议》及《海峡两岸渔船船员劳务合作协议》，在台完成法定程序，并于 3 月 21 日生效。

3 月 24 日，时任海协会会长陈云林在长沙会见时任台湾海基会董事长江丙坤和台湾海基会大陆华中台商访问团一行，该访问团于 3 月 24 日至 30 日期间，赴湖南长沙、安徽合肥、江西南昌等地访问。

3 月 31 日，《海峡两岸经济合作框架协议》第二次专家工作商谈在台举行，并取得多项共识。此次协商为双方业务层级的商谈，属事务性、技术性协商，双方就早期收获计划、协议文本主要内容及未来协商工作安排等深入交换意见。

4 月 10 日，时任国家副主席习近平在"亚洲论坛"会见"两岸共同市场基金会"最高顾问钱复。习近平强调，坚持大陆和台湾同属一个中国，是两岸关系和平发展的基本保证。钱复表示，两岸人民是同胞兄弟，应当秉持民族大义，加强各方面合作，实现共同发展；并希望双方积极努力，尽快促成签署两岸经济合作框架协议。

4月29日，"胡连会"5周年之际，时任中共中央总书记胡锦涛会见前来出席上海世博会开幕式的国民党荣誉主席连战等台湾各界人士。胡锦涛就两岸关系发展提出增强"推动力、生命力、竞争力、凝聚力"。

5月7日，时任全国政协主席贾庆林会见中国国民党荣誉主席连战。贾庆林指出，这几年两岸关系取得的最重要成果是，两岸双方、两岸同胞共同探索并开辟了和平发展的道路。这条道路之所以成功开启，关键在于双方建立并维护了反对"台独"、坚持"九二共识"的共同政治基础。这条道路之所以越走越宽广，关键在于双方能够通过推进交流合作和平等协商不断解决面临的问题，为两岸同胞带来实实在在的利益，从而使两岸关系和平发展得到越来越多台湾同胞的支持和参与。

6月13日，《海峡两岸经济合作框架协议》第三次专家工作商谈在京举行，并取得多项共识。此次工作商谈，双方就框架协议文本的主要内容与条文进行了磋商，并就货物贸易和服务贸易的早期收获计划以及后续工作安排等交换意见。

6月20日，中国民用航空局公布9项政策措施，进一步促进海峡西岸经济区与两岸航空运输发展。这9项措施分别是：闽台直航，先行先试；发展货运，增加航点；完善航路，保障通航；加快机场建设；支持ECFA工作；增加航班、航点；扩大交流，深化合作；两岸携手培养人才；降低票价惠及两岸民众。

6月24日，时任海峡两岸关系协会常务副会长郑立中与时任台湾海基会副董事长兼秘书长高孔廉等进行两会第五次会谈预备性磋商。双方确立了《海峡两岸经济合作框架协议》与《海峡两岸知识产权保护合作协议》两项协议文本的主要内容及架构，并商定了台湾海基会协商代表团来访主要行程。

6月29日，第五次"陈江会谈"在重庆召开，两会签署《海峡两岸经济合作框架协议》与《两岸知识产权保护合作协议》，就后续协商规划达成共识，并将两岸医药卫生合作和投资保护协议列入第六次会谈议题。

7月8日至11日，第六届"两岸经贸文化论坛"在广州召开。本届论坛以"加强新兴产业合作，提升两岸竞争力"为主题。与会各界人士经过充分交流研讨，提出了积极促进两岸经济合作框架协议及早期收获计划等尽快生效和执行、推动两岸新兴产业全面合作、扩大两岸产业合作领域、积极发展现代服务业、提升两岸服务业竞争力、加强新能源、节能环保产业链优化整合等22项共同建议。

7月12日，时任中共中央总书记胡锦涛在会见中国国民党荣誉主席吴伯雄一行时，胡锦涛强调，两岸经济合作框架协议的签署，是我们两党和两岸双方努力落实"两岸和平发展共同愿景"的重要成果，向两岸同胞展现了我们共同推动两岸关系和平发展的决心。这也再次表明，在反对"台独"、坚持"九二共识"的共同政治基础上，只要双方良性互动、平等协商，就能够推动两岸关系不断向前发展，也能够为逐步解决制约两岸关系发展的难题找到可行办法。

9月12日，两岸两会签署的《海峡两岸经济合作框架协议》与《海峡两岸知识产权保护合作协议》正式生效。

9月19日至20日，纪念"金门协议"签署20周年座谈会在厦门举行。海峡两岸红十字组织的代表与当年参与"金门协议"会谈的有关人员齐聚一堂，共同回顾了两岸关系的发展历程，并展望两岸关系和平发展前景。

10月10日，台湾地区领导人马英九发表"百年奋斗·民主台湾"为题的谈话。他在讲话中指出，两岸和平是台湾繁荣发展的必要条件，在"宪法"架构下，以"九二共识、一中各表"为基础，推动两岸关系，维持台海"不统、不独、不武"现状，并得以大幅降低台海紧张，赢得国际社会的肯定与支持。

11 月 13 日，第十八次 APEC 领导人非正式会议在日本横滨举行，时任中共中央总书记胡锦涛与国民党荣誉主席连战进行了会谈。胡锦涛指出，两岸关系取得一系列重要进展的关键在于两岸双方就反对"台独"、坚持"九二共识"达成一致，建立了互信，形成了良性互动。两岸应当继续在此基础上求同存异，巩固和增进互信。

11 月 18 日，国家工商行政管理总局为落实《海峡两岸知识产权保护合作协议》，颁布《台湾地区商标注册申请人要求优先权有关事项的规定》，该规定于同年 11 月 12 日起正式实施。

11 月 23 日，国家发改委、商务部、国台办等联合制定《大陆企业赴台湾地区投资管理办法》。该办法规定，大陆企业赴台投资，应主动适应两岸经济和产业发展特点，认真了解并遵守当地法律法规，尊重当地风俗习惯，注重环境保护，善尽必要的社会责任。

11 月 27 日，台湾举行"五都选举"，在台北市、新北市、台中市、台南市和高雄市这五个"直辖市"市长选举结果中，国民党籍候选人分别当选台北市、新北市与台中市市长，民进党籍候选人则当选台南市与高雄市市长。

12 月 14 日，时任海协会副会长郑立中与时任台湾海基会副董事长高孔廉在上海进行了第六次"陈江会谈"预备性会谈，双方就两岸医药卫生合作、投资保障两项议题进行了磋商，确立了《海峡两岸医药卫生合作协议》文本主要内容及架构，并商定了海协会协商代表团赴台主要日程。

12 月 19 日，海协会郑立中副会长率领先遣人员抵达台北，并与台湾海基会副董事长高孔廉等举行准备性会议。

12 月 20 日，海协会与台湾海基会举行第六次"陈江会谈"预备性磋商。

12 月 20 日至 22 日，第六次"陈江会谈"在台北举行，海协会陈云林会长与台湾海基会江丙坤董事长完成签署《海峡两岸医药卫生合作协议》，并将《两岸投资保障协议》列为两会第七次会谈的重点推动议题。

2011 年

1 月 4 日，台湾当局"教育部"公布"大陆地区人民来台就读专科以上学校办法"，首批陆生于 9 月赴台。

1 月 6 日，"两岸经济合作委员会"在两会框架下正式成立。该委员会每半年召开一次例会，必要时经双方同意可召开临时会；委员会由海协会常务副会长郑立中与台湾海基会副董事长高孔廉担任召集人；委员会可根据需要设工作小组，各工作小组可就本小组负责的单项协议或业务问题进行磋商；委员会根据框架协议推动商签的单项协议，将由海协会与台湾海基会确认并签署。

2 月 22 日，两岸经济合作委员会首次例会在桃园举行，并达成多项共识。这些共识包括，为执行 ECFA 后续工作，双方同意设置货品贸易、服务贸易、投资、争端解决、产业合作、海关合作等 6 个工作小组等；启动后续货品贸易、服务业贸易及争端解决等 3 项协议的协商等。

2 月 23 日，时任海协会会长陈云林率"2011 海协会经贸考察团"于 2 月 23 日至 28 日赴台参访，实现两会交流正常化。本次考察团的主要任务是考察台湾投资环境、推动大陆企业赴台投资。

4 月 20 日至 21 日，为落实两会会谈共识，海协会与台湾海基会在北京举行为期 2 天的"两岸协议成效与检讨会议"会前会，组织专家初步总结已签协议执行情况。

4 月 25 日，两岸金融监理合作平台首次磋商在台北举行。会议由银监会主席刘明康与台湾"金管会主委"陈裕璋主持，双方就两岸银行监管的具体事宜进行沟通。

5月7日至8日，第七届"两岸经贸文化论坛"在成都举行，此次论坛以"深化两岸合作，共创双赢前景"为主题，围绕大陆"十二五"规划和台湾"黄金十年"、ECFA实施与促进两岸经济发展等进行讨论，并达成通过十九项共同建议，两岸关系取得新的重要进展。

6月8日，第一次"两岸协议成效与检讨会议"在台北举行。时任海协会常务副会长郑立中、时任台湾海基会副董事长兼秘书长高孔廉各自率团出席会议，双方就《大陆居民赴台湾旅游协议》《两岸空运相关协议》《农产品检疫检验合作协议》《食品安全协议》以及《共同打击犯罪及司法互助协议》的执行等问题，进行了实质性检讨。

6月14日，为落实《海峡两岸共同打击犯罪和司法互助协议》，最高人民法院颁布《关于人民法院办理海峡两岸送达文书和调查取证司法互助案件的规定》，该规定于同年6月25日起实施。

6月28日，两岸关于大陆居民赴台"自由行"正式启动。大陆居民赴台个人旅游第一批试点城市为北京、上海、厦门；赴台自由行的大陆游客还是需要通过旅行社办理赴台手续。同时，双方同意开放福建居民赴金门、马祖、澎湖地区个人旅游。

6月25日，海协会与台湾海基会就《海峡两岸医药卫生合作协议》相互完成生效通知。

7月27日，海协会与台湾海基会就福建居民赴金门、马祖、澎湖地区个人旅游完成换函通报，并于7月29日正式启动。

8月7日，根据《海峡两岸共同打击犯罪和司法互助协议》之规定，最高人民法院颁布了《关于进一步规范人民法院涉港澳台调查取证工作的通知》，该通知于同日起正式实施。

9月20日，时任台湾海基会副董事长兼秘书长高孔廉率领"关怀浙江台商访问团"赴浙江义乌、湖州、嘉兴、嘉善、杭州等地参访，并在

22 日与时任海协会副会长郑立中在湖州会面并交换意见。

10 月 9 日，纪念辛亥革命 100 周年大会在北京举行。时任中共中央总书记胡锦涛在大会讲话时表示，以和平方式实现统一，最符合包括台湾同胞在内的全体中国人的根本利益；要牢牢把握两岸关系和平发展主题，增强反对"台独"、坚持"九二共识"的共同政治基础，终结两岸对立。

10 月 16 日，台湾海基会副秘书长高文诚率领先遣团抵达天津，并与海协会一同展开先期准备工作。10 月 19 日至 21 日，时任海协会会长陈云林与时任台湾海基会董事长江丙坤在天津进行第七次会谈，双方签署《海峡两岸核电安全合作协议》，就"两岸投保协议阶段性协商成果"及"加强两岸产业合作"达成共同意见，并对两会下阶段优先协商议题达成共识。

11 月 1 日，两岸经合会第二次例会在杭州举行，时任海协会常务副会长郑立中与时任台湾海基会副董事长高孔廉作为双方召集人主持例会并致辞。在此次例会中，双方就《海峡两岸经济合作框架协议》（ECFA）早期收获执行情况、经合会各工作小组的工作、下阶段工作计划，两岸经贸社团互设办事机构等议题深入交换了意见。

11 月 11 日，第十九次 APEC 领导人非正式会议在美国夏威夷檀香山举行。胡锦涛在会见连战时强调，"九二共识"是客观存在的事实，其精髓是求同存异，这体现了对待两岸间政治问题的务实态度。双方应该继续坚持和维护"九二共识"，增进政治互信，继续引领和推动两岸关系开辟新的前景。

12 月 16 日，海协会成立 20 周年纪念大会在京举行，时任全国政协主席贾庆林在大会致辞时表示，积极支持推进两岸经济合作框架协议后续协商，为深化两岸经济合作提供更有效的制度保障；希望积极推动商签两岸文化教育方面的交流协议，以利于两岸文教事业发展；两岸在涉外事务中避免不必要的内耗，理解和重视台湾同胞关心参与国际活动的问题，愿意通过两岸协商做出合情合理的安排。

2012 年

1 月 14 日，国民党籍候选人马英九再次当选台湾地区领导人。同时，台湾地区"立法"机构选举结果公布，在总共 113 个席次中，中国国民党获得 64 席，民进党获得 40 席，亲民党获得 3 席，"台联党"获得 3 席，"无党团结联盟"获得 2 席，无党籍及未经政党推荐者获得 1 席。

3 月 21 日至 25 日，时任国民党荣誉主席吴伯雄率团访问大陆。时任中共中央总书记胡锦涛在 22 日与其会见时强调，在反对"台独"、认同"九二共识"的基础上推动两岸关系和平发展，符合两岸同胞的共同愿望，符合中华民族的整体利益，符合时代发展进步的潮流。我们应该沿着这条正确道路继续向前迈进，不断巩固成果、深化合作，努力再创新局，为台海地区谋和平，为两岸同胞谋福祉，为中华民族谋复兴。

4 月 26 日，"两岸经济合作委员会"召开第 3 次例会。此次例会由时任海协会常务副会长郑立中及时任台湾海基会副董事长高孔廉共同召集，大陆方面由时任经合会首席代表蒋耀平主谈，台湾方面由时任经合会首席代表梁国新主谈。双方回顾了 ECFA 货物及服务贸易早期收获计划执行情况，总结了货物贸易、服务贸易、投资、争端解决、产业合作、海关合作等 6 个小组工作进展，探讨了两岸经贸社团互设办事机构的推动情况，交流了各自应对全球经济形势变化和开拓国际市场的经验，并就未来工作规划交换意见。

6 月 28 日，两会就"海峡两岸核电安全合作协议"完成生效通知。

8 月 8 日至 10 日，时任海协会会长陈云林与时任台湾海基会董事长江丙坤在台北进行了第八次"陈江会谈"，双方签署《海峡两岸投资保障和促进协议》及《海峡两岸海关合作协议》，共同发表投保协议《人身自由与安全保障共识》，并对两岸后续协商议题做出安排。

9月7日，第二十次 APEC 领导人非正式会议在俄罗斯海参崴举行。时任中共中央总书记胡锦涛会见中国国民党荣誉主席连战时，就巩固和深化两岸关系和平发展阐述三点看法，即：要坚定不移地走两岸关系和平发展道路；要不断巩固两岸关系和平发展的政治基础，反对"台独"、坚持"九二共识"的共同政治基础；要在世界格局变化和民族复兴的历史进程中把握两岸关系的前途等。

9月10日，时任海协会陈云林会长率"海协会文化创意产业暨书画艺术交流团"赴台进行为期10天的参访。此次参访旨在进一步加强两岸文化创意产业交流，寻求扩大合作的途径；同时，为两岸的书画艺术界搭建交流平台，深化两岸的文化艺术交流。

10月16日，台湾海基会董事长林中森率文化经贸参访团赴大陆参访，并赴北京、湖北、上海、昆山等地展开为期6天的"精进之旅"。时任中共中央政治局常委、全国政协主席贾庆林17日下午在人民大会堂会见了林中森一行。贾庆林指出，海协会和台湾海基会作为两岸分别授权的民间团体，承担着两岸制度化协商的重要任务。两会在"九二共识"基础上恢复协商，解决了两岸交往中面临的许多问题，推进了交流合作的制度化进程，对于促进双方良性互动、增进两岸同胞福祉、深化两岸互利合作，发挥了不可替代的重要作用。希望两会继往开来，更加积极地推动两岸协商进程，以更多的协商成果造福两岸同胞。

10月18日，交通运输部在海运领域公布四项对台政策措施。具体措施包括：增加两个直航港口，提升运输服务能力；深化两岸搜救合作，共同建设平安海峡；强化"打非治违"，巩固直航成果；建立健全市场监管制度，确保直航企业得到实惠等。

12月11日，两会与广州举行 ECFA"两岸经济合作委员会"第四次例会，并达成多项共识。会上，双方回顾了 ECFA 货物及服务贸易早期收获计划执行情况，总结了货物贸易、服务贸易、投资、争端解决、产业合作、海关合作等 6 个小组工作进展，并就未来工作规划交换意见。

2013 年

2 月 1 日，海协会与台湾海基会 1 月 31 日换函通报，双方已完成《海峡两岸投资保护和促进协议》及《海峡两岸海关合作协议》实施的相关准备。根据协议生效条款的相关规定，两项协议于 2 月 1 日生效。

2 月 20 日，商务部、国台办为实施《海峡两岸投资保护和促进协议》，颁布《台湾投资者经第三地转投资认定暂行办法》，该办法于同日起开始实施。

2 月 26 日，中共中央总书记习近平在北京人民大会堂会见中国国民党荣誉主席连战时表示，务实促进两岸交流合作取得新的成就，维护台湾同胞权益，发展台湾同胞福祉，是新一届中共中央领导集体的郑重承诺。大陆将保持对台工作大政方针的连续性，持续推进两岸交流合作，努力促进两岸同胞团结奋斗，巩固和深化两岸关系和平发展的政治、经济、文化、社会基础。

3 月 20 日，两会就修改《海峡两岸关于大陆居民赴台湾旅游协议》一事完成换文。将大陆旅客赴台配额调高为每天 5000 人次，并于 4 月 1 日生效。

4 月 8 日，中共中央总书记习近平在博鳌会见台湾两岸共同市场基金会荣誉董事长萧万长一行，并表示，希望两岸加强经济领域高层次对话和协调，共同推动经济合作，同时加快经济合作框架协议后续协议商谈进程，提高经济合作制度化。

4 月 26 日，国台办主任张志军出席于北京举行的海协会第三届理事会第一次会议暨纪念"辜汪会谈"20 周年活动时表示，要做到两岸关系和平发展的四个"不动摇"，即：牢牢把握两岸关系和平发展这一主题；巩固反对"台独"、坚持"九二共识"这一政治基础；坚持先易后难、循序渐进的务实思路；坚持以人为本、为民谋利的政策理念等。

4月27日，海协会举行第三届理事会第一次会议暨纪念"汪辜会谈"二十周年活动，此次会议推举陈德铭为会长，郑立中为常务副会长，副会长由孙亚夫、叶克冬、蒋耀平、李亚飞担任。

6月13日，中共中央总书记习近平在人民大会堂会见了中国国民党荣誉主席吴伯雄和他率领的中国国民党访问团全体成员。习近平强调，我们应该坚定不移走两岸关系和平发展道路，巩固和深化两岸关系和平发展的政治、经济、文化、社会基础，推动两岸关系不断取得新的成就。习近平就此提出4点意见：坚持从中华民族整体利益的高度把握两岸关系大局；坚持在认清历史发展趋势中把握两岸关系前途；坚持增进互信、良性互动、求同存异、务实进取；坚持稳步推进两岸关系全面发展。

6月14日，郑立中与高孔廉在台北进行了两岸第九次高层预备性会谈，双方确立《海峡两岸服务贸易协议》文本主要内容及架构，并商定了台湾海基会协商代表团来访主要行程。6月18日，台湾海基会先遣团在副秘书长马绍章的率领下，先行前往上海进行先期准备工作。

6月21日至22日，海协会会长陈德铭与台湾海基会董事长林中森在上海进行了两会第九次高层会谈。双方签署了《海峡两岸服务贸易协议》，就有关解决金门用水问题达成共同意见，并对两岸后续协商议题做出安排。

8月20日至23日，两岸两会在8月下旬就两会互设办事机构进行第四次业务沟通，并就协议文本架构、保障及便利措施、行为规范内容等进行意见交换。

9月27日，国台办主任张志军在杭州会见中国国民党荣誉主席连战。张志军指出，近几年来，两岸在坚持"九二共识"、反对"台独"的共同政治基础上，不断推动两岸关系和平发展。未来应继续增进互信、保持良性互动，不断巩固和深化两岸关系和平发展的政治、经济、文化、社会基础，共同为实现中华民族伟大复兴而努力。

10月26日，第九届"两岸经贸文化论坛"在广西南宁举行。本届论坛的主题是"扩大交流合作、共同振兴中华"，围绕推进两岸经济科技合作、加强两岸文化产业合作、深化两岸教育交流合作等三项议题进行研讨，以巩固和深化两岸关系和平发展，共同推进中华民族复兴大业。中国国民党荣誉主席吴伯雄率团出席。国共两党及其他台湾党派人士，两岸有关部门、经济科技界、文化产业界、教育界代表人士出席论坛。

11月26日至12月3日，海协会会长陈德铭率"海协会经贸交流团"启程赴台进行为期8天的参访。此次参访是两会制度化往来框架下的交流活动，旨在持续落实两会高层互访，发挥两会在推动两岸经贸交流与合作方面的积极作用。在台湾海基会安排下，交流团一行参观考察了台湾的企业、产业和园区，特别是"六海一空自由经济示范区"的规划与建设，探寻进一步加强与深化两岸经济合作的可行途径。这也是陈德铭担任海协会会长后，首次率团赴台访问。

12月16日，第四届"ECFA海峡两岸暨香港民间经贸合作论坛"在北京举行。此次论坛以"整合资源、深化合作、联合竞争、共同发展"为主题，全国政协副主席李海峰，海协会顾问陈云林，台湾"三三企业交流会"会长、前台湾海基会董事长江丙坤，世界华商联合促进会会长许荣茂等出席了论坛。来自海峡两岸暨香港政商界精英和经贸团体五百余位代表在论坛上共商经贸合作发展新空间。

12月10日，"两岸经合会"第五次例会在台北举行。大陆方面召集人、海协会常务副会长郑立中和首席代表、商务部副部长高燕率大陆方面经合会代表出席了例会，并与台方召集人、台湾海基会副董事长高孔廉和首席代表、台"经济部"次长卓士昭等人进行会谈。本次例会回顾了经合会各工作小组协议执行情况，规划了下阶段工作安排，交流了两岸最新经贸政策以及共同关心的热点议题。

2014 年

1 月 24 日，中央对台工作会议在北京举行。会议由国务委员杨洁篪主持，国台办主任张志军做工作报告，中共中央政治局常委俞正声出席会议并发表谈话。会议要求，各地各部门要更加全面深化两岸关系和平发展各项基础，促进两岸交往取得新进展；继续推进两岸协商谈判；争取完成两岸经济合作框架协议后续商谈；切实加强台商权益保护工作；出台惠及台湾民众的政策措施，扩大深化文化、教育、科技等各领域交流；深化两岸共同打击犯罪和司法互助；继续支持和促进两岸民间政治对话。

2 月 11 日，国务院台湾事务办公室主任张志军在南京与来访的台湾方面大陆委员会负责人王郁琦会面，就推进两岸关系有关问题广泛深入交换意见，并达成积极共识。

2 月 17 日至 20 日，国民党荣誉主席连战来大陆参访交流。2 月 18 日，习近平在北京钓鱼台国宾馆与连战进行了会晤并表示，台湾的历史原因，民众有自己的心结，大陆完全理解台湾同胞的心情；大陆尊重台湾同胞选择的社会制度和生活方式，愿在"一个中国"框架内，与台湾方面进行平等协商。

2 月 20 日至 21 日，海峡两岸两会协议执行成果总结会在长沙举行。海协会常务副会长郑立中率协商代表团与时任台湾海基会副董事长张显耀等台湾海基会协商代表团进行商谈，会中针对两岸所签署协议之执行情况及成效进行了检视，并就部分协议在执行过程中应予强化或改善方向、共同确认后续处理的做法。此外，双方还就两岸两会第十次高层会谈举行工作性商谈，双方针对会谈安排交换意见。

2 月 26 日下午，两岸两会举行第十次高层会谈预备性磋商，海协会常务副会长郑立中与台湾海基会副董事长张显耀等就 27 日举行的正式会谈程序、内容等作最后确认。

2 月 27 日，第十次两岸两会高层会谈在台北举行。海协会会长陈德铭与台湾海基会董事长林中森签署《海峡两岸气象合作协议》及《海峡两岸地震监测合作协议》。两项协议的签署，有助于保障两岸民众财产和生命安全，具体落实了以人民为核心的两岸关系愿景。气象合作方面，通过合作联系管道，双方可更精确掌握两岸天气系统的资讯；地震监测合作，有助于更精确监测及掌握两岸地震活动的资讯，提升双方地震监测能力。

3 月 18 日至 4 月 10 日，台湾地区发生了反对《海峡两岸服务贸易协议》的所谓"太阳花运动"，台湾部分团体和学生冲入台湾当局"立法"机构，占领"议场"。在此期间，部分参与事件的人员还试图进入台当局行政机构，因该行为违反台湾地区有关规定而被当地警察驱散。在台湾当局多名重要人士对有关人员所提出的诉求进行回应后，占领"立法院议场"的学生于 4 月 10 日全部退出"议场"。

4 月 3 日，台湾"行政院院会"通过"台湾地区与大陆地区订定协议处理及监督条例（草案）"，共计 25 条。"草案"内容要点如下：两岸协议协商应恪遵对等、尊严、互惠及确保国家安全之原则；协议权责主管机关应会同"行政院大陆委员会"及议题相关机关，与"立法院"及社会大众进行沟通、咨询之程序；两岸协议送"立法院"审议或备查之程序；两岸协议经"立法院"审议未通过或审查未予备查之处理方式；两岸协议于"立法院"完成有关程序后，应经协议双方交换文件，始生效力；经"立法院"审议通过之两岸协议与法律之关系等。

4 月 8 日，台湾"移民署"金门县服务站宣布，大陆民众以旅行事由申请许可入出金门，5 月 1 日起全面改线上申办，不再受理纸本送件申请。这项规定包括金马与大陆间的通团体旅游个人旅游及"金门 2 日以下旅游"3 类入出境许可证；其中申办个人旅游证件，自备妥合格的文件后 24 小时即可发证；团体旅游及"金门 2 日以下旅游"，只需 4 小时即可办妥入台许可证。

4月9日至11日，博鳌亚洲论坛年会在海南举行。中共中央政治局常委、国务院总理李克强于10日下午会见了两岸共同市场基金会荣誉董事长萧万长一行。李克强表示，当前两岸关系和平发展的良好局面来之不易，值得我们倍加珍惜。只要我们坚持在共同的政治基础上良性互动，共同努力，两岸关系和平发展的道路就会越走越宽广，两岸同胞就会越走越近，越走越亲。

4月15日，台湾海基会董事长林中森率团赴云南、山东参访。林中森说，两岸交流不能也不会因为"太阳花运动"而停顿。

4月16日，《海峡两岸共同打击犯罪及司法互助协议》签署实施五周年，协议的执行成效非常显著，有力地保障了两岸同胞权益和交往秩序；尤其是两岸警方联合打击涉两岸的电信诈骗、毒品犯罪、非法传销等方面，取得重大成效；两岸相互委托送达文书，调查取证，执行顺利。

5月7日，中共中央总书记习近平会见应邀来北京参访的亲民党主席宋楚瑜一行。在会见中，习近平强调，两岸关系和平发展是两岸同胞顺应历史潮流做出的共同选择。只要我们都从"两岸一家亲"的理念出发，将心比心，以诚相待，就没有什么心结不能化解，没有什么困难不能克服。

6月25日，国务院台湾事务办公室主任张志军在台湾桃园机场旁的诺富特饭店，与台湾方面"陆委会主委"王郁琦举行两岸事务主管部门负责人第二次正式会面。

9月26日，中共中央总书记习近平在人民大会堂会见台湾和平统一团体联合参访团。在会见中，习近平表示，在涉及国家统一和中华民族长远发展的重大问题上，我们旗帜鲜明、立场坚定，不会有任何妥协和动摇。1949年以来，两岸虽然尚未统一，但大陆和台湾同属一个中国的事实从未改变，也不可能改变。习近平指出，"一国两制"是我们解决台湾问题的基本方针，也是实现国家统一的最佳方式，两岸关系和平发展是通向和平统一的正确道路。习近平指出，我们理解台湾同胞因特殊历史遭遇和不同社会环境而形成的心态，尊重台湾同胞自己选择的社会制度和生活方式，愿意用真诚、善意、亲情拉近两岸同胞的心理距离。同时，台湾同胞也需要更多了解和理解大陆13亿同胞的感受和心态，尊重大陆同胞的选择和追求。

10月28日，新华社受权公布《中共中央关于全面推进依法治国若干重大问题的决定》。《决定》指出，要"运用法治方式巩固和深化两岸关系和平发展，完善涉台法律法规，依法规范和保障两岸人民关系、推进两岸交流合作。运用法律手段捍卫一个中国原则、反对'台独'，增进维护一个中国框架的共同认知，推进祖国和平统一"。这是中共中央首次在重大决定中提出以法治方式处理两岸关系。

11月12日，国务院台湾事务办公室主任张志军在北京与台湾方面"陆委会主委"王郁琦会面，就当前两岸关系形势和推进两岸关系发展有关问题交换意见。双方就两岸关系和平发展有关问题交换了意见，并达成六点共识。

11月29日，台湾地区举行地方公职人员选举（即"九合一"选举），此次选举产生了台湾地区22个县市的县市长、议员以及乡镇长、村里长等。在22个县市长的选举中，中国国民党获得6席，民进党获得13席，无党籍参选人获得3席。

12月3日，马英九在国民党中央执行委员会常务委员会上正式宣布辞去国民党党主席职务，表示将为国民党在此次"九合一选举"中的失败负责。

12月9日，应台湾海基会邀请，海峡两岸关系协会会长陈德铭率"海协会经贸交流团"赴台展开为期8天的参访。在参访期间，陈德铭与林中森举行了会晤。

12 月 12 日，新北市市长朱立伦发表了题为"找回创党精神，和人民站在一起"的参选声明，正式宣布参选国民党党主席。

2015 年

1 月 17 日，新北市市长朱立伦当选中国国民党主席。当晚，中共中央总书记习近平向中国国民党主席朱立伦发出贺电。贺电指出："冀望两党秉持民族大义，巩固坚持'九二共识'、反对'台独'之共同政治基础，加强交流，增进互信，推动两岸关系和平发展继续前行，造福两岸民众，共成民族复兴之伟业。"同日，朱立伦复电，向习近平表示感谢，并表示："期盼贵我两党在两岸关系未来的发展上，继续扩大交流，创造互利双赢，促进两岸永续的和平与繁荣。"

1 月 26 日—27 日，2015 年对台工作会议在北京举行。中共中央政治局常委、全国政协主席俞正声出席会议并做重要讲话。俞正声指出，要毫不动摇地继续坚持中央对台大政方针，广泛团结台湾同胞，维护台海局势稳定，坚决遏制"台独"分裂活动，坚定推动两岸关系和平发展，为解决台湾问题、实现祖国统一不断积累和创造条件。

1 月 29 日，两岸经济合作委员会在台北举行第七次例会。在此次例会上，两岸经合会代表回顾了《海峡两岸经济合作框架协议》生效以来的执行情况，并就进一步扩大和深化两岸经济合作等交换意见，对下一阶段工作做出安排。

2 月 10 日，台湾"陆委会主委"王郁琦宣布辞职。

2 月 11 日，国台办新闻发言人马晓光在就王郁琦辞职回答记者提问时表示，人事的变动不应该影响到机制的运作。

3 月 4 日，中共中央总书记、国家主席、中央军委主席习近平看望参加全国政协十二届三次会议的民革、台盟、台联委员，并发表重要讲话。习近平指出，两岸关系和平发展是一条维护两岸和平、促进共同发展、造福两岸同胞的正确道路，也是通向和平统一的光明大道，我们应该坚定不移走和平发展道路，坚定不移坚持共同政治基础，坚定不移为两岸同胞谋福祉，坚定不移携手实现民族复兴。习近平强调，我们注重听取台湾各界特别是基层民众意见和建议，愿意了解台湾同胞想法和需求。我们欢迎更多台湾同胞参与到两岸大交流进程中来，成为两岸关系和平发展的支持者、参与者。

3月10日，台湾"陆委会"举行交接典礼，夏立言接替请辞获准的王郁琦，担任新一任"陆委会主委"。

3月31日，台北市长柯文哲接受台湾中评社及大陆媒体联合专访时对两岸关系的看法提出"一五新观点"，即"尊重两岸过去已经签署的协议和互动的历史，在既有的政治基础上，以'互相认识、互相了解、互相尊重、互相合作'的原则，秉持'两岸一家亲'的精神，促进交流、增加善意，让两岸人民去追求更美好的共同未来"。

同日，国台办发言人范丽青就台北市长柯文哲受访发表对两岸关系看法应询表示，柯市长的表态，有利于台北市与包括上海市在内的大陆城市交流合作，我们对此表示赞赏。

参考文献

一、简体中文著作

1. 《邓小平文选》（第二卷），人民出版社 1993 年版。

2. 《邓小平文选》（第三卷），人民出版社 1993 年版。

3. 陈云林主编：《中国台湾问题》，九州出版社 1998 年版。

4. 陈星：《民进党结构与行为研究》，九州出版社 2011 年版。

5. 陈星：《民进党权力结构与变迁研究》，九州出版社 2012 年版。

6. 葛勇平、孙珺：《欧洲法析论》，法律出版社 2008 年版。

7. 韩德培主编：《国际私法问题专论》，武汉大学出版社 2004 年版。

8. 韩德培主编：《国际私法新论》，武汉大学出版社 1997 年版。

9. 何志鹏：《欧洲联盟法发展进程与制度结构》，吉林大学出版社 2007 年版。

10. 黄嘉树、刘杰：《两岸谈判研究》，九州出版社 2003 年版。

11. 黄进：《区际冲突法研究》，学林出版社 1991 年版。

12. 江国华编著：《中国行政法（总论)》，武汉大学出版社 2012 年版。

13. 《两岸关系》杂志社编：《海协会纪事》，台海出版社 2011 年版。

14. 李浩培：《条约法概论》，法律出版社 2003 年版。

15. 李林：《立法理论与制度》，中国法制出版社 2005 年版。

16. 李龙主编：《法理学》，武汉大学出版社 2011 年版。

17. 梁西主编：《国际法》，武汉大学出版社 2003 年版。

18. 林冈：《台湾政治转型与两岸关系的演变》，九州出版社 2010 年版。

19. 林冈：《台湾地区政党政治研究——以社会分歧与选举制度为分析视角》，中国社会科学出版社 2014 年版。

20. 罗豪才、宋功德：《软法亦法：公共治理呼唤软法之治》，法律出版社 2009 年版。

21. 唐桦：《两岸关系中的交往理性》，九州出版社 2011 年版。

22. 万鄂湘等著：《国际条约法》，武汉大学出版社 1998 年版。

23. 万鄂湘主编：《国际法与国内法关系研究》，北京大学出版社 2011 年版。

24. 王铁崖：《国际法引论》，北京大学出版社 1998 年版。

25. 王鸿志：《政治狂澜的浪花：台湾第三势力研究》，九州出版社 2013 年版。

26. 吴庚：《行政法之理论与实用》，中国人民大学出版社 2005 年版。

27. 武汉大学两岸及港澳法制研究中心编：《海峡两岸协议蓝皮书（2008—2014）》，九州出版社 2014 年版。

28. 夏征农、陈至立主编：《辞海》，上海辞书出版社 2009 年版。

29. 杨仁寿：《法学方法论》，中国政法大学出版社 2013 年版。

30. 张莉：《台湾"公民投票"考论》，九州出版社 2007 年版。

31. 郑剑：《潮起潮落：海协会海基会交流交往纪实》，九州出版社 2013 年版。

32. 曾令良：《欧洲联盟法总论——以〈欧洲宪法条约〉为新视角》，武汉大学出版社 2007 年版。

33. 周叶中、祝捷：《构建两岸关系和平发展框架的法律机制研究》，九州出版社 2013 年版。

34. 周叶中、祝捷：《两岸关系的法学思考》（增订版），九州出版社 2014 年版。

35. 周叶中主编：《宪法》，高等教育出版社 2011 年版。

36. 朱松岭：《民进党政商博弈研究》，九州出版社 2011 年版。

37. 祝捷：《海峡两岸和平协议研究》，香港社会科学出版社 2010 年版。

38. 祝捷：《两岸关系定位与国际空间——台湾地区参与国际活动问题研究》，九州出版社 2013 年版。

二、简体中文论文

1. 艾明江：《从结构功能的角度看台湾海基会的历史演变及其困境》，载《重庆社会主义学院学报》2009 年第 5 期。

2. 陈星：《论台湾政党体制的制度化问题》，载《台湾研究集刊》2013 年第 4 期。

3. 陈星：《新思维下的两岸关系新模式》，载《中国评论》月刊 2008 年 7 月号。

4. 崔万田、周晔馨：《正式制度与非正式制度的关系探析》，载《教学与研究》2006 年第 8 期。

5. 杜力夫：《论两岸和平发展的法治化形式》，载《福建师范大学学报（哲学社会科学版）》2011 年第 5 期。

6. 房乐宪：《新功能主义理论与欧洲一体化》，载《欧洲》2001 年第 1 期。

7. 房乐宪：《政府间主义与欧洲一体化》，载《欧洲》2002 年第 1 期。

8. 高华：《地区一体化的若干理论阐释》，载李慎明、王逸舟主编：《2003 年：全球政治与安全报告》，社会科学文献出版社 2003 年版。

9. 何渊：《论行政协议》，载《行政法学研究》2006 年第 3 期。

10. 贺卫平：《"澳门模式"探析》，载《统一论坛》2007 年第 4 期。

11. 黄进：《试论解决区际法律冲突的途径》，载《法学评论》1988 年第 1 期。

12. 吉嘉伍：《新制度政治学中的正式和非正式制度》，载《社会科学研究》2007 年第 5 期。

13. 季卫东：《法律程序的意义——对中国法制建设的另一种思考》，载《中国社会科学》1993 年第 1 期。

14. 季烨：《台湾立法机构审议两岸服务贸易协议的实践评析》，载《台湾研究集刊》2014 年第 2 期。

15. 罗豪才、宋功德：《认真对待公法——公域软法的一般理论及其中国实践》，载《中国法学》2006 年第 2 期。

16. 慕亚平、张晓燕：《应当健全 CEPA 协议下的机构安排》，载《法学评论》2007 年第 3 期。

17. 彭莉：《论 ECFA 框架下两岸经贸争端解决机制的建构》，载《台湾研究集刊》2010 年第 6 期。

18. 田飞龙：《两岸人民关系条例的历史考察与修改展望》，载《台湾民情》2012 年第 6 期。

19. 汪丁丁：《制度创新的一般理论》，载《经济研究》1992 年第 5 期。

20. 王海峰：《论国际软法与国家"软实力"》，载《政治与法律》2007 年第 4 期。

21. 王建源：《两岸授权民间团体的协议行为研究》，载《台湾研究集刊》2005 年第 2 期。

22. 王建源：《在实施与规范之间——论国家统一前的两岸交往秩序》，载《台湾研究集刊》2001 年第 2 期。

23. 韦经建、王小林：《论 CEPA 的性质、效力及其争议解决模式》，载《当代法学》2004 年第 3 期。

24. 魏姝：《政治学中的新制度主义》，载《南京大学学报（哲学·人文科学·社会科学)》2002 年第 1 期。

25. 肖欢容：《地区主义：理论的历史演进》，中国社会科学院 2002 年博士学位论文。

26. 徐崇利：《两岸民商事法律冲突的性质及立法设计》，载《厦门大学法律评论》第五辑。

27. 杨斐：《法律清理与法律修改、废止关系评析》，载《太平洋学报》2009 年第 8 期。

28. 叶必丰：《我国区域经济一体化背景下的行政协议》，载《法学研究》2006 年第 2 期。

29. 曾建元、林启骅：《ECFA 时代的两岸协议与治理法制》，载《中华行政学报》2011 年第 6 期。

30. 曾令良：《WTO 框架下两岸经济合作框架协定的法理定位》，载《时代法学》2009 年第 6 期。

31. 曾炜：《论 ECFA 的过渡性质及其完善》，载《福建论坛·人文社会科学版》2013 年第 8 期。

32. 张亮：《ECFA 的法律性质研究》，载《法律科学（西北政法大学学报)》2012 年第 5 期。

33. 张茂明：《欧洲一体化理论中的政府间主义》，载《欧洲》2001 年第 6 期。

34. 钟立国：《内地与香港 CEPA 机构设置刍议》，载《广西民族大学学报（哲学社会科学版)》2008 年第 1 期。

35. 周华兰：《浅议国际软法》，载罗豪才主编：《软法的理论与实践》，北京大学出版社 2010 年版。

36. 周叶中、黄振：《论构建两岸关系和平发展框架的行政机关合作机制》，载《武汉大学学报（哲学社会科学版）》2012 年第 2 期。

37. 周叶中、刘文戈：《论特别行政区制度的二元结构》，载《武汉大学学报（哲学社会科学版）》2013 年第 2 期。

38. 周叶中、祝捷：《关于大陆和台湾政治关系定位的思考》，载《河南政法干部管理学院学报》2009 年第 3 期。

39. 周叶中、祝捷：《两岸治理：一个形成中的结构》，载《法学评论》2010 年第 6 期。

40. 周叶中、祝捷：《论两岸关系和平发展框架的内涵——基于整合论的思考》，载《时代法学》2009 年第 1 期。

41. 周叶中、祝捷：《我国台湾地区"违宪审查制度"变革评析》，载《法学评论》2007 年第 4 期。

42. 周叶中：《台湾问题的宪法学思考》，载《法学》2007 年第 4 期。

43. 祝捷、周叶中：《海峡两岸大交往机制的构建》，载黄卫平等主编：《当代中国政治研究报告》第十辑，社会科学文献出版社 2013 年版。

44. 祝捷：《论大陆人民在台湾地区的法律地位——以"释字第 710 号解释"为中心》，载《台湾研究集刊》2014 年第 2 期。

45. 祝捷：《台湾地区客家运动的法制叙述——以"客家基本法"（草案）为例》，载《福建师范大学学报（哲学社会科学版）》2010 年第 3 期。

46. 祝捷：《台湾地区族群语言平等的法制叙述》，载《福建师范大学学报（哲学社会科学版）》2014 年第 3 期。

47. 祝捷：《通过释宪的权力控制——一种诠释学的诠释》，载肖金明主编：《人权保障与权力制约》，山东大学出版社 2007 年版。

48. 祝捷：《论两岸法制的构建》，载《学习与探索》2014 年第 7 期。

49. 祝捷：《论两岸海域执法合作模式的构建》，载《台湾研究集刊》2010 年第 3 期。

50. 祝灵君：《政治学的新制度主义：背景、观点及评论》，载《浙江学刊》2003 年第 4 期。

三、繁体中文著作

1. 包宗和、吴玉山主编：《争辩中的两岸关系理论》，五南图书出版股份有限公司 1999 年版。

2. 包宗和、吴玉山主编：《重新检视争辩中的两岸关系理论》，五南图书出版股份有限公司 2011 年版。

3. 李晓兵：《"一国两制"下两岸宪政秩序的和谐建构》，澳门理工学院"一国两制"研究中心 2011 年版。

4. 李元起、许崇德：《〈澳门基本法〉解释制度研究》，澳门理工学院"一国两制"研究中心 2011 年版。

5. 黄异：《国际法》，新学林出版股份有限公司 2010 年版。

6. 黄异：《国际法在国内法领域中的效力》，元照出版有限公司 2006 年版。

7. 邵宗海：《两岸关系》，五南图书出版股份有限公司 2006 年版。

8. 邵宗海：《新形势下的两岸政治关系》，五南图书出版股份有限公司 2011 年版。

9. 苏起、郑安国编：《"一个中国、各自表述"共识的史实》，翰芦图书出版有限公司 2003 年版。

10. 吴庚：《宪法的解释与适用》，三民书局 2003 年版。

11. 吴玉山：《台湾的大陆政策：结构与理性》，载包宗和、吴玉山主编：《争辩中的两岸关系理论》，五南图书出版股份有限公司 2011 年版。

12. 杨允中、许昌、王禹、姬朝远等：《"一国两制"理论探析》，澳门理工学院"一国两制"研究中心 2012 年版。

13. 张五岳：《分裂国家互动模式与统一政策之比较研究》，业强出版社 1992 年版。

14. 张亚中：《两岸主权论》，生智文化事业有限公司 1998 年版。

15. 张亚中：《全球化与两岸统合》，联经出版事业股份有限公司 2003 年版。

16. 张亚中：《论统合》，中国评论学术出版社 2014 年版。

17. 祝捷：《海峡两岸和平协议研究》，香港社会科学出版社有限公司 2010 年版。

18. 祝捷：《澳珠区域一体化法律障碍及其解决机制研究》，澳门理工学院"一国两制"研究中心 2011 年版。

四、繁体中文论文

1. 初国华：《不对称权力结构下的两岸谈判：辜汪会谈个案分析》，"国立"政治大学中山人文社会科学研究所 2007 年博士学位论文。

2. 戴世瑛：《论两岸协议的法律定位》，载《检察新论》（台湾）第 14 期。

3. 林正义《"立法院"监督两岸协议的机制》，载《台湾民主季刊》第六卷第 1 期。

4. 姜皇池：《论 ECFA 应适用条约审查程序》，载《新世纪智库论坛》第 51 期。

5. 祝捷：《论海峡两岸和平协议的基本原则》，载《"一国两制"研究》（澳门）2011 年第 7 期。

6. 张启雄：《"法理论述" vs. "事实论述"》，载《台湾史研究》第十七卷第二期。

7. 张亚中：《〈两岸和平发展基础协定〉刍议》，载《中国评论》2008 年 10 月号。

8. 张惠玲：《欧盟"共同外交暨安全政策"之整合谈判过程与台海两岸协商经验之比较》，台湾中山大学大陆研究所博士学位论文。

五、中文译著

1. ［美］B. 盖伊·彼得斯：《政治科学中的制度理论："新制度主义"》，王向民、段红伟译，上海人民出版社 2011 年版。

2. ［美］彼得·豪尔、［美］罗斯玛丽·泰勒：《政治科学与三个新制度主义》，何俊志译，载《经济社会制比较》2003 年第 5 期。

3. ［英］戴维·M. 沃克：《牛津法律大辞典》，李双元等译，法律出版社 2003 年版。

4. ［美］弗朗西斯·福山：《政治秩序的起源：从人类时代到法国大革命》，毛俊杰译，广西师范大学出版社 2012 年版。

5. ［德］卡尔·拉伦茨：《法学方法论》，陈爱娥译，商务印书馆 2003 年版。

6. ［美］卡尔·多伊奇：《国际关系分析》，周启朋等译，世界知识出版社 1992 年版。

7. ［美］凯瑟琳·西伦、斯温·斯坦默：《比较政治学中的历史制度主义》，载何俊志、任军峰、朱德米编译：《新制度主义政治学译文精选》，天津人民出版社 2007 年版。

8. ［日］芦部信喜：《制宪权》，王贵松译，中国政法大学出版社 2012 年版。

9. ［德］沃尔夫刚·格拉夫·魏智通主编：《国际法》，吴越、毛晓飞译，法律出版社 2002 年版。

10. ［美］詹姆斯·G. 马奇、［挪］约翰·P. 奥尔森：《新制度主义：

政治生活中的组织因素》，载何俊志、任军峰、朱德米编译：《新制度主义政治学译文精选》，天津人民出版社 2007 年版，第 19—40 页。

11.［美］詹姆斯·G. 马奇、［挪］约翰·P. 奥尔森：《重新发现制度：政治的组织基础》，张伟译，生活·读书·新知三联书店 2011 年版。

12.［美］詹姆斯·G. 马奇、［挪］约翰·奥尔森：《新制度主义详述》，允和译，载《国外理论动态》2010 年第 7 期。

13.［美］詹姆斯·G. 马奇，马丁·舒尔茨：《规则的动态演变——成文组织规则的变化》，周雪光译，上海人民出版社 2005 年版。

六、英文资料

1. Leon. N. Lindberg. "Political Integration as a Multidimensional Phenomenon Requiring Multivariate Measurement", *International Organization*, Vol. 24, No. 4 (1970).

2. Stanley. Hoffmann. "Obstinate Or Obsolete？: The Fate of the Nation-state and the Case of Western Europe", Daedalus, *Journal of the American Academy of Arts and Sciences*, Vol. 95, No. 3 (1966).

3. Francis. Snyder. "The Effective of European Community Law: Institutions, Processes, Tools and Techniques", *56 Modern Law Review*, 1993.

4. Philippe. C. Schmitter. "Some Alternative Futures for the European Polity and their Implications for European Public Policy", in Y. Ményeta. l (eds), *Adjusting to Europe: The Impact of the European Union on National Institutions and Policies*, London and New York: Routledge, 1996.

5. Arend Lijphart. *Patterns of democracy: Government forms and performance in thirty-six countries*, Yale University Press, 1999.

6. Kommers, *The Constitutional Jurisprudence of the Federal Republic of Germany*, Duke University Press (1997).

7. James. G. March and Johan. P. Olsen，"The New Institutionalism：Organizational Factors In Political Life"．*American Political Science Review*，vol. 78，1984．

8. L. Kiser & E. Ostrom，"The Three Worlds of Action：A Metatheoretical Synthesis of Institutional Approaches"，in E. Os-trom，ed．，*Strategies of Political Inquiry*，Beverly Hills，CA，1982，p. 179．

七、网络资料

1. 财新网：《两岸经合会起航》，资料来源：http：//www. caijing. com. cn/2011-01-06/110612402. html。

2. 凤凰网：《江丙坤：两岸制度化协商常态化　邀陈云林年内访台》，资料来源：http：//news. ifeng. com/taiwan/3/200904/0426 _ 353 _ 1126098. shtml。

3. 凤凰网：《两会复谈层级高　两岸双方官员均以适当身份参与》，资料来源：http：//news. ifeng. com/taiwan/3/200806/0607 _ 353 _ 585836. shtml。

4. 凤凰网：《张志军与王郁琦寒暄以彼此官衔互称对方》，资料来源：http：//news. ifeng. com/mainland/special/xijinpingapec/content － 3/detail _ 2013 _ 10/07/30092117 _ 0. shtml。

5. 国台办：《国台办新闻发布会辑录（2014-04-16）》，资料来源：http：//www. gwytb. gov. cn/xwfbh/201404/t20140416 _ 6026239. htm。

6. 国台办：两岸对话与商谈一览表，资料来源：http：//www. gwytb. gov. cn/lhjl/la2008q/gaikuang/201101/t20110108 _ 1684747. htm。

7. 国台办网站：《田纪云接见王锡爵时的谈话（1986.05. 07）》，资料来源：http：//www. gwytb. gov. cn/lhjl/la2008q/gaikuang/agree/201101/t2011 0108 _ 1684739. htm。

8. 国务院台湾事务办公室："两岸相关协议"栏目，资料来源：http：//www. gwytb. gov. cn/lhjl/laxy/。

9. 海基会：《第六次"江陈会谈"筹备情形报告》，资料来源：http：//www. mac. gov. tw/np. asp？ ctNode＝6854&mp＝113。

10. 海基会：《第六次"江陈会谈"概述》，资料来源：http：//www. sef. org. tw/ct. asp？ xItem＝186011&ctNode＝3809&mp＝19。

11. 海基会：《第三次"江陈会谈"》，资料来源：http：//www. sef. org. tw/ct. asp？ xItem＝50785&ctNode＝3809&mp＝19。

12. 海基会：《第一次"江陈会谈"》，资料来源：http：//www. sef. org. tw/ct. asp？ xItem＝48212&ctNode＝3809&mp＝19。

13. 海基会：历次会谈总览，资料来源：http：//www. sef. org. tw/lp. asp？ CtNode＝4306&CtUnit＝2541&BaseDSD＝21&mp＝19。

14. 华夏经纬网：《"闽平渔5540号"事件》，资料来源：http：//www. huaxia. com/zl/tw/sj/001. html。

15. 华夏经纬网：《金门谈判》，资料来源：http：//www. huaxia. com/thpl/tbch/tbchwz/10/3050529. html。

16. 华夏经纬网：《聚焦：两岸"经合会"第五次例会》，资料来源：http：//www. huaxia. com/thpl/tbch/2013/12/3656691. html。

17. 华夏经纬网：《两岸第五次经合会10日登场将持续完善ECFA》，资料来源：http：//www. huaxia. com/xw/twxw/2013/12/3654403. html。

18. 华夏经纬网：《两岸经合会第五次例会举行将继续推进ECFA商谈》，资料来源：http：//www. huaxia. com/thpl/tbch/tbchwz/12/3656355_2. html。

19. 环球网：《台媒称两岸进2.5时代 对首次"官方接触"寄厚望》，资料来源：http：//taiwan. huanqiu. com/news/2014-02/4818975. html。

20. 人民网：《海峡两岸亚运同台的台前幕后》，资料来源：http：//

dangshi. people. com. cn/n/2014/0220/c85037-24416488. html。

21. 人民网：《回忆海峡两岸红十字组织签订"金门协议"前后》，资料来源：http://dangshi. people. com. cn/BIG5/144956/12951393. html。

22. 人民网：《亲历者告诉你一个明明白白的"九二共识"》，资料来源：http://paper. people. com. cn/rmrbhwb/html/2012 - 11/27/content _ 1150764. htm。

23. 苏永钦：《ECFA 应当怎么审？》，载《中国时报》2010 年 7 月 1 日。资料来源：http://www. np. org. tw/modules/tadnews/index. php？nsn =125。

24. 台湾《中央日报》：《经合会/投保海关梁国新：两岸有共识》，资料来源：http://www. cdnews. biz/cdnews _ site/docDetail. jsp？coluid = 111& docid = 101889562。

25. 台湾"总统府"：《"总统府"公报》第 5601 号、第 6155 号、第 6548 号，资料来源：http://www. president. gov. tw。

26. 台湾"总统府"：李登辉接受"德国之声"专访时的谈话，资料来源：http://www. president. gov. tw。

27. 台湾当局"经济部"：《"立法院"第 7 届第 6 会期经济委员会第 14 次全体委员会议"第六次江陈会谈过程及两岸经济合作委员会相关议题说明"》，资料来源：http://www. mac. gov. tw/ct. asp？xItem = 91495 & ctNode = 5650&mp = 1。

28. 台湾地区"财政部关务署"新闻稿：《两岸海关举行工作小组会议扩大深化合作关系》，资料来源：http://www. mof. gov. tw/ct. asp？xItem = 75473&ctNode = 2449&mp = 1。

29. 台湾地区"大陆委员会"：《"两岸经济合作架构协议"第二次协商情形之相关说明》，资料来源：www. mac. gov. tw/public/Data/06231643771. pdf。

30. 台湾地区"法务部":《"海峡两岸共同打击犯罪及司法互助协议"不涉制定及修正法律》,资料来源:http://www. moj. gov. tw/lp. asp?CtNode = 27518&CtUnit = 24&BaseDSD = 7&mp = 001&nowPage = 57&pagesize= 15。

31. 台湾地区"经济部国际贸易局":《有关施明德先生呼吁删除 EC-FA 终止条款的几点说明》,资料来源:http://cweb. trade. gov. tw/Mobile/Detail. aspx? nid = 829&pid = 320000。

32. 台湾地区"立法院"议事暨公报管理系统,http://lci. ly. gov.tw/LyLCEW/lcivComm. action#pageName _ searchResult = 1。

33. 台湾地区"立法院经济委员会":《第六次"江陈会谈"经过报告》,资料来源:http://www. mac. gov. tw/ct. asp? xItem = 91496&ctNode= 6839&mp = 113。

34. 网易新闻:《马英九:通盘检讨修正"两岸人民关系条例"》,资料来源:http://news. 163. com/12/1010/22/8DG5B87300014JB6. html。

35. 新华网:《"海峡两岸旅游交流协会台北办事处"7 日挂牌》,资料来源:http://news. xinhuanet. com/tw/2010−05/07/c _ 1279650. htm。

36. 新华网:《陈云林与江丙坤举行第三次会谈》,资料来源:http://news. xinhuanet. com/newscenter/2009−04/26/content _ 11260601. htm。

37. 新华网:《海协会致函海基会邀董事长江丙坤等率团访京》,资料来源:http://news. xinhuanet. com/tw/2008−05/29/content _ 8273476. htm。

38. 新华网:《中国共产党总书记胡锦涛与中国国民党主席连战会谈新闻公报》,资料来源:http://news. xinhuanet. com/banyt/2005−05/18/content _ 2969119. htm。

39. 新华网:《中国特色社会主义法律体系》白皮书,资料来源:http://news. xinhuanet. com/politics/2011−10/27/c _ 111127507 _ 2. htm。

40. 新浪网:《ECFA 第二次正式协商 31 日台北登场》,资料来源:

http：//news. sina. com. cn/c/2010-03-29/111517291057s. shtml。

41. 中国广播网：《上海-台北城市论坛举行共同签署合作备忘录》，资料来源：http：//news. cnr. cn/gnxw/201107/t20110725 _ 508281483. shtml。

42. 中国台湾网：《海旅会派员赴台湾救助受困和失踪大陆游客》，资料来源：http：//www. taiwan. cn/xwzx/bwkx/201010/t20101025 _ 1572308. htm。

43. 中国台湾网：《警惕民进党将两岸协议扭曲为"两国条约"》，资料来源：http：//www. taiwan. cn/plzhx/hxshp/200811/t20081114 _ 779426. htm。

44. 中国台湾网：《两岸经合会第二次例会举行》，资料来源：http：//www. taiwan. cn/jl/tp/201111/t20111102 _ 2131408. htm。

45. 中国台湾网：《两岸经合会第四次例会成果丰硕》，资料来源：http：//www. taiwan. cn/plzhx/hxshp/jj/201212/t20121212 _ 3442220. htm。

46. 中国台湾网：《民航局空管局局长苏兰根：将全力以赴维护好两岸直航航线安全飞行》。资料来源：http：//www. taiwan. cn/wxzl/qtbwwx/gwybwgldgjj/minhang/200812/t20081224 _ 804781. htm。

47. 中国台湾网：《综述：陈云林访台不辱使命 拓宽两岸和平发展之路》，资料来源：http：//www. taiwan. cn/xwzx/bwkx/200811/t20081108 _ 77 5892. htm。

48. 中国新闻网：《两岸经合会第六次例会圆满举行》，资料来源：http：//www. chinanews. com/tw/2014/08-05/6462371. shtml。

49. 中国新闻网：《两岸经合会第三次例会在台湾举行》，资料来源：http：//www. chinanews. com/tw/2012/04-26/3847443. shtml。

50. 中国新闻网：《两岸经合会首次例会达成多项共识》，资料来源：http：//www. chinanews. com/tw/2011/02-22/2860829. shtml。

51. 中国新闻网：《马英九：两岸协议监督法制化草案最快3日后送审》，资料来源：http：//www. chinanews. com/tw/2014/03 - 31/6012961. shtml。

52. 中国新闻网：《上海市与台北市签署四项交流合作备忘录》，资料来源：http://www.chinanews.com/tw/tw-lasq/news/2010/04-06/2210101.shtml。

53. 中华人民共和国中央人民政府：《台湾海峡两岸观光旅游协会北京办事处 5 月 4 日揭牌》，资料来源：http://www.gov.cn/gzdt/2010-05/05/content _ 1599430.htm。

54. 中时电子报：《绿营硬堵服贸协议 "立院"将演两岸大战》，资料来源：http://www.chinatimes.com/newspapers/20140216000377-260108。

八、两岸法律文件

1. 《中华人民共和国宪法》

2. 《反分裂国家法》

3. 《海峡两岸关系协会章程》

4. 《司法部关于增加寄送公证书副本种类事宜的通知》

5. 《海峡两岸公证书使用查证协议实施办法》

6. 《关于海峡两岸间集装箱班轮运价备案实施的公告》

7. 《关于海峡两岸海上直航发展政策措施的公告》

8. 《关于海峡两岸海上直航政策措施的公告》

9. 《关于公布进一步促进海峡两岸海上直航政策措施的公告》

10. 《关于促进两岸海上直航政策措施的公告》

11. 《关于台湾海峡两岸间海上直航实施事项的公告》

12. 《关于促进当前水运平稳较快发展的通知》

13. 《台湾海峡两岸直航船舶监督管理暂行办法》

14. 《关于核定大陆至台湾地区相关邮资业务资费试行标准的通知》

15. 《关于进一步规范人民法院涉港澳台调查取证工作的通知》

16. 《关于人民法院办理海峡两岸送达文书和调查取证司法互助案件的规定》

17. 《〈海峡两岸经济合作框架协议〉项下进出口货物原产地管理办法》

18. 《关于对海关总署令第 200 号有关条款适用事宜的解释》

19. 《台湾地区商标注册申请人要求优先权有关事项的规定》

20. 《台湾投资者经第三地转投资认定暂行办法》

21. 《财团法人海峡两岸交流基金会章程》

22. 《内地与香港关于建立更紧密经贸关系的安排》

23. 《内地与澳门关于建立更紧密经贸关系的安排》

24. 台湾地区现行"宪法"

25. "台湾地区和大陆地区人民关系条例"

26. "台湾地区与大陆地区人民关系条例施行细则"

27. 台湾地区"司法院大法官""释字第 329 号解释"

九、两岸协议

1. 《金门协议》

2. 《港台海运商谈纪要》

3. 《汪辜会谈共同协议》

4. 《两会联系与会谈制度协议》

5. 《两岸公证书使用查证协议》

6. 《两岸挂号函件查询、补偿事宜协议》

7. 《海峡两岸包机会谈纪要》

8. 《海峡两岸关于大陆居民赴台湾旅游协议》

9. 《海峡两岸海运协议》

10. 《海峡两岸食品安全协议》

11. 《海峡两岸空运协议》

12. 《海峡两岸邮政协议》

13.《海峡两岸空运补充协议》

14.《海峡两岸金融合作协议》

15.《海峡两岸共同打击犯罪及司法互助协议》

16.《海协会与海基会就陆资赴台投资达成共识》

17.《海峡两岸渔船船员劳务合作协议》

18.《海峡两岸农产品检疫检验合作协议》

19.《海峡两岸标准计量检验认证合作协议》

20.《海协会与海基会就两岸共同防御自然灾害达成共识》

21.《海峡两岸经济合作框架协议》

22.《海峡两岸知识产权保护合作协议》

23.《海峡两岸医药卫生合作协议》

24.《海协会与海基会关于推进两岸投保协议协商的共同意见》

25.《海协会与海基会关于加强两岸产业合作的共同意见》

26.《海峡两岸核电安全合作协议》

27.《海协会与海基会有关〈海峡两岸投资保护和促进协议〉人身自由与安全保护共识》

28.《海峡两岸海关合作协议》

29.《海峡两岸投资保护和促进协议》

30.《海峡两岸服务贸易协议》

31.《海峡两岸气象合作协议》

32.《海峡两岸地震监测合作协议》

后　记

　　两岸协议是两岸关系法治化的基本形式，也是两岸治理的重要治理工具，协议能否得到有效实施对于两岸关系和平发展的持续深入有着重要现实意义。自1993年"汪辜会谈"以来，特别是2008年6月两会复谈以来，两岸透过两会机制签署了20余项事务性协议，对两岸关系的快速发展起到了重要推动作用。然而，与大批协议签署并不同步的是，大陆和台湾对于两岸协议实施机制的建设并未跟上，很多地方存在重要的理论与制度漏洞。当前，两岸关系和平发展的大好形势似乎在一定程度上掩盖了这些漏洞可能产生的危害，然而一旦两岸关系遇到挫折，这些漏洞的危害就可能随之显现。未雨绸缪，方可防患于未然，我们正是基于这一目的，方才选择以两岸协议作为研究对象，重点关注协议实施机制的理论与实践问题。

　　在本书成书期间，两岸关系发生了许多重大变化。2014年上半年，台湾岛内发生了"反对服贸协议运动"，"两岸协议监督条例草案"迟迟无法得到通过，ECFA后续协商受到一定影响。2014年下半年，国民党在台湾地区地方公职人员选举（"九合一选举"）中遭遇重大失败，岛内政治格局发生翻转……这一切似乎都在印证着我们对两岸关系和平发展的担忧。面对两岸关系发展中出现的种种不确定因素，我们坚信，只有通过将"法治"因素引入两岸关系之中，构建"法治型"两岸关系，认清台湾问题的法律属性，坚持以法治思维促进两岸关系和平发展，依托法学理论，积极完善和发展两岸法制，将"依法治台"融入法治中国建设的大潮，才能使两岸关系和平发展在法治光辉的普照下，取得更大的成就。

我们长期以来高度关注"两岸协议"这一特殊的规范性文件的发展，并注意对协议实施问题加以分析和论证，在研究的过程中相继发表多篇论文，并组织编写了两岸范围内首部《海峡两岸协议蓝皮书》。本书即是在这些既有成果的基础上，加以系统化梳理、总结而来的成果。尽管本书只是一项初步的研究成果，但我们的研究和本书的出版依然得到诸多朋友的关心和支持。特别感谢九州出版社欣然将本书列入出版计划，感谢九州出版社王守兵老师一直以来的大力支持，感谢责任编辑的辛勤工作。感谢长期以来与我们共同开展两岸关系研究的祝捷、周甲禄、江国华、王青林、刘山鹰、张艳、伍华军、易赛键、刘文戈、黄振、叶正国等同志。武汉大学中国中部发展研究院博士研究生莫广明协助搜集了部分资料，法学院硕士研究生张培、向雪宁协助校订了部分书稿，在此一并表示感谢。

同时，我们深感，目前大陆学界对于两岸协议，尤其是两岸协议实施问题的研究非常不足，以至于在研究过程中我们只能大量查阅和使用来自两岸有关部门的原始资料，却没有太多的理论成果可供借鉴，因而我们也希望本书能起到抛砖引玉的作用。我们真诚地期待广大读者的批评和建议。我们坚信：没有大家的批评，我们就很难正确认识自己，也就不可能真正战胜自己，更不可能超越自己。

周叶中

于武汉大学珞珈山

二〇一五年四月